Finance

21 世纪高等学校
金融学系列教材

金融概论

Introduction to Finance

◆ 赵宏 主编
◆ 刘旭 董惠玲 副主编

人 民 邮 电 出 版 社
北 京

图书在版编目（CIP）数据

金融概论 / 赵宏主编. -- 北京 : 人民邮电出版社, 2015.8(2021.8重印)
21世纪高等学校金融学系列教材
ISBN 978-7-115-39800-0

Ⅰ. ①金… Ⅱ. ①赵… Ⅲ. ①金融学－高等学校－教材 Ⅳ. ①F830

中国版本图书馆CIP数据核字(2015)第171153号

内容提要

本书以经典金融理论为基础，紧密结合金融发展与改革实际，以提高学生金融素养和分析、解决实际问题的能力为目的，对金融学的基本理论做了全面、准确的阐述，主要内容包括货币与货币制度、信用、利息与利率、金融体系、商业银行、中央银行、金融市场、货币供求、通货膨胀与通货紧缩、金融监管、国际金融、金融发展与金融创新。

本书体系完善、内容新颖、重点突出、深入浅出，可作为普通高等院校、高职高专财经、金融、管理等专业的教材，也可作为成人教育、企业员工培训参考用书。

◆ 主　　编　赵　宏
副 主 编　刘　旭　董惠玲
责任编辑　许金霞
责任印制　沈　蓉　彭志环

◆ 人民邮电出版社出版发行　北京市丰台区成寿寺路 11 号
邮编　100164　电子邮件　315@ptpress.com.cn
网址　http://www.ptpress.com.cn
固安县铭成印刷有限公司印刷

◆ 开本：787×1092　1/16
印张：18.75　　2015 年 8 月第 1 版
字数：426 千字　　2021 年 8 月河北第 5 次印刷

定价：42.00 元

读者服务热线：(010)81055256　印装质量热线：(010)81055316
反盗版热线：(010)81055315

前言 FOREWORD

金融学是经济学科的宝塔尖，而金融理论却是经济学科的基础理论。金融学是研究市场经济条件下金融活动和运行机制及其各主体行为规律的科学，其研究内容主要包括货币，信用，金融机构的产生、发展、职能、作用及其运行规律；金融市场的构成、内容、运行机制及其调节手段；金融政策、金融宏观调控手段的确定和运用及其理论依据；国际金融等。

现代金融的发展使金融学科的内涵不断丰富和深化。从国际上看，金融业发展呈现出金融创新日新月异和金融活动电子化、全球化趋势；从国内看，金融体系的基本格局已经形成，以直接融资为特征的证券市场发展迅速，但金融法规制度有待进一步完善，金融体制改革有待进一步深化。

本教材根据高等院校教学的特点和要求，力求突出以下特色：

（1）实用性。根据高等院校教育培养适应工作岗位群特点的应用型人才的要求，将理论分析与金融实务有机结合，注重培养学生的实际应用能力。

（2）基础性。根据金融学理论的基本框架，强调掌握基础知识、基本原理。

（3）通俗性。根据高等院校培养目标和学时安排确定教材内容，力求简洁明了，把握合理的理论深度，减少抽象、艰深的理论推导，强化生动性、可读性。

（4）本土性。注重理论联系实际，在对金融学理论进行阐述时尽量与国内金融发展与改革相联系。

本教材由赵宏拟订提纲和编写要求。具体编写分工如下：第 1 章由赵宏编写，第 2 章由董惠玲编写，第 3 章由曲文俏编写，第 4 章由董惠玲、赵宏编写，第 5 章由刘旭、赵雅男编写，第 6 章由赵宏编写，第 7 章由刘旭编写，第 8 章由赵宏编写，第 9 章由李贵梅编写，第 10 章由董惠玲编写，第 11 章由秦培忠、赵雅男编写。最后由赵宏总纂并定稿。

由于编者水平所限，书中疏忽与不足之处敬请读者批评指正。

编 者

2015 年 5 月

前言

目录 CONTENTS

第1章 货币与货币制度

学习要求

通过本章的学习，应掌握以下的知识和技能。

知识目标

要求掌握货币的概念、起源、职能，货币流通的形式及货币层次的划分，货币形式发展与演变的历史脉络，货币制度的内容与演变过程，我国人民币制度的主要内容；了解我国货币制度的演变进程；熟悉货币流通规律。

技能目标

能够运用金融基础知识，分析社会经济生活中的货币金融现象。

1.1 货币的起源

马克思认为，货币是商品生产和商品交换长期发展的产物。

1.1.1 什么是货币

按照马克思的定义，货币是固定地充当一般等价物的特殊商品。

货币首先是商品，与商品世界的其他商品一样，都是人类劳动的产物，是价值和使用价值的统一体。但是，作为一种特殊商品，货币的特殊性主要表现在以下两个方面。

1. 表现能力

货币是衡量和表现一切商品价值的材料。普通商品以使用价值的面目出现，即可以满足人们某个方面的需求；货币则是以价值的面目出现，可以衡量和表现其他一切商品的价值。

2. 交换能力

货币可以和其他任何商品进行交换。普通商品间的交换需要满足多方面的条件，如相互需要、价值相当等，而货币与商品的交换则是无条件的。

1.1.2 货币产生的原因

1. 商品直接交换的局限

货币产生之前，商品交换是直接的“物-物”交换，这种交换必须同时满足四个条件：

（1）价值上——相等，体现人类同样多的劳动耗费，要按照等价交换的原则进行。

（2）使用价值上——交换双方相互需要。

（3）空间上——同一地点。

（4）时间上——同一时间。

显然，能够同时满足上述四个条件的交换只能是一种偶然的巧合，物物交换根本无法满足商品交换的要求，并日益成为阻碍商品经济发展的重要因素。

2．货币产生的原因

从现象上看，货币是为克服物与物直接交换的困难而产生的。

有了货币以后，一切商品都可以首先交换成货币，然后再用货币去交换需要的任何商品，货币成了人们行使购买权力的“选票”，交换于是变得十分顺利。

从本质上看，货币的产生是商品经济发展的必然结果。

商品经济的发展，首先必须建立在专业分工的基础之上，因为有分工才能提高劳动生产率；其次，有分工则必有交换，必须克服交换上的障碍，才谈得上社会分工。货币的产生正是克服了交换的困难。所以，货币是商品经济发展的客观需要，是社会经济进步的必然要求。

1.1.3　货币材料的基本要求

作为一种商品，其充当货币还必须满足一些特定的要求。一般地讲，货币取材应当考虑以下几个方面。

1．同质性

作为货币材料，必须在质地上是相同的，因为同一重量的货币只有在质地相同时才具有相同的价值。如任意两块重量相同的银元，它们在纯度上必须是一致的，否则它们的价值就不相等。

天然绝对同质的东西是没有的，但经过加工，有些东西可以做到同质或基本同质。

2．可分性

在不改变其价值的前提下，货币应能够分割成任意大小，以便满足不同价值商品交换的需要。

3．便于携带

一般来讲，货币首先必须是固体的；其次，在等价交换的原则下，单位货币的价值量必须适当，单位价值量过小则需使用的数量较多，携带不便。

4．适于保存

货币要耐腐蚀、不变质，不需要特殊的保存方式。

5．易于转换形态

货币可以制作成任意形状而不改变价值。

同时满足以上五个条件的东西才最适合充当货币。到目前为止，只有金属，特别是贵金属中的黄金和白银能做到，所以，长期以来人们用黄金和白银充当货币。“金银天然不是货币，但货币天然是金银”（《资本论》第一卷）。

1.2 货币的类型

货币从产生到今天，伴随社会的发展和历史的变迁，经历了漫长的演化过程。归纳起来，主要有以下几种形态，如表 1-1 所示。

表 1-1 货币的类型

<table>
<tr><td rowspan="3">商品货币</td><td colspan="3">实物货币</td></tr>
<tr><td rowspan="2">金属货币</td><td colspan="2">贱金属货币</td></tr>
<tr><td colspan="2">贵金属货币</td></tr>
<tr><td rowspan="4">符号货币</td><td rowspan="3">代用货币</td><td colspan="2">分散发行</td></tr>
<tr><td rowspan="2">集中发行</td><td>十足准备</td></tr>
<tr><td>部分准备</td></tr>
<tr><td colspan="3">信用货币</td></tr>
</table>

1.2.1 商品货币

商品货币也称足值货币，其作为交易媒介的价值和作为商品的价值基本保持一致。

商品货币是从商品中自然分离出来的，在货币历史进程的大部分时间里，人们采用的是商品货币。商品货币又可分为以下两种具体形态。

1．实物货币

任何货币，其作为非货币用途的价值与作为货币用途的价值相等时，都可称为实物货币。实物货币是人类历史最古老的货币形式。

最初作为货币的实物往往是不固定的，随着商品交换的发展，特别是突破了地区界限时，货币逐渐地固定在某些商品上。历史上，不同时期、不同地域范围内，曾有许多种商品先后充当过货币，如米、布、贝壳、家畜、毛皮等。

实物货币的出现，实现了物与物的间接交易，突破了“物—物”直接交换的局限，使商品交换方式前进了一大步。但是，一般实物货币有体积大、价值小、不便携带、难以储存、不易分割成较小单位等缺点，有碍于商品生产和交换，所以最终为金属货币取代。

2．金属货币

金属货币又称实体货币。从文义上讲，它是实物货币的一个阶段，即实物货币的高级阶段；但严格地讲，货币从一般实物过渡到金属也是一种质的发展。

与实物货币相比，金属货币具有同质性、便于携带、易于分割成任意大小单位、不腐烂变质、不易磨损等优点，是充当货币的最佳商品。

原始的金属货币多为贱金属，这和当时生产力落后、交换规模较小的情况相适应。随着商品交换规模的不断扩大，货币的使用量日益增加，贱金属价小体大的缺陷日渐突出。相比之下，贵金属具有价值稳定、单位重量价值量大的优越性，适用于数量较大的交易活动。所以，贵金属最后取代了贱金属，实质上是生产力发展，交换规模不断扩大的客观要求。

1.2.2 符号货币

符号货币一般是用印刷品充当，通常由银行或政府发行。符号货币也经历了两个发展阶段。

1. 代用货币

（1）定义

代用货币也叫银行券，一般是政府或银行发行的，代表金属货币流通的纸币。

（2）优点

与金属货币相比，代用货币有许多优点，如便于携带、保管、运送，还避免了贵金属的磨损和其他损耗，纸币印刷成本较铸造金属货币成本低等。代用货币的这些优点，使之逐渐取代了金属货币。

（3）典型特征

代用货币制度最显著的特征是其发行必须有十足的金属货币做准备，代用货币的发行量不能超过金属货币的拥有量，并且可以随时自由地向发行机关兑换成金属货币（可简称为“十足准备、自由兑换”）。

（4）发展阶段

代用货币的发行经历了两个阶段。

① 分散发行阶段是指各银行分别发行自己的银行券，以各自的信誉作为担保。

② 集中发行阶段。分散发行的银行券信誉不高，只能局限在一定范围内流通，经济波动造成的银行倒闭也常常使一些银行券无法兑现而成为废纸。社会统一大市场的形成，客观上要求有一种能在全国范围内流通，受公众普遍信赖和接受的银行券，而能够发行这种银行券的机构只能由国家出面建立。于是，代用货币发行的第二个阶段就是集中发行阶段，一般由国家的中央银行承担发行任务。

集中发行的银行券按准备制度的不同又分为两个典型阶段。

① 十足准备阶段，即发行机构必须有十足的贵金属作为准备，以充分满足银行券兑现的需要。

② 部分准备阶段，即发行的银行券只需要有部分贵金属准备。部分准备制度反映出贵金属产量不能满足迅速扩大的交换规模对货币日益增长的需要，也为银行券的无法兑现埋下了伏笔，并最终导致了信用货币制度的出现。

2. 信用货币

（1）定义

信用货币是国家强制使用的充当流通手段和支付手段的信用票据。

信用货币是代用货币进一步发展的产物，也是当今世界普遍采用的货币形式。它与代用货币在形式上并无区别，它们的区别在于信用货币不规定含金量，也不能与贵金属自由兑换。

（2）信用货币产生的原因

① 贵金属产量有限。金银的采掘跟不上商品生产和流通发展的货币需要，各国政府和金融机构就不得不通过增发代用货币加以解决，这样，代用货币的发行量就超过了发行机构实际拥有的金属货币量，十足准备制度就变成了部分准备制度，于是也就潜伏下了兑换的危机。

② 经济危机。20 世纪 30 年代，爆发了世界性的经济危机和金融危机，人们纷纷用银行券兑换金属货币，而部分准备制度下银行券的数量大大多于金属货币的储备量，国家难以满足人们的兑换要求，在这种情况下，各国纷纷宣布停止银行券和金属货币的兑换。这样，银行券就成了不能与金属货币兑换，而是依靠国家强制力量流通使用的信用货币。

③ 纸币被普遍接受。由于人们占有货币的目的是购买商品和劳务，所以，不管货币本身有没有价值，只要它能购买人们所需的东西，便可为人们接受，这是信用货币制度得以推行的根本原因。

事实也证明，只要信用货币的发行量控制得当，它也可以保持比较稳定的购买力。但是，这也给货币领域带来了一个新的课题，就是如何才能有效地控制货币数量，使之与经济发展对货币的客观需要保持一致，这个问题曾经使许多国家伤透了脑筋。

（3）信用货币的优、缺点

信用货币虽然是迫不得已而采用的货币形式，但其显著的优点是数量上完全摆脱了贵金属的束缚，使货币在数量上能够最大限度地满足经济发展对货币的需要，从这个意义上讲，它更符合经济发展的内在要求。但是，信用货币也有明显的缺陷，即其代表的价值量取决于其发行量，发行过多则会贬值。信用货币制度产生以来，世界各国均不同程度地经受过货币贬值、通货膨胀的困扰。

（4）信用货币的具体形式

信用货币的具体形式包括辅币、主币、活期存款和电子货币。

① 辅币包括金属辅币和纸辅币，作为小额或零星的支付手段。金属辅币用贱金属铸造，如我国目前流通的 1 分、2 分、5 分和 1 角、2 角、5 角的人民币。

② 主币一般以纸币充当，作为人们的主要购买手段，如我国 1 元、2 元、5 元、10 元、20 元、50 元、100 元面值的人民币。

③ 活期存款是一种使用支票账户的银行活期存款货币。因为拥有这种支票账户的人，只要支票账户上还有存款余额，他就可以凭银行发给的支票本随时签发支票，以支付所购商品和劳务的价款。这种存款和其他交易媒介相同，而且可以请求付款，因此可以视为货币。事实上，目前在信用制度比较发达的国家，大多数交易都以支票完成，所以，活期存款远比现金更重要。

④ 电子货币是指在零售支付机制中，通过销售终端、不同的电子设备之间及在公开网络（如互联网）上执行支付的“储值”或“预付支付机制”。电子货币是货币形态发展的新趋势，是货币“符号化”向“观念化”发展的表现，具有安全、快捷的特点，尤其在远距离大额支付中优势更为明显。

电子货币除了具有货币的一般属性外，还具有一些特殊属性，主要表现为：电子货币的发行主体多元化，其发行主体既有中央银行，又有一般金融机构甚至非金融机构，而且后者占有很大比重；电子货币是在银行电子技术发展的基础上出现的一种虚拟货币，是由一组含有用户密码、金额、使用范围等内容的数字构成的特殊信息；电子货币的流通需要特定的设备，如电子货币的传输需要专用网络，保管需要存储设备，交换需要有通信手段，保持其安全需要加密和解密用的计算机。

纵观货币形态的发展与演变，我们可以从中得到一些启示，商品生产和交换的发展是货币形态演化的根本原因。能否取得货币的资格，取决于能否满足商品生产和交换在广度和深度上不断拓展的需要，取决于社会大众的普遍信任和接受。随着货币形态的演变，人们对货币的本质和货币在经济中所起作用的认识不断深化，借以使人们能动地控制货币，从而实现驾驭经济运行的需要。

1.3 货币的职能

货币的职能包括：价值尺度、流通手段、储藏手段、支付手段和世界货币。

1.3.1 价值尺度

1. 定义

货币能像尺子衡量长度一样衡量商品的价值，并以价格的方式表现出来，这是货币的基本职能。

2. 价值尺度与价格标准

为了比较不同商品的价值，人们用货币量来衡量并表示商品和劳务的价值，并确定一个价值的计量单位，由此形成价格。价格是商品价值的货币表现，代表一定的货币金属量的货币计量单位则是价格标准。

价格标准简单地讲就是货币单位。价值尺度职能是货币本身固有的，价格标准则是人为规定的，但货币的价值尺度职能必须借助于价格标准来实现。

3. 货币能否作为价值尺度

（1）马克思主义认为货币不能作为价值尺度。货币本身没有价值，正像尺子自身必须有长度一样，自身没有价值的东西是不能衡量其他商品价值的。

（2）部分人认为能。这些人基本持“货币名目论”的观点，认为尽管纸币代表的价值可能会发生改变，但并不影响它行使价值尺度的职能。如：货币标定 A、B 两种商品的价值分别是 1 和 2，现在货币贬值了 1 倍，两种商品的价值就成了 2 和 4，一个 B 交换两个 A 的关系并没有改变。

1.3.2 流通手段

1. 定义

货币具有作为商品交换的中间媒介的功能，就是货币的流通手段职能。

从货币起源的过程看，货币正是为克服物与物直接交换的困难才产生的，所以，流通手段也是货币重要的职能。

2. 弊端

货币的流通手段职能方便了商品交换，同时也使得商品交换在时间上和空间上分开了。由于一切商品都必须借助于货币进行交换以实现其价值，所以当流通领域货币不足时，一部分商品就不能完成交换，再生产就会因此中断。反之，当流通手段过剩时，又会出现商品供应不足，价格上涨的现象。

在金属货币流通时，前一种情况比较常见；纸币制度下，后一种情况又成了困扰各国经济发展的经常性因素。因此，采用适当措施控制货币流通的数量，成为纸币制度下货币学研究的主要课题。

1.3.3 储藏手段

1. 定义

货币退出流通领域，被人们当作独立的价值形态和社会财富的一般代表保存起来，即是货币的储藏手段职能。

2. 人们为什么偏爱储藏货币

（1）货币是财富的象征。因为货币是一般等价物，是社会财富的一般代表，是人们社会地位的象征，是人们追逐的首要对象。所以，人们普遍乐意将自己拥有的财富以货币形式储藏起来。

（2）货币具有充分的流动性。货币具有最充分的流动性，随时可以用来交换一切所需商品，这就使得储藏货币可以方便人们使用自己的财富。

3. 财富储藏方式选择

在前资本主义社会，储藏货币主要表现为金银商品的窖藏形式。信用制度发展后，人们的价值意识和金融意识发生了许多改变，货币不再作为唯一的储藏手段，各种票据、有价证券、不动产等也加入了储藏的行列。相比之下，储藏这些东西有时还可带来诸如股息、利息、利润、租金以及它们本身增值等项收入。但是，货币以外的其他资产流动性较差，在交换其他商品时不如货币来得方便，所以也就不可能完全取代货币储藏。

4. 意义

商品货币制度下，货币的储藏手段职能使之能够自发地调节流通量，即起到“蓄水池”作用。当流通中的货币过多时，货币购买力下降，部分货币就会退出流通而进入储藏状态；而当流通中货币不足时，储藏的货币又会进入流通，从而自动调节货币流通量。

信用货币制度下，币值稳定时，货币具有储藏手段职能；币值不稳定（贬值）时，人们便不敢储藏货币。

1.3.4 支付手段

1. 定义

支付手段就是货币脱离商品流通而单方面转移的职能。

2. 产生

货币的支付手段职能是货币流通手段职能派生出来的。最初的商品货币交换是一手交钱、一手交货和商品同时移位，此时货币作为流通手段。后来出现了商品延期付款现象，即取得商品的一方并没有立即支付货币，而是根据买卖双方的约定在一段时期后再进行付款，这样，在付款的时候，商品流通早已完成，货币发挥的职能就不是流通手段而是支付手段了。

3．意义

在当今债权债务关系和商品交换关系日趋错综复杂的情况下，货币发挥更多的职能是支付手段而不是流通手段，如在大宗交易、财政收支、信贷收支、工资、房租、水电设施等领域，货币都作为价值的独立形态单方面转移。

1.3.5 世界货币

货币超越国界，在国际市场上发挥一般等价物的作用，即是其世界货币职能。

在世界各国普遍采用贵金属货币时，由于各国货币实质是一样的，所以只需脱去“民族服装”就变成了世界货币。各国的金币、银元熔化成金块、银块后就可以在国际间流通了。

在当今各国均采用纸币制度的情况下，原则上讲各种纸币都失去了世界货币的职能，因为货币本身并无价值。但由于历史和经济的原因，部分经济实力雄厚或老牌发达国家的纸币，现在仍然作为国际通用的支付手段，充当世界货币，如美元、英镑、日元、瑞士法郎等。

另外，黄金目前仍被公认为国际间的最后支付手段。

世界货币职能主要表现在以下三个方面。

（1）作为国际间的一般支付手段，用以平衡国际收支差额。

（2）作为国际间的购买手段，用以购买外国商品。

（3）作为一般社会财富，由一国转移到另一国，如战争赔款、对外援助等。

货币的每一个职能都是货币作为一般等价物的本质的反映。首先商品要借助货币的价值尺度来表现其价格，然后通过流通手段来实现其价值；货币不仅可以实现当前消费，而且可以储藏起来用于将来购买消费品，当然前提是货币不贬值；为便于交换，货币不一定当场交付，可以先期交付或延期交付；世界货币的职能则是其他各个职能在国际市场上的延伸和发展。

1.4 货币制度

1.4.1 货币制度的构成要素

货币制度简称币制，是一个国家以法律形式确定的该国货币流通的结构和组织形式，换句话说，是国家为保障货币流通的正常进行而制定的货币和货币运动的准则和规范。货币制度使货币流通的各个要素结合成为一个有机的整体。

1．本位货币材料和货币单位

（1）本位币材料

本位币也叫主币，是一个国家以法律固定下来的该国计价和流通的主要货币，是该国的基本货币。

确定用什么材料充当本位币是整个货币制度的基础。从历史上看，货币材料是由白银过渡到黄金或金银并用的。发达国家一般采用黄金，落后国家则多采用白银，选择什么材料最终要受到本国经济发展水平的制约。

（2）货币单位

确定主币材料后，还要确定货币单位。货币单位包括货币单位的名称和货币单位所含主币材料的重量。如英国货币单位的名称为“镑”，最开始是指 1 镑白银，后来按 1870 年的铸币条例，以黄金为主币材料，每镑的含金量为 123.27447 格令（合 7.97 克）；我国 1914 年的“国币条例”中规定的货币单位名称为“圆”，每圆含纯银 6 钱 4 分 8 毫（合 23.977 克）。

2．本位币和辅币的铸造、发行和流通程序

本位币和辅币各有不同的铸造、发行和流通程序。

（1）本位币

① 本位币是足值货币，可以自由铸造。所谓足值货币，是指其名义价值（面值）和本身实际价值（金属价值）是一致的；自由铸造是指每个公民都有权把货币金属送到国家造币厂请求铸成本位币，其数额没有限制，并且不收或只收很低的费用。同时，国家也允许公民将本位币熔化成金属条块。主币可以自由铸造是因为主币名义价值和实际价值相等。

② 本位币具有无限法偿能力。所谓无限法偿能力，是指不论使用主币的数额多大，任何人不得拒绝接受，否则视为违法。

③ 规定磨损公差。为避免重量不足的铸币自由流通而导致主币贬值，各国一般都规定了每枚铸币磨损后实际重量与法定重量之间的差额，即磨损差额不能超过规定的最大限度，这种法律允许的磨损程度即为磨损公差。

（2）辅币

辅币是本位币以下的小额货币，是日常零星使用的小面额通货。辅币通常是用铜、镍等贱金属铸造的，其名义价值高于实际价值。其特点有：

① 不能自由铸造，只能由国家统一铸造。原因是其名义价值高于实际价值，高出部分的收入归国家所有。

② 辅币是有限法偿货币，即辅币的使用量超过一定限额时，收款人有权拒绝接受，但如果是向国家纳税和向银行兑换时，则无此限制。

③ 辅币与主币自由兑换。通过法律形式辅币与主币建立固定的兑换比例，辅币可以自由兑换主币，从而保证辅币可以按其名义价值进行流通。

3．银行券的发行与流通程序

商品经济的高速发展，对货币的需求量急剧增加，而贵金属的产量又是有限的，单纯的铸币流通必然不能满足流通领域对流通手段和支付手段日益增长的需要。在这种情况下，出现了银行券。银行券是在商业信用基础上由银行开出的用来贴现商业汇票的一种银行票据，具有兑换的性质，即持有者随时可用它向发行的银行兑换金属货币。

银行券的发行分为两个阶段。

（1）17～19 世纪中叶：银行券实行分散发行，信誉较高的大银行分别发行各自的银行券。

（2）19 世纪中叶～20 世纪初：银行券逐渐改由中央银行集中发行，并且在法律上认定为必须接受的支付手段，拒绝接受被视为违法。

1929～1933 年资本主义世界经济大危机后，各国中央银行的银行券均不能在国内兑现，它的流通不再依赖银行的信用，而是依靠国家政权的强制力量，从而使银行券成为不能和金属货币兑换，与金属货币没有任何关系的纸币了。

4．准备制度

在金属货币流通条件下，准备制度又称为发行保证制度，是指国家所拥有的金块和金币的总和。

一般国家的黄金储备由政府或中央银行支配。黄金储备的数量是一个国家经济实力的重要标志。在金属货币制度下，黄金储备有三个作用。

（1）作为国际支付的准备金。

（2）作为扩大和收缩国内货币流通的准备金。

（3）作为支付存款和兑换银行券的准备金。

在当今信用货币制度下，后两个作用已不复存在，但它仍然作为国际支付的准备金，是国际支付的最后手段，在非常情况下使用。

1.4.2 货币制度的演变

货币制度的演变如表 1-2 所示。

表 1-2　货币制度的演变

<table>
<tr><td rowspan="7">金属货币制度</td><td colspan="2">银本位制</td></tr>
<tr><td rowspan="3">复本位制</td><td>平行本位制</td></tr>
<tr><td>双本位制</td></tr>
<tr><td>跛行本位制</td></tr>
<tr><td rowspan="3">金本位制</td><td>金币本位制</td></tr>
<tr><td>金块本位制</td></tr>
<tr><td>金汇兑本位制</td></tr>
<tr><td colspan="3">信用货币制度（纸币制度）</td></tr>
</table>

1．金属货币制度

（1）银本位制

银本位制是指以白银作为本位币的货币制度。

和黄金相比，白银的单位价值量较小，适合于数额不大的支付活动，因此，在经济欠发达时期宜于采用。

银本位制的主要内容包括：

① 白银作为主币材料，银币为无限法偿货币。

② 本位币的名义价值与实际价值相等。

③ 银币可以自由铸造和熔化，代用货币可以与银币自由兑换。

④ 白银可以自由输入和输出。

银本位制从 16 世纪后开始盛行，大多数国家在 19 世纪末就相继放弃了，其崩溃的原因主要是：

① 金银比价趋于金贵银贱。黄金需求日益增加而供应不足，白银需求减少而供应增加，使金银差价越来越大。如伦敦金银市场的比价 1860 年为 1∶15，1900 年为 1∶33，1932 年为 1∶73.5。这样，实行银本位制国家的货币购买力相对下降，影响其经济发展和国际收支平衡。

② 单位重量的白银价值量相对较小，不便于在大宗交易中使用。

（2）复本位制

复本位制是指以金和银两种金属作为本位货币的货币制度。

复本位制的基本内容包括：

① 金、银两种本位货币都可以自由铸造与熔化。

② 金、银两种本位货币都有无限法偿能力。

③ 金、银都可以自由输入和输出。

④ 辅币和其他各种货币都可以自由兑换金、银两种本位货币。

复本位制具体又分为如下几种：

① 平行本位制。其特点是国家对金银两种货币的交换比率不加规定，而由市场自行决定。由于市场上金、银比价变动频繁，金银铸币的兑换比率不断变化，两种货币都不能很好地发挥价值尺度作用。

② 双本位制。政府依据市场金银比价，规定金币和银币的兑换比例。双本位制度下，由于市场上金银比价变动比较频繁，国家往往不能及时调整金币和银币的兑换比例，引起两种货币的名义价值和实际价值相背离。实际价值高于名义价值的货币（称之为良币）退出流通被储藏起来，实际价值低于名义价值的货币（称之为劣币）充斥市场，造成“劣币驱逐良币”的现象，即所谓“格雷欣法则”。例如，美国在 1792 年规定，金和银的比价为 1∶15，若市场比价为 1∶14，则银币成为良币，金币成为劣币，人们会把银币熔铸成银块，拿到市场上按市场价格换回更多的黄金，再把黄金铸成金币，按法定价格换成银币，然后又将银币熔铸成银块，这样循环往复的结果，一方面人们可以获得厚利，另一方面银币被大量熔化，逐渐在市场上消失，而金币大量在市场上出现。反之，若金和银的市场比价为 1∶16，则金币成为良币，银币成为劣币。最早发现这一现象的是英国伊丽莎白女王一世的财政顾问汤姆斯·格雷欣爵士，这一规律也因此用他的名字命名为“格雷欣法则”。

③ 跛行本位制。金币和银币同时被规定为本位币，并由政府规定其兑换比率，但金币可以自由铸造而银币不能。这样，银币的名义价值也就不能和本身的实际价值保持一致，银币实际成了金币的辅币。所以，严格地讲，跛行本位制已不能称为复本位制了。

总之，复本位制扩大了币材来源，使货币有了充裕的材料，金银在流通中可以起到相互补充的作用。但是，货币本身具有排他性，只允许一种材料作为货币，正如马克思所指出的那样，“价值尺度的二重化是和价值尺度的职能相矛盾的”。

（3）金本位制

金本位制是以黄金作为本位币材料的货币制度。18 世纪末 19 世纪初在美国首先确立金本位制，欧洲其他国家 19 世纪中叶才逐渐形成。金本位制在演化过程中大体经历了以下三种具体形式。

① 金币本位制

金币本位制是典型的、完整的金本位制。

金币本位制的主要内容：黄金为主币材料并铸成金币，国家规定货币单位的含金量和成色；金币可以自由铸造；辅币和银行券可与金币自由兑换，避免出现货币贬值现象；黄金可以自由输入和输出。各国货币的汇率只需按其货币单位的含金量折算即可，有利于国际结算和世界贸易。

金币本位制是一种十分稳定的货币制度，其积极作用表现在：第一，保持了币值的稳定，有利于精确地计算成本、价格、利润等，增强了人们对货币的信心，促进了商品生产和流通。第二，促进了信用制度的建立和完善，金币本位制的稳定，使信用关系不受币值波动的影响，债权人和债务人的利益均不致受到损害，这种稳定的信用关系，也有利于建立完善的银行制度。第三，促进了国际贸易的发展，黄金的自由输入和输出，外汇行情的稳定，使黄金能够很好地执行世界货币的职能，为国际贸易、国际结算、资本的输入和输出等提供了良好的条件，从而推动了国际贸易往来。

由于资本主义各种矛盾的加剧，金币本位制出现了不稳定因素，并最终导致其崩溃。原因在于：经济的高速发展，使流通领域对货币的需求急剧增加，而黄金产量却十分有限，不能满足经济发展的货币需要，这是金币本位制崩溃的客观原因；世界经济发展极不平衡，引起世界黄金存量分配的不均，少数发达国家掌握了大部分黄金，如 1913 年年末，英、美、法、德、俄五国便集中了世界黄金总储量的 2/3，使很多国家失去了实行金币本位制的基础；由于战争不断，少数资本主义列强扩充军备，购买军火，把大部分黄金集中于国家手中，市场流通的黄金减少，黄金作为货币的基础削弱；一些国家用大量发行代用货币的办法弥补因准备战争而造成的巨额财政赤字，使代用货币的自由兑换遭到破坏；经济危机的日益加剧和国际贸易的失衡，使一些国家推行了贸易壁垒，限制黄金的自由输入和输出，使黄金流动保持汇率稳定和调节国际收支的作用削弱。

以上原因，使金币本位制日益难以为继，第一次世界大战的爆发，又直接导致了金币本位制的全面崩溃。

② 金块本位制

金块本位制又叫生金本位制，是一种不完整的金本位制。在这种制度下，货币单位虽然仍规定含金量，但不允许铸成金币和实行金币流通，流通的只有银行券，银行券和黄金也不能无限制地自由兑换，只能在一定条件下方可兑换。如 1925 年英国规定银行券数额在 1700 英镑以上方能兑换金块，这就大大削弱了黄金作为货币的真正意义。

③ 金汇兑本位制

金汇兑本位制又叫虚金本位制。某些国家欲实行金币或金块本位制，但苦于缺乏必要的黄金储备，于是采取了变通做法，即国内不流通金币，只流通银行券，本国货币不能与黄金自由兑换，但允许本国货币和某一采用金币或金块本位制国家的货币自由兑换，政府通过无限制地买卖外汇来维持本国货币和外国货币的兑换比率，借以稳定本国货币的币值。

第一次世界大战后，德、奥、意等三十多个国家和地区曾经采用过这种货币制度。金汇兑本位制使本国货币依附于外国货币，这样做带有一定的风险，一旦其所依附的货币出现问题，如放弃金本位制、实行货币贬值等，则必然殃及本国。

2．信用货币制度

信用货币制度又称为管理纸币本位，是由中央银行代表国家发行以国家信用为基础的信用货币作为本位币，由政府赋予本位币无限法偿能力并通过银行信用程序进入流通的货币制度。

1929～1933 年世界经济大危机后，大部分国家相继抛弃了金本位制而实行了这种货币制度。

（1）内容

① 主要货币为中央银行发行的纸币，国家从法律上赋予它无限法偿能力，强制流通。从货币学角度讲，它本身没有价值，只是一种价值符号。

② 纸币和黄金没有任何联系，它不能兑换黄金，也不规定含金量，其发行数量不受黄金储备的限制。

③ 纸币通过信贷程序进入流通领域，国家根据经济的需要确定发行数量，从而稳定币值。纸币制度是货币发展的必然结果。

（2）优点

与金属本位制度相比，其优越性如下。

① 充分的弹性。由于纸币发行量不受黄金储备的限制，所以其数量有充分的弹性，能够随时满足经济运行对货币的需要。

② 节约流通费用。纸币本身造价低廉，使用方便，避免了贵金属的磨损、遗失等，可以节约流通费用，并使贵金属能更多地用于工业生产。

（3）缺陷

纸币制度具有一定的优越性，但也带来了一系列新的问题，给经济与货币管理造成了困难。

① 极易贬值。纸币的发行不受贵金属储备的限制，失去了稳定的价值依托，极易因发行过量而引起通货膨胀，纸币贬值。实行纸币本位制以来，各国均不同程度地受通货膨胀的困扰。

② 影响国际经济往来。对汇率施加影响成为世界各国政府调节国际经济往来的经常性手段，这种调节对本国有利，但对国际经济和国际金融秩序往往产生不良影响。

③ 对金融体系要求高。纸币制度要求对货币供应量有及时、灵活、有效的调控机制，这就要求加强中央银行的地位，建立比较完善的金融体系，但很多国家没有比较完善的金融体系，往往不能有效地管理货币，造成经济和金融的混乱。

1.4.3 我国的货币制度

1．我国古代的货币制度

我国是一个文明古国，是世界使用货币最早的少数几个国家之一，货币文化源远流长。

历史研究表明，我国历史上曾使用过的货币形式有海贝、布帛、农具、刀币、布币、铲币、环钱、象鼻钱等。秦朝统一中国后，统一使用外圆内方的铜铸币，此后的两千多年中，这种货币一直作为我国的基本货币流通使用；金、银也是流通货币，但一般仅限于富人使用，也不以铸币形式出现，而是称量货币。我国还是使用纸币最早的国家，如唐朝的“飞钱”“便换”，宋朝的“交子”“钱引”等。

总之，我国古代的货币制度是比较混乱的，贵金属与贱金属同时流通，铸币与称量货币同时流通，金属货币与纸币同时流通。货币的铸造、发行以及它们之间的比价等，均缺乏严格的规定，这也反映了当时经济落后的社会现实。

2．我国近代的货币制度

我国近代的货币制度包括清末、北洋政府和国民党统治时期的货币制度。

（1）清末的货币制度

清朝末年，我国的货币制度十分混乱。由于外国势力的入侵，货币种类繁多，有英国的银元、日本的银洋、西班牙的本洋、墨西哥的鹰洋、美国的贸易银元及我国各省自行铸造的银元等。这些银元成色不一，重量不等，尤其是外国银元纯度普遍较低。银元和银两同时流通使用，还有纸币在不同区域流通。这种混乱的货币制度，不仅加重了对劳动人民的剥削，也严重地影响了生产和流通的发展。

于是，在 1910 年 5 月，清政府颁布了《币制则例》，试图统一货币。《币制则例》的主要内容是：以银为主币材料，圆为货币单位，由中央政府按规定的重量和成色统一铸成银圆流通。

但是，由于种种原因，特别是辛亥革命的爆发，《币制则例》最终未能实施。

（2）北洋政府时期的货币制度

1914 年 2 月，北洋政府颁布了《国币条例》，基本延续了清末的《币制则例》，只是略有修补而已。

《国币条例》规定：纯银为主币材料，圆为货币单位，一圆面值银币为主要货币，其余为辅助货币，采用十进制。同时规定只准使用国币，排除外国货币，以“袁大头”统一国内货币流通领域。由于帝国主义势力的干扰破坏，国内军阀混战，割据一方，《国币条例》未能很好地贯彻。

（3）国民党统治时期的货币制度

国民党统治时期，对货币制度进行过两次较大的改革。

① 废两改元

虽然清末和北洋政府时期都强调了以圆为货币单位，但由于旧势力的顽固，实际上仍然普遍用两为计价单位，银元折合成银两后再收付使用，十分不便。国民党政府财政部 1933 年 3 月 1 日颁布了《废两改元令》，规定从当年 4 月 6 日起，所有收付一律改用银元，不准再用银两。

废两改元对统一货币、方便流通、促进经济发展起到了积极作用。但由于中国产银甚少，需大量从国外输入，而且国外主要资本主义国家早已废止了金属货币本位制，所以废两改元的实施是很困难的。

② 法币改革

帝国主义特别是美国，为控制中国，倾销过剩产品，大幅度提高白银收购价格，引起世界银价上涨，中国白银大量外流，市场银根奇缺，物价下跌，银行倒闭，民族工业难以为继。在这种情况下，银本位制的继续存在已成为不可能。于是，1935 年 11 月开始实行法币改革。其主要内容包括：以中国银行、中央银行、交通银行（1936 年 2 月增加中国农民银行）所发行的钞票为法币；三行以外的银行过去财政部核准已发行的纸币照常流通，但不得增发，并限期收回；设立发行准备金管理委员会，收购白银并由该委员会统一管理；过去以银币为单位订立的契约和此后的一切收付活动，均应以法币结算收付；法币与英镑挂钩，以英镑为外汇储备货币，中央银行、中国银行、交通银行三行通过无限制买卖英镑维持法币对英镑的汇率。后在美国的胁迫下，法币又与美元挂钩，成为英、美两国货币的附庸。

法币改革使中国脱离了银本位制而过渡到不兑现的纸币制度，对稳定金融、发展经济起到了积极作用。后由于内战爆发，国民党政府滥发纸币维持政府开支，法币最终归于崩溃。

1948 年 8 月 19 日，国民党政府又实行"币制改革"，发行"金圆券"取代已崩溃的法币。1949 年 4 月"金圆券"便形同废纸。同年，国民党迁往台湾前夕，又发行了"银圆券"。

3．新中国的货币制度

（1）根据地的货币制度

早在新中国成立之前，各革命根据地就有了社会主义货币制度的萌芽。

第一次国内革命战争（北伐战争）时期，党领导下的农民协会就建立了一些信用机构，并发行过货币。

第二次国内革命战争时期，各苏维埃地区也发行了各种货币。

抗日战争和解放战争时期，各根据地和解放区为支持革命战争，先后发行了各自的货币。由于各根据地和解放区处于被分割状态，所以货币制度具有分散性，没有、也不可能有统一的货币制度，但它却为建立新中国的社会主义货币制度积累了经验，提供了基础。

（2）建立和完善统一的人民币市场

1948 年 12 月 1 日，在原华北银行、北海银行和西北农民银行的基础上成立了中国人民银行，并在当天发行了人民币，作为全国的统一货币。具体步骤是：

① 在解放区内统一人民币市场

人民币发行后，对解放区原有的各种货币，采取了同时流通，限期按一定比价兑换成人民币的做法。各种货币按其实际购买力确定与人民币的兑换比率。

② 在新解放区内肃清伪币

随着全国解放形势的发展，对新解放区必须迅速肃清伪币，用人民币占领市场，以便尽快恢复经济。为保护人民群众的利益，采取了限期兑换的政策。由于国民党政府拼命滥发纸币，伪币的币值一日三落，恶性贬值。如天津解放时，人民币对伪金券的比价为 1∶6，限期为 20 天；南京解放时为 1∶2500，限期为 10 天；到上海解放时则为 1∶100000，限期为 7 天。这样，一方面鼓励人们把伪币带到敌占区去购买物资，另一方面加快了人民币占领市场的速度。

③ 禁止金银，外汇流通和私相买卖

在国民党统治区，由于恶性的通货膨胀，人们对伪币彻底失去了信心，于是金银又重新加入流通。同时，外币也成为少数有钱人追逐的对象，这就形成了伪币和黄金、白银、外币同时流通的混乱局面。新中国成立后，国家坚决取缔了外国银行在我国发行货币和垄断中国外汇经营的特权，禁止一切外国货币在我国流通和私相买卖，由国家规定合理的牌价收兑，同时加强了外汇的统一管理，外汇收付、国际结算等均由国家指定的专门机构办理。国家还取缔了金银计价流通和私相买卖的行为，严厉打击金银投机行为，对金银实行低价冻结。通过上述措施的实施，在很短的时间内就建立了统一的人民币市场，把一部分金银和外币集中于国家手中，充实了国家外汇储备。

④ 制止通货膨胀

新中国成立初期，我国的财政经济状况是十分困难的。十几年的战乱使国民经济处于崩溃状态，工农业生产严重萎缩，人民生活极端困苦，国家财政收入非常有限。但是，当时我们又有许多事情亟待去做，如庞大的军费开支、公职人员供给、灾民救济等，致使财政出现了很大的赤字，不得不靠发行纸币解决，于是导致了严重的通货膨胀。能否很好地解决这个问题，不仅关系到新中国社会主义货币制度能否得到巩固，而且关系到人民政权能否稳固、国民经济能否迅速恢复和人民生活能否安定。在这种情况下，新生的人民政权采取了果断有效的措施，加强工农业产品的收购和调剂工作，运用掌握的大量物资，通过适时抛售，沉重打击了囤积居奇、哄抬物价等投机行为，采取了高度集中的财政信贷政策，对财政信贷收支活动实行集中领导，统一管理。这些措施实施仅半年就基本结束了持续十几年的通货膨胀历史，同时也为高度集中的计划经济体制奠定了基础。

（3）货币制度改革

解放战争末期，仓促建立的人民币制度尚有许多不完善之处，给人民群众带来了许多不便，具体表现在：

① 人民币单位价值太低。虽然人民币主要货币单位为“元”，但是能用“元”表示的商品寥寥无几，一般商品均须用“万元“表示价格，即使一块糖果、一根针也要上百元，“元”作为货币单位基本没有意义。

② 人民币造币用纸质量差且不一致，容易损坏，票面种类繁多，不易识别，容易伪造。

③ 票面文字只有汉文一种，少数民族使用不便。

针对以上问题，1955 年 2 月 20 日，国务院颁布了《关于发行新人民币和收回旧人民币的命令》，中国人民银行自 1955 年 3 月 1 日起开始发行新人民币，回收旧币。

新的货币制度主要包括以下内容：

① 新人民币的票面额，主币有 1 元、2 元、3 元（后取消）、5 元、10 元五种，辅币有 1 分、2 分、5 分、1 角、2 角、5 角六种，版面有汉、蒙、藏、维吾尔四种文字。

② 新旧人民币的兑换比率为 1∶10000，自新人民币发行起，一切收付活动包括原有的债权债务及契约等，均改由新人民币计价收付。

③ 所有旧币全部收回。

这次改革给流通带来了极大方便，受到人民群众的欢迎，完善了人民币制度。

（4）我国人民币制度的主要内容

① 人民币为我国唯一的法偿货币，人民币的主币单位为“元”，辅币单位为“角”和“分”，采用十进制，其代号为“¥”，取元的汉语拼音“Yuan”的第一个字母加两横组成。

② 人民币是一种纸币，它没有规定含金量，也不是黄金的符号，和黄金没有任何联系。

③ 人民币的发行。中国人民银行是我国的中央银行，是我国唯一的货币发行机关。国家根据国民经济发展的需要，批准年度人民币最高发行限额，中国人民银行根据国务院批准的货币发行限额，具体办理人民币的发行工作，并集中管理发行基金。

中国人民银行设有发行基金保管库（简称发行库），商业银行则设有业务库。发行基金是尚未发行的人民币，商业银行的业务库要核定库存限额，现金超过库存限额的部分，应交存发行库。当商业银行业务库存现金不足以满足需要时，就要按规定的程序从人民银行的发行库调入现金。将发行基金从发行库调入业务库，就是货币发行。

人民币的发行坚持两个基本原则。

① 货币发行高度集中统一。国家授权除中国人民银行发行人民币以外，其他任何单位、任何地区都不准发行任何货币。未经国家批准，任何地区、任何人都无权动用国家的货币发行基金，无权对市场增加货币投放。

② 坚持经济发行。所谓经济发行，就是根据经济运行对货币的客观需要发行货币，这种发行能保持币值的稳定和经济的健康发展。与之相对立的是财政发行，即根据国家财政的需要，通过发行货币的方法来弥补财政赤字，这样做通常会使货币发行超量，引起通货膨胀，应力求避免。

人民币是独立自主的货币。国内只准使用人民币，不允许外币流通，人民币不能自由出入境，不能自由兑换。

（5）人民币制度的未来

最终的目标，就是让人民币成为可兑换货币，像美元、英镑等西方货币一样，成为能够被国际社会广泛接受的世界货币。使人民币成为币值非常稳定的货币，建立人民币的良好国际信誉，从根本上要依赖我国经济的发展和综合国力的增强，当然，也要依赖我们对货币本身的管理。

1.5 货币流通规律

货币流通是指货币作为流通手段和支付手段形成的连续不断的运动，货币流通规律包括金属货币流通规律和纸币流通规律。

1.5.1 金属货币流通规律

货币流通是为商品流通服务的，是商品流通的表现。商品经过交换后，进入生产领域或生活消费领域，从而退出流通领域，而货币在充当一次交换的媒介后又去充当另一次交换的媒介，不断在流通领域中运动。我们可以通过以下的公式来计算货币作为流通手段的需要量。

$$货币作为流通手段的需要量=\frac{商品价格总额}{货币流通速度}=\frac{商品数量\times商品价格}{货币流通速度}$$

根据公式，流通中所需的货币量取决于三个因素：商品数量、商品价格和货币流通速度。流通中所需的货币量与商品数量、商品价格成正比，即商品数量越多、商品价格越高，流通中所需的货币量越多；与货币流通速度成反比，即货币

流通速度越快，流通中所需的货币量越少。另外，货币在执行支付手段职能的情况下，赊销商品不需要支付货币、债权债务关系相互抵消等因素，会影响一定时期内流通中所需要的货币量，此时货币流通规律的公式为：

$$\text{货币流通必要量}=\frac{\text{商品价格总额}-\text{赊销商品价格总额}+\text{到期的支付总额}-\text{相互抵消的支付总额}}{\text{货币流通速度}}$$

1.5.2 纸币流通规律

纸币是由国家发行并强制流通的不能兑换黄金的货币符号。纸币与金属货币的相同之处在于：纸币流通与金属货币流通都是为商品流通服务的，都要以商品流通为基础，其流通数量都是与商品流通数量或商品价格成正比。不同之处在于：金属货币本身有价值，其数量如果超出商品流通的需要量，会自动退出流通进入储藏，使流通中的数量始终与商品流通的需要量相适应，而纸币是不能兑换的金属货币的符号，如发行过多不会自发退出流通，不会自发调节货币流通规模。纸币流通规律可以用以下公式表示。

$$\text{单位纸币所代表的金属货币量}=\frac{\text{流通中所必需的金属货币量}}{\text{流通中的纸币总量}}$$

由以上公式可知，纸币发行量取决于流通中所必需的金属货币量，当纸币发行量大于流通中所必需的金属货币量时，纸币会贬值；当纸币发行量小于流通中所必需的金属货币量时，纸币会升值。

1.6 货币层次划分

现代经济中的货币供给，是由银行系统提供的现金和存款货币构成的。在现实经济生活中，人们往往还将货币的范围扩展到一些流动性较强的短期证券，如国库券、商业票据等，因为它们可以很容易地转换为现金或活期存款而成为现实的购买和支付工具。经济学家普遍认为，流通中的纸币或辅币是通货，它们只是货币的一部分，而不是货币的全部，货币包含的范围要比通货大得多，可以划分为若干层次。

货币层次划分是将流通中的货币量按照其流动性的大小分成若干层次。不同国家对货币层次的划分各不相同，但基本思路均是按照货币的流动性或可接受性来划分的，其中的流动性是指金融资产以合理的成本及时转化为现金形成现实购买力的难易程度。

1．西方国家货币层次的划分

按照货币的流动性和可接受性，西方经济学家一般将货币划分为以下几个层次：

M_1=通货+商业银行的活期存款

$M_2=M_1$+商业银行的定期存款

$M_3=M_2$+商业银行以外的金融机构的金融债券

$M_4 = M_3$ +银行与金融机构以外的所有短期金融工具

不同的国家情况也不完全相同，如在美国：

M_1 =现金+活期存款+其他支票存款+旅行支票

$M_2 = M_1$ +由商业银行发行隔夜回购协议（RP）+隔夜欧洲美元存款+货币市场互助基金股份（MMMF）+在所有存款机构的储蓄和货币市场存款账户（MMDA）+在所有机构的小额定期存款

$M_3 = M_2$ +所有存款机构的大额定期存款+定期回购协议和定期欧洲美元+货币市场互助基金股份（机构）

$M_4 = M_3$ +短期财政部证券+商业票据+储蓄债券+银行承兑票据

一般各国都把 M_1 称为狭义的货币量，M_2 称为较广义的货币量，M_3 称为更广义的货币量，M_4 称为最广义的货币量。有的国家则简单地将货币划分为 M_1（狭义货币量）和 M_2（广义货币量）。

2．我国的货币层次的划分

从我国金融经济运行的实际情况出发，根据国际通用的按货币流动性的强弱进行划分的原则，1994 年第三季度，中国人民银行首次制定了货币供给量统计方法，并开始定期向社会公布货币供给量统计资料，其后经过了三次修订，目前我国把货币供给量划分为四个层次：

M_0 =流通中现金

$M_1 = M_0$ +企业活期存款（企业存款扣除单位定期存款和自筹基建存款）+机关团体部队存款+农村存款+个人持有的信用卡类存款

$M_2 = M_1$ +城乡居民储蓄存款+企业存款中具有定期性质的存款+外币存款+信托类存款+证券公司客户保证金

$M_3 = M_2$ +金融债券+商业票据+大额可转让定期存单等

划分货币层次具有重要的现实意义，一是有利于为中央银行的宏观金融决策提供一个清晰的货币供应结构图，有助于中央银行掌握不同的货币运行态势，并据此采取不同的措施进行调控；二是有助于中央银行分析整个经济的动态变化。每一层次的货币供应量，都有特定的经济活动和商品运动与之对应，通过对各层次货币供应量变动的观察，中央银行可以掌握经济活动的状况，并分析预测其变化的趋势。

本章小结

（1）货币是随着生产力的发展和私有制的出现，在商品交换过程中产生的。货币是固定充当一般等价物的特殊商品，具体表现在：它可以衡量和表现一切商品的价值，具有同一切商品相交换的能力。货币形式的演变经历了实物货币、金属货币、代用货币和信用货币四个阶段。

（2）货币主要有五种职能，即价值尺度、流通手段、储藏手段、支付手段和世界货币。

（3）不同国家对货币层次的划分各不相同，但基本思路都是将货币的流动性作为划分的依据，我国将货币划分为 M_0、M_1、M_2、M_3 四个层次。

（4）货币制度是一个国家或地区以法律形式规定的货币流通的规则、结构体系和组织形式。货币制度的基本内容包括：货币材料的确定；货币单位的确定；本位币、辅币的铸造、发行与流通程序；金准备制度。货币制度通常以币材进行分类，历史上先后出现过银本位制、金银复本位制、金本位制三种金属货币制度，最后过渡到现代的信用货币制度。

（5）货币流通是指货币作为流通手段和支付手段形成的连续不断的运动，货币流通规律包括金属货币流通规律和纸币流通规律。

复习思考题

一、名词解释

1. 货币　　2. 实物货币
3. 金属货币　　4. 存款货币
5. 纸币　　6. 银行券
7. 信用货币　　8. 支付手段
9. 货币制度　　10. 货币单位
11. 主币　　12. 辅币
13. 无限法偿　　14. 自由铸造
15. 银本位制　　16. 金银复本位制
17. 格雷欣法则　　18. 金本位制
19. 信用货币制度

二、填空

1. 货币的演变历程经历了________和_______两种基本形式；当今世界普遍采用的货币形式是_____，它的具体形式有_____、______、______和_______四种。

2. 货币本位制度的类型有_______、______、______ 和______四种；在实行了纸币本位制以来，世界各国均不同程度地受________的困扰。

3. 人民币的代号为_____，主币单位是 _____，辅币单位是______，它是一种纸币，没有规定_______，也不是______的符号。

4. 金币可以自由铸造、黄金可以自由输出输入的金属货币制度是______。

5. 本位货币单位以下的小面额货币统称为_______。

6. 规定金币和银币都按照市场比价流通的金银复本位制被称为________。

7. 由法律赋予某一种货币的不受支付性质、支付数额限制的支付偿还能力被称为____________。

8. 流通中的货币即所谓的通货，一般包括_______与________。

三、单项选择

1. 货币在_____时执行价值尺度职能。

A. 商品买卖　B. 缴纳税款　C. 支付工资　D. 表现和衡量商品价值

2. 货币执行支付手段职能的特点是______。

A. 货币是商品交换的媒介　B. 货币运动伴随商品运动
C. 货币是一般等价物　D. 货币作为价值的独立形式进行单方面转移

3. 商品的价格是______。

A. 商品与货币价值的比率　　B. 同商品价值成反比

C. 同货币价值成正比　　D. 商品价值的货币表现

4. 货币的本质特征是充当______。

A. 普通商品　　B. 特殊商品　　C. 一般等价物　　D. 特殊等价物

5. 货币在执行储藏手段职能时，能自发的调节______。

A. 信贷规模　　B. 货币必要量　　C. 货币流通量　　D. 生产规模

6. 在信用货币制度下黄金准备的作用是______。

A. 作为国内金属货币的准备金　　B. 作为支付存款的准备金

C. 作为兑付银行券的准备金　　D. 作为国际支付的准备金

7. 历史上最早出现的货币形态是______。

A. 实物货币　　B. 金属货币　　C. 银行券　　D. 信用货币

8. 贝币和布帛是我国历史上的______。

A. 信用货币　　B. 纸币　　C. 实物货币　　D. 金属货币

9. 金属货币制度不具有的性质是______。

A. 流通中主币为金属铸币　　B. 辅币限制铸造

C. 主币无限法偿　　D. 辅币无限法偿

10. 信用货币制度不具有的性质是______。

A. 主币集中发行　　B. 辅币集中发行

C. 信用货币在流通中使用　　D. 流通中主币为金属铸币

11. 金属货币通过自由铸造进入流通在______条件下不复存在。

A. 银本位制　　B. 金银复本位制　　C. 信用货币制度　　D. 金币本位制

12. 金银铸币按照法定比价流通是______。

A. 金汇兑本位制　　B. 金块本位制　　C. 双本位制　　D. 平行本位制

13. 信用货币的购买力______货币币材的价值，但不能自由兑换金属商品货币。

A. 远大于　　B. 远小于　　C. 基本等于　　D. 略小于

14. 存在商业银行使用支票可随时提取的活期存款称为______。

A. 派生存款　　B. 储蓄存款　　C. 存款货币　　D. 原始存款

15. 国内没有金币流通，将本国货币依附于实行金本位制国家的本位币，这种货币制度称之为______。

A. 金块本位制　　B. 金本位制　　C. 金汇兑本位制　　D. 银行券制

四、多项选择

1. 作为货币的商品应具有的特征是______。

A. 价值比较高　　B. 易于分割　　C. 易于保存　　D. 易于流动

E. 便于携带

2. 价格标准是______。

A. 价值尺度的表现　　B. 货币的独立职能

C. 由国家法律规定的　　D. 包含一定重量贵金属的货币单位

E. 价值的独立存在

3. 货币的两个基本职能是______。

A. 价值尺度　　B. 流通手段　　C. 支付手段　　D. 储藏手段

E. 世界货币

4. 货币发挥支付手段职能的主要领域有______。

A. 支付地租　　B. 财政支出　　C. 银行信贷　　D. 缴纳税款

E. 工资发放

5. 以下属于货币制度构成要素的有______。

A. 货币金属　　B. 货币材料　　C. 货币单位　　D. 黄金储备制度

6. 我国的纸币______。

A. 是货币符号　　B. 有含金量的规定

C. 强制流通　　D. 由国家发行

7. 金币本位制的特点是______。

A. 以黄金为币材，金币为本位币　　B. 金币自由铸造，具有无限法偿能力

C. 代用货币可自由兑换金币　　D. 代用货币有限制地兑换金币

E. 黄金可自由输出输入

8. 我国货币制度规定，人民币应具有以下特点______。

A. 是不可兑现的银行券　　B. 是可兑现的银行券

C. 与黄金没有直接联系　　D. 可以兑换黄金

E. 具有无限法偿能力　　F. 法偿能力是有限的

9. 货币制度的基本类型有______。

A. 银本位制　　B. 复本位制　　C. 金本位制　　D. 银行券制

E. 不兑现的信用货币制度

10. 信用货币包括______。

A. 实物货币　　B. 金属货币　　C. 纸币　　D. 银行券

E. 存款货币　　F. 电子货币

11. 银行券可以自由兑换贵金属存在于______条件下。

A. 银本位制　　B. 金银复本位制　　C. 金币本位制　　D. 金汇兑本位制

E. 金块本位制

12. 金铸币作为流通中主币的情况存在于______条件下。

A. 银本位制　　B. 金银复本位制　　C. 金币本位制　　D. 金汇兑本位制

E. 金块本位制

13. 不兑现信用货币制度下，主币具有以下性质______。

A. 国内流通中的基本通货　　B. 国家法定价格标准

C. 面值为货币单位的等份　　D. 发行权集中于中央银行或指定发行银行

E. 足值货币

14. 金块本位制和金汇兑本位制都是削弱了的、残缺不全的金本位制，其原因在于______。

A. 二者都没有金币流通

B. 银行券兑换黄金的能力大为下降

C. 银行券只是价值的符号

D. 把本国货币依附于美元等，使本国货币很不稳定

E. 银行券规定有含金量，但不能兑换黄金

15. 当代信用货币的构成主要有______。

A. 现钞　B. 信用卡　C. 债券　D. 活期存款

E. 金属铸币　F. 股票

五、问答题

1. 为什么货币储藏手段对调节货币流通量发挥特殊作用？

2. 什么是价格标准？它与价值尺度有什么不同？

3. 货币制度的基本内容有哪些？

4. 信用货币制度有哪些基本特点？

5. 货币制度有哪些构成要素？

6. 为什么说金块本位制和金汇兑本位制都是残缺不全的金本位制？

7. 金银复本位制下为什么会出现“劣币驱逐良币”的现象？

8. 为什么说金币本位制是一种稳定的货币制度？

9. 不兑现的信用货币制度有什么特点？

10. 金本位制有哪些优点？它为什么最终走向崩溃？

11. 活期存款也是信用货币，为什么？

12. 代用货币与信用货币有什么相同和不同？

13. 本位币有什么特点？辅币为什么不能自由铸造？

14. 纸币最主要的优点和缺点各是什么？

15. 我国人民币制度的基本内容是什么？

16. 货币层次划分的标准是什么？我国的货币层次是如何划分的？

第2章 信用、利息与利率

学习要求

通过本章的学习，应掌握以下的知识和技能。

知识目标

了解信用产生和发展的历史及其演变，掌握现代信用体系的构成、各种信用形式及其特点、信用工具的一般特征及种类，理解利息、利率的实质，掌握利息、利率的表示方法、利率的种类、决定理论及利率水平的影响因素，了解我国现在的利率体制和市场化改革方向。

技能目标

能够运用单利、复利两种方法计算利息，能够正确填制、使用汇票、支票等各类票据。

商品货币经济是价值经济，信用是价值的特殊形式。因此，信用从属于商品货币经济的范畴，它产生的根源是商品经济及其发展。信用本身并不是财富，但信用创造的工具和服务，连接了时间和空间，使社会经济运行循环不已，生生不息，促进了社会的繁荣和经济的发展。可以说没有信用的成长，就没有秩序的发展，没有秩序的发展，就没有健康的市场经济。本章将系统地介绍信用的性质、功能、信用形式的演化和现代信用工具。

2.1 信用及产生

现代市场经济是信用高度发达的市场经济，即信用经济。信用是现代市场经济的基础、纽带和灵魂。在一个发达的商品交换社会中，一切经济活动的开展都离不开信用。信用已成为现代市场经济的一个基本构成要素。

2.1.1 信用的含义

“信用”在《辞海》上解释为：信任使用。无论是东方传统的儒家思想还是西方的《圣经》，都反复强调信用对一个人的重要性。“信用”一词，在日常生活中使用非常广泛，它包含信任、守诺言和兑现合约等含义，于是传统的信用被认为是一个社会道德的文化概念。

在经济学中，信用指的是一种借贷行为，是以偿还和支付利息为条件的价值运动的特殊形式。

信用和一般的商品买卖形式不同，但实际上它也是一种交换关系，遵循等价交换的原则，按期归还并支付利息就是这个原则在信用范畴的具体应用。

我们应当从以下几个方面来理解信用。

1．信用是一种借贷行为

借贷行为包括商品的赊欠或货币借贷。借贷关系既可以通过口头来确定，又可以通过书面签约来确定，但口头确定的信用关系容易引起纠纷，难以维护债权人应有的权利，因此通常采用书面签约的形式。

信用作为一种借贷行为，要有两个当事人，即借者与贷者。当事人一方是债权人，另一方是债务人。债权人将商品或货币借出，我们称之为“授信”；债务人接受商品或货币我们称之为“受信”；而债务人遵守承诺按期偿还商品或货币，则被称为“守信”。借贷活动中，债务人承担的这种在将来有偿还义务的商品或货币就是债务。

2．信用关系是一种债权和债务关系

债务是将来偿还价值的义务；债权则是将来收回价值的权利。在现代经济生活中，信用即债权债务关系是一种最普遍的经济关系，经济活动中的每一个部门、每一个环节都渗透着债权债务关系。

3．信用是一种价值运动，其特征是以偿还为条件的付出

信用关系所引起的价值运动，是通过一系列的借贷、偿还、支付活动实现的。这里的货币与商品不是被卖出，而是被贷出，所有权没有发生转移，只是使用权发生了变化。借者得到的只是暂时使用货币与商品的权力，所有权仍然属于贷者，到期后必须归还。借贷行为发生时，贷者贷出货币或商品，并没有取得任何等价物，既不表示买，也不表示卖，贷出者只是在一定时间内出让货币或商品作为资本所有的特殊使用价值的使用权，并没有放弃对货币或商品的所有权，并且获得了在一定时期后对本金和利息的索取权。在这里，价值是作为一种独立的形态，进行单方面的转移，没有发生对等的交换。

2.1.2 信用产生和存在的基础

信用产生的前提条件是私有制。在人类历史的很长一段时间里，信用的发展是以高利贷的形式出现的，一直到资本主义信用的出现。

随着商品经济的进一步发展，货币在经济生活中的作用日益增强，有些人需要货币用以赚取利润，而另一些人手头则积有货币，需要寻找有利的机会获得增值，这种货币余缺的存在和双方经济利益的不同决定了货币借贷的出现。

私有制是信用关系产生的制度基础。在私有制条件下，不同经济主体产权明确并受到法律的严格保护。所谓产权是一系列权利的组合，包括所有权、占有权、使用权、支配权、索取权、继承权和不可侵犯权等。对产权主体利益的保护在操作上直接体现为对侵权行为造成的损失加以赔偿。因此，信用关系可以理解为是产权关系的延伸。债务人不履行合同就是对债权人财产权利的侵犯，也就是违背了宪法和法律。

2.1.3 信用要素

信用的构成要素包括：信用主体、信用标的、信用载体及信用条件。

1．信用主体

信用主体主要是指从事经济活动的各部门，包括企业、政府、金融机构及居民个体。信用主体通过直接或间接方式进行实物或资金的融通，形成债权债务关系，提供信用者为债权人，接受信用者为债务人。

2．信用标的

信用标的指的是信用关系的对象，包括实物和货币两种形式。以实物形式提供的信用，表现为商业信用；以货币形式提供的信用，以银行信用最为典型。

3．信用载体

信用载体指的是所使用的信用工具即载明债权债务关系的合法凭证，如商业票据、银行票据、股票、债券等。

4．信用条件

信用条件指的是提供信用的期限和利率。信用是所有权和使用权的暂时分离，因此，需要确定一个信用关系开始至结束的时间间隔，即信用的期限。而利息对债权人来说，是让渡实物或货币使用权应得的补偿；对债务人来说，是获得实物或货币使用权必须付出的代价。其他信用条件还包括必须提供的担保人或抵押品等。

2.2 信用的历史

人类最早的信用活动产生于原始社会末期。由于社会生产力的发展，原始社会出现了两次社会大分工，即畜牧业从原始农业中分离出来的第一次社会大分工，以及手工业从农业中分离出来的第二次社会大分工。两次社会大分工使劳动生产力有了显著的提高，劳动产品有了剩余，从而使交换日益频繁。社会分工的发展和商品交换范围的扩大，加快了原始社会公有制的瓦解和私有制的产生。原来属于原始共同体的公有财产逐渐变成各个家庭的私有财产。私有制的出现，造成财富占有的不均，从而出现贫富差别和分化。一部分家庭因为贫穷而缺少生活和生产资料，为了维持生活和继续从事生产，他们被迫向富裕家庭告借。于是，信用产生了。

信用随着商品经济的发展而发展，经历了高利贷信用、资本主义信用和社会主义信用三种形态。

高利贷信用，简称高利贷，是以高额利息为特征的借贷行为。

高利贷信用是前资本主义信用的典型形态，小生产和商品货币经济不发达是高利贷猖獗的经济基础。

高利贷产生于原始社会末期，在奴隶社会特别是封建社会得到了广泛的发展。由于生产能力低下，遭遇任何的自然灾害或意外事故，都会使小生产者和小农陷于简单再生产难以为继的地步。一切天灾人祸都能使他们贫困、破产，在这种情况下，为了维持简单的生产、生活之需，小生产者不得不告贷于高利贷者，这就为高利贷的存在和发展提供了条件，而作为剥削阶级的奴隶主、贵族和封建主，为了维持其奢靡的生活或者出于政治、战争的需要，有时也会求助于高利贷。

高利贷信用的主要特点是：

1．利息高

高利贷的利息率很高，年利一般在 30%～40%，有的甚至高达 100%～200%。高利贷不仅侵吞了小生产者的剩余劳动，还吞噬了他们的一部分必要劳动，甚至土地、房屋、牲畜等也经常被高利贷夺走。

2．非生产性

从用途来看，小生产者借高利贷多用于生活急需、缴付租税，以维持生产和生活；奴隶主和地主借高利贷则是为了满足奢侈的、寄生性的生活，与社会再生产没有直接联系。

高利贷的作用表现在：

（1）推动了自然经济解体，促进了商品货币经济的发展。高利贷信用主要以货币借贷形式进行，因此债务人不得不在自给生产的同时，设法增加商品的生产，通过市场以商品换货币，这样就促进了商品货币经济的发展，促进了自然经济的解体。

（2）在向资本主义社会过渡时期，高利贷起到了双重作用。一方面负有高利贷债务的小生产者在高利贷的盘剥下通常处于贫困状态，只能进行简单再生产，从而引起生产的停滞；另一方面高利贷也促进了资本主义生产方式条件的形成，高利贷通过自身特有的“高利”特点积累了大量的资金，为资本主义的生产方式提供了资本，同时迫使农民和手工业者破产并沦落为无产阶级，进一步促使雇佣劳动后备军的形成。货币资本的积累以及后来雇佣劳动后备军的形成，构成了资本主义生产方式建立的重要条件。

借贷资本信用是货币资本家为了获取利息而暂时贷给职能资本家使用的货币借贷形式。

借贷资本运动作为资本主义信用的本质特征，它有与产业资本不同的特征。

1．借贷资本是作为商品的资本

借贷资本家把自己的货币资本贷放给职能资本家使用，这个货币资本是作为一种商品出现的，作为借贷或购买这个商品的使用权而付出的代价就是利息，于是这个资本又具有一种利息形态的“价格”。所以，作为借贷资本的资本既具有使用价值又具有价格。

2．借贷资本是所有权资本

借贷资本家所拥有的货币资本，是一种所有权资本，为了获得利息而贷放给职能资本家使用，而职能资本家则取得资本的使用权，用来发挥它的职能资本的作用，以便于在再生产过程中取得剩余价值。

3．借贷资本具有特殊的运动形式

借贷资本不同于产业资本和商业资本，产业资本的运动形式是：货币（G）—商品（W）—生产过程（P）—增值的商品（W’）—增值的货币（G’）；商业资本的运动形式是：货币（G）—商品（W）—增值的货币（G’）；借贷资本的运动形式是：货币（G）—增值的货币（G’）。借贷资本的利息收入来源于产业利润或商业利润，而产业利润或商业利润又都来源于雇佣工人所创造的剩余价值。

社会主义信用体现了社会主义生产关系，我国社会主义制度建立以后，自觉地利用信用为社会主义建设和发展服务，建立起新型的信用关系。

随着商品经济的发展，现代信用也有了突飞猛进的发展，不仅信用形式与信用工具多样化，而且信用关系已渗透到商品经济生活的方方面面。无论微观经济活动，还是宏观经济活动，都离不开货币信用形式，都需要借助于信用工具。因此，人们通常把现代商品经济称为货币信用经济。

2.3 现代信用的主要形式

信用形式就是信用关系表现出来的具体形式。随着商品经济的发展，信用形式也趋于多样化。由于借贷当事人不同，借贷的目的和用途等不同，信用的具体形式也不相同。

按照债权人和债务人之间的关系来划分，信用可以分为直接信用和间接信用两种形式。直接信用是指资金盈余单位通过签署借款协议或债务证书的方法直接向资金短缺单位提供的信用；间接信用则是通过信用中介机构而间接发生的借贷行为。在市场经济条件下，除银行信用是间接信用外，其他信用形式基本上都属于直接信用。按债权人和债务人所在地域来分，信用可以分为国内信用和国际信用。国内信用是指债权人和债务人都在一国范围内的信用；国际信用则是债权人或债务人有一方在国外的信用。

2.3.1 商业信用

1．商业信用的概念

商业信用是企业之间进行商品交易时，以延期支付或预付形式提供的信用。其中包括赊销商品、委托代销、分期付款、预付定金、预付货款及补偿贸易等多种方式。归纳起来主要就是赊销和预付两大类。

赊销是企业之间经常采用的一种延期付款的销售方式。在赊销方式中，商品购买企业在获得商品时，并没有马上支付货款，而是约定在将来付款。赊销方式对买卖双方都有好处。如果购买企业必须马上用现金支付货款，那么当企业缺乏购货现金时，就不能及时进货，这对生产企业的再生产是不利的。若采用赊销方式，购货方可以在没有购货资金时先把商品拿走，约定期限再支付货款，满足了生产经营过程对商品的急需，而销货方也通过把商品赊销出去而减少了商品的库存占压，双方实现共赢。

预付是购货企业在没有获得商品时，预先支付部分或全部货款。

2．商业信用的特点

（1）商业信用的债权人和债务人都是商品的生产经营者

商业信用是与生产经营紧密结合的一种信用形式，不仅债务人是从事生产或流通活动的商品经营者，而且债权人也必然是商品经营者，因为只有他们才有商品赊销给别人而成为债权人。其信用主体是生产经营者，其提供的资本是产业资本。

（2）借贷行为与商品买卖行为结合在一起

商业信用实际上包含了两种行为：商品的买卖行为和借贷行为。例如，在赊销方式下，对生产企业来说，如果它与另一个企业发生了商业信用，那就意味着它一方面是把商品卖给了对方企业，另一方面又向对方企业提供了一笔资金。因为当生产企业把商品交给购货企业时，双方是正常的商品买卖关系，但由于商品的货款并未立即支付，双方同时又形成了借贷关系。购货企业到期必须以货币的形式偿还债务。

（3）商业信用与经济周期密切相关

由于商业信用是商品买卖过程中发生的，因此商品销售状况决定了商业信用的基本规模。在经济繁荣时期，生产扩大，商品增加，商业信用的供应和需求随之增加。而在经济衰退时期，生产下降，商品滞销，商业信用的供应和需求随之减少。

3．商业信用的作用和局限性

（1）商业信用的作用

商业信用有利于协调企业间的关系，保证生产流通的连续进行，促进整个生产流通过程有序顺利发展。在发达的商品经济中，商品生产者之间存在着种种稳定的经济联系，但在实际过程中，这种联系会由于种种原因而受到影响。例如，商品生产者必须要与原材料供应商发生经济往来，但当出现企业由于缺少现款而不能购买原材料等情况时，联系就会中断，生产就无法进行下去，这时如果对方能为企业提供商业信用，企业就可以及时得到原材料，继续进行生产。所以，商业信用保证了企业之间的这种必要联系。

商业信用作为银行信用的补充，具有两个优点：第一，商业信用是直接信用，借贷双方具有直接利害关系，有利于增强企业的责任感，提高经济效益；第二，商业信用的合理运用，有利于推销新产品和滞销产品，减少资金积压。

（2）商业信用的局限性

商业信用的局限性主要体现在以下几个方面：

① 由于商业信用是债权人和债务人双方之间的直接联系，而且商业信用主要是提供产业资本，所以在借贷数量上受到债权人产业资本规模的限制。

② 商业信用具有严格的方向性。商业信用与产业资本变动相一致，一般只能是由企业向需要自己产品的企业提供。通常是由上游企业向下游企业提供，或工业企业提供给商业企业，不能逆转，所以在借贷方向上受到了限制。

③ 在信用方面，由于商业信用是一种直接融资方式，所以借贷双方要求必须在资金使用期限、金额上取得一致，否则这种借贷行为无法成立。

商业信用作为典型的直接信用形式，其基本特征是债权人和债务人都是企业。随着现代金融市场的发展和金融工具的创新，企业融资出现了证券化趋势，越来越多的企业用发行商业票据、企业融资券或企业债券的方式向社会筹集资金，从而使商业信用异化为一方（债务人）是企业，另一方（债权人）为社会公众的一种直接信用形式。

2.3.2 银行信用

1．银行信用的概念

由于商业信用的局限性，因此在商业信用广泛发展的基础上，又产生了银行信用。所谓银行信用，是指银行和非银行金融机构以货币形态向企业、社会和个人所提供的信用。银行信用已经成为现代经济中信用的主要形式。

2．银行信用的特点

银行信用虽然是在商业信用的基础上产生的，但是与商业信用相比，银行信用具有以下特点：

① 银行信用是一种间接信用。银行利用自己的中介职能，一方面把社会闲散资金集聚起来；另一方面又以贷款方式把资金贷放出去，从而调剂资金的余缺。而商业信用是一种直接信用，是企业之间相互提供的信用。

② 银行信用的对象是货币资本，而不是商品资本。货币资本是集社会各方面而形成的可贷资金，它的规模大，期限较长，因而可以克服商业信用受个别企业资金数量限制的局限性，可满足大额资金的借贷需求，同时可把短期借贷资金转换为长期的借贷资本。另外，货币资本具有广泛可接受性，因而不再受资金流转方向的约束，从而在规模、范围、期限和使用方向上大大优越于商业信用。

③ 银行信用的流量、流向是宏观调控的重要手段。

④ 银行信用为商业信用的进一步发展创造条件。银行的商业票据贴现将分散的商业信用统一为银行信用，同时银行在商业票据贴现过程中发行稳定性强、信誉高的银行券，创造了适应全社会经济发展的流通工具。银行信用的主要工具是银行票据，如支票、银行汇票等。

⑤ 银行信用的盛衰与经济周期的变化不一致。在经济危机时期，商品过剩，价格下跌，商品难以出售或按低价出售，人们为了清偿债务，不得不大量借入货币，这时，人们对银行信用的需求大量增加；在经济繁荣时期，人们对银行信用的需求不会立即增加，因为企业在停工以后重新开业时，一般先利用自有资金，在自有资金用完以后，才会增加对银行信用的需求，只有到了繁荣的后期，银行信用的增长才与产业资本的增长保持一致。

综上所述，银行信用无论在规模上、方向上、期限上以及信用能力上，都大大优越于商业信用，是在现代经济中占主导地位的基本信用形式。

2.3.3 国家信用

1．国家信用的概念

国家信用是指国家及其机构作为债务人或债权人，依据信用原则向社会公众和国外政府借债或向债务国放债的一种信用形式。

国家信用又称公共信用，是一种古老的信用形式，它伴随着国家机器的形成，特别是政府发生财政赤字，为弥补财政赤字而产生。目前世界各国几乎都采用了发行政府债券的形式来筹措资金。向国内发行债券形成内债；向国外发行债券形成外债。一国国债规模的大小，主要通过国债负担率、国债依存度和国债占金融资产比重来衡量。政府负债应有一个合理的界限，负债过度会造成国家信用的危机。

2．国家信用的基本形式

（1）国家公债

这是一种长期债券，期限在 1 年以上。政府发行这种公债筹集的资金一般用于弥补财政赤字、国家大型重点项目或调节货币供应量。

（2）国库券

这是一种短期债券，期限在 1 年以内，主要用于解决财政暂时性收支不平衡。

（3）专项债券

政府特别为某个项目或工程发行的债券，这种债券所筹集的资金用于指定项目。

3．国家信用的作用

（1）弥补财政赤字

弥补财政赤字、平衡财政收支的方法有以下几种：一是向银行借款和透支，银行在资金来源不足的情况下，只能依靠扩大货币供给来满足财政的需要，结果会导致通货膨胀、物价上涨；二是增加税收，但税收过多会打消企业生产经营积极性；三是发行政府债券，发行国债是将企业、居民的购买力转移给了国家，不会导致通货膨胀，也不会打消企业的生产积极性，所以世界各国都尽量采取发行国债的方法来弥补财政赤字。

（2）为国家筹集生产建设资金

国家可以通过发行中长期国债，筹集大量中长期资金用于基础设施和公共设施建设。

（3）调节货币供应量

政府发行的债券为中央银行的公开市场业务提供了交易的对象，中央银行可以根据宏观经济运行状况，通过买卖政府债券调控货币供给，进而调节宏观经济运行。

在现代市场经济中，国债不仅是政府筹资的重要手段，而且日益成为居民、企业、政府等各经济主体进行投资的重要工具，发挥着“准货币”的作用。

2.3.4 消费信用

1．消费信用的概念

消费信用是指银行和非银行金融机构、工商企业对消费者提供的、用于满足其消费需求的信用形式。

现代经济生活中的消费信用是与商品和劳务，特别是住房和耐用消费品的销售联系在一起，其实质是通过赊销或消费贷款等方式，为消费者提供超前消费的条件，促进商品的销售和刺激生产的发展。

2．消费信用的形式

（1）赊销

这是零售商向消费者提供的一种短期消费信用，主要通过信用卡方式完成。

（2）分期付款

消费者购买消费品时先支付一部分货款，然后按合同分期支付剩余货款，多用于购买高档耐用品或房屋、汽车等，属于中长期消费信用。

（3）消费贷款

消费贷款是银行或其他金融机构利用信用放款或抵押放款方式对消费者发放贷款，用以购买耐用消费品、住房以及支付旅游等费用。消费信用按贷款的对象不同，可分为买方信贷和卖方信贷两种方式。买方信贷是直接对购买消费品的消费者发放贷款；卖方信贷是对销售消费品的商业企业发放贷款。

消费信用在一定条件下可以缓解有限购买力与需求结构的矛盾，从而促进消费品的生产和销售。另外，消费信用对于促进新技术的应用、新产品的推销以及产品的更新换代，也具有重要的作用。当然，消费信用的过度膨胀，也会导致市场供求紧张，促使物价上涨。因此，对于不同经济条件的国家和地区或同一国家或地区的不同时期，消费信用会产生不同的效果。

2.3.5 合作信用

合作信用是信用合作组织向其成员提供的信用。信用合作组织通常又叫信用合作社，它是一种集体金融组织，由社员集资入股，按股金分红，通过发展信贷业务，经营借贷资金，以偿还为条件，实行资金互助，帮助社员解决资金困难。

从历史来看，信用合作组织是在资本主义的银行制度产生之后发展起来的，开始是小商品生产者企图用信用合作方式解决自己资金需要以保存和巩固小商品经济。

2.3.6 民间信用

民间信用又称个人信用，是民间个人之间相互提供的信用形式，主要用于满足生产、生活之需。民间信用历史悠久，是历史上最早出现的信用形式，它存在于奴隶社会以来的各个历史阶段。在我国，随着农村商品经济的发展，资金需求不断增加，银行和信用社虽然投放大量贷款，但仍不能满足需要。民间信用作为弥补银行信用和信用社信贷之不足，调剂农村资金余缺的重要信用补充形式，适合家庭以及各种合作经济分散经营的特点，满足其对资金融通多渠道多形式的要求，目前已在农村经济中发挥着重要作用。

民间信用一般具有以下几个特点：

① 利率偏高。一般高于银行利率，利率水平取决于产业利润率及供求状况。

② 风险较大。这不仅表现为大多没有书面契约，容易出现赖账，而且由于居民个人经营能力有限，容易遭受意外风险，影响偿债。

③ 灵活方便。借款一般在很熟悉的人之间发生，提供信用的手续简便，期限也很灵活。

2.3.7 国际信用

1. 国际信用的概念

国际信用是国与国之间的企业、政府、经济组织、金融机构等相互提供的信用形式。在全球经济一体化的条件下，国际贸易与国际经济交往日益频繁，使国际信用成为国际结算、扩大进出口贸易的重要工具。

2. 国际信用的主要类型

国际信用的主要类型有以下几种。

（1）国际商业银行贷款

国际商业银行贷款是一些大的商业银行向外国政府及其所属部门、私营工商企业或银行提供的中长期贷款。

（2）出口信贷

出口信贷是一国政府为了增强本国出口能力，而对本国出口企业给予利息补贴和提供信用担保的信用形式。它是一种对外贸易中长期信贷。出口信贷的主要形式有：

① 卖方信贷。出口商所在地银行或金融机构对出口商提供的中长期信贷。

② 买方信贷。出口方银行或金融机构直接向进口商提供贷款，指定贷款用于购买发放贷款的国家或企业的商品。

③ 福费廷。在延期付款大型设备贸易中，出口商把进口商承兑的期限在半年以上的远期汇票，无追索权地售于出口商所在地的银行，提前取得现款的一种资金融通方式。

（3）政府贷款

政府贷款是一国政府向另一国政府提供的优惠性贷款。

（4）补偿贸易

补偿贸易是指一国企业向他国进口企业提供机器设备、专利技术，待项目投产后进口企业以该项目的产品或按合同规定的收入分批清偿债务的信用方式。实际上，它是一种国家间的商业信用，在发展中国家已被广泛应用。

（5）国际租赁

国际租赁是国际间以实物租赁方式提供信用的融资形式。国际租赁一般可分为金融租赁和经营租赁两种形式。金融租赁是出租人应承租人的要求，出资购买其所需的设备，并一次性出租给承租人，租约期满后收回全部投资的租赁方式；经营租赁是出租人将自己的设备向承租人反复多次出租的租赁方式。

（6）国际金融组织贷款

国际金融组织贷款主要是指包括国际货币基金组织、世界银行等国际金融组织向其成员国提供的贷款。

在现实经济生活中，还有许多形式的信用，以上所列的是主要的几种。信用是从属于商品货币经济的一个范畴，因此，随着商品经济的发展，信用的形式必然会越加多样化。

2.4 信用工具

信用关系是一个抽象的概念，必须借助一定的有形物才能实现，信用关系的载体就是信用凭证，也就是下面要讨论的信用工具，它是信用在现实中的具体形态，可以流通转让，并且具有交易价格。一般情况下，它对于发行者来说是一种债务，对于购入者或持有者来说则是一种债权。

2.4.1 信用工具的概念

信用工具是证明信用关系（即债权债务关系）的合法凭证。

信用工具是伴随着信用关系的完善和发展逐步产生的。在金融市场中，资金的融通主要是通过各种信用工具的发行和流通转让实现的，并且随着信用经济的发展，不断会有新的信用工具被创造出来。

2.4.2 信用工具的特征

1．偿还性

信用工具大都规定有明确的偿还期，这是信用工具偿还性特征的体现。偿还期是指债务人全部归还本金前所经历的时间。对于偿还期有两种极端情况：一是银行活期存款随时可以提取，其偿还期为零；二是股票或永久性债券，永不还本，其偿还期为无限。

2．流动性

流动性是指信用工具在短期内转变为现金而不受或少受损失的能力。信用工具的流动性各不相同，有的可迅速兑现且不受损失，我们称之为流动性强，如活期存款具有完全的流动性。有的在短期内不易兑现或兑现时要遭受损失，我们称之为流动性弱，如定期存款等。通常，信用工具的流动性与偿还期成反向变动，与债务人的信用成正向变动，即信用工具的偿还期长，则流动性减弱；债务人的信用程度越高，则信用工具的流动性越强。另外，由于变现时需耗费一定数量的交易成本，如经纪人佣金以及期限未到而打的折扣等，也会在不同程度上影响信用工具的流动性。

3．风险性

风险性是指投入的本金和所获收入遭受损失的可能性。信用工具都有不同程度的风险。信用工具流通转让中的风险主要有：

（1）违约风险

违约风险是指债务人不按合同履约，或因破产等因素造成债权人本息方面损失的风险。这种风险视债务人的信誉而定，如政府发行的债券要比企业发行的债券风险小。就同一债务人而言，它所发行的各类债券也有不同的风险，这主要取决于债券偿还期的长短，一般偿还期短的债券风险较小，偿还期长的债券风险较大。

（2）价格风险

信用工具的市场价格是不稳定的，它受各种因素的共同影响，如市场价格下跌，持有人就会受到损失。所以，人们在购买信用工具时应首先考虑其风险性大小。

4．收益性

信用工具的收益性是指它能给持有者带来确定或不确定的收益。确定的收益如利息，不确定的收益如股票分红、证券买卖差价收益等。信用工具的收益性通常用收益率来表示，收益率是净收益与本金的比率。

信用工具的收益率一般分为名义收益率、即期收益率和到期收益率。其中，名义收益率是信用工具上载明的票面收益率；即期收益率是有价证券按当时的市场价格出售时，所获得的收益率，即为票面收益与市场价格之比；到期收益率是债券持有人从购入债券到偿还时为止的实际收益率。

2.4.3 信用工具的分类

信用工具可以从不同的角度加以分类。

1．按信用工具发行者的性质划分

按信用工具发行者的性质划分，可分为直接信用工具和间接信用工具。

直接信用工具是指非金融机构（如工商企业、政府或个人）发行的商业票据、股票、公司债券、国库券、抵押契约等。这些信用工具是用来在金融市场上直接进行借贷和交易的。

间接信用工具是指金融机构发行的，用于间接融资的信用工具，包括人寿保险单、存款单、各种银行票据等。

2．按信用工具的流动性划分

按信用工具的流动性划分，可分为具有完全流动性的信用工具和有限流动性的信用工具。

银行发行的信用货币（钞票、硬币）可用于购买任何商品和劳务，具有完全流动性，银行活期存款户签发的支票等同于现金，所以，信用货币和支票是具有完全流动性的信用工具。

其他一些票据和凭证，如股票、债券、商业票据、存款凭证等，只能在一定条件下方可兑换成现金或直接用于支付，不具有完全流动性，是具有有限流动性的信用工具。

3．按信用工具的偿还期限划分

按信用工具的偿还期限划分，可分为长期信用工具和短期信用工具。

长期信用工具和短期信用工具并无十分严格的理论界限，目前一般把偿还期在 1 年以上的称为长期信用工具，1 年以下的称为短期信用工具。

长期信用工具也称为资本市场信用工具，主要用于融通长期资金。长期信用工具包括股票、公司债券、银行中长期信贷工具等。

短期信用工具也称为货币市场信用工具，主要用于融通短期资金。由于它流动性强，可随时变现，近似于货币，所以一般也称之为“准货币”。短期信用工具包括商业票据、国库券、同业拆借市场工具、可转让存单等。

4．按信用工具性质划分

按信用工具性质划分，可分为债务凭证和所有权凭证。债务凭证表明发行者对持有人的负债，到期必须对持有人还本付息；所有权凭证表明持有人获得了一定资产的所有权，无权索要本金但有权转让。

2.4.4 短期信用工具

短期信用工具主要指各种票据，票据的含义有广义和狭义之分。广义的票据包括各种有价证券和商业凭证，如股票、国库券、发票、提单、仓单等；狭义的票据仅指汇票、本票和支票。

1．票据的概念、特征及其行为

票据是出票人约定自己或委托付款人在见票时或指定的日期向收款人或持票人无条件支付一定金额，并可流通转让的有价证券。

（1）票据的特征

① 票据是以支付一定金额为目的的有价证券。支付票据上的金额是票据签发和转让的最终目的，票据当事人的权利义务关系只有在票据金额得到全部支付以后才消失。

② 票据是一种完全有价证券。票据所表示的权利与票据本身有不可分割的关系，权利与票据融为一体。票据的签发意味着票据权利的产生，票据的转让意味着票据权利的转移，而票据权利的行使则必须提示票据。

③ 票据是一种无因证券。持票人对票据债务人出示票据要求行使权利时，不负责证明票据签发的原因，假如票据的有关内容出现问题则由债务人负责。

④ 票据是一种流通证券。票据的债权可以通过背书转让或交付转让的方式流通。记名票据必须经过背书以后才能转让，不记名票据无需背书即可转让，我国票据法规定的票据均为记名票据，因此必须通过背书才能转让。

（2）票据的行为

① 出票。开票人按票据条件和双方约定签发票据并交付债权人保有，债权人和债务人双方的权利和义务由此产生，这是基本的票据行为，或称主要票据行为。

② 背书。票据持有人如果将其票据转让给他人，则他必须在票据上签名盖章。由于签名盖章一般在票据的背面，习惯上称之为背书。票据一般可多次转让，因此也相应有多次背书，转让终了时，由最后持票人向票据指定债务人索取款项。背书的目的是在最后持票人和债务人发生索债纠纷时，背书人必须负连带偿债责任。根据背书人背书的先后顺序，可分为第一背书人，第二背书人等，依次类推。

③ 承兑。承兑是指付款人在票据上签名盖章，表示承认票据所列举的责任和义务。如果债权人对债务人不够信任，他可要求债务人另找信誉较高的第三人（一般是银行）承兑，票据到期时如债务人不能付款，由第三人承担付款义务。

④ 贴现。贴现是指票据持有人将未到期的票据转让给银行的行为。

⑤ 再贴现。再贴现是商业银行将未到期的票据转让给中央银行的行为。

⑥ 转贴现。转贴现是指商业银行将未到期的票据转让给其他商业银行的行为。

2．票据的种类

（1）汇票

汇票是出票人（债权人）签发给受票人（债务人），命令他支付一定款项给第三者（受款人）或票据持有人的支付命令书，汇票的当事人有出票人、付款人、收款人和承兑人。汇票作为一种重要的信用支付工具，不仅可以在商品交易中发挥其支付功能，而且可以通过背书、承兑、贴现、质押等方式发挥其信用和融资功能。根据不同的分类标准，汇票有下面几种：

① 按汇票上是否记载收款人的名称，可以分为记名式汇票、指定式汇票和不记名式汇票。

汇票上记载收款人名称的为记名式汇票；汇票上记载特定人或其指定人为收款人的汇票为指定式汇票；汇票上不记载收款人名称的为不记名式汇票。

② 按汇票基本当事人不同，可以分为普通汇票和变式汇票。

普通汇票是指出票人、付款人和收款人分别为不同人的汇票；变式汇票是指出票人、付款人和收款人中的一人同时兼有两个当事人身份的汇票，如出票人即为付款人。

③ 按出票人的性质，可以分为商业汇票和银行汇票。

商业汇票是企事业单位等签发的，委托付款人在付款日期无条件支付确定金额给收款人或持票人的一种汇票，由于它是由债权人发出的，所以必须经债务人认可后方能生效。根据承兑人的不同，商业汇票分为商业承兑汇票和银行承兑汇票。商业承兑汇票是由债务人或其他非银行机构承兑的商业汇票，银行承兑汇票是由银行承兑的商业汇票。银行承兑汇票信誉最高，流动性最强；商业承兑汇票视承兑人的信誉而定，一般流动性低于前者。

银行汇票是银行受汇款人的请求，在汇款人按规定交付保证金后，签发给汇款人由其交付收款人的一种汇票。它是银行票汇业务中使用的一种支付工具。银行汇票与商业汇票不同，不是由出票人委托第三人支付汇票金额，而是由出票人（银行）自己作为付款人，其基本当事人只有两个，即出票银行（付款人）和收款人，因此银行汇票是一种变式汇票。

④ 按汇票付款期限，可分为即期汇票和远期汇票。

即期汇票为见票付款的汇票，不规定付款期限，不过各国都有一种惯例，即出票后若干天内付款；远期汇票又称定期汇票，票面注明付款的日期，未到期付款人可以拒绝付款。

远期汇票除了出票、背书转让和承兑外，还可申请贴现。贴现是票据持有人因急需现款而票据又未到期时，向银行申请兑付现款的行为。银行根据票面金额，扣除贴现日至票据到期日的利息，将余额付给申请人，票据到期后由银行向债务人索取欠款。银行计算扣除利息时一般参照同期市场放款利率，所用利率称为贴现率。

例如：某汇票面额1000元，贴现日至到期日期限为半年，贴现率为8%，则扣除的利息为：

$$1000\times8\%\times0.5=40\text{ 元}$$

余额1000−40 =960元付给申请人。

（2）本票

本票是出票人承诺于到期日或见票时，由自己无条件支付一定金额给收款人或持票人的票据。本票与汇票一样，也是一种信用支付工具，具有信用、支付和融资方面的功能。本票与汇票相比，其基本特征是汇票属于委托证券，而本票则是一种自付证券，本票一般不能用于贴现。依据不同的标准，本票可以分为以下几类：

① 根据出票人，可以分为商业本票和银行本票。

商业本票是由企业签发的，承诺在一定时期内无条件支付一定金额给收款人或持票人的票据，又称“商业期票”。商业本票按其产生的基础，可以分为交易性商业本票和融资性商业本票。交易性商业本票产生于商品交易之中，与商业汇票一样，是商业信用的债务凭证；融资性商业本票产生于短期资金融通，与商品交易无关。

银行本票是指由银行签发的，承诺自己在见票时无条件支付票据金额给收款人或持票人的票据。

② 根据本票的到期期限，可以分为远期本票和即期本票。

见票付款的为即期本票；有一定付款期限的为远期本票。

③ 根据本票上是否记载收款人名称，可以分为记名式本票、指定式本票和不记名式本票。

（3）支票

支票是银行活期存款户根据自己在开户行的存款余额或在与银行约定的透支额度内签发，通知银行无条件支付一定款项给持票人或指定人的书面凭证。

客户签发支票时不能超过其存款余额，否则即为签发空头支票，是违法行为，但如事先和银行约定，也可在约定数额内签发，这种现象叫透支。支票有以下几种：

① 按照是否提取现金，可分为现金支票和转账支票。现金支票只能用于支取现金；转账支票只能用于转账，不得支取现金。转账支票应当在支票的正面注明“转账”的字样。有的转账支票的正面由出票人、背书人或持票人画上两条平行线，以指示付款人该支票只能用于转账，平行线内记明银行名称，表示只能将票款收入该银行账户，这种支票又称平行线支票。

② 按照记载收款人的方式，可分为记名支票、无记名支票和指示支票。记名支票是明确记载收款人名称的支票；无记名支票是不记载收款人名称的支票；指示支票是记载特定人或其指定的人为收款人的支票。

③ 按基本当事人资格不同，可分为指己支票、对己支票和受付支票。指己支票是出票人以自己为收款人而签发的支票；对己支票是出票人以自己为付款人而签发的支票；受付支票是出票人以付款人为收款人而签发的支票。以上三种支票均为变式支票。

④ 按照付款有无特殊保障，可分为普通支票和特殊支票。普通支票的付款无特殊保障；特殊支票的付款则有特殊保障，如保付支票，保付支票是指付款人在支票上记载“照付”或“保付”字样并签章，由付款人负绝对付款责任的支票。

（4）信用卡

信用卡是商业银行向个人或单位发行的，凭以向特约单位购物、消费和向银行存取现金，具有消费信用的特制载体卡片，其形式是一张正面印有发卡银行名称、有效期、号码、持卡人姓名等内容，背面有磁条、签名条的卡片。我们现在所说的信用卡，一般单指贷记卡。

作为一种支付工具的银行卡，按性质可以分为借记卡、准贷记卡和贷记卡三种，其中借记卡不能透支，所对应的账户内有多少钱只能用多少钱；准贷记卡是具有中国特色的信用卡，在社会诚信体制不完善的情况下，往往需要凭担保或存保证金才可以有条件有限度地透支消费，目前正逐渐退出金融领域；贷记卡是真正意义上的信用卡，和准贷记卡最大的区别在于，申办无需担保，无需保证金，透支消费具有免息期。

2.4.5 长期信用工具

长期信用工具主要包括债券和股票。

1．债券

债券是发行人依照法定程序发行，并约定在一定期限还本付息的有价证券。它反映的是债权债务关系。债券的定义包含四个方面的基本内容。

① 债券是由债务人发行的。

② 债券是由债权人购入的，债权人也就是债券投资者。

③ 债务人利用他人资金有一定条件，即需要承诺在一定时期还本付息。

④ 债券是债券发行者和债券投资者之间的债权债务关系的法律凭证。

按照发行债券的经济主体不同，债券可以分为政府债券、公司债券和金融债券。

（1）政府债券

政府债券是以政府为发行人的债券，由于有政府信用作担保，通常视为无风险资产，很受投资者欢迎。按政府发行主体不同，政府债券可分为国债、政府机构债券与地方政府债券，其中以国债为主。

① 按期限长短，国债可分为短期国债、中期国债和长期国债。

各国短、中、长期国债的期限有所不同，我国将期限在 1 年以下的国债称为短期国债，1～5 年的国债称为中期国债，5 年以上的国债称为长期国债。

② 按付息方式，国债可分为零息国债、附息国债及贴现国债。

零息国债是只有在到期日才能领取本金和利息的国债。

附息国债是定期（一年或半年）支付利息，在到期日领取本金和最后一期利息的国债，目前已成为我国国债的主要品种。

贴现国债是在发行时按规定的折扣率，以低于债券面值的价格发行，到期按面值支付本息的国债。贴现国债的发行价格与其面值的差额即为债券的利息，利率的计算公式为：

$$利率=\frac{面值-发行价}{发行价\times期限}\times100\%$$

③ 按券面形式，国债可分为无记名国债、凭证式国债和记账式国债。

无记名国债是一种票面上不记载债权人姓名或单位名称的债券，通常以实物券的形式出现，不记名、不挂失，可以上市流通，但近年来我国已不再发行此种国债。

凭证式国债在形式上是债权人认购国债的收款凭证，可记名、挂失，不能上市流通，可提前兑取。提前兑取时，除偿还本金外，利息按实际持有天数及相应的利率档次计算，经办机构按所兑付本金的一定比例收取手续费。

记账式国债是将投资者持有的国债登记于电脑证券账户中，投资者仅取得收据或对账单以证实其所有权的一种国债。此种国债可以通过证券交易所的系统来发行和交易，具有成本低、收益好、安全性好和流通性强的特点。

（2）公司债券

公司债券是公司为筹集资金依照法定程序发行，约定在一定期限还本付息的有价证券。

① 根据公司债权人享受的不同权益，公司债券可分为收益公司债、可转换公司债和附新股认购权公司债等。

收益公司债是指债券的利息只有在公司盈利时才支付，若利息不能足额支付，未付利息可以累加，并且只有在利息付清后，公司股东才能分红。

可转换公司债是指投资者可以根据自己的意愿在一定的时期内按规定的价格和条件，将债券转换成公司的股票。

附新股认购权公司债是指发行的债券附新发行股票的优先认购权。

② 根据在发行时是否有抵押品，公司债券可分为担保公司债券和无担保公司债券。

担保公司债券在发行时，发行者必须提供抵押财产交付中介机构管理，当公司债券到期不能还本时，通过处理抵押财产来偿还。

无担保公司债券仅凭企业的信用而发行，但为了保障债权人的利益，会对发行者规定一些限制性条件。

③ 根据是否可提前偿还，公司债券可分为可提前偿还公司债券和不可提前偿还公司债券。

可提前偿还公司债券在发行一定时间后（到期前），发行公司可按约定价格收回。这种情况一般出现在利率下降时，发行公司可收回利率较高的旧债券，而发行利率较低的新债券，降低筹资成本。

（3）金融债券

金融债券是银行或非银行金融机构为获取资金而发行的证券。对金融机构而言，发行金融债券筹集资金比吸收存款稳定，可以作为其资产资本负债管理的一种手段。由于银行等金融机构的资信度高于一般公司，故金融债券的信用风险比公司债券低。

2．股票

（1）股票内涵

股票是股份公司为筹集资金而公开发行的证明股东持有公司股份的所有权凭证。

股票一经发行，持有者即为发行股票公司的股东，有权参与公司的决策，分享公司的利益，同时分担公司的责任和经营风险。股票一经认购，持有者不能要求退还股本，只能通过证券市场转让和出售。作为交易对象，股票已成为资本市场上的主要信用工具。

（2）股票的分类

股票种类很多，可依据不同的标准来加以分类。

① 按股东享有的权益，股票可分为普通股和优先股。

普通股是股票的基本形式，其股东在法律上有权参加企业管理，对企业拥有所有权和决策的投票权，其股利随公司利润的变动而变动。它是目前世界各国发行最多、最重要的一种股票。普通股股东享有的权利主要包括公司的经营参与权、公司盈余和财产分配权、优先认股权。

优先股主要是指股份公司在分配红利及公司清算时分配公司资产两方面比普通股享有优先权的股票。其最大特点是股息固定，股东基本上无权参与企业经营管理，表决权有限。在经过一定时期后，股份公司可按规定价格购回优先股，或在一定条件下将其转换为普通股。

② 按有无记名，股票可分为记名股票和无记名股票。

记名股票是将股东姓名载于股票和公司股东名册的股票，无记名股票则是股东姓名不载于股票和股东名册。两者在股东权利的内容上没有差异，不同之处在于记载方法、行使权利方法、对股东的通知方法等。

③ 按有无面值，股票可分为有面值股票和无面值股票。

前者是票面上注明股数和金额的股票；后者未注明股数和金额，仅仅是占股本总额若干比例的股票。

股票与债券既有联系也有区别。其相同方面表现在两者都能带来收益，且可以转让，因而又称为有价证券；两者都是一种筹资手段，发行者可利用这种融资手段得到所需资金。但两者也有区别，主要表现在：

① 性质不同。债券是一种债权凭证，到期可凭此收回本金和利息；股票则是一种所有权凭证，持有者对发行公司拥有股权。

② 权利不同。债券持有人无权参与发行企业的经营决策，股票持有人则拥有选举权，可以通过选举董事行使对发行公司的经营决策和监督权。

③ 期限不同。债券票面一般规定有偿还期；股票则一般是不偿还的，股金一般不能收

回，但可通过证券市场转让。

④ 收入分配形式不同。债券票面规定利率，可获得利息收入；股票一般视公司经营情况进行分红。当企业倒闭进行资产清理时，债券偿付在前，股票在后。

2.5 利息

利息是债权人出让资金使用权的代价，是信用关系得以维持不可缺少的条件。

2.5.1 利息的定义

利息是货币所有者因贷出货币而取得的收入。

在商品经济中，利息是在信用的基础上产生的。货币资金所有者凭借对货币资金的所有权向这部分资金的使用者索取报酬，而资金需求者则可以通过支付一定的报酬来借入资金，这种报酬通常就是利息。随着时间的推移，货币会因贷放增值的概念深植于人们的经济观念之中。

2.5.2 利息的本质

1．马克思关于利息本质的理论

马克思认为，资本主义制度下，利息是借贷资本运动的产物，本质上是剩余价值的特殊表现形式，是利润的一部分。

借贷资本的运动只有与现实资本运动结合，进入生产过程后，才能发生增值。由于货币资本家在将货币资本贷出期间内，把资本商品的使用价值即产生利润的能力让渡给了职能资本家，职能资本家运用借入的资本，购买生产要素并进行生产，所获得剩余价值转化为利润后，必须分割一部分给货币资本家，作为使用资本商品的报酬，这便是利息。

利息就其本质而言，是剩余价值的一种特殊表现形式，是利润的一部分，体现了借贷资本家和职能资本家之间瓜分剩余价值的关系。

2．资产阶级古典政治经济学关于利息本质的理论

配第、洛克、诺思等人认为利息是与分配理论相联系的一个范畴，即利息是社会总收入的一部分，是资本所有者的报酬。他们认为，贷出货币应该像租出土地一样收取租金——利息，否则，货币所有者就不会贷出他的货币，而宁愿用货币来购买土地，然后出租以获得地租。利息的量至少要等于用借到的货币所能购买土地产生的地租。亚当·斯密首先明确地指出，利息一般地说代表剩余价值，它始终是从利润中派生的形式。他把利息的来源分为两种：即如果把借贷的资金用于投资，利息来源于利润，是剩余价值的转换形式；如果把借贷的资金用于消费，利息来源于像地租之类的其他收入。

古典经济学派对利息的来源与本质的解释只是停留在表面上，没有深刻分析利息产生的真正原因，但他们的理论为后人的研究提供了广泛的思路，马克思关于利率理论的分析完全可以从古典经济学家的理论分析中找到线索。

3．近现代经济学家关于利息本质的观点

在近现代经济学家利息理论中，对利息性质的研究角度主要从资本的范畴、人的主观意念和心理活动等角度来研究利息的性质。提出了众多的学说，其中较有影响的有“资本生产力说”“节欲论”“时差利息论”及“流动性偏好论”等。

法国经济学家萨伊首先提出“资本生产力说”，认为资金、人力、土地是生产的三要素，在生产中它们各自提供了服务，因此，利息、工资和地租便是它们各自服务的报酬；英国经济学家马歇尔提出“节欲论”，认为资本来自储蓄，要进行储蓄就必须节制当前的消费和享受，利息就来源于对未来享受的等待，是对为积累资本而牺牲现在消费的一种报酬；奥地利经济学家庞巴维克的“时差利息论”则认为，现在物品要比同类等量的未来物品具有更大的价值，二者之间存在着价值时差，利息是对价值时差的一种补偿；英国现代经济学家凯恩斯在批判古典学派的利息理论的基础上建立了“流动性偏好论”，认为利息是一种“纯货币的现象”，是对人们放弃流动性偏好，即不持有货币进行储蓄的一种报酬。

2.6 利率

利率反映利息负担的高低，是重要的经济杠杆，对经济运行发挥着重要的调节作用。

2.6.1 利率的概念

利率是一定时期内利息额同本金的比率，是衡量利息高低的指标，用公式表示为：

$$利率=\frac{利息额}{本金}\times 100\%$$

利率必须有时间前提，否则就没有意义，根据借贷时间的长短，分为年利率、月利率和日利率，分别简称为年息、月息和日息。年利率以年为时间单位计算利息，一般以本金的百分之几表示，如年息 3.12%；月利率以月为时间单位计算利息，一般以本金的千分之几表示，如月息 4.5‰；日利率以日为时间单位计算利息，一般以本金的万分之几表示。

在新闻媒体的财经报道中，经常可以看到某国央行将基准利率上调或下调了多少个基点，基点是表示利率变化的单位，1 个基点等于 1%的 1%，如基准利率上调 0.25%，即提高了 25 个基点。另外，民间传统上对于年利率、月利率、日利率，均用“厘”作为单位，如月息 2 厘指的是月利率 2‰。

2.6.2 利息的计算方法

利息的计算方法分为单利法和复利法。

1．单利法

是指在计算利息时，不论借期长短，仅按本金计算利息，所生利息不再加入本金重复计息。其计算公式是：

$$利息=本金\times 利率\times 借贷时间$$

2．复利法

简单地讲就是利上加利，俗称“利滚利”。用复利计算利息时，按借贷双方约定，每隔一定时期，将上期所生利息加入本金计算下期利息。

例如：借款 1000 元，期限 1 年，利率 4‰，一个季度复利一次，计算如下：

第一季度：1000×4‰×3=12 元

第二季度：（1000+12）×4‰×3=12.144 元

依次类推。

其计算公式是：

$$利息=本金\times(1+利率)^{期数}-本金$$

期数是借贷期内复利次数。如借贷期为 1 年，每三个月复利一次，则期数为 4。需要注意的是，这里的利率是复利间隔期的利率。如：月息是 4‰，三个月复利一次，则利率是 12‰。

用单利计算利息，优点是计算方便，缺点是不利于强化资金使用的时间观念，利率相同时，用复利计算的利息要高于单利。我们现在一般采用单利法计算利息，但同时也考虑到了复利因素，所以往往借贷期越长利率越高，如储蓄存款利率就是这样。

2.6.3 利率的分类

利息率的种类很多，根据不同的标准可分成不同的类别。下面介绍几种主要的利率分类。

1．按利率约定方式不同，分为固定利率和浮动利率

（1）固定利率

固定利率是指借贷期内利率不变，不论市场利率如何波动，始终是按借贷双方预先约定的利率计算利息。固定利率的好处在于计算简便，无需根据市场利率的变化反复调整。但缺点是风险大，如市场利率上升，贷方就会受到损失，反之，则借方受到损失。所以固定利率一般适用于期限较短、数额较小的借贷活动。

（2）浮动利率

浮动利率又称可变利率，是随市场利率的变化而定期调整的利率。在发生借贷关系时，借贷双方并不约定利率，而是根据市场利率的变化定期调整，分段计算利息。采用浮动利率，因需要对利率作定期调整，比较麻烦，但借贷双方均不会因市场利率波动受到损失，一般适用于中长期借贷，国际间的融资经常采用浮动利率。

2．按利率是否真实，分为名义利率和实际利率

（1）名义利率

名义利率是指借贷契约和有价证券上载明的利率，名义利率包含了通货膨胀因素。

（2）实际利率

实际利率是指物价水平不变，从而货币购买力不变的条件下的利息率。

名义利率和实际利率的关系是：

$$实际利率=名义利率-通货膨胀率$$

$$名义利率=实际利率+通货膨胀率$$

上述公式只是实际利率的近似计算公式，但当通货膨胀率比较高时，考虑到通货膨胀对利息部分也有使其贬值的影响，实际利率精确的计算公式可以写成：

$$实际利率=\frac{1+名义利率}{1+通货膨胀率}-1$$

当通货膨胀率高于名义利率时，实际利率成为负数，利息不仅不能增值，连保值作用也起不到了，于是就会出现诸如购物保值、囤积居奇等不良经济现象，负利率对经济起逆调节作用。

3．按利率形成方式，分为市场利率和官定利率

（1）市场利率

市场利率是按照市场规律而自由变动的利率，即由借贷资本的供求关系直接决定并由借贷双方自由议定的利率，它是资金供求状况的标志，资金供大于求时，利率下降，反之上升，其变动频繁灵敏。

（2）官定利率

官定利率是一国政府金融管理部门或中央银行确定的利率，是国家为了实现宏观调控目标的一种政策手段，典型的官定利率是中央银行的再贴现率。

官定利率与市场利率有密切关系。官定利率表达了政府的货币政策意向，对市场利率发挥着宏观制约作用，所以市场利率必然受到官定利率的干预和影响。但市场利率主要还是取决于借贷资金的供求关系，不可能完全与官定利率保持一致，同时中央银行在确定官定利率时，要以市场利率作为重要依据。

4．按照利率的作用不同，可划分为基准利率与差别利率

（1）基准利率

指在整个利率体系中起主导作用的利率，是其他利率的参照体。在利率市场化后，央行主要通过控制或影响基准利率来调节整个利率体系。利率市场化的关键是确定基准利率，基准利率确定后，才能确定利率结构、风险结构。

一般来说，基准利率应当具备以下特征：首先，市场参与程度高，能客观反映市场供求关系，市场影响力大，与其他利率有较强的关联性；其次，可控性好，要便于央行调节以体现其政策意图；此外，稳定性好，风险较小。世界上最著名的基准利率有伦敦同业拆借利率（LIBOR）和美国联邦基准利率。

我国的基准利率除中国人民银行的再贷款与再贴现利率以及金融机构存款准备金利率外，中国人民银行所规定的金融机构存、贷款利率也称为基准利率。

（2）差别利率

是指银行等金融机构对不同部门、不同期限、不同种类、不同用途和不同信用能力的客户的存、贷款制定不同的利率。差别利率对于提高信贷资金配置效率，调节信贷市场供求起着积极作用。

此外，还有其他形式的利率，如存款利率、贷款利率、长期利率、短期利率、普通利率、优惠利率、罚息利率等。

2.6.4 利率的决定理论

1．马克思的利率决定论

马克思认为，利息直接来源于利润，表现为借贷资本与职能资本共同瓜分剩余价值。因此，平均利润率是利率水平的基本决定因素。在借贷资本总量一定的情况下，如果平均利润率越高，则利润总量越大，可瓜分的剩余价值越多，从而利息增多，利率提高；反之，如果平均利润率降低，则利润总额变小，利息减少，利率降低。随着利率的上升，职能资本所分得的剩余价值份额就减少，从而抑制对借贷资本的需求，利率随之下降。当利率达到平均利润率水平时，职能资本家利用借贷资本已无利可图，因此，利息率不可能高于平均利润率。马克思说："利息的最低界限则完全无法规定。它可以下降到任何程度。不过这时候，总会出现起反作用的情况，使它提高到这个相对的最低限度以上。"因此，利息率总是在平均利润率和零之间上下波动。

另外，由于利润率决定利率，从而使利率具有以下特点：

① 随着技术发展和资本有机构成的提高，平均利润率有下降趋势，因而影响平均利息率有同方向变化的趋势。

② 平均利润率总体虽有下降趋势，但这是一个非常缓慢的过程，因此平均利息率具有相对的稳定性。

③ 由于利息率的高低取决于两类资本家对利润分割的结果，因而使利息率的决定具有很大的偶然性。

同时，传统习惯、法律规定、竞争等因素在利率的确定上都可直接起作用。

2．西方经济学家的利率决定理论

西方经济学家的利率决定理论主要是从供求关系着眼的，他们都认为利率是由供求均衡点所决定的。他们之间的主要分歧在于是什么供求关系决定利率。

（1）古典的利率理论

古典的利率理论认为，利率决定于投资与储蓄的均衡点。投资是利率的递减函数，储蓄是利率的递增函数。投资函数与储蓄函数共同决定了一个均衡的利率水平。当储蓄大于投资时，促使利率下降；当储蓄小于投资时，促使利率上升。只有储蓄者愿意提供的资金与投资者愿意借入的资金相等时，利率才会达到均衡水平。

（2）凯恩斯流动偏好利率理论

凯恩斯认为利息是放弃流动性偏好的报酬，利率水平不是由借贷资本的供求关系来决定，而是由货币市场的货币流通量的供求关系来决定，利率的变化是货币供给和货币需求变动的结果。利率取决于流动偏好和货币数量相均衡的水平。利率与货币需求成正比，与货币供给成反比。

（3）借贷资金理论

根据借贷资金理论，利息产生于资金的贷放过程，因此可从用于贷放的资金的供给及需求来考察利率的决定。借贷资金的需求由以下部分组成：个人消费借款即个人消费超出其收入部分、企业借款、政府借款，借贷资金的总需求是利率的减函数。借贷资金的供给由以下部分组成：个人储蓄、企业储蓄、政府增加的货币发行、银行信用，借贷资金的总供给是利率的增函数。借贷资金总需求和总供给的均衡点决定利率水平。

2.6.5 影响利率变动的因素

1．借贷资金的供求状况

在市场经济条件下，利率作为借贷资金的价格，其水平要受资金的供求状况影响。在整个资金市场上，当借贷资金供过于求时，利率下降；当借贷资金供不应求时，利率上升。借贷资金的供求状况是影响利率变动的最直接、最根本的因素。

2．经济周期

利率在经济周期的扩张阶段上升而在经济紧缩阶段下降，体现出较强的周期性。在经济周期的扩张阶段，随着企业和消费者对未来经济前景充满乐观的预期，企业会增加投资，消费者会增加消费支出，从而借款增多，对资金的需求迅速上升。另外中央银行可能采取措施限制金融机构发放贷款，以抵消随着经济增长而产生的通货膨胀压力，这都会推高利率水平。在经济紧缩阶段则情况相反，随着企业和消费者缩减支出，对资金的需求下降，通货膨胀压力减轻，中央银行开始增加可贷资金供给，这都会使利率水平下降。

3．通货膨胀预期

在预期通货膨胀率上升时，利率会有很强的上升趋势；在预期通货膨胀率下降时，利率会趋于下降。对持续增长的通货膨胀预期将减少可贷资金的供给，因为如果利率水平保持不变，通货膨胀率上升，则实际利率水平下降，公众会因为储蓄的真实收入水平降低或担心货币严重贬值而减少对储蓄存款、债券等金融资产的持有，增加对耐用消费品的购买，最终引起市场资金供给的减少。与此同时，对通货膨胀率上升的预期增加了对可贷资金的需求，因为如果利率水平保持不变，通货膨胀率上升，实际借款成本下降，债务负担减轻，会促使企业增加贷款、扩大投资，也会促使家庭增加信贷，最终引起市场资金需求的增加。两者共同作用的结果，使可贷资金的均衡价格即利率水平上升。

4．国际利率水平

国际利率水平对一国利率水平的影响与一国的开放程度有关。一个国家开放程度越高，国际利率水平对其国内利率的影响就越大。国际利率水平对国内利率水平的影响是通过国际间资本流动实现的。当国际利率水平高于国内利率水平时，资本会外流，资本外流造成本国资本供给减少，在需求不变的前提下，国内利率水平上升；当国际利率水平低于国内利率水平时，资本会内流，在需求不变的前提下，国内利率水平下降。

5．国家的经济政策

除了上述经济因素引起利率的变动之外，一国的货币政策、财政政策、汇率政策等经济政策的实施也会引起利率的变化。

货币政策对利率变动的影响最为直接与明显。中央银行根据经济形势及国家预定的经济目标，通过运用三大货币政策工具——存款准备金率、再贴现率、公开市场业务来影响市场利率，达到扩张或紧缩银根的目的。以中央银行调整再贴现率为例，再贴现率的调整，必然影响借贷资本市场的利率。因为当再贴现率上升时，各商业银行及其他金融机构向中央银行取得资金的成本就会提高。这些金融机构为了保持利润不变，不得不相应提高贷款利率，从而促使市场利率上升。若中央银行降低再贴现率，商业银行及其他金融机构资金成本的下降会使他们降低贷款利率，从而使市场利率下跌。同样，中央银行运用公开市场业务操作或调整存款准备金率等，都可以引起利率的变动。

财政政策主要通过财政开支的增减和税收变动影响利率。当政府增加支出时，直接提高投资水平，会引起收入水平和利率水平的上升；在既定收入水平下，政府增加税收直接使人们的实际收入下降，减少储蓄和投资，导致国民收入下降，同时减少货币需求，在货币供给量不变时利率下降。

2.6.6 利率变动对经济生活的影响

利率作为经济杠杆，在发达的市场经济中具有“牵一发而动全身”的效应，对一国经济的发展发挥着至关重要的作用。利率的作用，不仅体现在宏观经济运行当中，还表现在对企业及个人经济活动等微观方面的影响上。

1. 利率在宏观经济活动中的作用

（1）利率能够调节社会资本供给

一般而言，生产的发展会带动资本需求的扩大，足够的资本供给是生产发展的必要条件。通过调节利率，能够调节国民储蓄水平，调节借贷资本的供给，调节银行集中借贷资本的能力，调节储蓄向投资转化的程度。在其他条件不变的情况下，利率的高低对社会资本的供给具有调节作用。利率提高，国民储蓄率上升，借贷资本增多，社会资本供给就增加；反之，社会资本供给就会减少。

（2）利率可以引导资金流向

在市场经济条件下，生产要素主要是通过市场来配置的。利率的变动会引起投资决策和规模的变动，最终达到调节资金流向的作用。这种调节从结构上说，主要是采取差别利率和优惠利率。银行根据经济发展的规模和结构，可以对不同部门、地区和企业实行差别利率和浮动利率等，以支持国民经济薄弱环节、“瓶颈”产业和短线产品的发展，促进区域经济协调发展。通过调整利率水平和利率结构，就可以在一定程度上调节投资总量和投资结构，协调各部门比例关系，合理调整产业结构，使社会经济结构更趋合理。

（3）利率可以调节社会总供求

要达到经济持续增长的目标，必须保证社会总需求与社会总供给不断变动，处于一种动态平衡，即从不平衡走向平衡，呈螺旋式上升趋势。而利率对供求总量的平衡具有一定的调节作用。这是因为，总需求与市场价格水平、利率之间有着相互联系、相互作用的机制。由于生产者和消费者都进入市场从事经济活动，市场机制通过价格水平和利率水平的变动在一定程度上能够调节各个企业和消费者的投资与储蓄活动，有利于实现总供给和总需求的平衡。

（4）利率可以平衡国际收支

在资本自由流动的国家里，国际收支对利率的变动十分敏感。当国际收支失衡时，可通过调节利率来达到平衡。如在国际收支逆差严重时，提高本国利率水平，使其高于国外利率水平，既可阻止本国资金外流，又可吸收外国短期资本流入本国。但在经济衰退并发生国际收支逆差时，就不能简单地提高利率水平，而应主要调整利率结构。一方面降低长期利率，鼓励投资，发展经济；另一方面，提高短期利率，阻止本国资本外逃并吸引外资流入，从而在平衡国际收支的同时，抑制经济衰退。

2. 利率在微观经济活动中的作用

（1）对企业而言，利率能够促进企业加强经济核算，提高经济效益

因为企业利润=销售收入-（产品成本+利息+税金）。在通常情况下，产品成本和税金是相

对稳定的。如果企业的销售收入不变，企业的利润就取决于应付利息的多少，企业借入资金越多、时间越长，利率越高，则需要支付的利息就越多，所得利润就少，反之亦然。如果利率变动，利润大小也随之变动。企业作为最大可能利润的追求者，就会加强经营管理，加速资金周转，努力节约资金，提高资金使用效益。

另外利率也会影响企业的投资决策，在其他条件不变的情况下，如果利率水平降低，则可以减少企业生产成本中的利息支出，从而使企业增加盈利，就会刺激企业扩大投资、扩大生产；反之，如果利率水平提高，就会使企业减少投资，压缩生产规模。

（2）对个人而言，利率影响其经济行为

一方面，利率能够诱发和引导人们的储蓄行为，合理的利率能够增强人们的储蓄愿望和热情，不合理的利率会削弱人们的储蓄愿望和热情。因此，利率的变动，在某种程度上可以调节个人的消费倾向和储蓄倾向。

另一方面，利率引导人们的金融资产选择。社会公众出于货币增值的要求，必须将货币收入转化为金融资产来储存。为此，他们需要在银行存款、国债、金融债券、股票、企业债券等金融资产中进行选择。面对不确定的市场与未来，选择什么样的资产进行投资，应当考虑资产的收益性、风险性和流动性三个方面。其中，收益性的高低与利率有着密切的关系，在证券市场上，利率的变化影响到股票、债券等有价证券价格的涨落。因为有价证券的价格是收入的资本化，利率的变化轨迹与有价证券的变化轨迹呈反方向运动，调整利率会直接影响到有价证券的价格变化，进而影响到购买者的收益。因此，调整利率可以引导人们选择不同的金融资产。

2.7 我国的利率市场化改革

1．计划经济时期

新中国成立初期，由于严重的通货膨胀、猖獗的高利贷活动，政府采取了一系列严格管制措施，其中包括利率管制。它对于迅速制止金融物价领域的混乱局面和配合私营工商业的所有制改造等方面，收到了理想的效果。随着高度集中的中央计划经济管理体制的建立，管制利率的做法进一步得到强化，成为高度集中计划管理体制的一个有机组成部分。这一阶段利率管制的特点是：利率档次少、利率水平低、利差小、管理权限高度集中。这种管制利率政策对于稳定物价、稳定市场、促进和扶植工农业生产曾起到良好的作用，但由于在高度集中的计划管理体制下，生产、销售、分配和资金供求均基本取决于国民经济计划，故利率的高低对经济起不了实质性作用。

2．改革开放以来的利率改革

改革开放以来，随着我国经济体制从计划经济向市场经济转轨，利率体制的改革问题日益紧迫、刻不容缓。如何形成一套符合中国国情的、符合市场经济要求的社会主义市场经济利率体制已经现实地摆在我们面前。近年来，我国政府对利率的管理在方法上更为多样，手段上更为灵活，并适时根据经济形势调整利率，对宏观经济进行调控。如 1998 年国家针对宏观经济形势稳定、通货膨胀得到有效控制、物价上涨率大幅回落的形势，先后 7 次调低利率，以适应经济运行的需要。但是，当前我国利率作用的发挥还受到一定的限制，距离市场化的利率机制还有一段距离。因此，要充分发挥出利率对经济的作用，应逐步进行利率市场化的改革。

利率市场化，是指通过市场和价值规律机制，在某一时点上由供求关系决定的利率运行机制，它是价值规律作用的结果。它强调在利率决定中市场因素的主导作用，真实地反映资金成本与供求关系，灵活有效地发挥其经济杠杆作用，是一种比较理想的、符合社会主义市场经济要求的利率决定机制。

第一，利率市场化是建立社会主义市场经济的需要。在市场经济条件下，价格随供求变动，并通过后者调节资源配置和利益分配，这是一种最一般、最基础、最有效的安排。利率是资金的价格，也不能例外。

第二，利率市场化是中国金融业开放的客观要求。与国际金融接轨的条件之一就是以利率和汇率为中心的金融商品价格形成市场化。由于中国金融机构缺乏管理利率波动带来的市场风险的经验，与外资机构普遍存在较大的差距。在开放的市场经济条件下，逐步放松利率管制，将有利于完善金融机构自主经营机制、提高竞争力。

第三，利率市场化还是促进中小企业、非公有制企业发展、缓解就业压力的需要。缺乏资金是中小企业、非公有制企业发展的瓶颈，而利率市场化有利于解决他们的融资困难，从而促进中小企业、非公有制企业的可持续发展，进而有利于缓解就业压力。

然而，利率市场化并不等于中央银行可以撒手不管，利率完全由市场决定。在利率市场化中，中央银行的作用是决定基准利率，当中央银行决定基准利率后，银行存贷款等利率均在基准利率的基础上由市场供求关系决定。同时，中央银行决定基准利率的方式是通过运用货币政策工具，即通过市场手段来实现的，而不是通过行政手段来实现的。利率市场化的改革目标包括两个方面：一是“建立健全由市场供求决定的利率形成机制”；二是“中央银行通过运用货币政策工具引导市场利率”。

在如何进行利率市场化改革的问题上，按照国际货币基金组织和世界银行专家的观点，只有一国宏观经济稳定和银行监管充分有效同时存在时才可迅速实现利率市场化。大多数国家在实现利率市场化之前都不具备这样的条件，因此必须采取渐进式改革。利率市场化的步骤是由各种利率在国民经济中的地位、作用及其本身的成熟程度来决定的。例如，有些国家的利率市场化是先从发展货币市场入手，通过增加短期金融工具产品和扩大货币市场规模来完善货币市场，使非贷款类短期金融资产利率市场化，从而产生一个可靠的货币利率信号，形成对银行存贷款利率的影响，最终形成市场化的利率体系。

考虑到我国的具体国情，如金融市场发育程度、货币当局的监管能力、相关法规的建设等，我国的利率市场化改革选择了渐进的方式，即在放开政府利率管制上是渐进的。其总体思路是：先放开货币市场利率和债券市场利率，再逐步推进存、贷款利率的市场化。而存、贷款利率市场化则按照“先外币、后本币；先贷款、后存款；先长期、大额，后短期、小额”的顺序进行。

（1）银行间同业拆借市场利率先行放开

银行间同业拆借市场利率是整个金融市场利率的基础，我国利率市场化改革以同业拆借利率为突破口。

① 放开银行间拆借利率的尝试

1986 年 1 月 7 日，国务院颁布《中华人民共和国银行管理暂行条例》，明确规定专业银行资金可以相互拆借，资金拆借期限和利率由借贷双方协商议定。此后，同业拆借业务在全国迅速展开。针对同业拆借市场发展初期市场主体风险意识薄弱等问题，1990 年 3 月出台了《同业拆借管理试行办法》，首次系统地制定了同业拆借市场运行规则，并确定了拆借利率实行上限管理的原则，对规范同业拆借市场发展、防范风险起到了积极作用。

② 银行间拆借利率正式放开

1995 年 11 月 30 日，根据国务院有关金融市场建设的指示精神，人民银行撤销了各商业银行组建的融资中心等同业拆借中介机构。从 1996 年 1 月 1 日起，所有同业拆借业务均通过全国统一的同业拆借市场网络办理，生成了我国银行间拆借市场利率（CHIBOR）。至此，银行间拆借利率放开的制度、技术条件基本具备。

1996 年 6 月 1 日，人民银行《关于取消同业拆借利率上限管理的通知》明确指出，银行间同业拆借市场利率由拆借双方根据市场资金供求自主确定。银行间同业拆借利率正式放开，标志着利率市场化迈出了具有开创意义的一步，为此后的利率市场化改革奠定了基础。

（2）放开债券市场利率

债券市场是金融市场的重要组成部分，放开债券市场利率是推进利率市场化的重要步骤。

① 国债发行的市场化尝试

1991 年，国债发行开始采用承购包销这种市场化的发行方式。1996 年，财政部通过证券交易所市场平台实现了国债的市场化发行，既提高了国债发行效率，也降低了国债发行成本，全年共市场化发行国债 1952 亿元，发行采取了利率招标、收益率招标、划款期招标等多种方式，同时根据市场供求状况和发行数量，采取了单一价格招标或多种价格招标。这是我国债券发行利率市场化的开端，为以后的债券利率市场化改革积累了经验。

② 放开银行间债券回购和现券交易利率

1997 年 6 月 5 日，人民银行下发了《关于银行间债券回购业务有关问题的通知》，决定利用全国统一的同业拆借市场开办银行间债券回购业务。借鉴拆借利率市场化的经验，银行间债券回购利率和现券交易价格同步放开，由交易双方协商确定。

首先，这一改革措施，提高了金融机构资金使用效率，增强了金融机构主动调整资产、负债结构的积极性；其次，随着银行间市场债券回购、现券交易规模不断扩大，其短期头寸融资的特性日益明显，短期回购利率成为中央银行判断存款类金融机构头寸状况的重要指标，为中央银行开展公开市场操作奠定了基础；此外，银行间债券回购与现券交易利率的放开，增强了市场的价格发现能力，为进一步放开银行间市场国债和政策性金融债的发行利率创造了条件。

③ 放开银行间市场政策性金融债、国债发行利率

1998 年以前，政策性金融债的发行利率以行政方式确定，由于在定价方面难以同时满足发行人、投资人双方的利益要求，商业银行购买政策性金融债的积极性不高。1998 年，鉴于银行间拆借、债券回购利率和现券交易利率已实现市场化，政策性银行金融债券市场化发行的条件已经成熟。1998 年 9 月，国家开发银行首次通过人民银行债券发行系统以公开招标方

式发行了金融债券，随后中国进出口银行也以市场化方式发行了金融债券。1999 年，财政部首次在银行间债券市场实现以利率招标的方式发行国债。

银行间债券市场利率的市场化，有力地推动了银行间债券市场的发展，为金融机构产品定价提供了重要参照标准，是长期利率和市场收益率曲线逐步形成的良好开端，也为货币政策间接调控体系建设奠定了市场基础：一是提高了金融机构调节资产结构的主动性，金融机构债券投资占比逐步提高，超额准备率趋于下降，对中央银行公开市场操作的敏感度增强；二是公开市场操作的工具种类随之不断丰富，操作方式和力度也日趋灵活。

（3）存贷款利率的市场化

现阶段商业银行存、贷款仍是我国社会资金积累与供给的主要渠道，也是我国商业银行从事的主要业务，因此存、贷款利率市场化是实现我国利率改革目标的关键。存、贷款利率市场化的思路是“先外币、后本币；先贷款、后存款；先长期、大额，后短期、小额”。

① 积极推进境内外币利率市场化

1996 年以来，随着商业银行外币业务的开展，各商业银行普遍建立了外币利率的定价制度，加之境内外币资金供求相对宽松，外币利率市场化的时机日渐成熟。2000 年 9 月 21 日，经国务院批准，人民银行组织实施了境内外币利率管理体制的改革：一是放开外币贷款利率，各项外币贷款利率及计结息方式由金融机构根据国际市场的利率变动情况以及资金成本、风险差异等因素自行确定；二是放开大额外币存款利率，300 万（含 300 万）以上美元或等额其他外币的大额外币存款利率由金融机构与客户协商确定。

2002 年 3 月，人民银行将境内外资金融机构对境内中国居民的小额外币存款，统一纳入境内小额外币存款利率管理范围。2003 年 7 月，境内英镑、瑞士法郎、加拿大元的小额存款利率放开，由各商业银行自行确定并公布。小额外币存款利率由原来国家制定并公布 7 种减少到境内美元、欧元、港币和日元 4 种。

2003 年 11 月，小额外币存款利率下限放开。商业银行可根据国际金融市场利率变化，在不超过人民银行公布的利率上限的前提下，自主确定小额外币存款利率。赋予商业银行小额外币存款利率的下浮权，是推进存款利率市场化改革的有益探索。

2004 年 11 月，人民银行在调整境内小额外币存款利率的同时，决定放开 1 年期以上小额外币存款利率，商业银行拥有了更大的外币利率决定权。

随着境内外币存、贷款利率逐步放开，中资商业银行均制定了外币存贷款利率管理办法，建立了外币利率定价机制。各行还根据自身的情况，完善了外币贷款利率的分级授权管理制度，如在国际市场利率基础上，各商业银行总行规定了其分行的外币贷款利率的最低加点幅度和浮动权限，做到了有章可循、运作规范，商业银行的利率风险意识和利率风险管理能力得到不断加强。

② 稳步推进人民币贷款利率市场化

1987 年 1 月，人民银行首次进行了贷款利率市场化的尝试，在《关于下放贷款利率浮动权的通知》中规定，商业银行可根据国家的经济政策，以国家规定的流动资金贷款利率为基准上浮贷款利率，浮动幅度最高不超过 20%。

1996 年 5 月，为减轻企业的利息支出负担，贷款利率的上浮幅度由 20%缩小为 10%，下浮 10%不变，浮动范围仅限于流动资金贷款。在连续降息的背景下，利率浮动范围的缩小，造成银行对中小企业贷款的积极性降低，影响了中小企业的发展。为体现风险与收益对等的原则，鼓励金融机构大力支持中小企业发展，经国务院批准，人民银行自 1998 年 10 月 31 日起将金融机构（不含农村信用社）对小企业的贷款利率最高上浮幅度由 10%扩大到 20%；农村信用社贷款利率最高上浮幅度由 40%扩大到 50%。

为调动商业银行发放贷款和改善金融服务的积极性，从 1999 年 4 月 1 日起，贷款利率浮动幅度再次扩大，县以下金融机构发放贷款的利率最高可上浮 30%。9 月 1 日起，商业银行对中小企业的贷款利率最高上浮幅度扩大为 30%，对大型企业的贷款利率最高上浮幅度仍为 10%，贷款利率下浮幅度为 10%，农村信用社浮动利率政策保持不变。

在贷款利率逐步放开的同时，为督促商业银行加强贷款利率浮动管理，人民银行于 1999 年转发了建设银行、上海银行的贷款浮动利率管理办法，要求商业银行以此为模板，制定各行的贷款浮动利率管理办法，编制有关模型和测算软件，建立利率定价授权制度等。2003 年，人民银行再次强调，各商业银行和城乡信用社应进一步制定完善的贷款利率定价管理制度和贷款利率浮动的管理办法。经过几年的努力，各商业银行和部分城乡信用社基本建立起根据成本、风险等因素区别定价的管理制度。

2003 年以来，人民银行在推进贷款利率市场化方面迈出了重要的三步：

第一步是 2003 年 8 月，人民银行在推进农村信用社改革试点时，允许试点地区农村信用社的贷款利率上浮不超过贷款基准利率的 2 倍。

第二步是 2004 年 1 月 1 日，人民银行决定将商业银行、城市信用社的贷款利率浮动区间上限扩大到贷款基准利率的 1.7 倍，农村信用社贷款利率的浮动区间上限扩大到贷款基准利率的 2 倍，金融机构贷款利率的浮动区间下限保持为贷款基准利率的 0.9 倍不变，同时明确了贷款利率浮动区间不再根据企业所有制性质、规模大小分别制定。

第三步是 2004 年 10 月 29 日，人民银行报经国务院批准，决定不再设定金融机构（不含城乡信用社）人民币贷款利率上限。考虑到城乡信用社竞争机制尚不完善，经营管理能力有待提高，容易出现贷款利率“一浮到顶”的情况，因此仍对城乡信用社人民币贷款利率实行上限管理，但其贷款利率浮动上限扩大为基准利率的 2.3 倍。所有金融机构的人民币贷款利率下浮幅度保持不变，下限仍为基准利率的 0.9 倍。至此，我国金融机构人民币贷款利率已经基本过渡到上限放开，实行下限管理的阶段。

与此同时，贷款利率浮动报备制度初步建立，各商业银行和城乡信用社通过报备系统，定期向人民银行反馈贷款利率的浮动情况。利率浮动情况报备制度的建立，既有利于主管部门及时掌握全国范围内的利率浮动情况，提高决策的科学性和准确性，也有利于金融机构建立集中统一的数据采集、分析系统，完善自身的利率管理体系，将贷款利率管理融入经营管理的大局中去。

③ 人民币存款利率市场化取得重要进展

改革开放初期，信托投资公司和农村信用社都曾进行过存款利率浮动的试点，这是我国存款利率市场化的初次尝试。在取得一些经验的同时，也出现了一些问题，如在金融机构缺乏财务约束的情况下，往往是经营状况不好的机构高息揽存，引起存款搬家、利率违规等问题发生。因此，存款利率浮动在 1990 年全部取消。实践证明，存款利率的市场化宜从大额存款入手，逐步过渡到管住利率上限，采取允许存款利率下浮的方式稳步推进。

为探索存款利率市场化途径，兼顾金融机构资产负债管理的需要，1999 年 10 月，中国人民银行批准中资商业银行法人对中资保险公司法人试办五年期以上（不含五年期）、3000 万元以上的长期大额协议存款业务，利率水平由双方协商确定。这是存款利率市场化的有益尝试。

2004 年 10 月 29 日，人民银行报经国务院批准，决定允许金融机构人民币存款利率下浮，即所有存款类金融机构对其吸收的人民币存款利率，可在不超过各档次存款基准利率的范围内浮动，但存款利率不能上浮。至此，人民币存款利率实行下浮制度，实现了“放开下限，管住上限”的既定目标。

放开金融机构贷款利率上限（城乡信用社除外）和存款利率下限是我国利率市场化改革进程中具有里程碑意义的重要举措，标志着我国利率市场化顺利实现了“贷款利率管下限、存款利率管上限”的阶段性目标。

在逐步放开利率管制的同时，央行也努力通过运用货币政策工具引导市场利率的发展。包括改革再贴现利率的形成机制，建立再贷款浮息制度，优化金融机构存款准备金利率结构等。

2006 年 8 月，人民银行扩大商业性个人住房贷款的利率浮动范围，浮动范围扩大至基准利率的 0.85 倍；2008 年 5 月汶川特大地震发生后，为支持灾后重建，人民银行于当年 10 月进一步提升了金融机构住房抵押贷款的自主定价权，将商业性个人住房贷款利率下限扩大到基准利率的 0.7 倍。

2012 年 6 月，中国人民银行进一步扩大利率浮动区间。存款利率浮动区间的上限调整为基准利率的 1.1 倍；贷款利率浮动区间的下限调整为基准利率的 0.8 倍。7 月，再次将贷款利率浮动区间的下限调整为基准利率的 0.7 倍。

2013 年 7 月，央行进一步推进利率市场化改革，自 2013 年 7 月 20 日起全面放开金融机构贷款利率管制，取消金融机构贷款利率 0.7 倍的下限，由金融机构根据商业原则自主确定贷款利率水平。并取消票据贴现利率管制，改变贴现利率在再贴现利率基础上加点确定的方式，由金融机构自主确定。

2015 年 5 月 11 日，中国人民银行在下调金融机构人民币贷款和存款基准利率的同时，结合推进利率市场化改革，将金融机构存款利率浮动区间的上限由存款基准利率的 1.3 倍调整为 1.5 倍。

本章小结

（1）信用是以偿还和付息为条件的借贷行为，它是在私有制的基础上产生的，是商品经济发展到一定阶段的产物。

（2）信用的古老形式是高利贷，极高的利率是高利贷最明显的特征。高利贷不适应资本主义生产发展的需要。在资本主义制度建立以后，高利贷被现代信用形式所取代。

（3）现代信用形式主要有商业信用、银行信用、国家信用、消费信用、国际信用等。商业信用是现代信用的基础，是指企业之间以延期支付或预付货款等形式相互提供的信用；银行信用是现代信用的主要形式，是银行等金融机构与企事业单位或个人之间发生的信用关系；国家信用是以国家为债务人，同国内外其他信用主体之间发生的信用关系。

（4）信用工具是具有一定格式，并可载明债权债务关系的书面凭证。它的主要特征是：偿还性、流动性、安全性和收益性。

（5）汇票、本票、支票、信用证、信用卡、可转让存单、股票和债券都是典型的信用工具。

（6）利息是资金所有者因贷出货币的使用权而从借款者那里取得的一种报酬，利率是指借贷期内形成的利息额与所贷资金额的比率。

（7）利率按照不同的标准可分为：年利率、月利率和日利率；单利和复利；固定利率和浮动利率；市场利率和官定利率；名义利率和实际利率等。

（8）影响利率变动的因素主要有：社会平均利润率、借贷资金的供求状况、通货膨胀预期、国际利率水平、国家经济政策等。

复习思考题

一、名词解释

1. 信用
2. 信用主体
3. 信用标的
4. 信用载体
5. 信用条件
6. 借贷资本信用
7. 商业信用
8. 银行信用
9. 国家信用
10. 消费信用
11. 合作信用
12. 民间信用
13. 国际信用
14. 国际租赁
15. 信用工具
16. 汇票
17. 支票
18. 债券
19. 股票
20. 利率
21. 固定利率
22. 浮动利率
23. 基准利率
24. 名义利率
25. 实际利率
26. 市场利率
27. 利率市场化

二、填空题

1. 商品货币经济是价值经济，________是价值的特殊形式。

2. 信用从属于商品货币经济的范畴，它产生的根源是____________。

3. 经济学家认为，信用是以________为条件的价值运动的特殊形式，体现一定的社会生产关系。它区别于一般商品交换的价值运动形式，也区别于财政活动与其他特殊的价值运动形式。

4. 信用关系是一种__________关系。

5. 信用的构成要素包括：________，________，________以及________。

6. ________是企业之间经常采用的一种延期付款的销售方式。

7. ________是与生产经营紧密结合的一种信用形式。其信用主体是_______，其提供的资本是_______。

8. 银行信用，是指银行和非银行金融机构以______形态向企业、社会和个人所提供的信用，银行信用的主要工具是_________ 。

9. 国家信用的基本形式有：________、________和________。

10. 消费信用是指银行和非银行的金融机构利用_______和_______等方式推销耐用消费品或房屋等，其实质是通过_______或______等方式，为消费者提供超前消费的条件，促进商品的销售和刺激生产的发展。

11. 按信用工具发行者的性质划分，可分为______和______；按信用工具的流动性划分，可分为______和_______；按信用工具的偿还期限划分，可分为________和________。

12. 票据一般都是________，主要指那些期限在一年之内的具有一定格式的债务票据，包括______ 、_______和_______ 。

13. 马克思指出，资本主义经济中的利息是借贷资本家凭借自己的资本所有权向职能资本家索取的报酬，是____ 的一部分，是_________的特殊转化形式，并且认为利息率取决于_______。

14. 根据利率决定的原理，利率的最高界限为________，最低界限为________。

15. 由政府或政府金融机构确定并强令执行的利率是________。

16. 随市场规律而自由变动的利率就是_________。

17. 古典利率理论认为利率是由________和________决定的，可贷资金利率理论认为利率是由_________和________决定的。

三、单项选择

1. 信用是______。

A. 买卖行为　　B. 赠予行为

C. 救济行为　　D. 各种借贷关系的总和

2. 高利贷是一种以______为条件的借贷活动。

A. 价值转移　　B. 高利借债和偿还　　C. 价值特殊运动　　D. 支付利息

3. 以下不属于企业信用的是______。

A. 签发商业票据　　B. 发行商业票据　　C. 发行债券融资　　D. 消费信贷

4. 商业信用是企业在购销活动中经常采用的一种融资方式。商业信用的特点有______。

A. 主要用于解决企业的大额融资需求

B. 商业信用融资期限一般较短

C. 商业信用周期较长，在银行信用出现后，企业就较少使用这种融资方式

D. 商业信用融资规模无局限性

5. 政府信用的主要形式是______。

A. 发行政府债券　　B. 向商业银行短期借款

C. 向商业银行长期借款　　D. 自愿捐助

6. 一年以内的短期政府债券称为______。

A. 货币债券　　B. 公债券　　C. 政府货币债券　　D. 国库券

7. 现代信用活动的基础是______。

A. 信用货币在现代经济中的使用　　B. 经济中存在大量的资金需求

C. 企业间的赊销活动　　D. 现代经济中广泛存在着盈余或赤字单位

8. 在现代信用活动中，信用工具呈现______的趋势。

A. 趋同化　　B. 多样化　　C. 单一化　　D. 难以确定

9. 商业信用是以商品形式提供的信用，提供信用的一方通常是______。

A. 买方　　B. 卖方　　C. 工商企业　　D. 消费者

10. 在现代经济中，银行信用仍然是最重要的融资形式。以下对银行信用的描述不正确的是______。

A. 银行信用在商业信用的基础上产生

B. 银行信用不可以由商业信用转化而来

C. 银行信用是以货币形式提供的信用

D. 银行在银行信用活动中充当信用中介的角色

11. 消费信用是企业或银行向______提供的信用。

A. 本国政府　　B. 社会团体　　C. 消费者　　D. 工商企业

12. 以下属于信用活动的是______。

A. 财政拨款　　B. 商品买卖　　C. 救济　　D. 赊销

13. 出口方银行向外国进口商或进口方银行提供的贷款是______。

A. 卖方信贷　　B. 买方信贷　　C. 国际金融机构贷款　　D. 政府贷款

14. 我国习惯上将年息、月息、日息都以“厘”作单位，但实际含义却不同，若年息 6 厘、月息 4 厘，则分别是指______。

A. 年利率为 6%，月利率为 4　　B. 年利率为 6‰，月利率为 4%

C. 年利率为 6%，月利率为 4‰　　D. 年利率为 6，月利率为 4‰

E. 年利率为 6%，月利率为 4%

15. 市场利率的高低取决于______。

A. 统一利率　　B. 浮动利率　　C. 借贷资金的供求关系

D. 国家政府　　E. 基准利率

16. 在其他因素不变的条件下，利息率大小______。

A. 反映资金的供求状况　　B. 直接制约企业收入的多少

C. 能反映使用资金的成本的变化　　D. 反映两类资本家对利润分割的比率

17. 名义利率适应通货膨胀的变化而变化应______。

A. 同向，同步　　B. 同向，不同步

C. 不同向，但同步　　D. 不同向，不同步

18. ______不同程度反映了非市场的强制力量对利率形成的干预。

A. 官定利率　　B. 浮动利率　　C. 行业公定利率　　D. 市场利率

19. 流动性偏好利率理论认为利率是由______决定的。

A. 资本的供求　B. 货币的供求　C. 资金的供求　D. 收入的大小

20. 认为利息是利润的一部分的利率理论是______。

A. 马克思的利率理论　B. 古典利率理论

C. 可贷资金利率理论　D. 流动性偏好利率理论

21. 利息是______的价格。

A. 货币资本　B. 借贷资本　C. 外来资本　D. 银行资本

四、问答题

1. 信用是怎样产生和发展起来的?
2. 简述高利贷信用的特点和作用?
3. 商业信用有哪些作用?其局限性体现在哪些方面?
4. 国家信用有哪些基本形式?
5. 消费信用的主要形式有哪些?
6. 信用工具具有哪些特征?
7. 经济周期是如何影响利率水平的?
8. 简述名义利率与实际利率的关系。

五、计算题

1. 某人在某商业银行储蓄所存入三年期定期存款 100 万元,若三年期定期存款年利率为4%,请利用单利法和复利法分别计算此人存满三年的实得利息额。

2. 某人在某商业银行储蓄所存入一年期定期存款 10 万元,若一年期定期存款年利率为4%,单利计息,计算此人存满一年的实得利息额,若当年通货膨胀率为2%,计算此人此笔存款的实际收益率。

六.论述题

1. 试论述决定利率水平变化的因素。
2. 试论述利率变动对经济生活的影响。

第3章 金融体系

学习要求

通过本章的学习，应掌握以下的知识和技能。

知识目标

掌握金融中介机构存在的必要性，金融机构的概念、组成及相互关系，各金融机构的性质及业务内容；了解金融体机构体系的发展及变革情况。

技能目标

能够准确判断不同种类金融业务的金融机构归属。

3.1 金融机构体系概述

金融机构是金融活动的组织者，同时也是金融市场最重要的参与者，对整个社会经济的发展与运行起着至关重要的作用。金融机构相互联系、分工协作，构成了均衡发展的金融体系。

3.1.1 金融机构体系的基本构成及模式

专门从事各种金融活动的组织称为金融机构。由各类金融机构组成的经营和管理金融业务的完整体系，称为金融机构体系，它包括中央银行、商业银行、专业银行以及非银行金融机构，这是现代金融体系的框架，是一个国家金融业发展成熟的标志。

根据中央银行在金融体系中的地位及中央银行与其他银行的关系，金融体系大致可分为以下三种模式：

1．银行职能高度集中的金融体系

该模式的特点是金融机构单一，全国仅有一家主要的国家银行。这家银行既是典型意义上的中央银行，负责货币发行，进行宏观的金融管理，制定金融政策和相应的规章制度，控制货币流通量，制订信贷计划，其金融管理主要通过行政手段、计划指标的方式进行，又是一般意义上的商业银行，承办具体的银行业务如办理信贷、存储和结算等信用业务，融通资金，满足生产、流通的资金需求。这种模式有利于强化宏观调控，在一定时期内对经济具有一定的积极作用。但这种模式采用行政手段和计划指标进行管理，不利于调动积极性和主动性，影响资金灵活融通，阻碍经济发展。这种高度集中的金融体系是与高度集中的计划经济模式相适应的。计划经济实行统收统支，一切经济活动都采用计划加以规范管理，强化宏观经济的直接调控，这就要求建立与之相适应的金融体系。在这样的金融体系中，银行职能高度集中，实施集中管理和计划指标的控制。前苏联和东欧一些社会主义国家及我国在改革以前均采用这一模式。

2．中央银行职能松散的金融体系

这种模式的基本特点就是没有独立的中央银行，整个金融体系由众多的商业银行、其他银行和其他金融机构及行业组织和金融管理机构或组织构成。中央银行的职能如管理金融、发行货币、办理清算、代理政府国库的职能，分别由各商业银行或政府管理机构执行，没有独立的一家银行完整地执行中央银行的职能。虽然这是一种不完善的金融体系，但其形成是由特殊的历史原因及金融制度造成的。

目前世界上仅有少数国家或地区实行这种模式，如新加坡、利比里亚、马尔代夫等国家和我国香港特别行政区。新加坡的中央银行职能由政府设立的货币管理局和货币委员会两个机构共同执行。货币管理局负责制定货币政策和有关金融业的发展政策，执行除货币发行外的中央银行的一切职能，而货币委员会主要负责货币发行、保管、发行准备和维护新加坡货币的完整。货币管理局充当货币委员会和金融机构的中介，协调两者之间的关系，以满足银行和金融机构对货币的需求。

3．以中央银行为核心的金融体系

这种模式是以中央银行为核心，包括商业银行、专业银行和其他银行及非银行金融机构。在这种模式中，中央银行的各项职能如发行货币、代理政府国库、办理清算业务、管理金融事务等职能，统一由单独的一家银行承担。中央银行的职能集中，但又与具体的一般存贷、筹资等银行业务相分离。这样中央银行能独立地运用经济手段进行宏观金融管理，而商业银行和各类金融机构能灵活地融通资金。这种模式既能保证中央银行调控的有效性，也可确保商业银行融通资金的效率。这种金融体系是当今世界各国普遍采用的模式。

3.1.2　金融中介机构存在的必要性

现实生活中的资金融通大部分要通过金融机构来完成，金融机构通过吸收存款，发行票据、债券和其他证券等方式从资金所有者那里筹集资金，然后按借款人要求的方式以贷款、购买票据、债券和其他证券的方式把资金转换为金融资产，转移给借款人，因此，金融机构也被称为金融中介机构。根据现代经济理论，可以从交易成本和信息不对称两个方面来解释金融中介机构存在的必要性。

1．交易成本

交易成本是指为进行金融交易所花费的时间和金钱，包括与发现交易对象、发现相对价格、讨价还价、订立契约和执行契约有关的各种费用。以贷款为例，现实生活中，贷款者和借款者在借贷期限和借贷数量上往往并不相同，要找到完全一致的借贷双方从而直接达成交易是非常困难的，在寻找交易对手的过程中，借贷双方都可能花费很多的人力、物力和时间，高昂的交易成本对贷款者来说是沉重的负担。例如，刘先生有 2000 元钱准备贷出，并且找到了想借钱的人，为保护自己的利益，刘先生聘请了一名律师帮助自己签署一份贷款合同，签署这份合同的费用为 300 元，而贷款的利息只有 100 元，因此对于刘先生来说，达成这笔交易不仅没有收益，还会出现亏损。为了使类似刘先生这样的小额储蓄者摆脱困境，必须借助于金融中介机构。

金融中介机构因为业务规模大，交易成本被有效摊低，所以能够享受到规模经济的好处。仍以贷款为例，银行可以聘请律师拟定一份标准化合同用于不同的项目，使每笔贷款的成本降低。由于金融中介机构能够显著降低交易成本，因此将小额储蓄者的资金集中起来再贷放出去，能够获得较好的收益。

2. 信息不对称

信息不对称是指交易的一方对交易的另一方不充分了解，由此将影响到交易双方的准确决策，这种现象在金融市场上非常普遍。信息不对称的存在所造成的问题可能发生在两个阶段：在交易之前称为逆向选择，在交易之后称为道德风险。

金融市场上的逆向选择指的是：那些最可能造成不利结果即造成贷款风险的借款者，常常就是那些寻找贷款最积极，而且是最可能得到贷款的人。由于逆向选择使得贷款可能招致信贷风险，贷款者可能决定不发放任何贷款，即使信贷市场上有风险很小的选择。例如，有甲、乙、丙三人，甲是一位传统型人物，他只是在确认能够通过投资来归还贷款时才会借款；乙则是一位赌徒式人物，他刚好遇到一个迅速致富的项目，如果借得资金进行投资，他可以成为百万富翁，但是像大多数迅速致富的项目一样，收益越大，风险越大，因此这项投资失败的可能性很大，这将使得乙难以归还贷款。丙是放款人，那么甲和乙谁最有可能向丙要求贷款呢？显然是乙，因为他的项目一旦成功，便可以一夜致富；而一旦失败，由于无力偿还贷款，将由丙和他一起承担损失。因为信息不对称，丙并不知道甲、乙两人的特点，在大多数情况下，丙会将钱借给乙，因为他表现得更积极，给丙更多的承诺。如果丙以前有被骗的经历，在无法确认两者风险的情况下，他很有可能决定对谁都不贷款，即便甲这位风险很小的借款者有个值得一做的投资项目，丙也不愿意向他提供贷款。

逆向选择还会产生所谓的“次品车问题”。在二手车市场上，买者常常不能准确估计车的质量，因而，买者所付的价格必定是市场上全部二手车的平均质量对应的价格。而二手车的主人了解他的车，如果是次品车，车主自然很乐意按买主愿意付的价格卖掉；然而，如果车是好车，车主就不愿意出售。这种逆向选择的结果使得市场上很少出现运行良好的二手车，而次品车又没有人愿意购买，市场的成交量就会很小，二手车市场的运营就会很差。

在证券市场上同样也会出现“次品车问题”。普通投资者不能识别有较高预期收益和低风险的优良公司和有较低预期收益和较高风险的不良公司，此时投资者只愿意支付反映上市公司平均质量的价格。结果优良公司就不愿意按照此价卖出证券，愿意出售证券的只有那些不良公司，投资者考虑到这一点，就会决定不在市场上购买证券，证券市场就不能正常运行。

交易发生之后由于信息不对称造成的问题就是道德风险。道德风险是指在交易或合约关系形成后，由于借款人的行为难以被贷款人所察知，借款人有可能做出损害贷款人利益的事情。例如，某借款者获得了一笔贷款，由于使用的是别人的钱，他们可能会冒比较大的风险去从事收益可能很高，但亏损的可能性也很大的活动。由于道德风险降低了贷款归还的可能性，放款者宁可做出不贷款的决定。

金融中介机构是解决信息不对称的方法之一。因为相比于个人来说，它们在甄别逆向选择和道德风险等方面有专长。例如，银行可以获取贷款申请人的存款、收入、财产、负债以及信贷情况等，从而较好地评估潜在借款人的信贷风险，同时也可以监控借款人的行为，在很大程度上避免了道德风险问题。正是由于金融中介机构可以较好地处理逆向选择与道德风险问题，保证资金的安全性，贷款人愿意将钱提供给金融机构，然后由金融机构再贷放给最终的借款人使用。

3.1.3 金融机构的职能

1．充当信用中介

信用中介是金融机构最基本、最能反映其经营活动特性的职能。作为信用中介，金融机构一方面动员和集中一切闲置的货币资金，另一方面则借助于信用将这些货币资金投向国民经济各部门。通过金融机构的信用中介职能，在不改变社会资本总额的条件下，扩大了再生产的规模，提高了生产率。

2．充当支付中介

支付中介职能是指通过存款在账户上的转移，代理客户支付，或在存款的基础上，为客户兑付现款等。金融机构能够充当支付中介，是因为其具有较高的信誉和较多的分支机构。金融机构充当支付中介，大大减少了现金的使用，加速了货币资金的周转，促进了社会再生产规模的扩大。

3．将货币收入和储蓄转化为资本

作为信用中介，金融机构最初只是在资金盈余企业和资金短缺企业之间进行资金融通。随着银行业的发展，个人收入和储蓄也被银行汇集起来，贷放给企业，非资本的货币就转化为货币资本。金融机构通过把非资本的货币转化为货币资本，扩大了社会资本总量，使社会再生产以更快的速度增长。

4．创造信用工具

由于支付中介职能的存在，金融机构可以创造各种信用工具，这些信用工具被投入流通，既减少了流通费用，又提供了更多的流通手段和支付手段以满足经济发展的需要。

5．提供各种金融服务

金融机构可以为客户提供各种金融服务，因为金融机构联系面广，信息灵通，尤其是计算机在业务中的广泛应用，使其可以为客户提供咨询和决策服务。

3.2 银行机构

银行机构是包括中央银行、商业银行、专业银行和政策性银行等的金融机构。

3.2.1 银行的产生与发展

银行是经营货币信用业务的特殊企业，其业务主要包括存款、贷款和结算等。银行在现代金融体系和国民经济运行中占据着特殊地位，起着举足轻重的作用。

银行是英文 Bank 的意译，来自于意大利文 Banco 一词，原意是指柜台、长凳。早在 12 世纪，意大利一些城市的货币经营业就相当发达，但货币经营商的工作条件却比较简陋，只凭借一把长凳和一个柜台便可营业。13 世纪中叶，居住在意大利北部伦巴第地区的意大利人因逃避战祸，迁居英国，在那里仍以原来的工作条件经营货币业务，英文把 Banco 转化为 Bank 后，最早的意思是存放钱的柜子，后来就泛指专门从事经营存款、贷款、结算和汇兑等业务的金融机构。在我国，银行一词出现于清朝咸丰年间，之所以将经营货币信用业务的金融机构翻译为银行，是因为在相当长的时间内，我国以白银作为货币，而又把经商的店铺称为“行”。

由上可以看出，早期银行的前身是货币经营业。货币产生后，随着各国之间贸易的发展，逐渐出现了经营货币业务的行业。最初一部分商人从事货币的兑换业务，即把不同国家、地区的铸币兑换成金块或银块，或者兑换成本国铸币和本地区铸币，以后又开始为各种商人办理货币保管业务，同时受商人委托，办理货币收付、结算、汇兑等业务，这就是货币经营业的主要业务活动，也是早期银行产生的基础。随着货币经营业务的扩大，在货币经营者手中聚积起大量货币，其中有一部分并不需要立即支付，于是他们就将这部分货币贷出去赚取利息，同时社会上一部分人将货币存放在货币经营者手中，以便带来利息收入。这样，在货币经营业务基础上产生了货币存贷业务，使货币经营业转变为早期的银行。

银行最早产生于意大利，以后扩展至欧洲其他国家。早在 13 世纪，意大利就出现了银行，但在历史上首先以“银行”为名并具有近代意义的银行，是 1580 年建立的威尼斯银行。此后，又相继出现了米兰银行、阿姆斯特丹银行、汉堡银行、纽伦堡银行等。早期的银行具有高利贷性质，还不是现代意义上的银行。

早期银行提供的贷款数量有限，难以满足资本主义工商业对信用的需求，而且由于利息高，资本主义工商企业无利可图，这就在客观上要求建立能够使工商企业有利可图、利率适度、贷款规模大、真正发挥中介作用的现代资本主义银行。现代资本主义银行是通过两条途径产生的：一是高利贷性质的银行转变为资本主义银行；二是按资本主义组织原则组建现代股份银行，起主导作用的是后一条途径。世界上第一家股份银行是 1694 年在英国伦敦成立的英格兰银行，该行一开始就把向工商企业的贷款利率定为 4.5%～6%，而当时的高利贷利率高达 20%～30%。英格兰银行的成立成为现代银行诞生的标志，很快动摇了高利贷银行在信用领域的地位，因此成为现代商业银行的典范。欧洲其他国家也先后按英格兰银行的组建模式建立了自己的现代银行。

自英格兰银行建立以来，现代银行已有 300 余年的发展历史。在此期间，随着国际经济环境和各国金融管制等因素的不断变化，银行的业务经营和管理模式也不断进行调整。特别是 20 世纪 70 年代以来，经济全球化和区域经济一体化成为世界经济发展的趋势，加之现代科技的迅速发展以及金融管制的逐渐放松，现代商业银行的业务经营和管理模式发生了一系列的根本变革，具体表现在银行业务经营全能化、银行机构集团化、金融工具多样化、银行业务经营证券化、银行业务经营国际化、银行业务经营网络化等方面。

3.2.2 银行机构的主要类型

1．中央银行

中央银行是在一国金融体系中居主导地位，负责制定和执行国家的金融政策，调节货币流通与信用活动，对国家负责，在对外金融活动中代表国家，并对国内整个金融体系和金融活动实行管理与监督的金融中心机构。

2．商业银行

商业银行是以盈利为目的，以经营金融资产和负债为主要内容的综合性、多功能的金融机构。早期的商业银行以吸收工商企业存款、发放短期贷款和抵押贷款为主要业务，其后业务范围逐渐拓展，尤其 20 世纪 80 年代以来，西方国家掀起了金融自由化浪潮，金融创新层出不穷，各类金融机构的业务相互交叉与渗透，银行业由分业经营向混业经营转变，商业银行除经营传统业务外，也经营证券、保险等业务，成为真正意义上的“金融超市”。

在金融机构体系中，商业银行以其机构多、规模大、业务广、功能全面而居于主导地位。

3．专业银行

专业银行是专门经营某种特定范围的金融业务和提供专门性金融服务的银行。专业银行的出现是社会分工发展在金融领域的体现。随着社会经济的发展，要求银行必须具有某一专业领域的知识和服务技能，从而推动了各式各样专业银行的产生。专业银行种类很多，主要有投资银行、储蓄银行、抵押银行、开发银行、农业银行和进出口银行等。

（1）投资银行

投资银行是指主营业务为资本市场业务，主要在资本市场上为直接融资提供中介服务的金融机构。投资银行虽然称为“银行”，但并不能办理商业银行的传统业务，也不同于信托公司或投资公司。它有许多名称，如美国和一些欧洲大陆国家称之为投资银行，英国、东盟国家及澳大利亚等国称之为商人银行，法国称之为实业银行，日本称之为证券公司。

投资银行的资金来源主要靠发行自己的股票和债券。投资银行不得吸收存款，一些国家虽准许投资银行吸收存款，但也主要是吸收定期存款。此外投资银行也可从其他金融机构或融资渠道获得借款，但并不构成其主要的资金来源。

投资银行主要是作为证券发行公司和证券投资者的中介，其具体的业务包括：证券发行承销业务；以经纪人身份代理客户进行证券交易的经纪业务；以自有资金进行证券交易的自营业务；收费的银行业务，即从事并购顾问、证券研究和其他形式的金融咨询活动。此外，有些投资银行也兼营中长期贷款、黄金、外汇买卖及租赁业务等。

（2）储蓄银行

储蓄银行是指专门以吸收居民储蓄存款为资金来源并发放各种抵押贷款的专业银行。各国储蓄银行的名称有所不同，例如，英国称之为信托储蓄银行，美国称之为互助储蓄银行或储蓄放款协会。世界上第一家地方储蓄银行是 1817 年由慈善团体在荷兰成立的。

储蓄存款的金额虽比较零星分散，但存款期限比较长，流动性较小。由于储蓄存款余额较为稳定，因此主要用于长期信贷和长期投资，如发放抵押贷款，投资政府债券、公司债券及股票等。为了保护小额储户的利益，许多国家都通过专门立法，限制储蓄银行通过吸收储蓄所筹集资金的投资领域，如有的国家明文规定储蓄银行必须投资于政府债券的比例。过去储蓄银行的业务活动受到诸多限制，如不能经营支票存款、不能经营一般工商贷款，但随着金融管制的放松，储蓄银行的业务范围不断扩大。

储蓄银行有多种组织形式，按照资本构成的方式不同，储蓄银行可分为互助制银行、股份制银行和公营制银行三种；按照是否设立分支机构，储蓄银行可分为单一制储蓄银行和分支制储蓄银行两种。

（3）抵押银行

抵押银行（又称不动产抵押银行）是专门经营以房地产及其他不动产为抵押的长期贷款的专业银行。

抵押银行有公营、私营和公私合营三种形式。抵押银行的资金来源主要是通过发行不动产抵押证券来募集。其长期贷款业务可分为两类：一类是以土地为抵押品的长期贷款，贷款的对象主要是土地所有者或农场主；另一类是以城市不动产为抵押品的贷款，贷款的对象主要是房屋所有者或建筑商。由于不动产抵押品常因处理时不易出售而造成资金占压，专门的抵押银行不多，因此出现了混业经营的趋势，即商业银行大量涉足不动产抵押贷款业务，而抵押银行也开始经营一般信贷业务。

（4）开发银行

开发银行是指专门为经济开发提供长期投资贷款的专业银行。它将基本建设项目和资源开发项目作为主要投资对象，这类投资具有开发性，投资量大、时间长、见效慢、风险大，一般商业银行不愿承担。开发银行不以营利为目的，主要由国家或政府组建。

开发银行是一种重要的专业银行，可分为国际性、区域性和本国性三种。国际性开发银行由若干国家共同设立，其中最著名的是国际复兴开发银行，简称世界银行；区域性开发银行主要由所在地区的成员国共同出资设立，如泛美开发银行和亚洲开发银行；本国性开发银行由国家在国内设立，为国内经济的开发和发展服务，其资金来源主要是在国内发行的债券。

（5）农业银行

农业银行是指专门经营农业信贷的专业银行。由于农业受自然条件影响大，农户分散，对资金需求数额小、期限长，利息负担能力有限，抵押品集中管理困难，大多数贷款者只凭个人信誉，所以农业信贷风险大、期限长、收益低，一般商业银行和其他金融机构不愿经营农业信贷。为此，西方许多国家专门设立以支持和促进农业发展为主要职责的农业银行，以满足政策性融资需要。农业银行在本质上是政策性银行，如美国的联邦土地银行、法国的农业信贷银行、德国的农业抵押银行、日本的农林渔业金融公库等。

农业银行的资金来源主要有政府拨款、吸收存款、发行各种股票和债券。农业银行的贷款业务范围很广，几乎包括农业生产过程中的一切资金需要。由于农业贷款风险大、期限长、收益低，大多数西方国家对农业银行贷款给予贴息或税收优待。

（6）进出口银行

进出口银行是专门经营对外贸易信用的专业银行。这类银行的设立主要是为了支持本国对外贸易的发展，促进本国产品的出口，加强国际间金融合作，广泛吸引国际资本和收集国际信息。

进出口银行一般作为政府的金融机构，如日本的输出入银行、美国的进出口银行等。有些国家的进出口银行属半官方性质，如法国的对外贸易银行。由于进出口银行在经营原则、贷款利率等方面都带有浓厚的官方色彩，因而本质上是一种政策性银行。

进出口银行的主要业务是提供各种出口信贷。出口信贷通常有两种方式：一种是卖方信贷，即出口商所在地银行对出口商提供的信贷，另一种是买方信贷，即出口商所在地银行给国外进口商或进口商银行提供贷款，以购买本国设备。一个国家对外贸易的发展常常需要进出口银行的有力支持。

3.3 非银行金融机构

非银行金融机构是指除中央银行、商业银行和专业银行以外的金融机构。主要包括证券公司、保险公司、信托投资公司、金融公司、租赁公司、财务公司、信用合作社等。非银行金融机构是随着金融资产多元化、金融业务专业化而产生的。早期的非银行金融机构大多同商业银行有着密切的联系。1681 年英国成立了世界上第一家保险公司；1818 年美国产生了信托投资机构；1849 年德国创办了世界上第一家农村信用社；20 世纪初，证券业务和租赁业务迅速发展，产生了一大批非银行性的金融机构；“二战”以后，非银行金融机构逐步形成独立的体系。20 世纪 70 年代以来，金融创新活动不断涌现，非银行金融机构起了主要作用，有力地推动了金融业务的多元化、目标化和证券化，银行与非银行金融机构之间的业务也日趋融合。

3.3.1 证券中介机构

证券中介机构是指依法设立可经营证券业务的、具有法人资格的金融机构。证券中介机构是一国金融体系的重要组成部分，是证券市场重要的组织者、参与者。它是连接证券市场上资金供求双方的桥梁和纽带，并为之提供适合各自所需的金融工具，同时，它对实现一国资源的有效配置和促进产业集中也起到了十分重要的作用。

1．证券中介机构的职能

（1）充当融资中介

证券中介机构通过其业务活动为资金盈余部门提供证券投资服务，为资金需求部门提供证券发行服务，从而实现资金的融通。

（2）实现资金期限转换

证券中介机构通过其业务活动，可以聚集小额零星的资金为巨额资金，可以变短期资金为长期资金，从而动员社会闲置资金为国民经济建设服务。

（3）分散证券市场风险

证券中介机构通过其业务活动可以帮助资金盈余部门选择适当的投资方式，帮助资金需求部门选择适当的筹资方式，可以在一定程度上分散证券市场风险。

（4）促进证券市场健康发展

证券中介机构拥有较高素质专业人才，市场信息来源广泛及时，通过为资金余缺双方提供服务，使交易双方信息对称，促成合理的证券交易价格的形成，促进了证券市场的健康发展。

2．证券中介机构的分类

根据提供的服务不同，证券中介机构可以分为：证券公司、证券投资咨询机构、证券评级机构、证券登记结算机构和证券交易所。

（1）证券公司

证券公司又称证券商，是在证券市场上专门经营证券业务的金融机构。证券公司的主要业务包括：

① 经纪业务。经纪业务又称代理买卖证券业务，是指证券公司接受客户委托代客户买卖有价证券的行为。证券经纪业务是证券公司最基本的一项业务，在办理过程中，证券公司应遵循代理原则、效率原则和“三公”（公开、公平、公正）原则。

② 承销业务。证券承销是指证券公司代理证券发行人发行证券的业务。

③ 自营业务。自营业务是指证券公司为本机构买卖证券、赚取差价并承担相应风险的行为。证券自营活动有利于活跃证券市场、维护交易的连续性。但是由于证券公司在交易成本、资金实力、信息等方面比一般投资者有优势，因此在自营活动中容易存在操纵市场、内幕交易等不正当行为，许多国家都对证券公司的自营业务制定了严格的法律法规。

④ 受托资产管理业务。受托资产管理业务是指证券公司作为受托投资管理人根据有关法律、法规和投资委托人的投资意愿，与委托人签订受托投资管理合同，把委托人委托的资产在证券市场上从事股票、债券等金融工具的组合投资，以实现委托资产收益最大化的行为。

⑤ 购并业务。购并业务是证券公司核心业务之一，证券公司作为公司的购并顾问，要辅助客户物色目标公司，设计购并方案，代表客户接洽目标公司；证券公司也可帮助目标公司设计防卫措施，抵御敌意购并；证券公司还可以帮助购并双方进行价值评估，确定公正价格，帮助融资安排，落实购并所需资金等。

⑥ 投资咨询业务。投资咨询业务是指证券公司利用自身信息及专业优势为客户提供有关资产管理、负债管理、风险管理、流动性管理、投资组合设计、估价等多种咨询服务。

⑦ 基金管理业务。在基金管理业务中，证券公司可以作为基金的发起人，发起和设立基金；可以作为基金管理者管理自己发行的基金；可以作为基金的承销人，帮助其他基金发行人向投资者发售基金受益凭证；还可以接受基金发起人的委托作为基金的管理人，帮助管理基金，并据此获得一定的佣金。

（2）证券投资咨询机构

证券投资咨询机构是为证券市场参与者提供专业性咨询的机构，主要职能是帮助投资者了解市场、分析证券投资价值、引导投资方向。

（3）证券评级机构

证券评级机构是对证券市场上的机构和证券的信用状况进行评定，以客观真实地反映证券发行人及证券的资信程度的机构。

（4）证券交易所

证券交易所是指依法设立的，不以营利为目的，为证券的集中和有组织的交易提供场所、设施，履行国家有关法律、法规、规章、政策规定的职责，实行自律性管理的会员制事业法人。证券交易所本身并不从事证券买卖，其主要职能是为证券交易提供场所和各项服务，并履行对证券交易的监管。

（5）证券登记结算机构

证券登记结算机构是从事证券登记、存管、过户和资金结算与交收的机构，是证券市场的重要组成部分，是保障证券交易连续进行必不可少的环节。

3.3.2 保险机构

保险机构主要包括保险公司和保险中介机构。

1．保险公司

保险公司是指通过收取保险费建立保险基金，对发生的保险事故进行经济补偿的金融机构。保险公司根据出资人的不同可以分为国有保险公司、股份制保险公司、外资保险公司、中外合资保险公司；根据业务内容的不同可以分为财产保险公司和人寿保险公司；根据保险对象不同可以分为保险公司和再保险公司。

保险公司的主要业务包括：

（1）保险承保

保险承保是指保险商品的交换过程或保险合同的签订过程，即投保人和保险人双方通过协商，对保险合同内容取得一致的过程，主要分为投保人提交投保申请和保险人接受投保两个方面。

（2）保险理赔

保险责任事故发生后，在约定的责任范围内，被保险人有请求保险公司赔付保险金的权利；保险人应受理索赔申请，承担赔付保险金的义务，保险理赔是上述权利和义务实现的过程。

保险理赔的程序包括接受损失通知书、审核保险责任、进行损失调查、赔偿给付保险金、损余处理及代位求偿等步骤。

（3）保险资金运用

保险资金运用是指保险公司在经营过程中，将积聚的保险资金部分地用于投资，使保险资金得到增值的业务活动。保险公司可运用的资金来源主要包括各项所有者权益资产、保险准备金及其他资金。

保险资金运用的形式主要包括投资股票、投资不动产、投资债券、贷款、银行存款、投资各类基金、同业拆借、黄金外汇等。

2．保险中介机构

保险中介机构是指从事保险中介业务的机构，主要包括保险代理公司、保险经纪公司和保险公估公司。

（1）保险代理公司

保险代理公司是根据保险人的委托，在保险人授权的范围内代为办理保险业务的保险机构。保险代理公司在保险人授权范围内代理保险业务时，其代理行为所产生的法律责任由保险人承担。

（2）保险经纪公司

保险经纪公司是指经营保险经纪业务的保险机构。保险经纪包括直接保险经纪和再保险经纪。直接保险经纪是指保险经纪公司与投保人签订委托合同，基于投保人或者被保险人的利益，为投保人与保险公司订立保险合同提供中介服务，并按约定收取佣金的行为；再保险经纪是指保险经纪公司与原保险公司签订委托合同，基于原保险公司的利益，为原保险公司与再保险公司安排再保险业务提供中介服务，并按约定收取佣金的行为。

（3）保险公估公司

保险公估公司是指接受保险当事人委托，专门从事保险标的的评估、勘验、鉴定、估损、赔偿额核算等业务的保险机构。

3.3.3 信托机构

信托业务是指以营业和收取报酬为目的，以受托人身份承诺信托和处理信托事务的经营行为。从事信托业务的金融机构就是信托机构，在我国，信托机构一般被称为信托投资公司。

信托机构的职能主要有：

1．财产管理职能

信托机构最基本的职能是为各类经济主体提供财产管理服务，社会经济的不断发展为这一职能的发挥提供了广阔的空间。

2．金融职能

随着现代社会货币化程度的不断加深，交由信托机构管理的货币资产也日益增加，信托机构管理、运用这些货币资产的方式如贷款、投资有价证券等均属于金融业务的范畴，由此衍生出信托机构的金融职能。

3．社会中介与咨询职能

信托业务是一种多边经济关系，信托机构在处理信托业务时自然成为委托人、受益人以及信托业务的交易方之间的桥梁和纽带，发挥着社会中介和咨询职能。

信托业务主要包括个人信托业务、法人信托业务和其他信托业务。

（1）个人信托业务

个人信托业务是指信托机构以自然人为服务对象的信托业务，可以针对个人需求提供相应的服务，种类繁多，开展较为广泛的有合同信托、遗嘱信托、财产监护信托及人寿保险信托等。

（2）法人信托业务

法人信托业务是指信托机构以法人为服务对象，为其提供专业的财产或者事务管理服务的信托业务。比较有特色的法人信托业务主要有抵押公司债信托、商务管理信托等。

（3）其他信托业务

其他信托业务主要指一些介于个人信托和法人信托之间的信托业务，包括集合资金信托、职工持股信托、公益信托、房地产投资信托、MBO信托等。

3.3.4 信用合作社

信用合作社是由个人集资联合组成，以互助为主要宗旨的合作金融机构，简称信用社。各国信用社名称有所不同，美国称为信用社，日本称为信用协同组合，德国称为信用合作银行。

根据信用社会员的构成，各国的信用社大致可以分为三种类型：职业信用社、社团信用社和居住区信用社。职业信用社的会员是同一企业或同一行业的雇员，如渔业生产信用社、农业生产信用社等；社团信用社是由宗教和专业团体的成员组成，如小工商业者信用社等；居住区信用社是由居住在同一地区的居民组成，如城市信用社等。

信用社的最高权力机构是会员代表大会，主要决定章程的修改、业务发展计划的制订、理事会和监事会的选举等重大事项。理事会是信用社的执行机构，负责具体事务的管理和业务经营活动，如审批入会申请、制定贷款政策等。监事会是信用社的监察组织，主要监督、检查信用社的财产和经营管理。

3.3.5 其他非银行金融机构

1．金融公司

金融公司又称财务公司，是指以经营消费信贷及工商企业信贷为主的非银行金融机构。其资金主要依靠银行贷款、发行债券、卖出公开市场票据、发行股票及吸收定期大额存款等方式筹集，主要用于耐用消费品的租购及分期付款。

2．金融租赁公司

金融租赁公司是指通过融物的形式来发挥融资作用的金融机构。主要通过承办各种机电设备、交通运输工具、仪器仪表等大型动产及附带先进技术的租赁业务和转租赁业务，为承租企业提供资金融通，促进大型成套设备、交通运输工具的输入和输出。

3．共同投资基金

共同投资基金是一种利益共享、风险共担的金融机构或工具。其运作方式是通过发行基金证券，集中投资者的资金交专业投资机构投资于多种有价证券，投资者按投资的比例享有收益并承担相应的风险，具有组合投资、专家理财、规模经营的优势。

共同投资基金有多种类型，按是否可以赎回可以分为开放型基金和封闭型基金；按组织形态可以分为公司型基金和契约型基金；按投资对象可以分为股票基金、债券基金、指数基金、期货基金等；按投资风格可分为积极成长型基金、成长型基金、收入型基金、平衡型基金等。

3.4 我国金融体系的构成

3.4.1 我国金融体系的发展演变

唐代我国就已出现了兼营银钱的机构，如邸店、质库等。后来宋代有专营银钱交易的钱馆、钱铺，明代有钱庄、钱肆，清代则有票号和汇票庄等，这些金融机构已经具备了银行的一些性质。

近代中国受到西方列强的入侵，英、法、德、俄、日等国争相来华设立银行，外国银行曾经长期控制中国的金融市场。

新中国成立前，国民党统治的金融机构体系主要有官僚资本银行、地方官办的银行、民族资本创办的银行以及外国资本在中国开设的银行。由蒋、宋、孔、陈四大家族控制的“四行二局一库”在全国金融体系中占据了垄断地位，“四行二局一库”是指中央银行（1928 年成立）、中国银行（原户部银行，1905 年成立）、交通银行（1907 年成立）、中国农业银行（1933 年成立）、中央信托局（1935 年成立）、邮政储金汇业局（1930 年成立）及中央合作金库（1946 年成立）。中国民族资本创办的第一家银行是于 1897 年创办的中国通商银行，其后民族资本银行逐渐增加，其中较有影响的有所谓的“南三行”（浙江兴业银行、浙江实业银行和上海商业储蓄银行）、“北四行”（盐业银行、金城银行、中南银行及大陆银行）和“小四行”（中国通商银行、四明银行、中国实业银行和中国国货银行），非银行金融机构如钱庄、信托公司、保险公司、证券行、票据交换所等则主要集中在天津、汉口、广州、上海、南京等一些大城市。

与国民党统治区金融体系对立的是中国共产党领导下的解放区金融体系。在抗日战争和解放战争时期，解放区各根据地相继建立了银行，这些银行主要有陕甘宁边区银行、西北农民银行、关东银行、东北银行等。这些银行都发行了地区性货币，如陕甘宁边币、晋察冀边币、西北农民币等。除发行货币外，银行还发放贷款。解放区的金融机构为抗日战争和解放战争的胜利做出了重要贡献。

新中国成立初期的金融机构体系是以中国人民银行为核心，通过合并解放区银行，没收官僚资本银行，改造私人银行和钱庄以及建立农村信用社等途径建立起来的。

在完成生产资料社会主义改造后，我国根据苏联模式建立了高度集中的计划经济管理体制。在金融领域也按照苏联的银行模式，建立起高度集中的国家银行体系，并将多种金融机构合并到这一体系中来。这种“大一统”的银行体系，一直持续到 20 世纪 70 年代末改革开放前，其主要特征有：一是中国人民银行是全国唯一的一家银行，它的分支机构按行政区划逐级设置于全国各地，它既是金融行政管理机关，承担金融宏观调控任务，又是具体经营银行业务的经济实体；二是实行高度集中的信贷管理体制，信贷资金集中管理，统收统支，各级分行吸收存款全部上交总行，各级分行在总行核批的贷款指标范围内发放贷款。

“大一统”的银行体系，是高度集中的计划经济管理体制的必然产物。其优点在于便于政策的贯彻，有利于宏观金融控制，缺点是金融体系缺乏活力，无法发挥各级分行的积极性。

十一届三中全会后，为适应我国经济体制改革，对高度集中的“大一统”金融体系进行了不断改革。改革大致可分为以下两个阶段。

第一阶段（1979～1993 年）是建立多元化的金融体系。首先是恢复和设立各专业银行。1979 年 2 月 23 日，恢复中国农业银行，专营农村金融业务；1979 年 2 月，从中国人民银行分设出专营外汇业务的中国银行；同年，中国人民建设银行也从财政部分设出来；1984 年，从中国人民银行中分设出中国工商银行，专营全部工商信贷业务和城镇储蓄业务。其次是增设其他金融机构。1979 年 10 月，成立中国国际信托投资公司；1981 年 12 月，成立中国投资银行；1982 年，中国人民保险公司从中国人民银行中独立出来；1983 年之后，在各省市相继成立各种形式的信托投资公司；此外，还恢复农村信用社的集体所有制性质，建立城市信用合作社。再次，1983 年 9 月，国务院决定，中国人民银行行使中央银行职能。中国人民银行摆脱具体银行业务，专门行使中央银行职能是我国金融体系的重大改革。至此，以中央银行为领导，国有专业银行为主体，多种金融机构并存的多元化金融体系开始形成并逐步发展起来。

第二阶段的金融机构体系改革从 1994 年开始，其目标是建立适应社会主义市场经济发展需要的以中央银行为领导，政策性金融与商业性金融相分离，以国有商业银行为主体，多种金融机构并存的现代金融体系。此次金融机构改革的原则是“分业经营，分业管理”。

近年来，我国放宽了设立金融机构的门槛，新型金融机构不断设立，我国正处于改革和建立新型金融机构体系阶段。

3.4.2 我国金融体系现状

经过三十多年的改革开放，目前我国已形成了以中国人民银行为领导，国有商业银行和国家政策银行为主体，多种金融机构并存、分工协作的金融机构体系。

其构成如表 3-1 所示：

表 3-1 我国金融机构体系

<table>
<tr><td colspan="3">中央银行</td><td>中国人民银行</td></tr>
<tr><td rowspan="13">融资类金融机构</td><td colspan="2" rowspan="3">政策性银行</td><td>中国开发银行</td></tr>
<tr><td>中国进出口银行</td></tr>
<tr><td>中国农业发展银行</td></tr>
<tr><td rowspan="10">商业银行</td><td rowspan="4">国有商业银行</td><td>中国工商银行</td></tr>
<tr><td>中国建设银行</td></tr>
<tr><td>中国农业银行</td></tr>
<tr><td>中国银行</td></tr>
<tr><td rowspan="3">股份制商业银行</td><td>交通银行</td></tr>
<tr><td>深圳发展银行</td></tr>
<tr><td>……</td></tr>
<tr><td rowspan="3">城市商业银行</td><td>北京银行</td></tr>
<tr><td>南京银行</td></tr>
<tr><td>……</td></tr>
</table>

续表

<table>
<tr><td rowspan="6">融资类金融机构</td><td colspan="3" rowspan="4">农村金融机构</td><td>农村信用社</td></tr>
<tr><td>农村商业银行</td></tr>
<tr><td>农村合作银行</td></tr>
<tr><td>村镇银行与农村资金互助社</td></tr>
<tr><td colspan="3">储蓄类机构</td><td>中国邮政储蓄银行</td></tr>
<tr><td colspan="3">外资银行</td><td>外资银行营业性机构</td></tr>
<tr><td rowspan="17">投资类金融机构</td><td colspan="3">金融信托投资公司</td><td>中国国际信托投资公司等</td></tr>
<tr><td colspan="3">财务公司</td><td>五矿财务公司等</td></tr>
<tr><td colspan="3" rowspan="4">资产管理公司</td><td>东方资产管理公司</td></tr>
<tr><td>信达资产管理公司</td></tr>
<tr><td>华融资产管理公司</td></tr>
<tr><td>长城资产管理公司</td></tr>
<tr><td colspan="3">合资与独资财务公司</td><td>中国国际财务有限公司等</td></tr>
<tr><td colspan="3">金融租赁公司</td><td>中国租赁有限公司等</td></tr>
<tr><td colspan="3">证券公司</td><td>国泰君安证券公司等</td></tr>
<tr><td rowspan="6">交易所</td><td colspan="2" rowspan="2">证券</td><td>上海证券交易所</td></tr>
<tr><td>深圳证券交易所</td></tr>
<tr><td rowspan="4">期货</td><td rowspan="3">商品期货</td><td>上海期货交易所</td></tr>
<tr><td>大连商品交易所</td></tr>
<tr><td>郑州商品交易所</td></tr>
<tr><td>金融期货</td><td>中国金融期货交易所</td></tr>
<tr><td colspan="3">证券登记结算公司</td><td>中国证券登记结算公司</td></tr>
<tr><td colspan="3">基金管理公司</td><td>博时基金管理公司等</td></tr>
<tr><td rowspan="9">保障类金融机构</td><td colspan="3">人身保险公司</td><td>中国人寿保险公司等</td></tr>
<tr><td colspan="3">财产保险公司</td><td>太平洋保险公司等</td></tr>
<tr><td colspan="3">再保险公司</td><td>中国财产再保险公司等</td></tr>
<tr><td colspan="3">政策性保险公司</td><td>中国出口信用保险公司</td></tr>
<tr><td colspan="3">保险经纪公司</td><td>北京汇丰保险经纪有限公司等</td></tr>
<tr><td colspan="3">保险代理公司</td><td>上海天意保险代理公司等</td></tr>
<tr><td colspan="3">保险公估公司</td><td>上海广瀚保险公估有限公司等</td></tr>
<tr><td colspan="3">外商独资及中外合资保险公司</td><td>中意人寿保险公司等</td></tr>
<tr><td colspan="3">社会保障基金</td><td>全国社会保障基金理事会</td></tr>
<tr><td rowspan="3">咨询服务机构</td><td colspan="3">资信评级机构</td><td>中诚信国际信用评级公司等</td></tr>
<tr><td colspan="3">证券评级机构</td><td>大公国际资信评估有限公司等</td></tr>
<tr><td colspan="3">证券投资咨询公司</td><td>天相投资顾问有限公司等</td></tr>
</table>

1．中国人民银行

中国人民银行是我国的中央银行，是在国务院领导下，制定和实施货币政策，进行宏观金融调控，维护金融体系安全稳健运行的国家机关。

中国人民银行于 1948 年 12 月 1 日在石家庄成立，成立以后，既行使中央银行职能，又对企业单位和居民个人办理存、贷款业务。改革开放以后，中国人民银行的原有体制不能适应金融业的发展，1983 年 9 月，国务院决定中国人民银行专门行使中央银行职能。1995 年 3 月 18 日，第八届全国人民代表大会第三次会议通过了《中华人民共和国中国人民银行法》，中国人民银行作为中央银行以法律的形式被确定下来。2003 年 4 月，中国银监会成立，履行原由中国人民银行履行的审批、监督管理银行、金融资产管理公司、信托投资公司及其他存款类金融机构等的职责。

2003 年 12 月 27 日，第十届全国人民代表大会常务委员会第六次会议修正后的《中华人民共和国中国人民银行法》规定了中国人民银行的主要职责，包括依法制定和执行货币政策、发行人民币、经理国库等。

中国人民银行根据履行职责的需要设立分支机构，并对分支机构实行统一领导和管理。目前，中国人民银行设立了上海、天津、沈阳、济南、武汉、西安、南京、广州和成都九个分行，中国人民银行管理部和中国人民银行重庆营业管理部，20 个省会（首府）城市中心支行，5 个副省级城市中心支行，6 个分行营业管理部，308 个市（州、盟）中心支行，1766 个县（市）支行。这些分支机构作为中国人民银行的派出机构，根据总行的授权，依法维护本辖区的金融稳定，承办有关业务。

2．商业银行

我国的商业银行是以经营存款、放款，办理转账结算为主要业务，以盈利为主要经营目标的金融企业。商业银行以效益性、安全性、流动性为经营原则，实行自主经营、自担风险、自负盈亏、自我约束。

我国《商业银行法》规定国有商业银行的业务范围包括：吸收公众存款；发放短期、中期和长期贷款；办理国内外结算；办理票据贴现；发行金融债券；代理发行、代理兑付、承销政府债券；买卖政府债券；从事同业拆借；代理发行、代理买卖外汇；提供信用证服务及担保；代理收付款项及代理保险业务；提供保管箱服务；经中国人民银行批准的其他业务。

目前我国的商业银行主要包括国有商业银行、股份制商业银行、城市商业银行等。

（1）国有商业银行

国有商业银行是我国金融机构体系的主体，包括中国工商银行、中国农业银行、中国银行和中国建设银行。

这四家国有银行都为全国性商业银行，总行均设在北京，各省、市、自治区设分行，地、市和县区设分行、支行或办事处、分理处、储蓄所等，其各级机构网点遍及城乡。在国内全部银行业资产中，四大国有商业银行约占 60%，在全球银行排名中也居于较前的位置。

随着金融体制改革的进一步深化，2003 年国务院决定对国有商业银行进行股份制改造，完善公司法人治理结构，实现经营机制的进一步转化，加速其向真正的现代商业银行方向发展。2005 年 10 月 27 日，中国建设银行股份有限公司在香港联合交易所挂牌上市，成为首家实现公开发行上市的中国国有商业银行。中国银行于 2006 年 6 月 1 日在香港联合交易所成功上市，中国工商银行于 2006 年 10 月 27 日在上海证券交易所和香港联合交易所同时公开上市，中国农业银行于 2010 年 7 月 15 日和 16 日在我国上海和香港地区两地上市，至此，四大国有商业银行全部实现上市。

（2）股份制商业银行

从 1986 年 9 月国务院批准重新组建交通银行开始，我国股份制商业银行体制得以确立和发展，其后股份制商业银行不断发展壮大，已成为我国银行体系的重要组成部分，在促进我国金融体制改革和支持国民经济发展方面做出了重要贡献。目前股份制商业银行主要有交通银行、中信实业银行、光大银行、华夏银行、上海浦东发展银行等。

（3）城市商业银行

从 1998 年开始，各地的城市合作银行陆续改组为以城市命名的商业银行。这种类型的商业银行是由城市企业、居民和地方政府财政投资入股组成的地方性股份制商业银行，重点为城市中小企业的发展提供金融服务。

3．政策性银行

政策性银行是指由政府创立、参股或保证的不以营利为目的，专门为贯彻、配合政府经济政策或产业政策，在特定的业务领域内，直接或间接地从事政策性融资活动，专门经营政策性货币信用业务的银行机构。

在政策性银行成立之前，是由专业银行负担国家政策性金融业务的，在其十多年的运作中对经济改革与发展给予的资金支持是巨大的。但随着社会主义市场经济的全面铺开，专业银行体制就暴露出明显的局限性和不适应性。其中一个大的问题是政策性信贷和商业性信贷混营，这既不利于银行贯彻效益性原则，也不利于政策性业务的开展。为此，1994 年正式启动了国家专业银行向国有商业银行转轨的改革，成立国家开发银行、中国农业发展银行和中国进出口银行三家政策性银行，承担原来由国家专业银行办理的政策性金融业务。

（1）国家开发银行

国家开发银行是 1994 年 3 月 17 日成立的直属国务院领导的政策性金融机构，目前设有 38 家分行，在开罗、莫斯科、里约热内卢设有代表处，国家开发银行的资金来源以国内外债券市场筹资为主。

国家开发银行主要通过开展中长期信贷与投资等金融业务，为国民经济重大中长期发展战略服务。

国家开发银行的主要任务是：贯彻国家宏观经济政策，筹集和引导社会资金，缓解经济社会发展的瓶颈制约和薄弱环节，致力于以融资推动市场建设和规划先行，支持国家基础设施、基础产业、支柱产业以及战略性新兴产业等领域发展和国家重点项目建设，促进区域协调发展和城镇化建设，支持保障性安居工程、中小企业、“三农”、教育、医疗卫生以及环境保护等领域的发展，支持国家“走出去”战略，拓展国际合作业务，以此增强国力，改善民生，促进科学发展。

（2）中国农业发展银行

中国农业发展银行是直属国务院领导的国有农业政策性银行。中国农业发展银行运营资金的来源有：业务范围内开户企事业单位的存款；发行金融债券；财政支农资金；向中国人民银行申请再贷款；境外筹资。

中国农业发展银行的主要任务是：按照国家的法律、法规和方针、政策，以国家信用为基础，筹集农业政策性信贷资金，承担国家规定的农业政策性金融业务，代理财政性支农资金的拨付，为农业和农村经济发展服务。

（3）中国进出口银行

中国进出口银行是直属国务院领导的、政府全资拥有的国家政策性银行，中国进出口银行总部设在北京。目前，在国内设有 20 余家营业性分支机构和代表处；在境外设有巴黎分行、东南非代表处和圣彼得堡代表处；与 1000 多家银行的总分支机构建立了代理行关系。

中国进出口银行的主要职责是为扩大我国机电产品、成套设备和高新技术产品进出口，推动有比较优势的企业开展对外承包工程和境外投资，促进对外关系发展和国际经贸合作，提供金融服务。

业务范围主要包括：办理出口信贷和进口信贷；办理对外承包工程和境外投资贷款；办理中国政府对外优惠贷款；提供对外担保；转贷外国政府和金融机构提供的贷款；办理本行贷款项下国际国内结算业务和企业存款业务，在境内外资本市场、货币市场筹集资金；办理国际银行间贷款；组织或参加国际、国内银团贷款；从事人民币同业拆借和债券回购；从事自营外汇资金交易和经批准的代客外汇资金交易；办理与本行业务相关的资信调查、咨询、评估和见证业务；经批准或受委托的其他业务。

4．非银行金融机构

（1）保险公司及保险中介机构

我国保险公司的业务范围分为两类：一是财产保险业务，具体包括财产损失保险、责任保险、信用保险等业务；二是人身保险业务，具体包括人寿保险、健康保险、意外伤害保险等业务。

专业保险中介机构包括保险代理公司、保险经纪公司和保险公估公司。保险代理公司是受保险公司的委托代其开展保险业务的机构，代理公司要根据保险公司委托的业务范围和授予的权限进行业务代理，因此所产生的权利、义务、责任等均由保险公司承担；保险经纪公司是投保方的代理人，是指基于投保方的利益，为投保人提供险种选择，与保险公司订立保险合同，缴纳保费，索取赔付等中介服务的保险中介机构；保险公估公司是指接受保险当事人委托，专门从事保险标的评估、勘验、鉴定、估损、核算赔偿额等业务的机构。

截至 2014 年 5 月，共有保险集团控股公司 10 家，人身险保险公司 76 家，财产险保险公司 63 家，再保险公司 8 家，外资保险公司代表处 177 家，保险资产管理公司 18 家，形成了控股（集团）公司、股份制公司、政策性公司、专业性公司、外资公司等多种组织形式、多种所有制成分并存，公平竞争、共同发展的市场格局。

（2）证券公司

国内证券公司的主要业务包括：推销政府债券、企业债券和股票；代理买卖和自营已上市流通的各类有价证券；参与企业收购、兼并；充当企业财务顾问等。国内第一家证券公司于 1987 年在深圳经济特区成立，其后随着企业股份制改造及更多的公司上市需要，证券公司得到迅速发展，2014 年年末国内证券公司达到 120 家，总资产为 4.09 万亿元，净资产为 9205.19 亿元。目前规模较大的证券公司主要有中信证券公司、广发证券公司、国泰君安证券公司和海通证券公司等。

（3）信托投资公司

1979 年，作为改革开放、吸引外资的窗口，我国第一家信托投资机构——中国国际信托投资公司成立，信托业为我国改革开放、引进外资以及市场经济的发展做出了重要的贡献，20 世纪 80 年代末最多时全国的信托公司达到 1000 多家。1988 年至 1998 年信托业经历了四次整顿，在此期间信托公司的数量由 1000 余家降到 1998 年年底的 239 家。1998 年以人民银行关闭广东国际信托投资公司并强制破产清算为标志开始了我国信托业的第五次清理整顿，此次整顿力度非常大，整顿的要求包括不良资产的剥离、负债的清理核销、证券业务分离、资产重组、充实资本金、建立内控机制等，信托公司最后保留 58 家，大多数规模小、资产质量差、支付困难、管理混乱、不符合行业布局的公司被撤销。获保留的公司经过重组后，资本金充足、资产质量好并建立了现代企业制度。截至 2013 年 11 月，我国共有 62 家信托投资公司。

（4）财务公司

我国的财务公司是由企业集团内部各成员单位集资入股成立的，为企业集团成员单位技术改造、新产品开发及产品销售提供金融服务，以中长期金融业务为主的非银行金融机构。它的业务限制在本集团内，主要任务是为本企业集团内部集资或融通资金，不得从企业集团之外吸收存款，也不得对非集团单位和个人发放贷款。1987 年 5 月，我国第一家企业集团财务公司——东风汽车工业财务公司成立，1991 年至 1995 年是我国财务公司快速发展阶段，机构数量和资产数量快速增长，财务公司由 19 家发展到 65 家，资产由 50 亿元人民币发展到 800 亿元人民币，同时，国家对财务公司在市场准入、业务管理及市场退出等方面进行了规范。截至 2014 年我国共有企业集团财务公司 184 家。

我国的财务公司在行政上隶属各企业集团，业务上受银监会监管，是实行自主经营、自负盈亏的独立企业法人，在支持与促进企业集团尤其是大型企业集团的改革中发挥着重要作用。

（5）租赁公司

我国的租赁公司主要从事融资租赁，一般业务是当企业需要增加某些技术设备而又缺乏资金时，由出租人代其购进或租进所需设备，然后再出租给承租单位使用，获取租金收入。我国在 1981 年成立了第一家租赁公司——东方租赁有限公司，以后又相继在全国成立了许多全国性、地方性的租赁公司。

（6）金融资产管理公司

金融资产管理公司是国务院决定设立的收购国有商业银行不良贷款，管理和处置因收购国有商业银行不良贷款形成的资产的金融机构。金融资产管理公司以最大限度保全资产、减少损失为主要经营目标，依法独立承担民事责任。目前，我国有四家资产管理公司，分别是中国华融资产管理公司、中国长城资产管理公司、中国东方资产管理公司、中国信达资产管理公司，分别接收从中国工商银行、中国农业银行、中国银行、中国建设银行剥离出来的不良资产。中国信达资产管理公司于 1999 年 4 月成立，其他三家于 1999 年 10 月分别成立。

金融资产管理公司负责收购、管理和处置国有商业银行存在的不良资产，并将部分企业的贷款转化为对企业的股权。债权转股权后，金融资产管理公司将成为企业阶段性的持股人，参与企业的决策，但不干预企业的日常生产经营。待企业生产效益好转后，金融资产管理公司将采取上市转让、兼并、分立、企业回购等方式退出。

（7）邮政储蓄机构

我国邮政储蓄机构最早创办于 1919 年，民国末期陷于停顿。新中国成立后，人民银行于 1951 年委托邮政部门代理储蓄业务，1953 年再次停办。1986 年，为支持国家经济建设，国务院批准邮政部门恢复办理储蓄业务，并在原邮电部和各省（区、市）邮电管理局内设置了邮政储汇局，对邮政储蓄、汇兑等项金融业务进行管理。2003 年以来，以国家对邮政储蓄开始实行新老划段、新增资金自主运用的改革为标志，邮政储蓄的发展进入了一个新的阶段。2004 年 6 月，邮政储蓄余额突破 1 万亿元大关。2007 年 3 月 6 日，中国邮政储蓄银行有限责任公司依法成立，开始全面办理商业银行业务，其市场定位是：充分依托和发挥邮政的网络优势，完善城乡金融服务功能，以零售业务和中间业务为主，为城市社区和广大农村地区居民提供基础金融服务。

（8）农村信用合作社

农村信用合作社是由农民和集体经济组织自愿入股组成，由入股人民主管理，主要为入股人服务的具有法人资格的金融机构。业务主要包括：办理个人储蓄，办理农户、个体工商户、农村合作经济组织的存、贷款，代理银行委托业务及办理监管机构批准的其他业务。

我国农村信用合作社普遍建立于 20 世纪五十年代，在几十年的发展过程中，一度作为中国农业银行的基层机构存在，并由中国农业银行管理。1996 年进行了改革，绝大部分恢复了合作社性质。近年来，全国正在进行农村信用社改革，逐步取消农村信用社的独立法人机构，进行以县为单位的信用联社统一法人股份制改革，建立以省为单位的信用社理事会，统一管理信用社的业务经营。

5．外资金融机构

外资金融机构是指外国金融机构在中国境内投资设立的从事金融业务的分支机构和具有中国法人地位的外商独资金融机构、中外合资金融机构。

1979 年，中国允许 31 家外资金融机构在中国设立代表处，拉开了金融业对外开放的序幕；1981 年，开始批准外资金融机构在经济特区设立营业性分支机构的试点，首家获得批准的是香港南洋商业银行深圳分行；1983 年和 1985 年，先后颁布了《中国人民银行关于侨资、外资金融机构在中国设立常驻代表机构的管理办法》和《中华人民共和国经济特区外资银行、中外合资银行管理条例》，外资金融机构的引进和管理工作开始纳入法制管理的轨道，标志着中国金融业的正式对外开放；1990 年 8 月，为配合开发开放浦东的战略决策，国务院批准上海成为除经济特区以外率先可以引进营业性外资金融机构的沿海开放城市；1992 年，可以引进营业性外资金融机构的城市又增加了大连、天津、青岛、南京、宁波、福州和广州等沿海开放城市，与此同时引进了一家美国保险公司，从而开始了保险市场开放的试点；1994 年 4 月 1 日，《中华人民共和国外资金融机构管理条例》开始实施，这标志着中国对外资金融机构的开放进入规范化管理阶段；1994 年 8 月，为配合加入关贸总协定的谈判，进一步加快金融业的对外开放，国务院又批准北京等 11 个内陆中心城市可以设立营业性外资金融机构，到 1999 年 1 月，中国人民银行又取消了对外资金融机构在华设立分支机构的城市地域限制；

中国人民银行于 1996 年 12 月宣布允许符合条件的外资金融机构在上海浦东试点经营人民币业务；1998 年 8 月，又批准深圳经济特区的 5 家外资银行开办人民币业务；1999 年 7 月，中国人民银行又进一步扩大了上海、深圳的外资银行经营人民币业务的范围；2003 年 12 月，将外资银行人民币业务的客户对象扩大至中资企业。目前，在中国注册的外资法人银行业务范围以及监管标准与中资银行一致，可以经营对企业和个人的外汇及人民币业务，并遵守与中资银行相同的资本充足、授信集中度限制、存贷比、流动性和拨备计提等审慎监管要求。

在银行业方面，截至 2012 年 12 月，中国境内外资银行营业机构总数为 412 家，49 个国家和地区的银行在华设立了 42 家外资法人机构、95 家外国银行分行和 197 家代表处。

在证券业方面，截至 2010 年年底，先后有中金公司等 13 家合资证券公司获准设立，先后有 37 家合资基金管理公司获准设立，其中 17 家合资基金公司的外资股权已达 49%。

在保险业方面，截至 2010 年年底，我国有外资保险公司 54 家，包括外资财产险公司 19 家，寿险公司 28 家，再保险公司 7 家。

本章小结

（1）由各类金融机构组成的经营和管理金融业务的完整体系，称为金融机构体系。经过不断发展，我国已形成了以中央银行为核心，以商业银行为主体，多种金融机构并存的现代金融体系。

（2）中央银行在一国金融体系中居于核心地位，中国人民银行在国务院领导下制定和实施货币政策，履行中央银行的各项职能。

（3）商业银行是以盈利最大化为目的，以存款、贷款为主要业务，同时向客户提供多功能综合化服务的金融企业。我国目前的商业银行包括国有商业银行、股份制商业银行、城市商业银行、外资银行等。

（4）政策性银行是由政府投资设立的，不以营利为目的，在特定的领域从事政策性金融业务的金融机构。

（5）非银行金融机构是金融机构体系的重要组成部分，主要包括专门从事证券业务的证券公司等证券机构；专门经营保险业务的保险公司及保险中介机构；专为企业集团及其内部成员提供金融服务的企业集团财务公司；专门处置不良资产的金融资产管理公司；办理融资性租赁业务的金融租赁公司等。

复习思考题

一、名词解释

1. 商业银行
2. 政策性银行
3. 证券公司
4. 开发银行
5. 进出口银行
6. 财务公司
7. 金融资产管理公司
8. 共同投资基金

9. 保险公司　　　　10. 储蓄银行

11. 信托投资公司

二、填空题

1. ________是各个国家金融体系的中心环节，处于特殊地位，对整个国民经济发挥宏观调控作用。

2. 开发银行是一种重要的专业银行，可分为______、______和______三种。

3. 出口信贷通常有两种方式：一种是_______，另一种是_______。

4. 共同投资基金有多种类型，按是否可以赎回可以分为_______和_______，按组织形态可以分为________和_______。

5. 我国的金融机构体系是以__________为领导，_____________和________为主体，多种金融机构并存、分工协作。

6. 2005年10月27日，________成为首家实现公开发行上市的中国国有商业银行。

7. 目前，我国有四家资产管理公司，其中___________接收从中国建设银行剥离出来的不良资产。

8. 证券经纪业务是证券公司最基本的一项业务，在办理过程中，证券公司应遵循三大原则，即_________、_________和_________。

三、选择题（不定项）

1. 我国政策性银行的资金来源主要靠______。

A. 自筹　　　　B. 发行股票

C. 财政划拨与发行金融债券　　　　D. 集资

2. 2003年，银行、证券、保险——中国金融业“分业经营，分业监管”的框架最终完成，其标志是______。

A. 银监会的成立　　　　B. 中国人民银行的成立

C. 证监会的成立　　　　D. 保监会的成立

3. 中国人民银行的职责不包括______。

A. 保证币值稳定　　B. 管理国库　　C. 发行人民币　　D. 保证企业用款

4. 一国金融机构的核心和领导是______。

A. 财政部　　B. 中央银行　　C. 商业银行　　D. 专业银行

5. 下列银行中，哪一家与其他几家的性质不同______。

A. 中国工商银行　　　　B. 交通银行

C. 中国农业银行　　　　D. 中国进出口银行

6. 我国的政策性银行包括______。

A. 中国投资银行　　　　B. 中国农业银行

C. 国家开发银行　　　　D. 中国农业发展银行

E. 中国进出口银行

7. 新中国金融体系建立的途径包括______。

A. 建立农村信用社　　　　B. 没收官僚资本银行

C. 合并解放区银行　　D. 组建中国人民银行

E. 改造私人银行与钱庄

8. 在我国，负责管理和处置中国工商银行不良资产的资产管理公司是______。

A. 信达资产管理公司　　B. 华融资产管理公司

C. 东方资产管理公司　　D. 长城资产管理公司

9. 下列______不是投资基金的特点。

A. 专家理财　　B. 组合投资　　C. 规模经营　　D. 收益率特别高

四、问答题

1. 什么是金融机构体系?
2. 银行金融机构主要有哪些类型?非银行金融机构主要有哪些类型?
3. 建立金融资产管理公司的目的是什么?
4. 证券公司有哪些主要业务?

五、论述题

1. 试述当前银行业的发展新趋势。
2. 试述我国金融机构体系的结构与职能。

第4章 商业银行

学习要求

通过本章的学习，应掌握以下的知识和技能。

知识目标

了解商业银行的产生、发展过程；掌握商业银行的性质、职能、作用；了解商业银行的类型和向全能化方向发展的趋势；掌握商业银行的组织制度；掌握商业银行的负债业务、资产业务及中间业务；掌握商业银行的经营原则及了解经营管理理论的发展。

技能目标

熟悉商业银行基本业务流程；能够识别商业银行基本风险。

商业银行是一国金融体系中的重要组成部分，与国民经济的发展、变革紧密相连，是经济社会的“神经中枢”，经过长期的发展和演变，已成为业务种类齐全、技术手段先进、服务质量不断提高，在国民经济中发挥举足轻重作用的关键性行业。

4.1 商业银行概述

商业银行是以获取利润为经营目标，以多种金融资产和金融负债为经营对象，具有综合性服务功能的金融企业，在信用活动中起着主导作用。

4.1.1 商业银行的主要类型

从世界各国商业银行业务经营的发展历程来看，商业银行基本可分为分离型和全能型两类。

1．分离型商业银行

按照分业经营的原则，银行业务与证券、信托业务相分离，商业银行不得兼营证券业务和信托业务，不能直接参与工商企业的投资。分离型商业银行以吸收短期存款为主，资产集中于短期自偿性贷款。英国的商业银行是分离型商业银行的典型代表。实行分离型商业银行制度，目的主要在于增强银行资金的流动性和安全性，在很长时期内被英美国家和受英美传统影响的国家广泛采用。

2. 全能型商业银行

按照混业经营的原则，不区分银行业务、证券业务和信托业务，银行可以全面经营各种金融业务，是综合性的银行。全能型银行以德国的商业银行为代表。

德国确立资本主义制度较晚，面临英、法等老牌资本主义国家的竞争，资金很难由资本市场获得。企业不仅需要短期流动性贷款，也需要长期固定资产贷款，甚至要求银行参股，银行为巩固和发展与客户关系，也积极参股企业并参加企业的经营决策，同时提供丰富的综合性金融服务，因此德国商业银行一开始就是综合性的。

分离型和全能型银行两者比较，全能型银行更能适应经济发展的需要。

4.1.2 商业银行的组织形式及内部组织结构

1. 商业银行的组织形式

商业银行的组织形式因各国政治经济情况不同而有所不同，主要有四种类型。

（1）单一银行制

单一银行制也称独家银行制，是指银行业务完全由各自独立的商业银行经营，不设或限设分支机构，通过一个网点提供所有的金融服务。这种银行制度在美国曾长时间实行，是美国最古老的银行形式之一，其原因在于美国是联邦制国家，各州独立性较强，历史上经济发展很不平衡，东西部差距较大。为了适应经济均衡发展的需要，特别是适应中小企业发展的需要，反对金融权力集中，各州都立法禁止或限制银行开设分支机构，特别是跨州设立分支机构。

这种银行制度的优点是：

① 限制银行业垄断，有利于自由竞争；

② 有利于银行与地方政府的协调，能够适合本地区需要，集中全力为本地区服务；

③ 各银行有很大的独立性和自主性，经营较为灵活；

④ 管理层次少，有利于中央银行管理和控制。

单一银行制本身也存在严重缺陷：

① 商业银行不设分支机构，与现代经济的横向发展和商品交换范围的不断扩大存在矛盾，同时，在计算机等高新技术大量应用的条件下，其业务发展和金融创新受到限制；

② 银行业务多集中于某一地区、某一行业，容易受到经济波动的影响，筹资不易，风险集中；

③ 银行规模较小，经营成本高，难以取得规模经济效益。

随着经济的发展，地区间经济联系的加强以及金融业竞争的加剧，现在美国许多州对银行开设分支机构的限制已经大为放宽，绝大多数州已允许在全州范围内设立分支机构，《跨州银行法》也已经允许银行全方位跨州经营业务。

（2）分行制

分行制的特点是，法律允许除了总行以外，在国内外各地普遍设立分支机构；总行一般设在各大中心城市，所有分支机构统一由总行领导指挥。这种银行制度源于英国的股份银行。按总行的职能不同，分行制又可以进一步划分为总行制和总管理处制。总行制银行是指总行除管理控制各分支行外，本身也对外营业。总管理处制是指总行只负责控制各分支行处，不对外营业，总行所在地另设对外营业的分支行或营业部。

分行制的优点在于：

① 分支机构多，分布广，业务分散，因而易于吸收存款，调剂资金，充分有效地利用资本；同时由于放款分散，风险分散，可以降低放款的平均风险，提高银行的安全性。

② 银行规模较大，易于采用现代化设备，提供多种便利的金融服务，取得规模效益。

③ 由于银行总数少，便于金融当局的宏观管理。

分行制的缺点在于容易造成大银行对小银行的吞并，形成垄断，妨碍竞争；同时，银行规模过大，内部层次、机构较多，管理困难。

目前，世界上大多数国家都实行分行制，分行制已成为当代商业银行的主要组织形式。

（3）控股公司制

控股公司制又称集团银行制，是指由集团成立股份公司，再由该公司收购或控制两家或两家以上的银行及其他金融机构，如保险公司、证券公司等所形成的集团银行的组织制度。这种股份公司既可以由非银行的大企业集团组建，也可以由大银行组建。被控制和收购的银行及其他金融机构在法律上完全独立，但业务经营权受股份公司控制。集团银行通过持股公司把许多银行或金融机构，甚至一些企业置于自己的控制之下，涉足多种金融领域，办理多种金融业务，具有强大的竞争优势。这种银行组织形式最初起源于美国，是1933～1975年美国严格控制银行跨州经营时期，立法方面和商业银行之间“管制—逃避—再管制”斗争的结果，实行银行控股公司制可以回避对设立分支行的种种限制。以后，为打破分业经营的限制，集团银行又通过持股方式控制证券、保险、信托等金融机构，扩大经营领域。

（4）连锁银行制

连锁银行制是指两家以上的商业银行受控于同一个人或同一个集团但又不以股权公司的形式出现的制度。连锁银行制与控股公司制的差别在于，其不设置银行控股公司，而是通过若干家银行互相持有对方股票，互相成为股东的方式结成连锁关系。连锁银行虽然表面上是独立的，但在业务上互相配合、互相支持，常常调剂余缺、互通有无，而且其控制权往往掌握在同一财团的手中，形成集团内部的各种联合，成为实质上的分支行制。

2．商业银行的内部组织结构

商业银行的内部组织结构是指就单个银行而言，银行内部各部门及各部门之间相互联系、相互作用的组织管理系统。商业银行的内部组织结构，以股份制形式为例，可分为决策机构、执行机构和监督机构三个层次。决策机构包括股东大会、董事会以及董事会下设的各委员会；执行机构包括行长（或总经理）以及行长领导下的各委员会、各业务部门和职能部门；监督机构即指股东大会选举产生的监事会及银行稽核部门。

（1）股东大会

股东大会是商业银行的最高权力机构，银行每年定期召开股东大会，在股东大会上，股东有权听取银行的业务报告，有权对银行业务经营提出质询，并且选举董事会。

（2）董事会

董事会是由股东大会选举产生的董事组成，代表股东执行股东大会的决议。董事会的职责包括确定银行的经营目标和经营决策；选择银行高级管理人员；设立各种委员会或附属机构，以贯彻董事会决议，监督银行的业务经营活动；通过稽核委员会对银行业务进行检查。

（3）各种常设委员会

常设委员会由董事会设立，其职责是协调银行各部门之间的关系，同时其也是各部门之间互通情报的媒介，定期或经常性地召开会议处理某些问题。

（4）监事会

股东大会在选举董事的同时，还选举监事，组成监事会。监事会的职责是代表股东大会对全部经营管理活动进行监督和检查。监事会比董事会下设的稽核机构具有更大的权威性，除检查银行业务经营和内部管理外，还要对董事会制定的经营方针和重大决定、规定、制度执行情况进行检查，对发现的问题督促限期改正。

（5）行长（或总经理）

行长是商业银行的行政主管，是银行内部的行政首脑，其职责是执行董事会的决定，组织银行的各项业务经营活动，负责银行具体业务的组织管理。

（6）总稽核

总稽核负责核对银行的日常账务项目，核查银行会计、信贷及其他业务是否符合有关规定，是否按照董事会的方针、纪律和程序办事，目的在于防止篡改账目、挪用公款和浪费，以确保资金安全。总稽核是董事会代表，定期向董事会汇报工作，提出可行性意见和建议。

（7）业务和职能部门

在行长（或总经理）的领导下，设立适当的业务和职能部门作为商业银行经营的执行机构。业务职能部门的职责是经办各项银行业务，直接向客户提供服务；职能部门的职责是实施内部管理，帮助各业务部门开展工作，为业务管理人员提供意见、咨询等。

（8）分支机构

分支机构是商业银行体系业务经营的基层单位。分支行里的首脑是分支行行长。各商业银行的分支机构按照不同地区、不同时期的业务需要，还设有职能部门和业务部门，以完成经营指标和任务。

由于各国银行体制不同，经营环境不同，加之民族习惯的差异，商业银行的内部组织结构并不完全相同。

4.2 商业银行的性质与职能

商业银行因其在整个金融体系中的特殊地位，而对整个社会经济活动产生着不可替代的作用，成为国民经济各部门正常运转的基本保证，商业银行的地位是由其性质与职能所决定的。

4.2.1 商业银行的性质

从商业银行的起源和发展历史看，商业银行是以追求利润为目标，以经营金融资产和负债为对象，综合性、多功能的金融企业。

首先，商业银行是一种企业，它具有现代企业的基本特征。和一般的工商企业一样，商业银行也具有业务经营所需的自有资金，也需独立核算、自负盈亏，也要把追求最大限度的利润作为自己的经营目标。获取最大限度的利润是商业银行产生和发展的基本前提，也是商业银行经营的内在动力。就此而言，商业银行与工商企业没有区别。

其次，商业银行与一般的工商企业又有不同，它是一种特殊的企业。商业银行的特殊性主要表现在：

① 商业银行的经营对象和内容具有特殊性。一般工商企业经营的是物质产品和劳务，从事商品生产和流通；而商业银行是以金融资产和负债为经营对象，经营的是特殊的商品货币和货币资本，经营内容包括货币收付、借贷以及各种与货币运动有关的或者与之相联系的金融服务。

② 商业银行对整个社会经济的影响和受社会经济的影响具有特殊性。商业银行对整个社会经济的影响要远大于一般的工商企业，同时商业银行受整个社会经济的影响也更为明显。

③ 商业银行责任特殊。一般工商企业只以盈利为目标，只对股东和使用自己产品的客户负责；商业银行除了对股东和客户负责之外，还必须对整个社会负责。

最后，商业银行是一种特殊的金融企业。商业银行既有别于国家的中央银行，又有别于专业银行和非银行金融机构。中央银行是国家的金融管理当局和金融体系的核心，具有较高的独立性，它不对客户办理具体的信贷业务，不以盈利为目的。专业银行和各种非银行金融机构只限于办理某一方面或几种特定的金融业务，业务经营具有明显的局限性。而商业银行的业务经营则具有很强的广泛性和综合性，它既经营“零售”业务，又经营“批发”业务，其业务触角已延伸至社会经济生活各个角落，成为“金融百货公司”和“万能银行”。

4.2.2 商业银行的职能

商业银行作为一国经济中最重要的金融中介机构，具有不可替代的作用，在经济生活中主要发挥以下职能：

1．信用中介职能

信用中介职能是商业银行最基本的职能，也最能反映其经营活动的特征。这一职能是指通过商业银行的负债业务，把社会上的各种闲散资金集中到银行，再通过商业银行的资产业务，投向国民经济各部门。商业银行作为货币资本的贷出者和借入者实现了货币资本的融通。商业银行通过信用中介职能实现资本盈余与短缺之间的调剂，但并没有改变货币资本的所有权，改变的只是其使用权。这种使用权的改变，对经济活动可以起到多层面的调节转化作用，具体表现在：

第一，可以把暂时从再生产过程中游离出来的闲置资金转化为可用资金，从而在不改变社会资本总量的条件下，通过改变资本的使用量，扩大再生产规模，促进经济增长。

第二，可以将社会各阶层的节余收入转化为能带来货币收入的投资。以个人为例，个人收入由于种种原因不会在当期全部消费，会留有一部分以备将来使用，如果没有商业银行，这部分节余只能转化为一般的货币储藏，但通过商业银行把这部分收入集中起来，投入再生产过程并实现增值，货币转化为资本，扩大了社会资金总量，加速了生产的发展。

第三，可以把短期货币资本转化为长期货币资本。社会再生产过程中会出现闲置资金，闲置期限各不相同，有的闲置时间较长，有的闲置时间较短，难以运用。商业银行在社会范围内筹集资金，一部分原来存储的资金被提用了，但又会有新的资金存储进来，在不断的存取过程中，会沉淀下来一部分可供经常使用的资金。

第四，在利润原则支配下，还可以把货币资本从效益低的部门引向效益高的部门，从而优化了经济结构。

2．支付中介职能

支付中介职能是指为工商企业办理与货币运动有关的技术性服务。例如，通过存款在账户上的转移代理客户支付；在存款的基础上为客户兑付现款等，成为工商业团体和个人的货币保管者、出纳者和支付代理人。这样，以商业银行为中心，形成了经济社会无始无终的支付链条和债权债务关系。

支付中介职能的发挥，大大减少了现金的使用，节约了社会流通费用，加速了结算过程和货币资金周转，促进了经济发展。

从历史上看，支付中介职能先于信用中介职能，它最早产生于货币经营时期。货币经营者在货币保管和办理支付中积聚了大量货币，为使货币增值而发放贷款，于是产生了信用中介职能。但支付职能的发展，也有赖于信用中介职能，因为只有在客户保存一定存款余额的基础上，才能办理支付。当存款余额不足时，客户会要求银行贷款，而贷款又转化为新的客户存款，又需办理支付。可见支付中介职能和信用中介职能是相互联系、相互促进的，两者互动构成了银行借贷资本的整体运动。

3．信用创造职能

商业银行的信用创造职能是在信用中介与支付中介的职能基础之上产生的，是指通过贷款和投资活动创造存款货币、扩大信用规模的活动。商业银行利用吸收的存款发放贷款，在支票流通和转账结算的基础上，贷款又转化为派生存款，在这种存款不提取或不完全提现的情况下，就增加了商业银行的资金来源，最后在整个商业银行体系形成数倍于原始存款的派生存款。

当然，商业银行也不能无限制地创造信用，更不能凭空创造信用，一般要受以下因素的制约：

第一，商业银行信用创造，要以原始存款为基础。就每一个商业银行而言，要根据存款发放贷款和投资；就整个商业银行体系而言，也要在原始存款的基础上进行信用创造。因此，信用创造的限度，取决于原始存款的规模。

第二，商业银行信用创造要受中央银行法定存款准备金率及现金漏损率的制约，创造能力与其成反比。

第三，创造信用的前提条件，是要有贷款需求，如果没有足够的贷款需求，存款贷不出去，就谈不上创造，因为有贷款才有派生存款；相反，如果归还贷款，就会相应地收缩派生存款，收缩的程度与派生程度一致。因此，对商业银行来说，吸收存款的多少具有非常重要的意义。

商业银行发挥信用创造功能，减少了货币流通费用。在现代信用货币制度下，存款构成了社会货币总量的大部分。通过贷款创造出的派生存款，不需要花费开采、铸造、印刷、运送、保管等一系列费用，只需要在银行账簿中完成一笔记录，因此是廉价的货币。这样，通过商业银行的信用创造，既节约了流通费用，又提供了经济发展中需要增加的流通手段和支付手段。

4．金融服务职能

随着经济的发展，各个经济单位之间的联系更加复杂，各个金融中介机构之间的竞争也日益激烈，人们的理财意识也相应提高。商业银行根据客户的要求不断拓展自己的金融服务领域，如信托、租赁、咨询、经纪人业务及国际业务等，并在商业银行经营中占据着越来越重要的地位。现代社会从多方面给商业银行提出了创新金融服务的要求，如何保持竞争优势，借鉴和吸收国际经验，不断开发新的业务领域和业务品种，是各国商业银行面临的一项主要课题。

4.3 商业银行的主要业务

商业银行的主要业务包括负债业务、资产业务和表外业务。

4.3.1 负债业务

商业银行的负债业务是形成其资金来源的业务。商业银行的资金来源包括自有资本和吸收外来资金两大部分。负债业务是商业银行资产业务的基础。

1．自有资本

商业银行的自有资本是其开展各项业务的初始资金，国际上通常将银行资本金定义为：银行股东为赚取利润而投入银行的货币和保留在银行中的收益。资本金代表投资者对商业银行的所有权。

商业银行的自有资本虽然只占银行负债的小部分，但却非常重要。

第一，商业银行的资本金是银行设立和开展业务的先决条件。

第二，自有资本充足，能树立良好的银行信誉，维持公众的信心，更多地吸引公众的存款，有利于银行业务的开展。

第三，资本是客户存款免受偶然损失的保障，商业银行主要是利用吸收来的资金进行贷款和投资而获取利润，在经营活动中，不可避免地会发生风险，损失一旦发生，如果银行资产的损失不超过收益和资本金数量，存款和债权人就不会遭受损失。

第四，资本是银行经营活动正常进行的保证，银行与其往来客户有大量资金支付活动，如果某一时期资金需要量较大，银行资金头寸难以调度，影响其支付能力，银行就可以通过出售资产、吸收新的存款或进行资本运作，来保证银行正常业务的进行。

为保证银行的安全与银行业的公平竞争，1988 年 7 月，国际清算银行正式发表了一个统一的国际银行资本充足率标准协议——“巴塞尔协议”，协议明确规定资本分为核心资本和附属资本。

（1）核心资本

也称为一级资本，主要由永久性股东产权组成，具体包括股本和公开储备两种。

股本是商业银行通过发行股票所形成的资本，是最基本、最稳定的银行资本。股份制商业银行发行的股票包括普通股和优先股。银行普通股的持有人享有分配银行税后利润以及任免银行董事会成员、决定银行经营大政方针等权利。商业银行在组建时，发行普通股是银行筹集资本金的主要方式，而且银行还可以通过再次发行来增加资本金。一般而言，银行优先股的持有人按固定股息率取得股息，对股息和剩余资产的分配权优先于普通股持有人，不拥有对银行的表决权。公开储备是指通过保留盈余或其他盈余方式在资产负债表上反映的储备，如股票发行的溢价、未分配利润、普通准备金和法定准备金中提取的储备。

（2）附属资本

也称为二级资本，根据“巴塞尔协议”，附属资本占资本总额的比例不得高于 50%，附属资本包括以下几项：

① 未公开储备。也称为隐蔽储备，包括虽未公开，但已反映在损益账上并为银行监管机构所接受的储备。

② 重估储备。一些国家按本国的监管和会计条例允许对某些资产进行重估，以便反映它们的市值或使其相对于历史成本更接近其市值。

③ 普通准备金。是为防备未来可能出现的一切损失而设立的。因为它可被用来弥补未来的不可确定的任何损失，符合资本的基本特征，可被包括在附属资本中，但不包括那些为已确认的损失或为某项资产价值的明显下降而设立的准备金。

④ 混合资本工具。是指一些既带有一定股本性质又带有一定债务性质的资本工具。

⑤ 长期附属债务。是资本债券与信用债券的合称。

资本充足率是指资本总额与加权风险资产总额的比例。资本充足率反映商业银行在存款人和债权人的资产遭到损失之后，该银行能以自有资本承担损失的程度。规定该项指标的目的在于抑制风险资产的过度膨胀，保护存款人和其他债权人的利益，保证银行等金融机构的正常运营和发展。各国金融管理当局一般都有对商业银行资本充足率的管制，目的是监测银行抵御风险的能力。

“巴塞尔协议”“新资本协议”中都规定了衡量国际银行业资本充足率的指标，总资本充足率至少为 8%，核心资本充足率至少为 4%。我国中央银行于 1992 年做出承诺，将按照“巴塞尔协议”的规定监管和规范我国银行业的资本构成和资本数量。目前我国商业银行的资本构成中，包括核心资本和附属资本，其中核心资本包括实收资本、资本公积、盈余公积和未分配利润四部分；附属资本包括贷款呆账准备金和次级长期债券。

2010 年 9 月 12 日，由 27 个国家的银行业监管部门和中央银行高级代表组成的巴塞尔银行监管委员会宣布，世界主要经济体银行监管部门代表当日就“巴塞尔协议Ⅲ”达成一致。

“巴塞尔协议Ⅲ”规定，由普通股构成的核心一级资本占银行风险资产的下限将从 2%提高至 4.5%；此外，各银行还需增设“资本防护缓冲资金”，总额不得低于银行风险资产的

2.5%，商业银行的核心一级资本充足率将由此被提高至 7%。

2．各类存款

存款是商业银行最主要的资金来源，因此吸收存款成为商业银行最重要的负债业务。传统的划分方法将存款分为活期存款、定期存款和储蓄存款三大类。在实际生活中，名目繁多的存款种类基本可以视为这三类存款的变种。

（1）活期存款

活期存款是指那些可以由存户随时存取的存款。这种存款没有确定的期限规定，银行也无权要求客户取款时事先进行书面通知。这种存款在支用时须使用银行规定的支票，因此也称支票存款。开立这种存款账户的目的是为了通过银行进行各种支付结算。由于活期存款存取频繁，而且还要提供多种服务，因此活期存款的营业成本较高，所以活期存款较少或不支付利息。虽然活期存款的平均期限很短，但在大量此存彼取、此取彼存的流动过程中，银行总能获得一些存款余额用于对外放款。活期存款是密切银行与客户关系的桥梁，银行通过与客户频繁的活期存款的存取业务建立比较密切的业务往来，从而争取更多的客户，扩大银行的经营规模。

（2）定期存款

定期存款是指客户与银行预先约定存款期限的存款。存款期限通常为 3 个月、6 个月和 1 年不等，期限最长的可达 5 年或 10 年。利率视期限长短而高低不等，但都要高于活期存款。定期存款存入时，银行向存户出具可转让或不可转让存单、存折等。定期存款一般要到期才能提取，如果持有到期存单的客户要求结存时，银行通常要另外签发新的存单。对于到期未提取存单，按惯例对过期的这段存款要支付利息，目前我国以活期存款利率对其计息。西方国家对提前支取一般要罚款，我国没有对定期存款提前支取的罚款规定，过去是按原存单利率计付利息，但要扣除提前日期的利息；现在则以国际惯例全部按活期存款利率计息，并扣除提前日期的利息。定期存款对客户来说，是一种收入稳定而风险很小的投资方式；对商业银行而言，由于期限较长，按规定一般不能提前支取，因而是银行稳定的资金来源。

（3）储蓄存款

储蓄存款主要是针对个人积蓄货币之需而开立的存款。储蓄存款也可分为活期存款和定期存款。这种存款通常由银行发给存户存折，以作为存款和取款的凭证。储蓄存款不能签发支票，支用时只能提取现金或先转入存款人的支票存款账户。由于储蓄存款多数是个人为了积蓄购买力而进行的存款，因而各国对经营储蓄存款业务的商业银行有严格的管理规定，并要求银行对储蓄存款负有无限清偿责任。有些国家只准专门的金融机构经营储蓄存款业务，不准商业银行以及其他金融机构经营这项业务。

3．借款

各类非存款性借入款是商业银行负债的一个重要组成部分。商业银行的对外借款根据期限不同，可分为短期借款和长期借款。

（1）短期借款

短期借款是指期限在一年以内的对外借款，包括同业借款、向中央银行借款和其他渠道的短期借款。

同业借款也称同业拆借，是指金融机构之间的短期资金融通，主要用于支持日常性的资金周转，它是商业银行为解决短期资金余缺，调剂法定准备金头寸而融通资金的主要渠道，一般是通过商业银行在中央银行的存款准备金账户而完成的。同业拆借的期限较短，多为 1～7 个工作日，利息按日计算，利率根据市场资金供求状况随行就市。同业拆借一般不需要抵押品，全凭银行信誉。

中央银行借款是中央银行向商业银行提供的信用，主要有再贴现和再贷款两种形式。再贴现是经营票据贴现业务的商业银行将其买入的未到期的贴现汇票向中央银行再次申请贴现，也称间接借款。再贷款是中央银行向商业银行的信用放款，也称直接放款。再贴现和再贷款是中央银行宏观金融调控的重要手段。

其他渠道的短期借款有转贴现、回购协议、大面额存单。

回购协议是指商业银行将持有的某些资产（主要是国债）暂时出售，并约定在今后某一特定日期，以特定价格再购回其所出售资产的一种协议。与商业银行订立回购协议的主要是企业、金融机构和政府，它们通常都会保持相当数额的活期存款，把资金短期贷放给商业银行，可以赚取利息收益。对商业银行来说，虽然其负债并未增加，但由于以国债为担保的回购协议不属于中央银行所界定的存款，因而无需提取存款准备金，使得此类借款的成本减少。近年来，商业银行已经普遍采用回购协议获得资金，此类交易不仅成为商业银行调整短期准备金头寸的工具，而且被有些银行视为取得长期贷款资金的重要途径。

（2）长期借款

长期借款是指偿还期在一年以上的对外借款。商业银行的长期借款一般采用发行金融债券的形式。金融债券的发行拓宽了银行的负债渠道，促进了负债来源的多样化，增强了负债的稳定性。但是，商业银行通过发行金融债券对外借款，也有其局限性，主要是金融债券的发行受到金融管理当局有关规定的严格限制，银行筹资的自主性不强；要承担相应的发行费用，筹资成本较高，受银行成本负担能力的制约；债券的流动性受市场发达程度的制约。

4.3.2 资产业务

资产业务是商业银行资金运用的业务。商业银行通过各种渠道和手段取得资金后，就要加以运用以获取利润，因而资产业务也就成为商业银行最基本的业务。商业银行的资产业务主要有现金资产、贷款、贴现和投资。

1. 现金资产

现金资产是银行资产中最具有流动性的部分，主要是用来满足客户提现和转账结算的需要。虽然现金资产不能给银行带来直接的收益，但却是银行流动性需要的第一道防线，法律对其持有量有严格的规定。现金资产包括库存现金、交存中央银行的存款准备金、存放同业及托收未达款等。

（1）库存现金

库存现金是指银行金库中的现钞和硬币，主要是为了应付客户以现金形式提款及银行本身的日常开支。由于属于银行非营利性资产，因此只需保持必要的数额，银行可根据所在地区的人口数量、客户用款习惯、季节性变化及银行调拨现金的渠道和效率等因素，来决定库存现金量的大小。

（2）存款准备金

存款准备金包括法定存款准备金和超额存款准备金两部分。

法定存款准备金是商业银行按法定存款准备金比率，把吸收的存款准备金缴存中央银行的部分。规定商业银行缴存存款准备金的目的最初是为了保证商业银行有足够的资金应付客户的存款提现，保护存款人的利益，维护银行业的稳定；现在调整法定存款准备金比率，则成为中央银行进行宏观调控的一种重要的政策工具。

超额准备金是商业银行存在中央银行账户上超过法定存款准备金的那部分存款。一般来说，超额准备金的多少，决定了商业银行能够再度进行贷款和投资规模的大小，商业银行保留超额准备金的目的，主要是为了银行之间票据交换差额的清算，应付不可预料的现金提存和等待有利的贷款和投资机会。

（3）存放同业

存放同业是银行在其他银行经常保持的一部分存款余额。因为任何一家银行，由于业务特点和人力、物力的限制，都不可能在其业务触及的每一个地方都设立分支机构，在没有分支机构的地区的一些金融业务就需要委托当地的银行等金融机构来代理。较大的银行一般都是双重角色，一方面它作为其他银行的代理行而接受其他银行的存入同业款；另一方面，它又是被代理行，将一部分资金以活期存款形式存放在代理行，这样就形成了银行之间的代理行业务。银行之间开展代理业务，需要花费一定的成本，商业银行在其代理行保持一定数量的活期存款，主要目的就是为了支付代理行代办业务的手续费。银行可以随时动用存放同业的资金。

（4）托收未达款

托收未达款是银行应收的清算款项，这部分款项在收妥前虽不能抵用，但收到后，或者增加该银行在中央银行准备金账户上的存款余额，或者增加存放同业的存款余额，视同现金。

2．贷款

贷款是商业银行作为贷款人按照一定的贷款原则和政策，以还本付息为条件，将一定数量的货币资金提供给借款人使用的一种借贷行为。贷款是商业银行主要的资产业务，也是商业银行取得利润的主要渠道。商业银行在发放每一笔贷款时，都要从风险和收益两方面衡量，力求做到风险的最小化和收益的最大化。

商业银行贷款的种类很多，可以按照不同的标准进行分类。

（1）按贷款期限分类

商业银行贷款按期限分类可分为短期贷款、中期贷款和长期贷款。

短期贷款是指期限在 1 年以内（含 1 年）的各项贷款；中期贷款是指期限在 1 年以上（不含 1 年）、5 年以内（含 5 年）的各项贷款；长期贷款是指期限在 5 年以上（不含 5 年）的各项贷款。近年来，商业银行发放的中长期贷款增加很快，这虽然可以使银行获得较多的利息收入，但由于资金被长期占压，流动性差，风险较大。按期限划分贷款种类，一方面有利于监控贷款的流动性和资金周转状况，使银行长短期贷款保持适当比例；另一方面，也有利于银行按资金偿还期限的长短安排贷款顺序，保证银行信贷资金的安全。

（2）按贷款的保障条件分类

商业银行贷款按保障条件分类可分为信用贷款、担保贷款和票据贴现。

信用贷款是指银行完全凭借客户的信用而无需提供抵押物或第三者担保而发放的贷款。发放信用贷款，银行所承担的风险较大，因而利息率较高，对借款人的条件有较高的要求。

担保贷款是指具有一定的财产或信用作还款保证的贷款。根据还款保证的不同，具体又分为抵押贷款、质押贷款和保证贷款。抵押贷款是指按规定的抵押方式以借款人或第三者的财产作为抵押发放的贷款；质押贷款是指按规定的质押方式以借款人或第三者的动产或权利作为质物发放的贷款；保证贷款是指按规定的保证方式以第三人承诺在借款人不能偿还贷款时，按约定承担一般保证责任或者连带责任而发放的贷款。在我国，抵押贷款、质押贷款和保证贷款都按《中华人民共和国担保法》规定的方式办理。

票据贴现是指银行应客户的要求，以现款或活期存款买进客户持有的未到期的商业票据的方式发放的贷款。

在票据贴现过程中，银行将资金支付给申请贴现的人，而银行却要在票据到期时才能从票据的支付人那里收回资金，因此银行要收取利息即贴现利息。贴现利息的支付人是票据的贴现人，贴现利息在票据贴现中从票据的金额中扣除，又称为折扣。银行办理票据贴现，必须按一定的利率计算利息，这种利率称为贴现率。

未到期票据贴现付款额的计算公式是：

贴现付款额=票面金额×〔1-年贴现率×（票据未到期天数/360）〕

如一家企业将一张金额 10000 元，还有三个月到期的银行承兑汇票转让给某银行，如果年贴现利率为 5%，则这张票据的贴现数额为：

贴现付款额=10000×〔1-5%×（90÷360）〕=9875（元）

商业银行的贴现率取决于两个因素：一是短期资金的供求情况，短期资金供给增加或需求减少将使贴现率下降，反之则上升；二是再贴现率的高低，中央银行提高再贴现率，将会使贴现率上升，反之则下降。

按保障条件划分贷款的种类，可以使商业银行依据借款人的财务状况和经营业绩选择不同的贷款方式，以提高贷款的安全性。

（3）按贷款的用途分类

由于商业银行贷款的用途复杂，因而贷款用途本身也可以按不同的标准划分。按照我国习惯的做法，通常有两种分类方法：一是按照贷款对象的部门分类，分为工业贷款、商业贷款、农业贷款、科技贷款和消费贷款；二是按照贷款的具体用途分类，分为流动资金贷款和固定资金贷款。按用途划分贷款的种类，有利于银行安排贷款结构，防范贷款风险。

（4）按贷款的偿还方式分类

商业银行贷款按偿还方式分类可分为一次性偿还和分期偿还两种方式。一次性偿还贷款是指在贷款到期日一次性还清贷款本金的贷款，其利息可以分期支付，也可以在贷款到期时一次性付清。短期贷款一般采用一次性偿还方式。分期偿还贷款是指借款人按规定的期限分次偿还本金和支付利息的贷款。中长期贷款大都采用分期偿还方式。按偿还方式划分贷款的种类，一方面有利于银行监测贷款到期和贷款收回情况，准确测算银行头寸的变动趋势；另一方面，也有利于银行考核收息率，加强对应收利息的管理。

（5）按贷款的质量（或风险程度）分类

商业银行贷款按质量或风险程度分类，可以分为正常贷款、关注贷款、次级贷款、可疑贷款和损失贷款五类。

正常贷款是指借款人能够履行合同，没有足够理由怀疑贷款本息不能按时足额偿还的贷款。

关注贷款是指尽管借款人目前有能力偿还贷款本息，但存在一些可能对偿还产生不利影响因素的贷款。

次级贷款是指借款人的还款能力出现明显问题，完全依靠其正常营业收入无法足额偿还贷款本息，即使实行担保，也可能会造成一定损失的贷款。

可疑贷款是指借款人无法足额偿还贷款本息，即使执行担保，也肯定要造成较大损失的贷款。

损失贷款是指在采取所有可能的措施或一切必要的法律程序之后，本息仍然无法收回，或只能收回极少部分的贷款。

按质量或风险程度划分贷款的种类，有利于银行及时发现贷款发放后出现的问题，能更准确地识别贷款的内在风险、有效地跟踪贷款质量，便于银行及时采取措施，从而提高信贷资产质量。

我国银行业长期以来一直采用的是“一逾两呆”分类方法监督和评估贷款质量，即依据借款人的还款状况将贷款划分为正常、逾期、呆滞和呆账四类。这是一种事后监督的方法，具有很大的局限性。2001 年 12 月 24 日，中国人民银行发布了《贷款风险分类指导原则》，决定从 2002 年 1 月 1 日起，在中国银行业全面推行贷款风险五级分类管理。这对于建立现代银行制度，加强银行信贷管理，提高信贷资产质量具有非常重要的意义。

根据以上贷款分类方法，可将贷款的种类用图 4-1 表示：

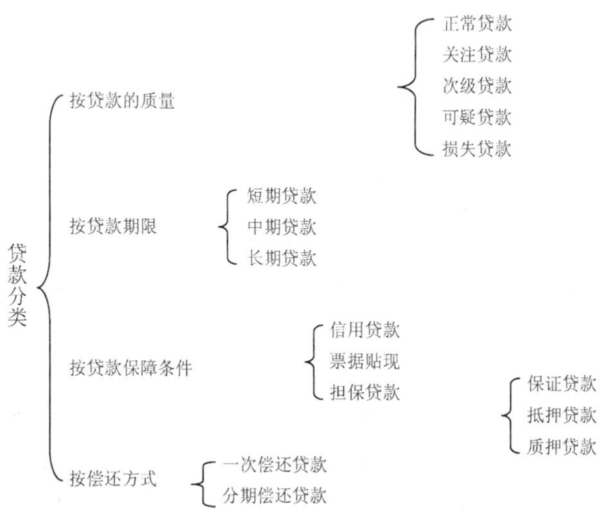

图 4-1 贷款分类

在我国，根据《贷款通则》的相关规定，贷款的程序包括：

① 贷款申请。借款人需要贷款，应当向主办银行或者其他银行的经办机构直接申请。借款人应当填写包括借款金额、借款用途、偿还能力及还款方式等主要内容的《贷款申请书》并提供有关资料。

② 对借款人的信用等级评估。商业银行应当根据借款人的领导者素质、经济实力、资金结构、履约情况、经营效益和发展前景等因素，评定借款人的信用等级。评级可由贷款人独立进行，内部掌握，也可由有权部门批准的评估机构进行。

③ 贷款调查。贷款人受理借款人申请后，应当对借款人的信用等级以及借款的合法性、安全性、盈利性等情况进行调查，核实抵押物、质押物、保证人情况，测定贷款的风险程度。

④ 贷款审批。贷款人应当建立审贷分离、分级审批的贷款管理制度。审查人员应当对调查人员提供的资料进行核实、评定，复测贷款风险程度，提出意见，按规定权限报批。

⑤ 签订借款合同。所有贷款应当由贷款人与借款人签订借款合同。借款合同应当约定借款种类、借款用途、金额、利率、借款期限、还款方式、双方的权利与义务、违约责任和双方认为需要约定的其他事项。保证贷款应当由保证人与贷款人签订保证合同，或保证人在借款合同上载明与贷款人协商一致的保证条款，加盖保证人的法人公章，并由保证人的法定代表人或其授权代理人签署姓名；抵押贷款、质押贷款应当由抵押人、出质人与贷款人签订抵押合同、质押合同，需要办理登记的，应依法办理登记。

⑥ 贷款发放。贷款人要按借款合同规定按期发放贷款，贷款人不按合同约定按期发放贷款的，应偿付违约金；借款人不按合同约定用款的，应偿付违约金。

⑦ 贷后检查。贷款发放后，贷款人应当对借款人执行借款合同情况及借款人的经营情况进行追踪调查和检查。

⑧ 贷款归还。借款人应当按照借款合同规定按时足额归还贷款本息。贷款人对逾期的贷款要及时发出催收通知单，做好逾期贷款本息的催收工作。贷款人对不能按借款合同约定期限归还的贷款，应当按规定加罚利息；对不能归还或者不能落实还本付息事宜的，应当督促归还或者依法起诉。借款人提前归还贷款，应当与贷款人协商。

3．投资

商业银行的投资与通常所说的投资不同。普通投资是指以资本从事工商业的经营活动，而商业银行的投资是指证券投资业务，即商业银行以其资金在金融市场上购买各种有价证券的业务。商业银行从事证券投资业务的目的主要是增加收益和提高资产的流动性。商业银行主要以各类债券特别是政府债券为投资对象，如美国商业银行的投资总额中，有60%以上是联邦政府债券。

商业银行投资股票的情形则相对较为复杂，各国的规定也有所不同。金融分业经营的国家，对商业银行的股票投资，管理极为严格，或严禁商业银行涉足此类业务，不允许购买和持有股票；或对个别可以涉足此类投资的特殊情况给予苛刻的限制，如只允许商业银行以其自有资金及盈余的一个极小比例投资于股票，不能超比例和不能动用存款负债去从事股票投资。金融混业经营的国家，对商业银行的股票投资并无严格的管理，但不少国家在投资数量上也有限制性的规定，商业银行的证券投资仍以各类债券，特别是政府债券为主要类别。

我国目前实行的是金融分业经营管理制度，按照《商业银行法》和《证券法》的有关规定，商业银行不得从事境内信托投资和股票业务。它们的证券投资的对象主要是政府债券和政策性银行发行的金融债券等。

4.3.3 表外业务

商业银行表外业务是商业银行不动用自有的资本，即不构成资产负债表内资产和负债，代替客户承办支付和其他委托事项而收取手续费的业务。商业银行表外业务按照会计准则不列入资产负债表，不影响资产负债额，但影响商业银行当期收益，改变银行资产报酬率。按照银行承受风险与否，表外业务有狭义和广义之分。

1. 狭义表外业务

狭义表外业务是指那些未列入资产负债表，但同表内资产业务和负债业务关系密切，并在一定条件下会转为表内资产业务和负债业务的经营活动。通常把这些经营活动称为或有资产或或有负债，它们是有风险的经营活动，应当在会计报表的附注中予以揭示。狭义表外业务主要包括以下几类业务。

（1）担保业务

商业银行的担保业务是指商业银行作为担保人所做出的在缔约一方不履行或违反合同条款时而代付一笔确定款项的承诺。担保通常是以开具保函的形式进行。

（2）承诺业务

承诺业务是银行与借款客户达成的一种具有法律约束力的正式契约。银行将在正式的有效承诺期内，按照双方商定的金额、利率，随时准备应客户需要提供信贷便利；同时，银行通常要向借款人收取一定的承诺佣金作为提供承诺的报酬。承诺业务可以分为贷款承诺与票据发行便利。

贷款承诺是银行许诺客户在未来一定时期内，根据商定的条件（期限、利率、金额）随时从银行获得贷款。贷款承诺可以分为可撤销承诺和不可撤销承诺两种。可撤销承诺附有客户在取得贷款前必须履行的特定条款，一旦在银行承诺期间及实际贷款期间发生客户信用等级降低，或客户没有履行特定条款的情况，则银行可以撤销该项承诺；不可撤销承诺则是银行不经客户同意不得私自撤销的承诺。但即使是不可撤销承诺，其协议中也可能有条款允许银行在特定条件下终止协议，银行可以在客户的财务状况发生实质性逆转时免除提供贷款责任。

票据发行便利又称为票据发行工具或票据发行融资，是一种具有法律约束力的中期授信承诺，它是商业银行与借款人之间签订的、在未来一定时期内由银行以承购连续性短期票据的形式向借款人提供信贷资金的协议。

（3）金融衍生工具交易类业务

金融衍生工具交易类业务是指商业银行为满足客户保值或自身头寸管理等需要而进行的货币利率的互换、远期合约、期货、期权等业务。

（4）信用证业务

信用证业务是由银行保证付款的业务。现在广泛开展的为商品信用证业务。商品信用证是银行应客户（购货单位）的要求，按其所指定的条件开给销货单位的一种保证付款的凭证。这种业务在异地采购，尤其在国际贸易中得到广泛的开展。开立商品信用证既不占用开证银行的自有资金，还可以得到开证手续费收入。

2．广义表外业务

广义表外业务也称中间业务，是指商业银行通过提供专业的金融服务来收取手续费，不承担风险的表外业务。

（1）汇兑业务

汇兑业务是客户以现款交付银行，由银行把款项支付给异地受款人的一种业务。使用的汇兑凭证有银行支票、银行汇票、邮信或电报的付款委托书。按汇出行将付款命令通知汇入行的方式不同，可分为电汇、信汇和票汇三种方式。在当今银行业务广泛使用电子技术的情况下，除小额款项使用电汇、信汇或票汇方式外，大笔资金基本上都是通过电子资金调拨系统处理。

（2）银行卡业务

银行卡是指由商业银行向社会发行的具有消费信用、转账结算、存取现金等全部或部分功能的信用支付工具。

银行卡包括信用卡和借记卡。

信用卡按是否向发卡银行交存备用金分为贷记卡、准贷记卡两类。贷记卡是指发卡银行给予持卡人一定的信用额度，持卡人可在信用额度内先消费、后还款的信用卡。准贷记卡是指持卡人须先按发卡银行要求交存一定金额的备用金，当备用金账户余额不足支付时，可在发卡银行规定的信用额度内透支的信用卡。

借记卡按功能不同分为转账卡（含储蓄卡）、专用卡、储值卡，借记卡不具备透支功能。

转账卡是实时扣账的借记卡。具有转账结算、存取现金和消费功能。

专用卡是具有专门用途、在特定区域使用的借记卡，具有转账结算、存取现金功能。专门用途是指在百货、餐饮、饭店、娱乐行业以外的用途。

储值卡是发卡银行根据持卡人要求将其资金转至卡内储存，交易时直接从卡内扣款的预付钱包式借记卡。

（3）代理收付业务

代理收付业务是商业银行利用自身结算便捷的优势，接受客户委托，代为收付款项的业务。在收付款之前，委托人要向银行出具收付款项的合法依据及有关单据。代理付款时，委托人还必须先将代付款项交存银行。代理收付款项时，商业银行只负责按规定办理具体的收付手续，不负责处理收付双方的任何经济纠纷。商业银行开展代理收付业务，既能帮助企业单位和居民个人从繁杂的款项收付中解脱出来，又可以取得手续费收入。目前，我国商业银行的代理收付业务主要有：代理发放工资和离退休人员退休金；代理企事业单位和个人收付公用事业费、税款、劳务费、学费、有线电视费等各项费用；代理个人或单位收取医疗保险费，并管理支付医疗保险费；受保险公司委托，代其办理财产保险和人身保险业务；为消费者购买住房、汽车等耐用消费品办理个人分期付款业务等。

（4）代客买卖业务

代客买卖业务是商业银行接受客户委托，代替客户买卖有价证券、贵金属和外汇的业务。

（5）承兑业务

承兑业务是商业银行为客户开出的汇票签章承诺，保证到期一定付款的业务。由于经过银行承兑的汇票在付款方面更有保障，因而承兑业务的开展促进了票据流通范围的扩大。

（6）代理监督业务

代理监督业务是商业银行接受经济合同当事人的委托，代为监督签约各方认真履行合同的有关规定，以保证当事人的合法权利，银行相应收取一定费用的业务，如监督供货合同的执行、监督工程合同的执行等。

（7）信托业务

信托是指接受他人委托，代为管理、经营和处理经济事务的行为。商业银行主要从事的是金融信托业务，即银行作为受托人接受客户的委托，代为管理、经营、处理有关钱财方面的事项。金融信托、银行信贷和保险被看作是现代金融业的三大支柱。商业银行开展信托业务，有利于增加银行收益，而且也扩大了银行的业务范围，丰富了银行的业务种类，从而分散了银行的经营风险，提高了银行资产的安全性。根据《商业银行法》的规定，我国的商业银行不得从事信托业务。

（8）信息咨询业务

信息咨询业务是指商业银行运用自身积累的大量信息资源，以专门的知识、技能和经验为客户提供所需信息和多项智能服务的业务。信息咨询业务主要包括工程项目评估、企业信用等级评估、验证企业注册资金、资信咨询、专项调查咨询、企业管理咨询、投资咨询等内容。

（9）基金托管业务

基金托管业务是指有托管资格的商业银行接受基金管理公司委托，安全保管所托管的基金的全部资产，为所托管的基金办理基金清算、款项划拨、会计核算、基金估值、监督管理人投资运作等业务，包括封闭式证券投资基金托管业务、开放式证券投资基金托管业务等。

20世纪80年代以来，在金融自由化的推动下，西方国家的商业银行在生存压力和发展需求的推动下，纷纷利用自己的优势大量经营中间业务，以获取更多的非利息收入。随着中间业务的大量增加，商业银行的非利息收入也迅速增加。目前，西方发达国家商业银行的中间业务收入占银行总收入的60%以上，中间业务已成为西方商业银行最主要的盈利来源。

近年来我国商业银行的中间业务虽然有所发展，但从总体上看，我国商业银行基本上仍以传统银行业的直接存贷为主，中间业务还比较落后，有些甚至是空白，中间业务收入占全部收入的比重较小。这说明，一方面我国商业银行中间业务的发展极具迫切性；另一方面，中间业务的发展有巨大的潜力。可以预见，我国商业银行的中间业务在今后的发展中将会有良好的市场前景。

4.4 商业银行的资产负债管理

资产负债管理是商业银行对其资金运用和资金来源的综合管理，是现代商业银行的基本管理制度。银行运用科学的管理手段和管理体系，根据经济金融形势和市场环境的变化，适时对资产与负债进行综合调整和管理，使资产负债在总量上平衡、结构上对称、质量上优化，以达到安全性、流动性、盈利性的最佳结合，实现银行经营目标。

4.4.1 商业银行的经营原则

商业银行作为企业，必然要以追求利润最大化为目标。但商业银行作为一类特殊的金融企业，主要是进行负债经营，即利用他人的资金经营获利，商业银行如果把追求利润作为经营的唯一目标，进行冒险经营，那就会产生极大的风险。

目前各国商业银行已普遍认同了经营管理中所必须遵循的“安全性、流动性、盈利性”的“三性”原则，我国也在《中华人民共和国商业银行法》中明确规定了商业银行“安全性、流动性、效益性”的经营原则。

1. 安全性

安全性是指商业银行应努力避免各种不确定因素对它的影响，保证商业银行的稳健经营和发展。商业银行之所以必须坚持安全性原则，是因为商业银行经营的特殊性。

（1）商业银行自有资本较少，经受不起较大的损失

商业银行是以货币为经营对象的信用中介机构，不直接从事物质产品和劳务的生产流通活动，不可能直接获得产业利润。银行的贷款和投资所取得的利息收入只是产业利润的一部分，如果商业银行不利用较多的负债来支持其资金运用，银行的资金利润率就会大大低于工商企业利润率。同时作为一个专门从事信用活动的中介机构，商业银行比一般企业更容易取得社会信用，接受更多的负债。因此，在商业银行的经营中就有可能保持比一般企业更高的资本杠杆率，由此使得商业银行承受风险的能力要比一般企业小得多。可见，为了保证银行的正常经营，对资金业务的安全性给予充分的关注是极其必要的。

（2）商业银行经营条件的特殊性，尤其需要强调它的安全性

一方面，商业银行以货币为经营对象，它们以负债的形式把居民手中的剩余货币集中起来，再分散投放出去，从中赚取利润。商业银行对居民的负债是有硬性约束的，既有利息支出方面的约束，也有到期还本的约束。如果商业银行不能保证安全性经营，到期按时收回本息的可靠性非常低，则商业银行对居民负债的按期清偿也就没有了保证，这会大大损害商业银行的对外信誉，商业银行因此将失去接受更多负债的可能性；更有甚者，居民大量挤提存款，可能导致商业银行倒闭；另一方面，在现代信用经济条件下，商业银行是参与货币创造过程的一个非常重要的媒介部门。如果由于商业银行失去安全性而导致整个银行体系混乱，则会损伤整个宏观经济的正常运转。

（3）商业银行在经营过程中会面临各种风险

归纳起来，商业银行面临的风险主要有：

① 国家风险。是指由于债务国政治动乱或经济衰退而导致债务人无法清偿债务，使债权人蒙受损失的可能性。

② 信用风险。是指借贷双方产生借贷行为后，借款方不能按时归还贷款方的本息而使贷款方遭受损失的可能性。信用风险的存在非常广泛，商业银行的所有业务都有可能面临信用风险，其中以信贷业务的信用风险最大。近年来世界性的银行呆账、坏账问题就反映出信用

风险对商业银行影响的严重性。

③ 利率风险。金融市场上利率的变动使经济主体在筹集或运用资金时可能遭受到的损失就是利率风险。利率风险主要表现为经济主体在筹集或运用资金时选择的时机或方式不当，从而不得不付出比一般水平更高的利息或收到比一般水平更低的收益。

④ 汇率风险。由于汇率的变动而使经济主体所持有的资产和负债的实际价值发生变动可能带来的损失就是汇率风险。对于既有本币资产又有外币资产的商业银行来说，汇率风险是无处不在的。

⑤ 流动性风险。这是传统商业银行的主要风险之一，指商业银行掌握的可用于即时支付的流动性资产不足以满足支付需要，从而使其丧失清偿能力的可能性。虽然流动性风险经常是商业银行破产倒闭的直接原因，但实际情况往往是由于其他种类风险长时间隐藏、积累，最后以流动性风险的形式爆发出来，因此流动性风险的防范必须与其他风险的控制结合起来。

⑥ 经营风险。是指商业银行在日常经营中由各种自然灾害、意外事故等引起的风险。

⑦ 竞争风险。这是因为金融业激烈的同业竞争造成商业银行客户流失、资产质量下降、银行利差缩小，从而增大银行经营的总风险。

商业银行的经营特点决定了商业银行保持经营安全的重要性。

2．流动性

流动性是指商业银行能够随时满足客户提现和必要的贷款需求的支付能力，包括资产的流动性和负债的流动性两重含义。资产的流动性是指资产在不发生损失的情况下迅速变现的能力，它既指速动资产，又指在速动资产不足时其他资产在不发生损失的情况下转变为速动资产的能力。

商业银行是典型的负债经营，资金来源的主体部分是客户的存款和借入款。存款是以能够按时提取和随时对客户开出支票支付为前提的，借入款是要按期归还或随时兑付的。资金来源流动性这一属性，决定了资金运用方即资产必须保持相应的流动性。

资金运用的不确定性也需要资产保持流动性。商业银行所发生的贷款和投资，会形成一定的占用余额，这个余额在不同的时点上是不同的。一方面，贷款逐步收回，投资到期收回；另一方面，在不同的时点上又会产生各种各样的贷款需求和投资需求，也就是说，商业银行又要有一定的资金来源应付贷款发放和必要的投资。贷款和投资所形成的资金的收和付，在数量上不一定相等，时间上也不一定对应，即带有某种不确定性，这就决定了商业银行资产也应具有一定程度的流动性，以应付商业银行业务经营的需要。

商业银行资产的流动性各不相同，因而必须分层次搭配资产，形成多层次的流动性储备，以满足资产流动性的需求。速动资产是商业银行资产中最具有流动性的，它包括现金资产、存放中央银行的准备金存款和存放同业的款项。如何合理分配商业银行的资产结构，保持流动性、安全性和收益性的和谐统一，是现代银行理论的重要内容之一。

一般来说，商业银行的速动资产被称为第一级准备，它的特点是流动性强。而兼顾流动性和收益性的证券资产，特别是短期证券资产以及随时可以收回的通知贷款，则构成商业银行流动性的第二道防线，称为第二级准备。

商业银行负债的流动性则是通过创造主动负债来进行的，如向中央银行借款、发行大额可转让存单、同业拆借、利用国际货币市场融资等。

3．盈利性

一切经营性企业都有一个共同的目标——追求盈利。商业银行作为经营货币信用的企业，当然也不例外。商业银行通过吸收存款、发行债券等负债业务，把企事业单位和个人的闲置资金集中起来，然后再通过发放贷款、经营投资等资产业务，把集中起来的资金运用出去，弥补一部分企事业单位和个人的暂时资金不足。商业银行通过这种资金运动，把社会资金周转过程中暂时闲置的资金融通到暂时不足的地方去，解决了社会资金周转过程中资金闲置和不足并存的矛盾，使社会资金能够充分被运用，这不仅对社会经济的发展起到有益的促进作用，而且商业银行从资金运用中得到利息收入和其他营业收入。这些收入扣除付给存款人的利息，再扣除支付给职工的工资及其他有关费用，余下的部分形成商业银行的利润。

商业银行盈利水平的提高，首先能够使投资者获得较高的收益，国家得到更多的税收收入；其次，可以增强商业银行的自身积累能力和竞争能力，提高银行信誉，使商业银行对客户有更大的吸引力；此外，可以增强商业银行承担风险的能力，可以避免因资产损失而给商业银行带来的破产倒闭的风险。

作为一个企业，商业银行经营的首要目标在于盈利，盈利是企业生存、发展的必要条件。但作为一个经营货币信用的特殊企业，商业银行在实现这个目标的过程中又要受到流动性与安全性的制约，忽视这两者，单纯追求盈利，商业银行的经营必然陷入混乱。因此，现代商业银行在追求盈利性目标的同时，必须兼顾安全性和流动性。

商业银行经营的安全性、流动性和盈利性之间往往是相互矛盾的。从盈利性角度看，商业银行的资产可以分为盈利资产和非盈利资产，资金用于盈利资产的比重越高，商业银行收取的利息就越多，盈利规模也越大。从流动性角度看，非盈利资产，如现金资产随时可以应付存款的提现需要，具有十足的流动性，因而现金资产的库存额越高，商业银行体系应付提现的能力越强，商业银行的流动性越强。从安全性角度看，一般情况下，具有较高收益率的资产，其风险总是较大的。为了降低风险，确保资金的安全，商业银行就不得不把资金投向收益率较低的资产。不难看出，盈利性原则要求提高盈利资产的运用率，而流动性原则却要求降低盈利资产的运用率；资金的盈利性要求选择有较高收益的资产，而资金的安全性却要求选择有较低收益的资产。这样，就使得商业银行的安全性、流动性和盈利性之间产生了尖锐的矛盾。商业银行的某些经营决策往往会有利于某一原则，但同时又有损于另一个原则；某一原则的实现，经常以另一个原则的放弃为代价。这种矛盾关系要求商业银行的管理者必须对“三性”原则进行统一协调。

实际上，商业银行经营“三性”原则之间存在着潜在的统一协调关系。商业银行盈利与否的衡量标准并不是单一地采用预期收益率指标，还要综合考虑商业银行的安全性和商业银行面临的风险。对各种风险因素进行综合计量后得出的收益率指标，才是商业银行的实际盈利状况。因此，盈利性与安全性之间存在统一的一面。另外，商业银行的盈利性与流动性也有统一、协调的一面。商业银行的流动性要求商业银行保留一定水平的流动资产，以备满足流动性需求。如果商业银行将本应作为流动资产的资金全部投放到盈利资产中去，在短期内会提高商业银行资产的盈利性，但是当商业银行出现流动性需求或有新的高盈利资产投放机会时，原来投放在盈利资产上的资金不能及时抽回或抽回需承受重大的损失，商业银行因不保留流动资产而增加的盈利最终将损失殆尽。当然，安全性与流动性也存在统一的一面。安全性的反面是风险，而流动性风险就是商业银行风险中很重要的一种。因此，商业银行的流动性管理实质上是安全性管理的一个有机组成部分。

4.4.2 商业银行的资产管理

商业银行产生后相当长一段时期内，由于负债形式比较单一，主要是活期存款，银行把管理的重点放在资产方面，通过对资产结构的合理安排，实现储蓄资产、贷款和证券资产的最佳组合，来满足银行的安全性、流动性和盈利性，其中以强调流动性为主。

1. 资金总库法

资金总库法的特征是不管资金来源期限的长短，银行将资金来源作为一个整体按次序进行分配：首先是保证一级储备，包括库存现金、在中央银行存款、在其他金融机构的存款余额、托收中的现金，主要是为了遵守法律对商业银行一级储备的规定、满足银行日常支付和支票清算的需要、应付意外提存和意外信贷需求；其次是保证二级储备，包括短期公开市场债券，如国库券、政府机构债券、银行承兑汇票等，具有信用高、易销售、受利率变动影响小的特点，可随时应付近期内的现金和其他资金的需求；再次是满足客户的信贷需求；最后是在前三项资产分配满足后的剩余资金，银行可在公开市场购买长期债券，以增加收入，但不能进行土地、设备等固定资产的投资。

资金总库法起源于商业银行发展初期，当时银行管理的主导思想是以安全性为主，以盈利性为辅。资金总库法的优点是管理简单、成本低；缺点是保守呆板，不考虑资产负债表中各项目之间的相互关系，强调了资产的流动性而忽视了资产盈利性。

2. 资金转换法

20 世纪 50～60 年代，西方国家经济繁荣，银行的定期存款和储蓄存款的增长快于活期存款，使应付客户提存的流动性需求减少，资金总库法被资金转换法取代。资金转换法认为不同的资金来源有不同的流动性，银行可根据各种资金来源的法定准备金要求和资金的流通速度进行资产分配，如活期存款有较高的法定准备金和较快的流通速度，需要大部分用于一级储备和二级储备，少部分用于短期贷款；定期存款和储蓄的法定准备金较少，货币流通速度较慢，可大部分用于贷款和投资；资本债券流动性最小，又不需缴纳法定准备金，则可用于长期贷款和固定资产投资。

资金转换法的优点是操作简单，减少过多的流动性储备而增加盈利；缺点是仅以存款的流通速度作为分配资金的标准有失偏颇，因为活期存款中也有长期稳定的余额可用于高收益的长期资产，没有考虑存款和贷款的季节性变化，将资金来源和资金运用严格对应，认为它们是互相独立的。

3. 线性规划法

为了使资产分配更为精确，商业银行开始使用数学模型，其中运用最广泛的是线性规划法，选择一些目标变量的值，在一定的约束条件下，使某目标函数最大（或最小）。在银行管理上的运用，则是决定一组资产负债的量，在一定的流动性和管理限制等约束条件下，使利润最大化。

4.4.3 商业银行的负债管理

商业银行的负债管理是指商业银行从存款人及其他债权人那里吸收资金并合理安排资金来源的结构，或在资金头寸紧缺时，主动寻找借入资金，以保证正常资金周转需要而开展的各项业务活动。20 世纪 60 年代初期，随着经济发展和金融环境的变化，市场高利率、利率管制放宽、金融非中介化，以及一些国家的存款保险和存款准备金规定等因素，对银行的资金来源和资金成本产生了很大的压力。为了在有限的资金来源下保持与客户的贷款关系，银行被迫寻求一些不受利率上限限制的资金来源，如同业拆借、大额可转让定期存单等，促进负债管理的发展。于是出现了负债管理理论，负债管理理论认为：银行资金的流动性不仅可以通过资产管理来获得，还可以通过负债管理来提供，银行发展借款市场通过对外借款而获得流动性，就不需要保持大量高流动性资产，可将资产投入高盈利性的贷款和投资中，甚至可以通过借款来扩大贷款规模。

1．资本管理

商业银行应形成合理的资本结构，如资本性负债和股权资产的比例、留存盈余和新增股权的比例应合理；保持适度的资本数量，如考虑监管部门的规定和风险防范要求决定资本数量。

2．存款管理

存款管理的内容包括：一是存款种类多样化，客户存款目的的多样性决定了商业银行开设存款种类的多样化，银行要创造出适应客户需求的存款种类以更多地吸收存款，同时要对存款种类进行组合；二是控制存款规模，存款规模的扩大往往会增加存款的边际成本，加上商业银行资产平均收益率受多种因素影响，并不是随存款规模的扩大而相应提高，所以存款规模在一定时点上需控制在一个适度的规模内，以保持资金的盈利水平；三是控制不同存款规模的客户的比例；在不考虑其他条件情况下，存款客户越多，平均存款规模越小，个别客户存款额的波动对银行资金头寸的影响就越小，资金的整体稳定性就越强，但业务费用会相应增加，反之则业务费用降低但资金的整体稳定性变差，因此要使存款客户的数量与银行自身对资金流动性的承受能力相适应；四是预测和控制存款对流动性的需求，要对不同种类存款的流动性进行预测和控制，保证资金和存款适当的稳定性和流动性，以适应经营的需要。

3．借款管理

借款管理的内容包括：一是要把握借款期限和借款金额，把借款到期时间和金额有计划地错开，避免和减轻由于借款到期时间过于集中给银行带来流动性的压力；二是要努力使借款到期时间和金额与存款增长相协调，争取以增长的存款来解决借款到期支付的需求；三是扩大借款的途径，合理分散借款对象和金额，争取形成一部分可以长期占用的借款余额。

4.4.4 商业银行的资产负债综合管理

资产负债综合管理理论是在资产管理和负债管理的基础上产生的，成为现代商业银行经营管理理论。这一理论的内容是为了保证商业银行安全性、流动性、盈利性的均衡，根据经济发展的需要来调节银行资产负债结构，增强银行的抗风险能力。

1．缺口管理法

所谓缺口管理法，是根据期限或利率等指标将资产和负债分成不同的类型，然后对同一类型的资产和负债之间的差额即缺口，进行分析和管理。以利率指标为例，商业银行的资产和负债可以分为固定利率和浮动利率两种类型。根据这两种类型的资产和负债之间的不同组合，可以有三种不同的缺口管理战略。

（1）零缺口战略

零缺口战略是使浮动利率资产占总资产的比例等于浮动利率负债占总负债的比例，两者之间不存在缺口。在这种战略下，当利率水平上升时，资产收益和负债成本都将同比例上升，由此从理论上说，利率波动的影响能够被完全抵消，银行的收益将保持不变。

（2）正缺口战略

正缺口战略是使浮动利率资产占总资产的比例大于浮动利率负债占总负债的比例，两者之间存在着一个正缺口。在这种战略下，利率的上升将使银行的收入增加，利率的下降则使银行的收入减少。

（3）负缺口战略

负缺口战略与正缺口战略正好相反，是使浮动利率资产占总资产的比例小于浮动利率负债占总负债的比例。在这种战略下，若利率下降，则银行收益增加；反之则下降。

银行管理者应根据自己对利率波动方向的判断，选择这三种不同的战略。

2．资产负债比例管理法

资产负债比例管理法是通过一系列资产负债比例指标来对商业银行的资产和负债进行监控和管理。它既可以作为商业银行自身的一种业务管理方式，也可以作为银行监管部门对商业银行实施监管的一种手段。

4.5 商业银行的发展趋势

20 世纪 70 年代以来，国际金融业发生了巨大变化，各国商业银行在业务范围、经营方式等方面出现了许多新的趋势。

4.5.1 业务的多样化与全能化

20 世纪 30 年代，由于金融危机引发世界性经济危机之后，以美国为代表的西方国家为了防止金融危机的再次发生，普遍实行严格的金融管制，如美国通过了《格拉斯·斯蒂格尔法案》，严格划定商业银行与其他金融机构之间的业务界限，实行分业管理。70 年代，一方面由于西方国家金融业竞争日益激烈，金融市场日趋活跃，金融工具不断创新以及金融电子化的迅速发展；另一方面，随着货币主义理论与政策的兴起，商业银行经营管理理论的发展以及金融监管当局宏观调控和金融监管能力的提高，促使西方国家金融监管逐渐放松，商业银行突破了与其他金融机构之间分工的界限，走上了业务经营多样化与全能化的道路。特别是1999 年 11 月 4 日，美国通过的《金融服务现代化法案》，具有里程碑意义，它取消了商业银行、证券公司、保险公司分业经营的限制，使商业银行进入多样化与全能化经营的时代。

商业银行业务的多样化与全能化趋势体现为以下三个方面。

（1）西方国家商业银行在传统的业务方面实行了多样化经营，特别在贷款上由以往只能为客户发放一年期以下短期贷款到经营多种资产业务，如中长期贷款、设备租赁、不动产抵押贷款、消费信贷、按揭贷款等。

（2）在金融电子化和金融产品创新的推动下，传统商业银行正迅速向综合服务机构转变，业务范围扩展至社会生活的各个领域，如财务咨询、委托理财、外汇买卖、代理税务、代发工资、代收代付费用等，特别是通过电子网络，进一步提供如旅游、资讯、交通和娱乐等全方位服务，充当电子商务媒介，银行网点集存款、取款、贷款、汇款、咨询、委托代理等多功能于一身。

（3）随着国际银行业并购浪潮的兴起，商业银行逐渐发展成为集银行、证券、保险等业务于一身的金融集团，可以为任何单一客户提供包括银行业务、证券买卖、委托投资、代理保险等在内的综合性金融服务，成为真正的“金融超市”。

4.5.2 业务国际化

金融全球化是经济全球化的一部分，银行业务国际化是指银行在国外设立分支机构，成立跨国银行，从事国际银行业务及开拓境外金融业务等。

银行业务国际化对银行经营产生了重要影响：加强了各国金融市场之间的紧密联系，促进了国际金融市场的一体化和同质化；各国金融机构之间互设分支机构，使国际间金融竞争更加激烈；国际间资金流动更加方便和频繁，既为投资者提供了方便，也加剧了货币体系的动荡；国际清算银行的规则及国际银行业的监管渐趋一致，使国际银行业不断向综合化、多元化、现代化和证券化方向发展。

4.5.3 经营电子化和网络化

随着银行之间竞争的日益激烈，计算机技术和信息处理技术的广泛使用，商业银行经营电子化进程加快。商业银行经营的电子化体现为计算机系统取代传统的手工操作，以电子化方式自动处理日常业务，传统的存款、贷款、结算以及新型的理财业务，通过银行柜台电脑、自助 ATM、商场 POS 机、家庭或公司电脑、固定电话或移动电话等各种形式的系统终端输入计算机系统，则可以自动完成记账、转账、核算、审核、储存等一系列复杂的业务处理过程。此外，20 世纪 80 年代以来，美国和英国分别建立了纽约清算所银行同业支付系统（CHIPS）和伦敦票据交换所自动收付系统（CHAPS），国际上建立了环球同业财务电信系统（SWIFT），加速了国际间资金周转。

经营的电子化对商业银行的影响具体表现在：

① 客户与银行的直接接触减少，大部分业务通过电子网络。

② 现钞数量减少，电子转账替代现钞，甚至替代支票。

③ 由于自动出纳机替代了分支行的大部分职能，传统的通过增设分支行来扩大银行实力的战略重新得到了调整。

④ 电子网络把各国际金融中心紧密地联系在一起，全球范围内的资金和信息转移只需很短的时间即可完成。

⑤ 电子化节约了大量纸张费、印刷费、邮寄费，业务处理加快，工作人员减少，提高了工作效率，降低了经营成本。

⑥ 信息成为重要的金融产品。

1995 年 10 月 18 日，美国诞生了第一家网上银行——安全第一网络银行，其后国际金融界掀起了网上银行的热潮。网上银行利用国际互联网，一方面为客户提供开户、销户、查询、支付、转账、索取对账单、订购和止付支票、个人理财、信用卡等服务；另一方面为自己发布信息、搜集信息、新产品创新等提供便利，它能够为客户提供超越时空的“3A 式”服务，即任何时间（Anytime）、任何地点（Anywhere）、以任何方式（Anyhow）提供金融服务，根据客户的具体要求创造出个性化、多样化的金融产品，更加贴近不断变化的市场需求，从而使传统银行营销以产品为导向转变为以客户为导向，从柜面间接被动推销走向直接主动促销。另外，网上银行的成本低廉，只占收入的 15%～20%，而相比之下传统银行的成本占收入的 60%左右。

4.6 商业银行的监管

在各国金融体系中，商业银行要向社会公众提供贷款、接受存款和提供其他金融服务，银行业与经济生活存在着紧密的联系，因此各国银行的经营均受到政府全面和广泛的监管。行使监管的主体各国有所不同，有的国家单独设立监管机构，有的国家由财政部门负责对银行业的监管，有的国家则由中央银行负责监管。

4.6.1 政府对银行业实施监管的原因

政府之所以要对银行业实施监管，其原因在于银行业自身的经营特点。

首先，是为了保护储户的利益。银行吸收居民储蓄是开展银行业务的基本条件，但是社会公众无法做到对银行业全面和准确的了解，也无法判断银行业的经营状况，储户和商业银行之间存在着严重的信息不对称。如果银行发生倒闭而使储户资金受到损失，社会和经济后果都是非常严重的。因此，政府必须承担保护储户利益的责任。通常，政府会定期对商业银行进行检查和审计，收集银行经营信息，评价银行财务状况，在银行经营出现困难或必要时提供资金上的援助。

其次，政府对银行业实施监管的原因还在于银行是信用货币的创造者。在信用经济条件下，货币数量的多少与经济发展密切相关，一国经济增长率、失业率和通货膨胀率都受到信用规模的影响。虽然中央银行可以通过调节基础货币来控制货币供应量，但商业银行作为中央银行货币政策传导的中枢，对中央银行的货币政策作何反应仍是中央银行关注的事情。

最后，当今世界各国的银行业正在向综合化发展，银行业、证券业和保险业综合经营使商业银行的概念不断延伸，同时，世界经济一体化又使得银行国际化进程加快。这些都对政府实施银行业的监管提出了新的课题，近年来发生的全球性金融危机也恰恰证明了加强政府对银行业的监管仍然有着重要的意义，这也要求各国政府在银行业监管领域中进一步加强合作。

4.6.2 政府对银行业监管的内容

政府对银行业的监管要以谨慎监管为原则，主要包括以下内容。

1．银行业的准入

对银行业准入进行监管是各国政府对银行业进行监管的最初手段，目的是防止银行业的过度集中，限制社会资金过度流入银行业而降低经济运行效率。一般来说，对银行业的准入进行限制主要是规定最低注册资本金、合格的经理人员、合理的业务范围及规模、完备的服务设施和设备等。

2．银行资本的充足性

目前世界各国均按“巴塞尔协议”规定的资本比率对商业银行进行资本监管。

3．银行的清偿能力

银行清偿能力监管包括负债和资产两个方面。从负债方面，要考虑存款负债的异常变动，利率变动对负债的影响，银行筹集和调配资金的能力等；从资产方面，主要检查资产的流动性状况。

4．银行业务活动的范围

主要是指银行业与证券业、保险业合业与分业经营的问题。目前各国商业银行在此问题上的做法大体可以分为综合经营型和分业经营型两类。我国商业银行实行分业经营。

5．贷款的集中程度

对贷款集中程度的监管是商业银行分散风险的需要。从技术操作上来说，就是规定个别贷款对银行资本的最高比率。

6．存款保险制度

存款保险制度产生于 20 世纪 30 年代金融大危机以后的美国，其成立的宗旨是：重新唤起社会公众对银行体系的信心，保护存款者的利益，监督并促使银行在保证安全的前提下进行经营活动。

存款保险制度要求商业银行按存款额的大小和一定的保险费率缴纳保险费给存款保险机构，当投保银行经营破产或发生支付困难时，存款保险机构在一定限度内代为支付。如美国联邦存款保险公司可以给每个账户的保险金额最高为 10 万美元；而英国的存款保险计划是按每个存款人存款的 75%给予保险，最高赔偿金额为 1.5 万～2 万英镑。

目前各国存款保险制度的组织形式主要有三种。

① 政府设立的存款保险机构。典型的代表是美国，按照 1933 年《格拉斯-斯蒂格尔法》建立的美国联邦存款保险公司下属 6 个分公司，负责办理存款保险公司的具体业务，并执行对投保银行的监管。

② 政府与银行联合成立存款保险机构。日本的存款保险机构即属此类，20 世纪 70 年代初，日本公布实施存款保险法，设立存款保险机构，强制大部分民间金融机构加入存款保险机构。

③ 银行出资自己成立存款保险机构。1976 年，前联邦德国银行业协会自行计划出资成立了存款保险机构，制订了存款保险和理赔计划。

存款保险制度是 20 世纪金融业创新的成果，由于其行使相应的监管功能，起到了保护银行体系稳定的作用。同时，不可回避的问题是，由于存款保险公司的存在，银行对从事高风险投资的担忧在减少，甚至在一定程度上刺激银行去进行高风险的投资，加剧了道德风险。

我国的《存款保险条例》于 2015 年 5 月 1 日起正式实施，在我国境内设立的吸收存款的银行业金融机构，包括商业银行、农村合作银行、农村信用合作社等，都应当参加存款保险。除金融机构同业存款、投保机构的高级管理人员在本机构的存款等外，其他人民币存款和外币存款都属于被保险存款的范围。

《存款保险条例》规定，存款保险实行限额偿付，最高偿付限额为人民币 50 万元。这一限额高于世界多数国家的保障水平，能为我国 99.63%的存款人提供全额保护。同一存款人在同一家投保机构所有被保险存款账户的本金和利息合并计算的金额在最高偿付限额以内的，实行全额偿付；超出的部分，依法从投保机构清算财产中受偿。

本章小结

（1）商业银行是特殊的企业，在经济生活中发挥的职能包括：信用中介职能、支付中介职能、信用创造职能和金融服务职能。

（2）商业银行的组织形式主要有：单一银行制、总分行制、控股公司制和连锁制。

（3）商业银行的资产业务包括现金资产、贷款、票据贴现及证券投资。其中贷款业务是商业银行利润的主要来源。

（4）商业银行负债业务包括自有资本、存款业务和借入款业务。其中存款业务是主要负债业务。

（5）商业银行的中间业务是商业银行不动用自己的资金，为社会提供各种服务的业务，主要包括结算业务、代理业务、信用证业务、咨询业务等。

（6）商业银行的经营管理要坚持盈利性、流动性和安全性原则，三者之间既有统一，又有矛盾，商业银行要在保证安全性、流动性的前提下追求利润最大化。

（7）商业银行的经营管理理论经历了资产管理理论、负债管理理论和资产负债管理理论三个阶段。

复习思考题

一、名词解释

1. 单一银行制

2. 分行制

3. 定期存款　　4. 储蓄存款

5. 回购协议　　6. 资产业务

7. 负债业务　　8. 表外业务

9. 中间业务　　10. 信用贷款

11. 票据贴现　　12. 存款保险制度

13. 票据发行便利　　14. 贷款承诺

15. 基金托管业务

二、填空题

1. 按照组织形式来划分，商业银行的类型包括____、____、____和____。

2. ____是商业银行最基本也是最能反映其经营活动特征的职能。

3. 商业银行的贷款按贷款是否有抵押品划分，有____贷款和____贷款；按贷款的质量划分，商业银行贷款可分为____、____、____、____和____五类。

4. 贷款承诺是商业银行的____业务。

5. 商业银行的经营三原则指：________、流动性和安全性。安全性原则，指避免经营风险，保证资金________的要求；流动性原则，是指银行能够随时满足客户提取________等方面要求的经营原则。

6. 凡未列入银行资产负债表内且不影响资产负债总额的业务称为________业务。

7. 商业银行从事证券投资业务的目的主要是为了________和________。

8. 商业银行在经济生活中主要发挥的职能包括________、________、________和________。

9. 汇兑业务是客户以现款交付银行，由银行把款项支付给________的一种业务。

10. 商业银行在中央银行的存款可分为________和________。

三、选择题（不定项）

1. 我国商业银行的组织形式属于______。

A. 单一银行制　　B. 分支行制　　C. 持股公司制　　D. 连锁银行制

2. 以下对于单一银行制的优点表述正确的是______。

A. 防止银行业的垄断　　B. 营业成本较低

C. 能更好地为本地经济服务　　D. 便于随时根据市场变化调整经营战略

3. 以下对于分支行制的优点表述正确的是______。

A. 能获得规模经济的好处　　B. 便于采用现代化管理手段和技术

C. 便于分散风险　　D. 有利于国家的控制和管理

E. 银行可以获得垄断利润

4. 我国商业银行的核心资本包括______。

A. 股本　　B. 资本公积　　C. 盈余公积　　D. 未分配利润

E. 呆账准备金

5. 下列业务中，属于负债业务的是______。

A. 吸收存款　　B. 再贴现　　C. 贴现　　D. 同业拆借

6. 下列业务中，属于资产业务的是______。

A. 贴现　B. 再贴现　C. 贷款　D. 证券投资

7. 下列业务中，属于中间业务的是______。

A. 存款　B. 贷款　C. 汇兑　D. 代收

8. 信托与租赁属于商业银行的______。

A. 资产业务　B. 负债业务　C. 中间业务　D. 表外业务

9. 以下对商业银行中间业务表述正确的是______。

A. 商业银行不动用或较少动用自己的资金

B. 商业银行以中间人的身份出现

C. 收入表现为非利息收入

D. 风险较低

10. 银行以年贴现率 10%为顾客的一张面额为 1 万元、72 天后才到期的票据办理贴现，贴现付款额应为______。

A. 8900 元　B. 9800 元　C. 8800 元　D. 9900 元

11. 借款人目前有能力偿还贷款本息，但是存在一些可能对偿还产生不利影响因素的贷款属于______。

A. 正常类贷款　B. 关注类贷款　C. 次级类贷款　D. 可疑类贷款

E. 损失类贷款

12. 商业银行利率敏感性缺口管理主要是管理______。

A. 信用风险　B. 利率风险　C. 流动性风险　D. 资产风险

13. 下列银行资产中流动性最高而收益最低的是______。

A. 票据贴现　B. 短期证券　C. 现金　D. 活期贷款

14. 以下属于商业银行资金来源的有______。

A. 存款　B. 同业拆借　C. 贷款　D. 中央银行借款

E. 证券投资

15. 以下属于商业银行资金运用的有______。

A. 贷款　B. 证券投资　C. 自有资本　D. 库存现金

E. 贴现

16. 我国规定，银行同业拆借资金只能用来______。

A. 弥补信贷资金缺口

B. 扩充固定资产投资

C. 支持房地产开发

D. 解决商业银行经营中的临时性头寸资金不足

17. 下列属于股份制商业银行的是______。

A. 中国银行　B. 中国进出口银行

C. 中国农业发展银行　D. 交通银行

四、问答题

1. 如何理解商业银行的经营原则？我国的商业银行经营原则是什么？
2. 商业银行的经营管理理论是如何发展和演变的？
3. 如何理解商业银行风险管理的意义和内容。
4. 试述贷款的程序。

五、论述题

西方国家的金融业，经历了由最初的混业经营到分业经营再到目前的混业经营，你是如何理解这一发展过程的？对我国从 20 世纪 90 年代中期以来实行的金融分业经营、分业管理的格局及当前的发展变化趋势，你又有什么样的看法？

第5章　中央银行

学习要求

通过本章的学习，应掌握以下的知识和技能。

知识目标

了解中央银行的形成与发展，掌握中央银行的性质与职能，掌握中央银行制度的类型及中央银行的主要业务；了解货币政策的含义与特征，掌握货币政策目标、货币政策工具及货币政策的传导机制，掌握货币政策如何与财政政策相互搭配来影响产出。

技能目标

熟悉中央银行的主要业务，能够解读中央银行货币政策。

5.1　中央银行概述

中央银行是一国最高的货币金融管理机构，在各国金融体系中居于主导地位，负责制定和执行货币政策，防范和化解金融风险，维护金融稳定。

5.1.1　中央银行的产生与发展

1．中央银行的产生

中央银行作为当今各国金融体系的核心和金融机构及金融市场的管理者，在银行业早期的一段时期里并不存在。中央银行是信用经济发展到一定阶段的产物，它的出现有着历史必然性。中央银行产生的原因主要有以下几个方面。

（1）银行券统一发行的需要

在银行业发展的初期，没有专门发行银行券的银行，众多的商业银行均从事银行券的发行。这样分散的银行券发行制度随着经济的发展已不能适应需要，暴露出了很多缺点：一方面，一个国家内部同时流通众多的银行券，给使用者带来不便；同时，许多小银行信用活动有着地域的限制，它所发行的银行券只能在部分地区使用，这和商品经济发展对统一的大市场的需要是背道而驰的；另一方面，众多的商业银行良莠不齐，如果其中一部分银行由于经营不善出现信用问题，不能兑现银行券，必将引发信用危机，从而使货币流通陷入混乱状态。因此，经济的发展在客观上需要有一个实力雄厚、全国范围内信誉卓著的银行承担全国的银行券发行。

（2）票据清算的需要

随着信用经济的发展，银行业务不断扩大，银行间的债权债务关系日趋复杂，由各个银行自行当日清算已非常困难，而票据交换及清算如不能得到及时、合理处置，就像交通堵塞，会影响经济运行的正常进行。企业间的支付由银行来完成，银行间的支付就需要一家银行的银行来为之服务。所以在客观上需要建立一个全国统一的、有权威的、公正的清算机构来完成这个使命。

（3）充当最后贷款人的需要

银行业是一个特殊的行业，是一个对流动性要求很高的行业，银行往往会因为暂时的资金周转不灵陷入窘境，甚至发生挤兑。例如，大量的存款者都到银行要求提取存款，银行势必会因支付能力不足而破产，不管这家银行有多高的利润率，最终还是摆脱不了破产的命运，这是银行的经营特征决定的。所以客观上需要一个统一的机构作为其他银行的后盾，在它们出现资金周转困难时给予必要的资金支持，帮助它们渡过难关，避免出现大量银行破产的现象。中央银行发挥最后贷款人作用的前提是，必须集中商业银行的存款准备金。在中央银行产生以前，各个商业银行都是自己保留准备金，以防备用金出现周转不灵的情况。但是单个银行的实力总是有限的，并且过高的准备金率会影响商业银行利润目标的实现，因此很难抵御清偿能力危机。中央银行产生后，可通过集中商业银行的准备金和提供最后贷款来保证银行体系的稳定。

（4）金融监管的需要

随着经济的不断发展，银行业的竞争也日趋激烈，虽然高收益、高风险是一种内在的约束机制，但是银行破产后的损失有相当部分还是由全社会共同承担。对高额利润的追逐推动着银行从事风险很大的业务，从而使银行破产的可能性大大增加，而银行的破产比普通的企业破产会引起更大的经济动荡和社会的不稳定。因此客观上也需要一个代表政府意志的专门机构从事对金融业的监督管理和协调工作。

正是因为以上原因，建立中央银行制度成为经济发展的必然要求，中央银行是在实践中逐渐成长起来的，其发展是一个渐进的过程。

2．中央银行的发展

中央银行的发展大体上经历了三个阶段。

第一个阶段是从 17 世纪中叶到 1843 年。这一阶段是中央银行的萌芽期，1668 年瑞典的克里斯银行由一家私人资本创建的银行被改组为瑞典国家银行，它是现代中央银行的萌芽，但是此时的瑞典银行并未独占发行权，所以还称不上是真正的中央银行。

第二阶段是从 1844 年到 20 世纪 30 年代，这是中央银行逐步发展完善时期。标志着这一时期开始的是 1844 年英国国会通过的《皮尔条例》，在该条例里赋予了英格兰银行独家垄断货币发行权的地位，使其成为第一家真正意义上的中央银行。实际上成立于 1694 年的英格兰银行是全世界最早的私人股份银行，1844 年的银行法使其成为货币发行的银行。随着英格兰银行地位的提高，许多商业银行把自己的现金准备的一部分存入英格兰银行，商业银行之间的债权债务就可以通过英格兰银行划拨。1854 年，英格兰银行成为英国银行的票据交换中心，1872 年它开始向资金周转困难的其他商业银行提供资金支持，充当“最后贷款人”的角色，并同时具有了全国性金融管理机构的色彩，至此建立起了英国的中央银行体系。

由于英格兰银行的成功建立，其他国家也纷纷仿效英国建立了自己的中央银行制度。成立于 1800 年的法兰西银行于 1848 年垄断了全法国的货币发行权，并于 19 世纪 70 年代完成了向中央银行的过渡；德国于 1875 年将普鲁士银行改为国家银行，并于 20 世纪初独享货币发行权。美国的中央银行制度建立较晚。1913 年 12 月，美国国会通过了《联邦储备条例》，正式成立联邦储备体系，美国历史上第一次建立了中央银行制度。在此期间，世界上约有 29 家中央银行相继成立，大部分在欧洲，这与欧洲经济发展较快有关，从而进一步说明了中央银行的建立是经济发展的需要，而且这一时期的中央银行大都是由普通银行逐步发展演变而来的。

第一次世界大战后，面对世界性的金融恐慌和严重的通货膨胀，为了稳定战后金融，1920 年在布鲁塞尔召开的国际金融会议决定，所有尚未成立中央银行的国家，都应尽快建立中央银行，以共同维持国际货币体制和经济稳定。此后，几乎所有独立的国家，都先后成立了中央银行，由此推动了又一次中央银行成立的高潮。

第二次世界大战后至今，是中央银行发展的第三阶段。在这一阶段，一方面一批经济较落后的国家摆脱了殖民统治获得独立，纷纷建立了本国的中央银行；另一方面随着国家干预经济的加强，各国政府利用中央银行推行金融政策，中央银行的管理职能进一步强化，不仅管理金融机构和金融市场，还参与一国宏观经济的管理，各国纷纷加强了对中央银行的控制，许多国家的中央银行都先后实行了国有化。1945 年 12 月，法国公布法令，将法兰西银行收归国有，原股东的股票，换成政府债券。1946 年，英国政府宣布英格兰银行收归国有，英国财政部将股份全部收购。同时，中央银行不再从事普通商业银行业务，维持货币金融稳定成为中央银行的主要职责。中央银行进入了一个新的发展阶段。

5.1.2 中央银行制度的类型

中央银行通过一定的组织形式与组织机构来履行职能和发挥作用，其组织形式可划分为四种类型：单一中央银行制度、复合中央银行制度、跨国中央银行制度和准中央银行制度。

1．单一中央银行制度

单一中央银行制度是指国家单独建立中央银行机构，使之全面行使中央银行职能的制度。它又分为两种具体形式：

第一种是一元式。这种体制是在一个国家内只建立一家统一的中央银行，机构设置一般采取总分行制。总行拥有绝对的权力，地方一级中央银行只是执行机构，不拥有独立的权力。目前世界上绝大多数国家的中央银行都实行这种体制。我国自 1983 年中央银行正式行使其职能时起，即采用单一的中央银行制度。我国的中央银行是中国人民银行，总行设在首都北京，在全国各地设有分支机构，总行及其分支机构作为一个整体行使中央银行职能。

第二种是二元式。这种体制是在一国建立中央和地方两级中央银行机构，中央一级机构是最高权力或管理机构，地方一级机构也有一定的独立权力。中央和地方两级机构按照规定分别行使职权，这实际上是一种联邦制的中央银行制度。属于这种制度的国家有美国、德国等。例如，美国的联邦储备体系就是将全国划分为 12 个联邦储备区，每个区设立一家联邦储备银行，它们又在各自辖区的一些重要城市设立分行，有自己的理事会，有权发行联邦储备券和根据本地区实际执行中央银行的特殊信用业务。在各联邦储备银行之上设联邦储备委员会，制定全国的货币信用政策，对各联邦储备银行进行领导和管理。同时，在联邦储备体系内还设立联邦公开市场委员会和联邦顾问委员会等平行的管理机构。联邦储备委员会是整个体系的最高决策机构，相当于美国的中央银行总行，直接对美国国会负责。

2．复合中央银行制度

复合中央银行制度是指一个国家或地区没有专门设立行使中央银行职能的机构，而由一家大银行既行使中央银行的职能，同时又经营普通商业银行的业务。这种制度主要存在于过去的苏联和东欧国家，1983 年以前我国也实行这种制度。

3．跨国中央银行制度

跨国中央银行制度是指由参与某一货币联盟的所有成员国联合组成的中央银行制度。第二次世界大战后，一些地域相邻的欠发达国家建立了货币联盟，并在联盟内部成立参与国的共同的中央银行。这种中央银行发行共同的货币，为成员国制定金融政策，以推进联盟内各成员国的经济发展和货币稳定。例如，由贝宁、尼日尔、塞内加尔、多哥和上沃尔特等国组成的西非货币联盟所设立的中央银行，由喀麦隆、乍得、刚果、加蓬和中非共和国组成的中非货币联盟所设立的中非国家银行，以及东加勒比海货币管理局等，都是完全的或不完全的跨国中央银行制度。

以往的跨国中央银行是在欠发达国家建立，但是欧洲中央银行的建立打破了这种局面。1998 年 7 月，欧洲中央银行正式成立，它是欧洲一体化进程逐步深入的产物，其基本职责是制定和实施欧洲货币联盟内统一的货币政策。欧洲中央银行由两个层次组成，一是欧洲中央银行本身，二是欧洲中央银行体系。后者除欧洲中央银行外，还包括所有参加欧元区成员国的中央银行，欧洲中央银行与各成员国中央银行之间的关系可以被粗略地理解为决策者和执行者的关系，也就是说，欧洲中央银行将为欧元区内所有国家制定统一的货币政策，然后交由各成员国中央银行去实施。

欧洲中央银行的组织机构主要包括执行董事会、欧洲央行委员会和扩大委员会。执行董事会由行长、副行长和 4 名董事组成，负责欧洲央行的日常工作；由执行董事会和 12 个欧元国的央行行长共同组成的欧洲央行委员会，是负责确定货币政策和保持欧元区内货币稳定的决定性机构；欧洲央行扩大委员会由央行行长、副行长及欧盟所有 15 国的央行行长组成，其任务是保持欧盟中欧元国家与非欧元国家接触。

4．准中央银行制度

准中央银行制度是指有些国家或地区只设置类似中央银行的机构，由政府授权某个或几个商业银行来行使部分中央银行职能的制度。新加坡和我国的香港特别行政区就是采用的这种制度。新加坡设有金融管理局和货币委员会这两个机构来行使中央银行的职能，前者负责制定货币政策和金融业的发展政策，执行除货币发行之外的一切中央银行职能；后者则主要负责发行货币和保管货币发行准备金。我国香港地区过去长时期没有一个统一的金融管理机构，中央银行的职能由政府、同业公会和商业银行分别承担。1993 年 4 月 1 日，香港成立了金融管理局，它集中了货币政策、金融监管及支付体系管理等中央银行的基本职能，但与其他中央银行不同的是一些中央银行的职能依然由别的机构分担，例如发行钞票的职能由渣打银行、汇丰银行和中国银行共同承担，银行间的票据结算由汇丰银行完成。除我国香港地区、新加坡外，马尔代夫、斐济、利比里亚等国也实行类似的准中央银行制度。

5.2 中央银行的性质与职能

虽然各国的社会历史状况、经济和政治制度不同，商品经济和货币信用制度的发展水平以及金融环境存在差异，但各国中央银行的一般性质都带有一定的共性，集中体现在中央银行是一个“特殊的金融机构”。而中央银行的职能是中央银行性质的具体体现或细化。

5.2.1 中央银行的性质

在一国金融体系中，中央银行是核心和最高管理机构，它代表国家管理金融机构，制定和执行金融方针政策，享有国家法律赋予的货币发行的权力和其他权力。中央银行根据政府经济政策的要求，对金融机构进行业务上的管理和调节，以确保货币供应适应经济发展的要求。因此，中央银行是政府的职能部门，但它又不同于一般的行政管理机构，除赋予它的特定的金融行政管理职责采取通常的行政管理方式之外，主要的管理职责，都是寓管理于营业之中，即以其所拥有的经济力量，如货币供给量、利率等，对整个金融领域乃至整个经济领域的活动进行管理、控制和调节。

中央银行的性质是中央银行是国家赋予其制定和执行货币政策，对国民经济进行宏观调控和管理监督的特殊的金融机构。其特殊性主要表现在如下几方面。

1．地位的特殊性

中央银行处于一个国家金融体系的中心环节，它是统制全国货币金融的最高权力机构，是一国的金融管理最高当局。中央银行是国家货币政策的体现者，是国家干预经济生活的重要工具，是政府在金融领域的代理，也是在国家控制下的一个职能机构。

2．业务的特殊性

中央银行不以盈利为目的，不与商业银行等金融机构争夺利润。中央银行享有发行货币的特权，而这是商业银行和一般的行政管理部门所不能享有的权力。正因为如此，中央银行不能与商业银行和其他金融机构处于平等的地位，也不能与商业银行等金融机构开展平等的竞争。

3．管理的特殊性

中央银行行使管理职能时，是以银行的身份出现的，而不仅仅是一个行政管理机构。中央银行不是单凭行政权力行使其职能，而是通过行政、经济和法律的手段如利率、汇率、存款准备金等实现。而且，中央银行在行使管理职能时，不偏向任何一家银行，只是以金融管理者的身份出现，执行控制货币发行和调节信用的职能，从而达到稳定金融的目的。

5.2.2 中央银行的职能

1．发行的银行

发行的银行是指中央银行垄断货币发行权，成为全国唯一的货币发行机构，这是中央银行的特权，也是中央银行不同于其他金融机构之处。

首先，中央银行必须根据经济发展和商品流通扩大的需要，保证及时供应货币。现代中央银行所发行的货币是法定通货。由中央银行垄断发行货币有利于货币流通的集中统一，有利于节约货币成本，符合商品货币经济发展要求。其次，中央银行必须根据经济运行状况，合理调节货币数量：一方面，为经济发展创造良好的货币环境，促进经济和社会稳定；另一方面，推动经济持续协调增长。最后，中央银行要加强货币流通管理，保证货币流通的正常秩序。为此，中央银行要依法管理货币发行基金，严格控制货币投放，加强现金管理，做好货币印制、清点、保管、运输、收兑等方面工作。

2．银行的银行

中央银行是银行的银行，这一职能是指中央银行服务于商业银行和整个金融机构体系，履行维持金融稳定、促进金融业发展的职责。中央银行是银行的银行具体体现在以下方面。

（1）集中保管商业银行的存款准备金

根据法律的规定，商业银行吸收存款时必须按照一定比例向中央银行缴纳存款准备金。存款准备金集中于中央银行的“法定存款准备金”账户，成为中央银行的资金来源，并由中央银行集中统一管理。中央银行以这部分资金进行再贷款或再贴现，使之成为调控货币供应量的有效手段。

集中保管商业银行的存款准备金的目的在于：一方面，保证存款者的存款安全，保证存款机构有足够的清偿能力，以备客户提现，同时，也避免金融机构因流动性不足发生信用危机；另一方面，中央银行通过调整存款准备金的上缴比例，来控制商业银行的货币创造能力和信用规模，以达到控制总体货币供应量的目的。

（2）作为商业银行的最后贷款人

由于商业银行经营的特殊性，一家商业银行有时会因为流动性不足而陷入破产的边缘，而其他的普通金融机构出于安全性的考虑和从自身经济利益出发，往往不愿伸出援助之手。此时，就需要中央银行从社会利益的角度向商业银行提供贷款，因为商业银行的倒闭，在一些特殊情况下可能引发“多米诺骨牌”效应，导致全社会的恐慌，从而引发经济危机。所以将中央银行称为商业银行的最后贷款人。具体的操作是，商业银行需要补充资金时，可以将其持有的票据向中央银行请求再贴现，或以有价证券作为抵押申请贷款。

中央银行向商业银行发放贷款的资金主要来源于国库存款和商业银行缴存的存款准备金，如果中央银行资金不足，则可以通过增发货币的方式加以解决。中央银行作为最后贷款人向商业银行和其他金融机构提供资金融通，一方面可以增强整个货币供应的弹性，提高商业银行和其他金融机构的资金流动性；另一方面也可以通过调整再贴现率，起到调控货币供应量和信用规模的作用。

（3）组织全国商业银行之间的清算

各商业银行在中央银行开设自己的账户，并在央行拥有存款。这样随着经济交往的日趋频繁，银行之间的债权债务关系日趋紧密。银行收付的票据则可通过其在中央银行的存款账户划拨款项，办理结算，从而清算彼此间的债权债务关系。这一方面节约了资金的使用，减少了清算的费用，解决了单个银行资金清算面临的困难；另一方面，也有利于中央银行通过清算系统，对商业银行体系的业务经营进行全面、及时的了解、监督和控制，强化了中央银行对整个银行体系的监督职能。

3．政府的银行

政府的银行是指中央银行一方面为政府提供金融服务，另一方面代表政府贯彻金融政策，对金融机构和金融市场进行监管，具体职责如下：

（1）代理国库收支

一国的财政收入和支出都委托中央银行代理，政府一般不另设机构，中央银行代收政府各项基金和税款，代付军政费用和各种事业经费，代理财政部发行政府各类债券及其还本付息事宜。中央银行成为政府的总会计和总出纳，同时政府的存款也成为中央银行资金来源之一。

（2）向政府融资

中央银行也向政府提供资金融通，但中央银行对政府的资金支持是有限度的，主要是支持政府短期资金的需求，如临时性、季节性收支差额，或是以国库券贴现和国家有价证券抵押的短期贷款，但不能对政府提供长期信用贷款，不能成为政府财政赤字的最后支持者，否则等于是中央银行在增发货币，会影响币值的稳定，导致通货膨胀。因此，许多国家中央银行对政府贷款都从法律上加以严格限制。

（3）保管国家黄金外汇储备

一国黄金外汇储备数量的多少是一国国力强弱的标志，也是一国维持对外经济活动稳定的物质条件。中央银行负有持有和管理国家黄金外汇储备的责任。为此，中央银行应随时研究国际收支及外汇市场动态，保持适当的国际储备，及时调整储备结构，避免外汇风险。

（4）代表政府管理金融活动，制定并监督执行有关金融管理法规

中央银行是金融机构和金融市场的最高管理当局，负责监督和管理各金融机构和境内金融市场的业务活动。

（5）代表政府制定和执行货币政策

作为政府的银行，中央银行不以盈利为目的，不受某个经济利益集团的控制，而是一切从国家利益出发，独立地制定和执行货币政策，调控社会信用总量，指导、管理、检查、监督各金融机构和金融市场活动，为国家经济发展的长远目标服务。

（6）在国际金融事务中作为国家的代表

在国际金融事务中，各国政府往往授权中央银行作为本国的代表，参加国际金融组织，参与国际金融重大决策，积极促进国际金融领域里的合作与发展。

（7）向社会发布经济金融信息，为政府提供决策建议

中央银行处于社会资金运动的中心环节，是资金清算中心和金融管理中心，因此能够掌握全国经济金融活动的基本资料信息和整个经济金融运行状况，在政府的经济决策中，中央银行发挥着重要的作用。

5.2.3 我国中央银行的职能

中国人民银行是我国的中央银行，其主要职责为：

① 拟订金融业改革和发展战略规划，承担综合研究并协调解决金融运行中的重大问题、

促进金融业协调健康发展的责任，参与评估重大金融并购活动对国家金融安全的影响并提出政策建议，促进金融业有序开放。

② 起草有关法律和行政法规草案，完善有关金融机构运行规则，发布与履行职责有关的命令和规章。

③ 依法制定和执行货币政策；制定和实施宏观信贷指导政策。

④ 完善金融宏观调控体系，负责防范、化解系统性金融风险，维护国家金融稳定与安全。

⑤ 负责制定和实施人民币汇率政策，不断完善汇率形成机制，维护国际收支平衡，实施外汇管理，负责对国际金融市场的跟踪监测和风险预警，监测和管理跨境资本流动，持有、管理和经营国家外汇储备和黄金储备。

⑥ 监督管理银行间同业拆借市场、银行间债券市场、银行间票据市场、银行间外汇市场和黄金市场及上述市场的有关衍生产品交易。

⑦ 负责会同金融监管部门制定金融控股公司的监管规则和交叉性金融业务的标准、规范，负责金融控股公司和交叉性金融工具的监测。

⑧ 承担最后贷款人的责任，负责对因化解金融风险而使用中央银行资金机构的行为进行检查监督。

⑨ 制定和组织实施金融业综合统计制度，负责数据汇总和宏观经济分析与预测，统一编制全国金融统计数据、报表，并按国家有关规定予以公布。

⑩ 组织制定金融业信息化发展规划，负责金融标准化的组织管理协调工作，指导金融业信息安全工作。

⑪ 发行人民币，管理人民币流通。

⑫ 制定全国支付体系发展规划，统筹协调全国支付体系建设，会同有关部门制定支付结算规则，负责全国支付、清算系统的正常运行。

⑬ 经理国库。

⑭ 承担全国反洗钱工作的组织协调和监督管理的责任，负责涉嫌洗钱及恐怖活动的资金监测。

⑮ 管理征信业，推动建立社会信用体系。

⑯ 从事与中国人民银行业务有关的国际金融活动。

⑰ 按照有关规定从事金融业务活动。

⑱ 承办国务院交办的其他事项。

5.3 中央银行的业务

中央银行通过自身的业务操作来调节商业银行的资产负债和社会货币总量，其业务可分为负债业务、资产业务和中间业务。中央银行资产负债表是中央银行全部业务活动的综合会计记录，各国中央银行的资产负债表并不统一。以下为中国人民银行资产负负债表，如表 5-1 所示。

表 5-1 中国人民银行资产负债表

资产	负债
国外资产	储备货币
外汇	货币发行
货币黄金	其他存款性公司存款
对政府债权	不计入储备货币的金融性公司存款
其中：中央政府	发行债券
对其他存款性公司债权	国外负债
对其他金融性公司债权	政府存款
对非金融性部门债权	自有资金
其他资产	其他负债
总资产	总负债

5.3.1 负债业务

中央银行的负债业务是形成资产业务的基础，主要包括资本业务、货币发行业务、集中存款准备金业务和经理国库。

1. 资本业务

中央银行的资本业务实际上就是筹集、维持和补充自有资本的业务。中央银行和其他银行一样，为了保证正常的业务活动必须拥有一定数量的自有资本。中央银行自有资本主要有三个来源：政府出资、地方政府或国有机构出资、私人银行或部门出资。

政府出资是指由中央政府拨款形成中央银行的自有资本，通常由政府财政部门代表政府持有这部分资本的所有权或股权。目前世界上绝大多数国家的中央银行都由政府出资，而且很多国家的政府出资是中央银行自有资本的唯一来源，即政府拥有中央银行的全部资本。另外一些国家的政府出资占中央银行全部资本的一半或一半以上，如日本的中央银行，政府持股占 55%；比利时中央银行，政府持股占 55%；墨西哥中央银行，政府持股占 51%。

地方政府或国有机构出资是指政府不直接持有中央银行的股份，而是由地方政府、国有银行、公共部门等出资构成中央银行资本。如瑞士中央银行资本的 58.6%由州政府、州银行和公共部门出资形成。

私人银行和部门出资是指中央银行的股份资本由私营机构，如银行、公司持有。这种情况不多见，主要有美国和意大利。尽管这些国家中央银行资本由私人拥有，但私人股东无权参与中央银行管理，也不能转让持有的股份。

2. 货币发行业务

货币发行业务是指中央银行向流通领域投放货币的活动。中央银行所发行的货币主要是中央银行券，即信用货币。中央银行享有垄断货币发行的特权，货币发行是中央银行的一项重要负债。

中央银行实现货币发行的主要渠道有三个：一是中央银行向商业银行或其他金融机构提供贷款；二是中央银行对商业银行或其他金融机构进行商业票据再贴现；三是中央银行收购金银和外汇。

中央银行虽然垄断了货币发行权，但货币发行也是有客观界限的，也就是说，货币发行必须符合国民经济发展的客观要求。因为纸币发行过多，引起纸币贬值、物价上涨，发生通货膨胀，必然导致一系列的社会经济问题出现。反之，纸币发行过少，也会妨碍国民经济的正常运行，使国民经济因缺少货币而达不到应有的增长速度。为了使货币发行能适应国民经济发展的客观要求，各国都规定了货币发行制度。从历史发展过程看，货币发行制度大致经历了三个阶段。

第一阶段：金银准备制度。在金属货币制度下，曾规定中央银行发行银行券必须有百分之百的准备金，因为那时的银行券可以随时兑换黄金或白银。

第二阶段：保证准备制度。不兑现信用货币制度代替了金属货币制度后，允许中央银行的货币发行由证券、外汇甚至其他资产作保证。

第三阶段：管理通货制度。为了防止中央银行滥发钞票，不少国家通过法律控制纸币发行量，实行钞票发行的最高限额制。起初只注意钞票的发行量，后来认识到银行的存款也是货币，只控制钞票是不行的，于是发展到控制包括钞票和银行存款在内的货币供应量管理，而且现在已发展到通过中央银行货币政策来调节货币供应量，从而调控宏观经济的运行。

我国的货币发行并无发行保证的规定，但我国人民币坚持信用发行的原则，因而，实际上我国货币保证是国家信用和中央银行信用。

下面我们来看一下人民币现金的发行。

人民币现金的发行具体由中国人民银行设置的发行基金保管库执行。发行库在中国人民银行总行设总库，下属分支行设分库和支库，发行库中保管的是已印刷好而未进入流通的人民币票券，称为发行基金。商业银行及其基层行设业务库，业务库保存的人民币现金是商业银行日常收付业务的备用金。为了避免业务库现金过多或不足带来的浪费和支付困难，通常由上级行和同级中国人民银行为业务库核定库存限额。当商业银行的现金不足以支付时，可以从本行在中国人民银行存款账户的余额内提取现金，提取的现金由中国人民银行的发行库转移到商业银行的业务库，意味着这部分现金进入流通领域。相反，如果商业银行收入的现金超过其业务库库存限额时，则超过部分应自动送交中国人民银行，向发行库回流，意味着这部分现金退出流通领域。

中央银行货币发行业务基本采用由商业银行签发并向中央银行营业部门提交支票的处理模式，其流程如图 5-1 所示。

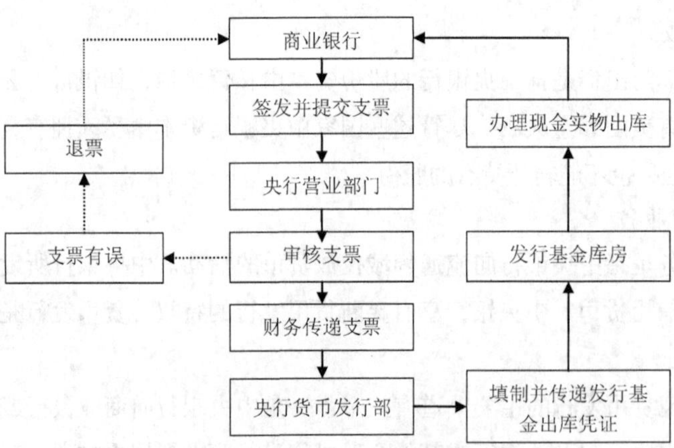

图 5-1　货币发行业务流程

随着现代化支付系统和中央银行会计集中核算系统上线后，大额支付业务实现了逐笔清算，实时到账，商业银行通过其前置机系统发起同城或异地的大额支付业务时，现代化支付系统实时自动扣划其在中国人民银行的清算账户头寸。

3．集中存款准备金业务

商业银行在中央银行的存款主要包括两大部分：一是商业银行向中央银行上缴的存款准备金；二是商业银行存入中央银行用于票据清算的活期存款。

集中存款准备金既是中央银行制度形成的重要原因，也是中央银行重要的资金来源之一。在各商业银行吸收存款的总额中，必须保留一部分现款以备客户随时提取，即存款准备金，准备金中法律规定的部分，必须存储于中央银行，超过法律规定的部分，即为商业银行的超额准备金。目前中央银行吸收的商业银行存款，主要是法定存款准备金；中央银行一般对这部分存款不支付利息，或只支付较少的利息。倘若某家商业银行遇到客户大量提现，在其超额准备不足以应付支付的情况下，中央银行便可以商业银行的准备金存款支持该行，以维持社会信用和银行的稳定。

随着商品经济和货币信用关系向更高阶段发展，中央银行集中存款准备金的原始目的发生了根本转变。存款准备金业务已逐渐发展成中央银行控制货币供给的主要政策工具。

4．经理国库

国库是国家金库的简称，是专门负责办理国家预算资金的收纳和支出的机关。国家的全部预算收入都由国库收纳入库，一切预算支出都由国库拨付。

中央银行经理国库业务是其履行“政府的银行”职能的具体体现，可以使中央银行低成本地吸收大量财政库款，这成为其重要的资金来源。同时对于财政灵活调度资金，实现财政收支平衡；对于加强国家宏观调控，把财政政策和货币政策有机地结合起来，都具有重要的意义。

5.3.2 资产业务

中央银行的资产业务，是指中央银行运用其资金的业务。主要包括贷款业务、再贴现业务、证券业务和黄金外汇储备业务。

1．贷款业务

贷款是中央银行运用其资金的重要方式之一。由于中央银行的特殊地位，能够取得中央银行贷款的，只有商业银行和经过特殊批准的其他金融机构以及政府。在某种情况下，经过批准，中央银行可以向特定的非金融机构提供贷款。

中央银行对商业银行的贷款，主要是解决其短期资金周转的困难。为了加强宏观金融调控的需要，各国中央银行对商业银行的贷款都作了具体的规定，如规定贷款的最高限额，或以各种手段予以约束，如提高贷款利率等。这种限制和约束以宏观金融状况为条件。我国的《中国人民银行法》规定，中国人民银行根据执行货币政策的需要，可以决定对商业银行贷款的数额、期限、利率和方式，但贷款的期限不得超过一年。

在特殊情况下，中央银行也对财政进行贷款或透支，以解决财政收支困难。中央银行对政府的贷款，也要给予限制，否则就会削弱中央银行的宏观金融调控能力。对此各国也都有具体的规定。

2．再贴现业务

再贴现是指商业银行为弥补营运资金的不足，将由贴现取得的商业票据提交给中央银行，请求中央银行以一定的贴现率对商业票据进行二次贴现的行为。作为一种贷款形式，对再贴现的数量也要加以限制，限制的手段是中央银行规定的再贴现率，再贴现率也是中央银行货币政策的重要工具之一。

3．证券业务

很多国家中央银行的一部分资金占用在有价证券上，但是，中央银行之所以拥有证券资产，并不是中央银行证券投资的结果，而是其公开市场业务操作的结果。中央银行为了调节货币流通，通常都要在金融市场上从事有价证券的买卖业务。各国中央银行买卖有价证券的具体品种，都由法律规定，各国也不尽一致，但主要是政府债券，其中尤其以国库券为主。因为国库券流动性强、发行数量大、便于市场操作。

4．黄金外汇储备业务

不兑现信用货币制度建立以来，黄金和外汇始终是稳定币值的重要手段，也是用于国际间支付的重要储备。世界各国都非常重视增加本国黄金外汇的储备，以增加本国的经济实力，中央银行用于这方面的资金因此呈逐渐上升趋势。

中央银行担负着为国家管理外汇和黄金储备的责任，而黄金和外汇储备要占用中央银行资金，因而属于中央银行重要的资金运用。

5.3.3 中间业务

中央银行的中间业务是指中央银行为商业银行和其他金融机构办理资金划拨清算和资金转移的业务。由于中央银行集中了商业银行的存款准备金，因而商业银行彼此之间由于交换各种支付凭证所产生的应收应付款项，就可以通过中央银行的存款账户划拨来清算，从而中央银行成为全国清算中心。各国中央银行都设立专门的票据清算机构，处理各商业银行的票据并结清其差额。

中央银行不仅为商业银行办理票据交换和清算，而且还在全国范围内为商业银行办理异地资金转移。中央银行为了提供上述服务，必须设有电子资金划拨系统，并将全国各主要地区的主要政府部门和银行用网络连接起来。

5.4 中央银行的货币政策目标

货币政策是重要的宏观经济政策之一，是中央银行实现其职能的核心和依据。

5.4.1 货币政策概述

就范围而言，货币政策有广义和狭义之分。

从广义上讲，货币政策包括政府、中央银行和其他有关部门所有有关货币方面的规定和所采取的影响货币数量的一切措施。按照广义来理解，货币政策包括有关建立货币制度的各种规定，包括所有旨在影响金融系统的发展、利用和效率的措施；甚至可进一步包括像政府借款、国债管理乃至政府税收和开支等可能影响货币支出的行为。

狭义的货币政策是指中央银行为实现既定的经济目标运用各种工具调节货币供给和利率，进而影响宏观经济的方针和措施的总和。

货币政策一般包括三个方面的内容：

① 政策目标。

② 实现目标所运用的政策工具。

③ 实现目标达到的政策效果。

由于从确定目标到运用工具乃至达到预期的政策效果，这中间存在着一些作用环节，因此货币政策实际也包含中介指标、政策传导机制等内容。

货币政策可分为扩张性和紧缩性两种。

扩张性即积极的货币政策是通过提高货币供应增长速度来刺激总需求，在这种政策下，取得信贷更为容易，利率会降低。因此，当总需求与经济的生产能力相比很低时，应采用扩张性的货币政策。

紧缩性即消极的货币政策是通过削减货币供应的增长来降低总需求水平，在这种政策下，取得信贷较为困难，利率也随之提高。因此，当通货膨胀较严重时，应采用紧缩性的货币政策。

5.4.2 货币政策目标

货币政策的最终目标是中央银行通过实施各种调节货币供应量的手段所要达到的最终经济目标，它基本上与一个国家的宏观经济目标相一致。

1．物价稳定

物价稳定，就是中央银行力求社会物价水平在短期内不发生明显波动，防止通货膨胀的发生或抑制通货膨胀。物价稳定并非意味着物价绝对保持不动，通货膨胀率为零，但通货膨胀率究竟多低才能称得上物价稳定，却因时因地而异，主要取决于社会对物价上涨的承受能力，一般应以通货膨胀对经济和社会不产生明显的影响为准。

2．经济增长

经济增长是指国民生产总值的增长必须保持合理的、较高的速度。目前各国衡量经济增长的指标一般采用人均实际国民生产总值的年增长率，即用人均名义国民生产总值年增长率剔除物价上涨率后的人均实际国民生产总值年增长率来衡量。

影响经济增长的因素有很多种，如人口、劳动力、投资、科技进步、储蓄等。其中大多数是中央银行无法控制的。但是中央银行可以采取相应的货币政策，使利率保持在较低的水平上，从而促进投资的增加。投资率的提高，使人均资本占有量增加，又促进设备的更新和技术进步，促进劳动生产率的提高，使经济得到较快发展。

3．充分就业

所谓充分就业，严格地讲是指全社会愿意就业的劳动力都能够就业，失业率为零。不过，这种理想的就业状况是不存在的，在生产过程中，局部的、暂时的劳动力供求失调，如季节变化、原材料短缺、机器故障、工作转换等引起的所谓“摩擦失业”现象会经常存在，这并不真正反映对劳动力需求的不足。另外，还会有一部分劳动力因拒绝接受现行的工资水平或劳动条件而“自愿失业”。由此可见，充分就业应该把上述两类失业现象排除在外，而只要消除了“非自愿失业”，社会就实现了充分就业。

4．国际收支平衡

国际收支是指一个国家一定时期对外贸易和非贸易收入和支出的对比，国际收支平衡即是国际收入和国际支出的基本一致。中央银行对国际收支的调节，一般采用汇率和利率两大政策工具影响国际贸易和国际资本流动，从而实现国际收支的平衡。

货币政策如果能同时实现以上四个目标，显然是最理想的。但是，由于四个目标之间存在着矛盾，即实现其中一个目标会同时损害其他目标的实现，所以，上述四个最终目标是难以同时实现的。

1．稳定物价和充分就业之间的矛盾

要解决失业问题，一般要采用扩张的货币政策，扩大货币供给，刺激投资，增加就业机会。但是，信用的扩张，又会同时增强通货膨胀的压力，使通货膨胀率上升。著名的菲利普斯曲线形象地描述了这种现象，在失业率和通货膨胀率之间存在着一种替代关系，二者难以兼得，如图 5-2 所示。

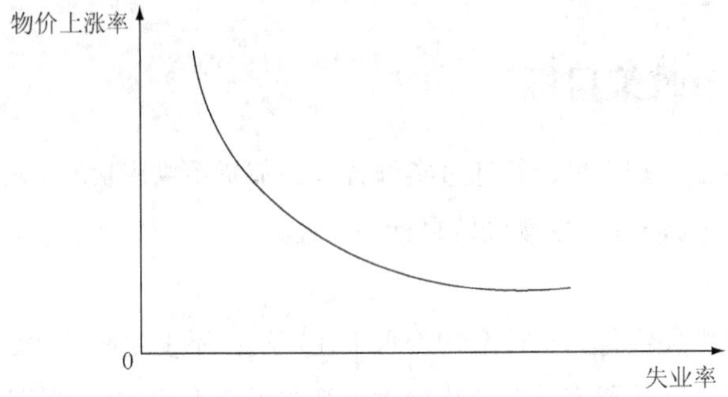

图 5-2 菲利普斯曲线

2．稳定物价与经济增长之间的矛盾

稳定物价与经济增长的矛盾，同样在于实现这两个目标时需要采取相反的货币政策。经济增长有赖于投资增加，增加投资又需要采用扩张的货币政策，以增加货币供应量，降低利率。在刺激经济增长的过程中，对生产资料和消费资料的需求都将扩大，如果供给的增加落后于需求的扩张，则必将导致物价上涨。

3．经济增长与充分就业之间的矛盾

一般情况下，经济的增长和繁荣可以带来更多的就业机会，有利于降低失业率。但这并不意味着二者是绝对一致的，特别是在现代生产条件下，经济增长主要靠劳动者技能的提高、新技术的采用以及经营管理的科学化来实现，而非主要依靠扩大就业来实现。另外，经济增长所带来的经济结构、产业结构的变化，也会使一些传统产业部门的工人失业。

4．国际收支平衡与其他三个目标的矛盾

国际收支与其他三个目标的矛盾机制比较复杂，要视具体情况而定。例如，国内经济繁荣，需求旺盛，物价上涨，一般会引起进口增加，导致国际收支失衡（逆差），而进口增加虽然对平抑物价有利，却冲击国内市场，影响经济增长和充分就业。

对于任何一个国家，各种目标往往不能兼顾。最明显的是稳定物价与充分就业之间、经济增长与国际收支平衡之间存在着严重的矛盾。如何在这些相互冲突的目标中作出适当的选择，是各国中央银行制定货币政策时所面临的最大难题。

我国货币政策目标的选择在实践中有两种主张，一种是单一目标，以稳定物价作为首要的基本目标；另一种是双重目标，即稳定物价和发展经济兼顾。从各国中央银行货币政策的历史演变来看，无论是单一目标、双重目标还是多重目标，都不能脱离当时的经济社会环境以及所面临的最突出的基本矛盾。另外，货币政策要保持足够的稳定性和连续性，政策目标不能偏颇和多变。

5.4.3 货币政策的中介目标

货币政策对经济运行的调控是一种间接调控，它不能直接作用于实际经济活动，而必须经由一定的中介目标才能实现最终目标。因此，必须选取一定的中介目标作为货币政策的直接调节目的，同时这些中间变量也作为反映货币政策操作效果的指示器。因此，货币政策的中介目标就是指为实现货币政策最终目标而选择的调节变量或调控指标。

货币政策中介目标选择的条件包括：

1．可测性

中央银行选择的中介目标，能对中央银行各种货币政策工具运用后的各种金融变量进行有效的反映，能迅速收集有关的数据资料，便于定性和定量分析。

2．可控性

中介目标能使中央银行对金融变量的变动状况和变动趋势进行有效的、准确的控制和调节。

3．相关性

中介目标必须与货币政策最终目标有密切的相关性，中央银行对中介目标进行控制和调节，能促使货币政策最终目标的实施。

另外，由于货币政策在实施的过程中常会受到许多外来因素的干扰，只有那些受干扰程度低的变量才能选作中介目标。

货币政策中介目标要同时具备上述条件是比较困难的，往往需建立几个金融变量，组成一个中介目标体系。货币政策中介目标体系可分为两类：一类是效果目标，也称为远期目标，它在货币政策实施的后期为中央银行提供进一步的反馈信息，衡量货币政策达到最终目标的效果，主要包括利率和货币供应量；另一类是操作目标，也称为短期目标，它在货币政策实施过程中，为中央银行提供直接的和连续的反馈信息，借以衡量货币政策的初步影响，主要包括超额准备金和基础货币。下面对这两类中介目标进行分析。

1. 效果目标

（1）利率

作为中介目标，利率的优点是：

① 可控性强。中央银行可直接控制再贴现率，而通过公开市场业务或再贴现政策，也能调节市场利率的走向。

② 可测性强。中央银行在任何时候都能观察到市场利率的水平及结构。

③ 货币当局能够通过利率影响投资和消费支出，从而调节总供求。

但是，利率作为中介目标也有不理想之处。作为内生经济变量，利率的变动是顺循环的，经济繁荣时，利率因信贷需求增加而上升；经济停滞时，利率因信贷需求减少而下降。然而作为政策变量，利率与总需求也应沿同一方向变动，经济过热，应提高利率；经济疲软，应降低利率。这就是说，利率作为内生变量或政策变量往往很难区分。例如确定一个利率提高的目标，为的是抑制需求；但经济过程本身如把利率推向了这个高度，作为一个内生变量难以直接抑制需求。在这种情况下，中央银行很难判明自己的政策操作是否已经达到了预期目的。

（2）货币供应量

货币供应量是以弗里德曼为代表的现代货币主义所推崇的中间指标。

① 可测性。货币供应量分别可以通过对中央银行、商业银行和其他金融机构的资产负债表的统计得到，具有很好的可测性。

② 可控性。中央银行掌握着基础货币的投放，在货币乘数稳定或者可预测的情况下，货币供应量在理论上有一定的可控性。

③ 相关性。货币供应量与最终目标变量之间有较好的相关性，但这种相关性会受到某些影响，如金融创新活动。

货币供应量作为中介目标也有不理想之处，一是中央银行对货币供应量的控制能力，货币供应量的变动主要取决于基础货币的改变，但要受到一些非政策因素的影响，非中央银行所能完全控制；二是货币供应量传导的时滞问题；三是货币供应量与最终目标的关系。

2. 操作目标

（1）基础货币

基础货币是指流通中的现金和准备金之和。由于货币供应量等于基础货币量乘以货币乘数，在货币乘数一定的情况下，只要控制住基础货币，就控制住了货币供应量，还可以进一步影响市场利率水平。中央银行可以通过贴现窗口和公开市场业务对基础货币进行调节和控制，但效果在很大程度上取决于商业银行的需求。

（2）准备金

准备金分为法定准备金和超额准备金，超额准备金是准备金总额中超过法定存款准备金的部分。中央银行通过对准备金的调节，可以影响中介目标变量。调整法定存款准备金率将直接导致超额部分的变化，会进一步引起银行贷款规模和货币供应量及利率的变动，中央银行也可以通过公开市场业务来改变总准备金和超额准备金的规模。

5.5 中央银行的货币政策工具

货币政策的有关工具可以分为两种类型：一是影响整个经济的最为重要的一般性控制工具；二是加强或改进货币政策对特殊经济领域的作用的选择性控制工具。一般性控制和选择性控制的划分并不是绝对的，选择性政策对经济的其他领域也会产生某些影响。

5.5.1 一般性货币政策工具

一般性货币政策工具是对货币供给总量或信用总量进行调节和控制的政策工具，包括法定存款准备金率、再贴现率和公开市场业务。

1．法定存款准备金率

法定存款准备金率是指商业银行根据法律规定交存在中央银行的存款准备金与存款总额的比率。

法定存款准备金率由中央银行规定，商业银行及其他存款金融机构必须严格执行。存款准备金制度的目的，开始是为了保持存款机构的资产流动性，增强它们的清偿能力，防止存款机构的大批倒闭并保障存款户的安全。现在它的主要功能则是作为中央银行控制信贷规模、调节社会货币信用量的重要工具。

中央银行可以通过对法定存款准备金率的调整，增加或减少商业银行应交存的存款准备金，从而影响商业银行的贷款能力，达到调节货币供应量的目的。如果中央银行调低法定存款准备金率，商业银行则可减少上交存款准备金数额，相应增加本身贷款能力；反之，则会收缩货币供应量。

法定存款准备金政策存在三个缺陷：一是当中央银行调整法定存款准备金率时，商业银行可以变动其在中央银行的超额存款准备金，从而抵消法定存款准备金政策的作用；二是根据货币乘数原理，调整存款准备金率，对商业银行信贷规模的影响十分强烈，各国在运用这一政策手段时都比较谨慎，一般不常使用，更不宜大幅度地调整；三是调整法定存款准备金率对货币供应量和信贷量的影响要通过商业银行的存、贷业务，逐级推进而实现，时滞较长。

2．再贴现率

再贴现率是中央银行为商业银行办理再贴现时使用的利率。中央银行通过提高或降低再贴现率的办法影响商业银行的借款成本，从而达到调节信用、调节货币的目的。

中央银行如果提高再贴现率，就会使商业银行向中央银行借款的成本增加，此时商业银行要么减少向中央银行借款，要么相应提高其贷款利率以维持一定的盈利。商业银行如减少向中央银行借款，会直接减少商业银行的信贷规模；如相应提高其贷款利率，也会使企业信贷规模减小，所以，再贴现率的提高能起到压缩信贷规模，控制货币供应量的作用。反之，则会刺激扩大贷款和货币供应规模。当前，在很多国家特别是发达国家，再贴现率是商业银行确定放款利率的基本依据，其水平一般略低于商业银行放款利率，所以，再贴现率通常被称为货币市场的基准利率。

再贴现率作为一种调节手段，便于灵活运用，可以根据经济需要及时调整，因而成为可供经常使用的手段。不过，对实行自由外汇制度的国家来讲，调整再贴现率对国际收支的影响较大。如提高再贴现率，本国金融市场利率上升，会引起国际资本大量流入本国；如调低再贴现率，又会使本国资本大量外流，这两种情况都可能引起国际收支的失衡。另外，再贴现率的调整也不宜过频，否则不利于金融市场的稳定。

3．公开市场业务

公开市场业务是指中央银行在金融市场上公开买进或卖出有价证券（主要是国库券和公债券），借以直接调节市场货币流通量的一种方式。如果中央银行卖出有价证券，则意味着有相应数量的货币从市场流回中央银行，市场货币流通量减少；如果中央银行买进有价证券，市场货币流通量又会相应增加。

和法定存款准备金率与再贴现率两个手段相比，公开市场业务有很多优越之处。

① 中央银行掌握充分的主动权，是买进还是卖出，买卖多少，中央银行均可根据货币政策的需要自行决定。

② 公开市场业务可以进行经常性、连续性的操作，买卖证券的规模可大可小，直到满足中央银行的要求为止。

③ 具有充分的弹性，不会对金融市场产生强烈的影响。

④ 金融市场情况一旦发生变化，中央银行能迅速改变操作方向，精确而灵活地调节市场货币供给量。

正是由于公开市场业务具有以上这些优点，因而它成为许多国家最重要的货币政策工具。

公开市场业务要充分发挥作用的前提是：

① 应具有全国性的、较为发达的有价证券市场。

② 中央银行具有强大的、足以干预和控制整个金融市场的资金实力。

③ 中央银行能自行决定买卖证券的种类、数量及买卖的时间等。

我国公开市场操作包括人民币操作和外汇操作两部分。中国人民银行从 1998 年开始建立公开市场业务一级交易商制度，选择了一批能够承担大额债券交易的商业银行作为公开市场业务的交易对象。近年来，公开市场业务一级交易商制度不断完善，一级交易商的机构类别也从商业银行扩展至证券公司等其他金融机构。从交易品种看，中国人民银行公开市场业务债券交易主要包括回购交易、现券交易和发行中央银行票据。

回购交易分为正回购和逆回购两种，正回购为中国人民银行向一级交易商卖出有价证券，并约定在未来特定日期买回有价证券的交易行为，正回购为央行从市场收回流动性的操作，正回购到期则为央行向市场投放流动性的操作；逆回购为中国人民银行向一级交易商购买有价证券，并约定在未来特定日期将有价证券卖给一级交易商的交易行为，逆回购为央行向市场上投放流动性的操作，逆回购到期则为央行从市场收回流动性的操作。

现券交易分为现券买断和现券卖断两种，前者为央行直接从二级市场买入债券，一次性地投放基础货币；后者为央行直接卖出持有债券，一次性地回笼基础货币。

中央银行票据即中国人民银行发行的短期债券，央行通过发行央行票据可以回笼基础货币，央行票据到期则体现为投放基础货币。

5.5.2 选择性货币政策工具

选择性政策手段是指仅对个别行业、个别部门有特定目的的信贷管理。选择性政策手段有以下几种。

1．对证券市场的信用控制

证券市场信用控制通常指对证券信用交易的法定保证金比率做出规定，是中央银行对以信用方式购买股票和债券所实施的一种控制措施。其目的是要限制用贷款进行证券投机的行为，在不紧缩其他经济部门货币需求的情况下控制对证券市场的放款。中央银行对证券市场进行信用控制是十分必要的，有效的信用控制既可以控制证券市场的资金供求，抑制过度投机，及时吹散金融泡沫，稳定金融市场，又可以控制信贷资金流向，改进宏观金融结构。

2．消费信用管理

对消费信用的管理主要是指对分期付款消费信用形式的限制。在消费品供应短缺、价格上涨时，可提高首次付款比例和缩短分期付款期限；反之，在需求不足及经济衰退时，可降低首次付款比例并放宽分期付款期限。

3．不动产信用控制

不动产信用控制是指中央银行对商业银行及其他金融机构的房地产贷款所采取的限制措施。通常的不动产信用控制包括以下几个方面的内容：一是对金融机构的不动产贷款规定最高限额，即对一笔不动产贷款的最高额度给予限制；二是对金融机构的房地产贷款规定最长期限；三是规定首次付款的最低金额及分摊还款的最低金额等。不动产信用控制的目的在于控制不动产市场的信贷规模，抑制过度投机，减轻经济波动。

4．优惠利率

优惠利率是指中央银行对国家重点发展的某些部门、行业规定较低的贷款利率，目的在于刺激这些部门及行业的生产，调动他们的积极性，以实现产业结构和产品结构的调整和优化。

5.5.3 直接信贷管理

直接信贷管理是指中央银行以行政手段直接对金融机构的存贷款业务进行干预的措施，管理的措施主要有三种。

1．信贷总额管理

中央银行对商业银行的贷款总额进行最高限额规定，以便控制全国的信贷规模。这种方法一般在特殊情况下使用，如战争和金融危机时期。某些金融调控机制不完善，其他政策手段不宜采用或效果不佳的发展中国家也常采用这种措施。

2．利率高限

中央银行为避免商业银行在争取存款时在利率方面的竞争，达到稳定金融市场的目的，以法律程序规定商业银行定期存款和储蓄存款的最高利率。这种措施会损害存款者的利益，导致银行存款的大量流失，削弱商业银行的地位，所以一般不宜采用。

3．信用分配管理

中央银行对商业银行向其申请的贷款规定专门用途，一般规定资金投向国民经济急需发展的部门和项目。这种管理有利于对经济结构的调整。

5.5.4 其他货币政策工具

1．道义劝告

道义劝告是指中央银行利用其在金融体系中的特殊地位和声望，对商业银行及其他金融机构的业务活动提供指导、发表看法和提出劝告，使商业银行和其他金融机构自动采取措施来贯彻中央银行的政策。道义劝告不具有强制性，也没有法律效力，而是中央银行向金融机构提出某种具体指导，使其领会意图，自愿合作，这时银行和其他金融机构能够体会出这种“劝告”已不仅仅具有“道义”上的意义。

2．窗口指导

窗口指导是指中央银行根据产业行情、物价变动趋势和金融市场动向，规定商业银行的贷款重点投向和贷款变动数量，商业银行如不接受“指导”进行贷款，中央银行就会削减其贷款的额度，甚至采取停止提供信用等制裁措施。

5.6 货币政策传导机制

货币政策的传导机制是指中央银行确定货币政策目标以后，通过各种货币政策工具的运用，引起中介目标的变动，从而影响整个社会经济活动以实现既定货币政策目标的全过程。传导过程如图 5-3 所示。

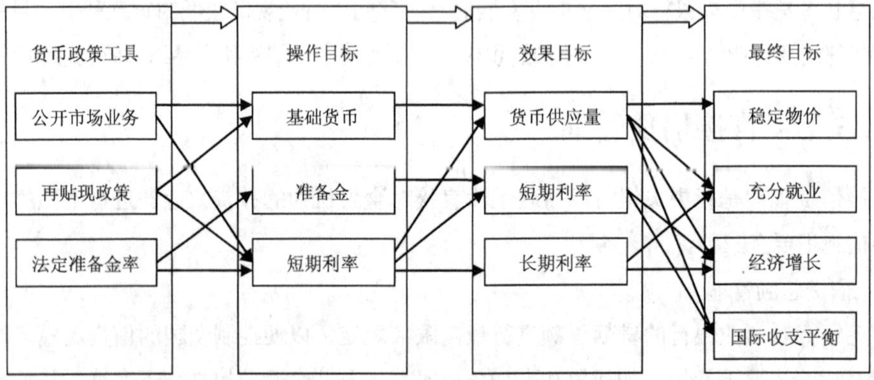

图 5-3 货币政策传导一般过程

对货币政策传导机制的分析，主要有凯恩斯学派的传导机制理论、货币学派的传导机制理论、托宾 q 理论以及现代的汇率传导机制理论等。

1．利率传导途径

在 1936 年出版的《就业、利息和货币通论》一书中，凯恩斯提出了经由利率和有效需求影响实际经济活动的货币政策传导机制理论，可以表示为：

$$存款准备金\ R\downarrow \rightarrow 货币供应量\ M\uparrow \rightarrow 利率\ i\downarrow \rightarrow 投资\ I\uparrow \rightarrow 总产出\ Y\uparrow$$

具体来说，当中央银行采取扩张性的货币政策，如降低存款准备金率，降低再贴现率或买入有价证券后，商业银行超额存款准备金增加，贷款能力增强。贷款的增加必然会增加货币供应量，促使利率降低。利率的降低意味着资本边际效率的提高，促使投资增加，通过乘数效应直接增加了社会的总需求，最终导致社会总产出的增加。若此时社会处于非充分就业状态，则货币供应量增加所带来的总需求增加会直接增加社会的产量、就业与收入，导致的物价上涨幅度较小；若社会已达到充分就业状态时，生产资源与劳动力已趋于饱和，随着总需求的增加，物价水平随之同比例上涨。如果中央银行采取紧缩的货币政策则会引起相反的效果。

2．信用传导途径

威廉斯最早提出了有关货币政策信用传导途径的理论，伯南克进一步提出了银行借贷渠道和资产负债渠道两种理论，认为货币政策传递过程中即使利率没有发生变化也会通过信用途径来影响国民经济总量，可以表示为：

货币供应量 M↑→贷款供给 L↑→投资 I↑→总产出 Y↑

3．非货币资产价格传导途径

托宾的 q 理论与莫迪利亚尼的生命周期理论则提出了货币政策的非货币资产价格传导途径，强调资产相对价格与真实经济之间的关系，可以表示为：

货币供应量 M↑→利率 i↓→资产（股票）价格 P↑→投资 I↑→总产出 Y↑

4．汇率传导途径

在开放经济条件下，净出口（一国出口总额与进口总额之差）是总需求的重要组成部分。货币政策可以通过影响国际资本流动，改变汇率，并在一定的贸易条件下影响净出口。在实行固定汇率制度的国家，中央银行可以直接调整汇率，在实行浮动汇率制度的国家，中央银行必须通过公开市场业务来改变汇率。当一国减少货币供应，利率随之上升，外国资本流入，使得外汇市场本币升值，本币升值不利于本国商品的出口，却有利于进口，净出口下降。当一国实行扩张的货币政策，增加货币供应量，本国市场利率下跌，导致资金外流，本币出现贬值，在其他条件不变的情况下，本币贬值有利于出口，减少进口，一国的净出口会增加。汇率传导机制可以描述如下。

货币供应量 M↑→利率 i↓→汇率（直接标价法）↑→净出口 NX↑→总产出 Y↑

我国的货币政策传导机制随着市场经济体制的逐步建立和完善，经历了由直接的贷款限额控制向调控金融变量为主的间接传导体系的转变。目前我国货币政策传导机制已形成了三条途径：第一，通过利率变动、消费信贷的变动程度等影响城乡居民的消费行为来间接影响企业生产经营；第二，间接融资渠道，通过中央银行的政策手段影响商业银行改变信用总量和结构，影响企业的投资和支出；第三，直接融资渠道，中央银行调控各种经济变量影响证券市场投资者的投资行为来决定企业的生产经营活动。

5.7 货币政策效果

货币政策效果是指中央银行操作货币政策工具后，社会经济运行所作出的现实反应或货币政策最终目标的实现程度，其影响因素包括货币政策时滞、货币流通速度、微观经济主体预期、金融改革与金融创新等。

1．货币政策时滞

货币政策时滞是指从货币政策制定到最终影响各经济变量，实现政策目标所经过的时间。货币政策时滞由内部时滞和外部时滞两个阶段组成。

（1）内部时滞

内部时滞是指政策制定到中央银行采取行动所需要的时间，包括两个阶段：一是经济金融情况的变化需要中央银行采取行动到中央银行认识到这种需要的时间间隔，称为认识时滞；二是从中央银行认识到需要调整货币政策到采取实际行动的时间间隔，称为行动时滞。

内部时滞的长短主要取决于中央银行信息反馈系统的灵敏程度、预测能力、管理当局的金融决策水平和政策实施效率等多方面的因素。

（2）外部时滞

外部时滞是指从中央银行采取行动到货币政策对经济运行产生影响所经过的时间。外部时滞由操作时滞和市场时滞构成。操作时滞是指中央银行调整货币政策工具到对货币政策中间目标发生作用所需要的时间；市场时滞是指从中间目标发生反应到货币政策对最终目标产生作用所需要的时间。与内部时滞相比，外部时滞是一个由社会经济结构与产业结构、金融部门、企业部门和居民的行为等多种因素综合决定的复杂变量，中央银行很难对这一时滞进行实质性的控制。

货币政策时滞分布结构如图 5-4 所示。

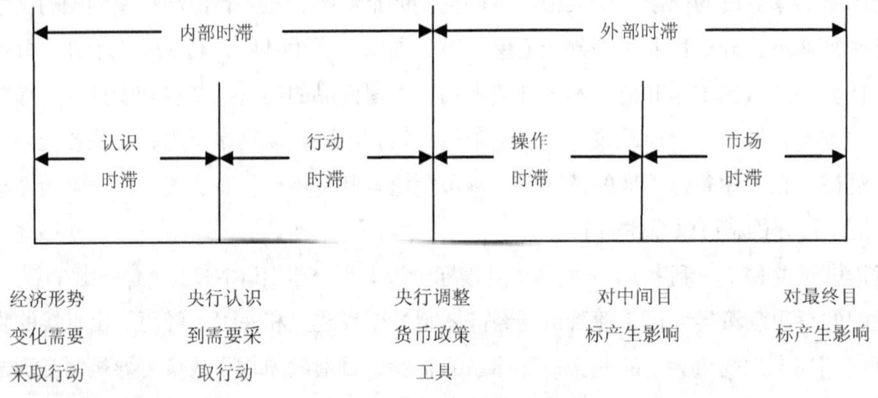

图 5-4　货币政策时滞分布图

2．货币流通速度

如果货币流通速度不稳定，难以预测，即使中央银行能够完全按照预定的目标调节货币供应量，也难以使总需求达到预期的水平，这时货币政策就难以达到预期的效果。

3．微观经济主体预期

当一项政策措施出台时，各种微观经济主体立即会根据可能获得的各种信息预期政策的后果，从而很快做出对策，其中有些预期及对策对货币政策的功效具有抵消作用。尤其是当微观主体掌握的信息不全面、预期不准确时，货币政策的效果会大打折扣。因此，中央银行实施货币政策时，应使决策过程更加透明，让公众能较为准确地加以领会，做出准确的预期，树立公众对中央银行的信任。

4．金融改革与金融创新

一方面，以自由化为特征的金融改革和金融创新在一定程度上提高了货币当局调控货币运行的能力；另一方面，利率自由化、金融工具的多样化以及金融市场的一体化又在一定程度上影响了货币政策的制定、实施及效果。

5.8 货币政策与财政政策的协调配合

宏观经济调控目标的实现，往往是各种政策措施共同作用的结果，在调控经济活动中，为了避免政策效果的相互抵消，增强调控力度，一种政策的制定和实施往往与其他政策相配合进行。因此，衡量和评价货币政策的效果，还要看货币政策与其他政策尤其是财政政策协调与配合的情况。

5.8.1 货币政策与财政政策的比较

货币政策和财政政策的共同点在于通过影响总需求并进而影响产出。货币政策是通过利率、货币供应量等工具调节总需求；财政政策是政府对其支出和税收进行控制并进而影响总需求。

但两者之间也有明显的区别。在实现扩张的目标中财政政策的作用更为直接。例如，降低税率可直接鼓励投资；扩大支出则往往导致货币供给增加从而促进有效需求的增加，而且时滞较短。至于货币政策，如果要在比较萧条的环境下通过调低利率以实现扩张的目标，则比较困难，因为投资的积极性在这种条件下往往并非低的利率就能调动起来的。20 世纪 30 年代西方国家摆脱长期经济萧条的困境，也主要依靠的是财政政策。

在实现紧缩的目标中，两者的作用向反方向变化。对于抑制过热的需求，货币政策有很多工具可以利用，因此实施起来可以比较及时、灵活。而财政政策却相反。要改变税收和支出政策，对许多国家来说，均需立法机构的讨论，因此增税和减少福利支出这类问题，在短时期内获准通过并实施非常困难。

此外，财政政策对供给的作用也较为直接、有力；而货币政策这方面的作用较弱。

（1）货币政策和财政政策的共性

① 两大政策作用于同一个经济范围，即本国的宏观经济方面。

② 两大政策均由国家制定。

③ 最终目标一致。

（2）货币政策和财政政策的区别

① 政策的实施者不同。货币政策和财政政策的实施者分别是中央银行和财政部。

② 政策工具不同。货币政策工具主要有存款准备金、再贴现、公开市场业务等；财政政

策工具主要有税收、税率、预算收支、政府转移支付、国债、补贴等。

③ 作用过程不同。货币政策作用的直接对象是货币运动过程，以调控货币供给的数量和结构为初步目标，进而影响整个社会经济生活；财政政策作用的直接对象是国民收入再分配过程，以改变国民收入的数量和结构为初步目标，进而影响整个社会经济生活。

④ 政策时滞不同。货币政策的内部时滞较短，财政政策的内部时滞较长，因为货币政策工具使用较为简便，而财政政策工具从制定到实施过程比较复杂；货币政策的外部时滞较长，而财政政策的外部时滞较短，如确定调整税率，企业的收支会立即发生变化。

5.8.2 货币政策与财政政策的配合方式

货币政策和财政政策的配合方式就是松紧的相互搭配问题。

1．双松模式

双松模式即松的财政政策与松的货币政策配合，主要适用于社会总需求严重不足、经济严重衰退的状况，其优点是可以通过扩大有效需求以促进经济的增长，缺点是容易引发通货膨胀。

2．双紧模式

双紧模式是紧的财政政策与紧的货币政策配合，主要适用于社会总需求大于总供给，出现了严重的通货膨胀和经济过热现象。双紧模式能够有力地抑制社会总需求的过度增长以缓和通货膨胀。但这种措施对于社会总需求的抑制过于猛烈，把握不当，会导致经济衰退，失业增加。

3．紧的财政政策和松的货币政策的配合

这种模式适用于财政赤字较大，而经济增长不理想的状态，紧的财政政策迫使政府收支平衡，压缩消费支出和投资支出，而利率的降低和银行信贷的放松鼓励企业和私人增加投资，促进经济增长。

4．松的财政政策和紧的货币政策的配合

这种模式适用于在供求总量矛盾不大，而经济结构失调，市场机制已难以发挥调节作用的情况。紧的货币政策有利于抑制通货膨胀，而同时实行松的财政政策，有利于调整和优化产业结构，促进经济增长。但这种模式在实践中也存在一些问题，限制了内需的扩大，同时增加了财政风险。

本章小结

（1）中央银行是信用经济发展到一定阶段的产物，产生的原因包括银行券统一发行的需要、票据清算的需要、充当最后贷款人的需要以及金融监管的需要。

（2）中央银行制度可以分为四种类型：单一中央银行制度、复合中央银行制度、跨国中央银行制度和准中央银行制度。

（3）中央银行是不以盈利为目的的特殊金融机构，是一国金融体系的领导与核心，具有发行的银行、银行的银行和政府的银行三大职能。

（4）中央银行通过自身的业务操作来调节商业银行的资产负债和社会货币总量，其业务可分为负债业务、资产业务和中间业务。

（5）货币政策的最终目标通常有：稳定物价、充分就业、促进经济增长和国际收支平衡，目标之间存在着统一性和矛盾性，多数国家将稳定物价作为首要的目标。

（6）从运用货币政策工具到实现最终目标之间，要经过一系列的传导过程，中央银行应选择适当的货币政策中介目标如货币供应量、市场利率等。

（7）货币政策工具可分为一般性政策工具、选择性政策工具和其他货币政策工具，一般性政策工具包括法定存款准备金率、再贴现率和公开市场业务。

（8）货币政策要正常地发挥作用，取得预期效果，必须与财政政策积极配合，即松紧的相互搭配，共有四种组合方式。

复习思考题

一、名词解释

1. 单一的中央银行制度
2. 跨国的中央银行制度
3. 准中央银行制度
4. 发行的银行
5. 银行的银行
6. 政府的银行
7. 再贴现
8. 货币政策
9. 通货膨胀
10. 充分就业
11. 经济增长
12. 货币政策中介目标
13. 超额准备
14. 公开市场业务
15. 再贴现
16. 道义劝告

二、填空题

1. ______是世界历史上第一家中央银行。

2. 中央银行传统的三大职能是______、______和______。

3. 中央银行在组织形式上分为______、______、______和______四种类型。

4. 目前，世界上绝大部分国家实行的是______中央银行制度。

5. 中央银行作为银行的银行，主要体现在______、______和______。

6. 中央银行向国家提供信贷的主要形式，是______，或______，特殊情况下也直接向国家提供______和______。

7. 商业银行缴存中央银行的存款准备金包括______和______两部分。

8. ______通常被认为是货币政策最猛烈的工具之一。

9. 一国货币政策通常由该国______制定和实施。

10. 货币政策工具可分为一般性控制工具和选择性控制工具两大类，其中一般性控制工具包括______、______和______。

三、单项选择题

1. 有些国家只设置类似中央银行的机构，或由政府授权某个或某几个商业银行行使部分中央银行职能的体制称为______。

A. 一元式中央银行体制　　B. 复合式中央银行体制

C. 多元式中央银行体制　　D. 准中央银行体制

2. 下列各项中，体现中央银行其“银行的银行”的职能的是______。

A. 代理国库　　B. 对政府提供信贷

C. 集中保管商业银行的准备金　　D. 发行货币

3. 货币发行是中央银行的______。

A. 负债业务　　B. 资产业务　　C. 清算业务　　D. 其他业务

4. 目前我国的中央银行制度属于______。

A. 复合制　　B. 单一制　　C. 联邦制　　D. 跨国制

E. 准中央银行制

5. 中央银行的产生______商业银行。

A. 早于　　B. 晚于　　C. 同时　　D. 无法比较

6. 最早全面发挥中央银行职能的是______。

A. 瑞典银行　　B. 中国银行　　C. 英格兰银行　　D. 法兰西银行

7. 下列不属于中央银行货币政策一般性操作工具的是______。

A. 存款准备金　　B. 道义劝说　　C. 再贴现　　D. 公开市场业务

8. 货币政策诸目标之间呈一致性关系的是______。

A. 物价稳定与经济增长　　B. 经济增长与充分就业

C. 充分就业与国际收支平衡　　D. 物价稳定与充分就业

9. 各国货币政策的首要目标通常是______。

A. 充分就业　　B. 稳定物价　　C. 经济增长　　D. 国际收支平衡

10. 不愿意接受现行的工资水平和工作条件而失去工作的是______。

A. 充分就业　　B. 非自愿失业　　C. 自愿失业　　D. 摩擦失业

11. 中央银行降低法定存款准备金率时，则商业银行______。

A. 可贷资金量减少　　B. 可贷资金量增加

C. 可贷资金量不受影响　　D. 可贷资金量不确定

12. 一般来说，中央银行提高再贴现率时，会使商业银行______。

A. 提高贷款利率　　B. 降低贷款利率

C. 贷款利率升降不确定　　D. 贷款利率不受影响

13. 当某国经济出现膨胀和顺差时，为了内外经济的平衡，根据财政货币政策配合理论，应采取的措施是______。

A. 膨胀性的财政政策和膨胀性的货币政策

B. 紧缩性的财政政策和紧缩性的货币政策

C. 膨胀性的财政政策和紧缩性的货币政策

D. 紧缩性的财政政策和膨胀性的货币政策

14. 根据财政政策配合的理论，当某国实施紧缩性的财政政策和货币政策，其目的在于______。

A. 克服该国经济的通货膨胀和国际收支逆差

B. 克服该国经济衰退和国际收支逆差

C. 克服该国通货膨胀和国际收支顺差

D. 克服该国经济衰退和国际收支顺差

四、多项选择题

1. 中央银行的职能有______。

A. 发行的银行　B. 银行的银行　C. 企业的银行　D. 国家的银行

2. 中央银行建立的必要性体现在______。

A. 统一发行银行券　B. 票据清算　C. 提供资金支持　D. 金融监管

3. 中央银行业务经营的特点是______。

A. 不以盈利为目的　B. 不经营普通银行业务

C. 具有相对独立性　D. 承担社会性责任

4. 中央银行资产负债表中资产主要包括______。

A. 再贴现及放款　B. 政府债券　C. 外汇黄金储备　D. 其他资产

5. 中央银行的业务对象主要是______。

A. 工商企业　B. 国有大中型企业

C. 城乡居民　D. 金融机构

E. 政府

6. 中央银行资产项目包括______。

A. 流通中现金　B. 购买政府债券　C. 再贷款　D. 国库存款

7. 选择货币政策传导变量的标准是______。

A. 可测性　B. 适应性　C. 抗干扰性　D. 可控性

E. 相关性

8. 中央银行要实现“松”的货币政策可采取的措施有______。

A. 提高法定存款准备金率　B. 降低再贴现率

C. 提高证券保证金比率　D. 在公开市场上购买有价证券

E. 放松对消费信用的控制

9. 货币政策与财政政策的共性表现在______。

A. 都是需求管理政策　B. 调节范围一致

C. 调控目标一致　D. 都存在政策时滞

E. 政策工具相同

10. 一般性货币政策工具主要包括______。

A. 公开市场业务　B. 信用配额　C. 贴现率　D. 存款准备金率

E. 优惠利率

11. “紧”的货币政策是指______。

A. 提高利率　B. 降低利率　C. 放松信贷　D. 收紧信贷

E. 增加货币供应量

12. 在货币政策诸目标之间，更多表现为矛盾与冲突的有______。

A. 充分就业与经济增长　B. 充分就业与物价稳定

C. 稳定物价与经济增长　D. 经济增长与国际收支平衡

E. 物价稳定与国际收支平衡

13. 公开市场业务的优点是______。

A. 调控效果猛烈　B. 主动性强　C. 灵活性高　D. 影响范围广

E. 容易对经济产生副作用

五、问答题

1. 试述中央银行制度的基本类型。
2. 试述中央银行的负债和资产业务。
3. 试述中央银行的职能。
4. 试述中央银行的特殊性。
5. 结合中央银行的发展简述其履行货币政策职能的历程。
6. 试述货币政策的概念及其主要内容。
7. 分析中央银行货币政策目标之间的矛盾。
8. 中央银行如何选择货币目标？
9. 简述货币政策的最终目标。
10. 什么是货币政策中介目标？为何要选定中介目标？
11. 选定货币政策中介目标的标准是什么？
12. 作为中介指标，利率指标有哪些优点？
13. 简述货币政策与财政政策的区别与联系。

六、论述题

1. 试论述中央银行在现代经济中的作用。
2. 试述怎样使货币政策与财政政策协调配合。
3. 结合我国国情，试论述如何选定货币政策目标。

第6章 金融市场

学习要求

通过本章的学习，应掌握以下的知识和技能。

知识目标

掌握金融市场的概念、构成要素、功能及类型；掌握各个子市场如货币市场、资本市场、外汇市场及金融衍生工具市场的功能、特点；掌握各种金融工具的概念、特点及功能。

技能目标

掌握各种金融工具交易的方式。

6.1 金融市场概述

金融市场是一个资金融通网络，它不仅融合了各种信用形式，把一切融资活动和金融中介机构联结起来，而且以各种交易方式推进金融体系中的资金流动。

6.1.1 金融市场的概念与构成

金融市场是指进行货币借贷、各种票据和有价证券买卖等融资活动的场所或领域。金融市场发达与否已成为衡量一国市场经济发达程度的重要标志。

金融市场可以是有固定场所进行的各种融资活动， 也可以是没有固定场所，由参加交易者利用电讯手段进行联系洽谈而完成的融资交易。只要在一定区域进行票据和各种证券的买卖行为或过程都应视为金融市场的业务活动。

金融市场有三个构成要素：一是市场的参与者，即参与金融市场交易的资金供应者和需求者；二是金融市场的交易对象，即作为商品的资金，以金融工具为载体，在金融市场上根据等价交换的原则进行自由买卖；三是交易方式，即完成资金交易的市场组织方式；四是金融市场媒介。

1．市场参与者

市场参与者即资金的供给者和资金的需求者，是金融市场的主体。

金融市场的参加者包括居民个人、企业、政府和金融机构。居民个人为回避风险获取收益，将其储蓄存于银行或购买债券、股票等金融商品参与金融交易，同时居民个人也可作为资金需求者向银行等机构借入资金，成为金融市场的参加者。企业为弥补其资金的不足，可以通过金融市场筹措所需的短期资金或长期资金。此外，企业还可将生产经营中游离出来的闲置资金存入银行或投资于股票、债券、基金等有价证券。政府部门通常为了弥补财政赤字发行债券，而成为国债的发行者。此外，为实施货币政策，政府部门也作为金融市场主体参与债券、外汇、黄金的交易活动。居民个人、企业、政府部门并不是专门从事金融活动的主体，而金融机构却是专门从事金融活动的主体。

2．交易对象

金融商品，也称金融工具、信用工具，是金融市场的交易对象，即金融交易的客体。目前，作为金融交易的金融商品主要有各类商业票据、银行票据、股票、债券、基金、可转让大额存单等。从发展的趋势看，随着金融管制的放松，将不断出现创新的金融商品。

3．市场组织方式

金融市场的组织方式主要有两种：一是交易所方式；二是柜台方式。交易所方式又称拍卖方式或竞价方式，它是由买卖双方公开竞价，按时间优先、价格优先的原则进行交易，这种方式集中在交易所进行。柜台方式也称为店头市场方式或场外市场方式，这种方式是在金融机构柜台上采用协议定价方式进行交易。柜台方式一般由金融机构同时挂出金融商品的买入价格和卖出价格，金融机构通过低进高出获利。

4．金融市场媒介

金融市场媒介是指一些充当资金供求双方的中介，起着联系、媒介和代客买卖作用的机构或人员，如银行、投资公司、证券交易所、证券商和经纪人等。这类机构或人员本身没有资金融通需求，只是代理客户进行融通。金融市场媒介存在的好处在于这些中介机构能运用自己专业的知识和信息帮助交易主体双方建立起交易联系，从而为双方的交易节约了信息搜寻成本，并为交易提供更高的安全性等。

6.1.2 金融市场的分类

金融市场是一个复杂的有机整体，其中又包含着许多相互独立的子市场。按不同的划分标准，可分为以下一些不同类别的金融市场。

1．按融资的期限划分，可分为货币市场和资本市场

货币市场又称短期资金市场，是指融资期限在一年以内的金融市场，其中包括同业拆借市场、商业票据市场、回购市场以及短期证券市场等。资本市场又称长期资金市场，是指融资期限在一年以上或未规定期限的金融市场，主要有股票市场和债券市场。

2．按金融市场交易的性质划分，可分为发行市场和流通市场

发行市场，也称为初级市场或一级市场，是指新发行的金融工具第一次出售的金融市场。流通市场，也称次级市场或二级市场，是已发行金融工具转手买卖的金融市场。

3．按金融交易的方式划分，可分为直接金融市场和间接金融市场

直接金融市场是指资金供给者和资金需求者不通过任何金融中介机构直接进行融资的金融市场。如企业之间赊销商品、预付货款，企业直接发行股票、债券等。间接金融市场是指资金供给者和资金需求者通过金融中介机构进行融资的金融市场，如银行信贷市场等。

4．按金融交易的对象划分，可分为拆借市场、票据承兑与贴现市场、股票市场、债券市场、外汇市场、黄金市场、保险市场等。

5．按金融交易的交割期划分，可分为现货市场和期货市场

现货市场又称现金交易市场，是指买卖双方在成交后 1～3 日内进行清算交割的金融市场。期货市场是指买卖双方协定在未来某一规定时间进行清算交割的金融市场。

6．按交易的地域范围划分，可分为国内金融市场和国际金融市场

国内金融市场是在一国国境范围内进行的融资活动，参加者仅限于本国居民。国际金融市场是在国际范围内进行的融资活动，包括国际间资金的融通、外汇买卖和黄金交易等。

此外，按金融市场存在的空间条件划分，可分为有固定交易场所、设施的有形市场，以及没有固定交易场所而通过电讯等手段完成交易的无形市场。

6.1.3 金融市场的功能

金融市场的功能是指金融市场所特有的促进经济发展和协调经济运行的作用和机能，主要包括：

1．集中和分配资金功能

金融市场可以将居民个人、企业、政府部门、金融机构的储蓄或闲置资金集中起来，并通过竞争机制使资金流向最需要的地方。这种将储蓄转化为投资的功能，一方面提高了资金的使用效率，另一方面实现了资金的合理配置。

2．资金期限转换功能

由于金融工具具有流动性的特征，通过金融工具的交易活动可以实现长期资金与短期资金的相互转化，使资金盈余者供给的资金与资金缺乏者需要的资金在期限上互相匹配。例如，投资股票、债券可以使短期闲置的资金转化为长期投资资金。

3．分散风险的功能

经济生活中存在大量的不确定性，风险的存在是客观的，因此，完全消除风险是不可能的，但可以分散风险。由于金融工具的可分割性与流动性，金融市场可以为投资者提供一个分散风险的机制。投资者可采用各种证券组合方式来分散风险，也可利用对冲交易、套期保值交易来规避风险，提高资金的安全性与盈利性。

4．信息提供功能

金融市场是经济活动的“晴雨表”，各种金融工具的交易价格灵敏地反映了经济运行的状况及态势，可以为金融决策、投资决策和政府宏观经济管理提供大量信息资料。如投资者通常以股价变化趋势以及上市公司公告的各类信息作为金融决策的依据；企业可以根据证券行情涨落所反映的公众对各产业、各企业的心理预期，来调整企业经营战略并进行投资决策；中央银行依据金融市场的各类信息，通过公开市场业务、调整再贴现率等手段调节货币供应量，实现宏观经济的基本平衡。

5．资源配置功能

金融市场的资源配置功能是指其促进资金合理流动，实现资源优化配置和有效利用的功能。以证券市场为例，在市场机制的作用下，那些经营业绩好并能给投资者丰厚回报的公司，自然会受到投资者的青睐，社会资金会向其倾斜，从而使得这些公司能够以较为优惠的条件、较低的财务成本，从证券市场上筹集到企业发展所需的资金。通过上市公司对资金需求的自由竞争，证券市场发挥了资金流动的导向作用，起到了配置社会资源的积极作用。

6．调控功能

金融市场的存在和发展为国家调控经济提供了场所和途径。一方面，金融市场是国家货币政策传导的必要的中间环节。当中央银行实施某项货币政策时，首先要影响到金融市场的各种变量，然后再传递影响到整个国民经济；另一方面，各国中央银行调控经济的一个重要手段——公开市场业务，需要通过金融市场来实施。

6.1.4　金融市场的发展趋势

金融市场的发展趋势主要表现为三个方面，即资产证券化、金融市场全球化和金融市场自由化。

1．资产证券化

资产证券化是将企业资产负债表内流动性较低的存量金融资产，通过信用增级转变成为可以在资本市场上销售和流通的资产支持证券，即通过金融工程技术，将可以预见的现金流组合成为不同支付次序、不同信用级别和不同档次收益率的收益证券，以提供给各类投资者相应风险、评级、支付期限以及收益率的固定收益类证券或票据。资产证券化最早起源于美国，最初是储蓄银行、储蓄贷款协会等机构的住宅抵押贷款的证券化，接着商业银行也纷纷仿效，对其债权实行证券化，以增强其资产的流动性和市场性。从 20 世纪 80 年代后期开始，证券化已成为国际金融市场的一个显著特点。

资产证券化成为金融市场的发展趋势，其原因主要包括：

① 金融管制的放松和金融创新的发展。自 20 世纪 70 年代以来，西方国家出现了经济自由化的浪潮，强调市场机制的作用，纷纷放松金融管制以刺激本国金融业的发展，加上金融创新的推波助澜，促进了金融市场的活跃及效率的提高，从而为资产证券化奠定了基础。

② 国际债务危机。国际债务危机的出现导致了巨额呆账，一些国际性的大银行深受债务拖欠之苦，希望通过加强资产的流动性来解决资金周转的困难，而资产证券化，既使原有债权得以重新安排，又可使新增债权免受流动性差的困扰。银行的介入极大地推动了资产证券化的进程。

③ 现代信息技术的发展为资产证券化创造了良好条件。一方面，随着信息传递和信息处理技术的发展，信息的获取成本降低，完全依靠金融机构的服务来消除借贷者之间信息不对称的情况发生了很大变化；另一方面，在交易过程中广泛使用计算机技术，大大降低了证券交易成本。另外，交易技术的改进，也为新的金融工具的开发创造了条件。

资产证券化的影响主要表现在以下几个方面：首先，对金融机构来说，通过资产证券化可以改善其资产的流动性，提高其资金周转效率，同时资产证券化也成为金融机构获取低成本资金、增加收入的一个渠道；其次，对投资者来说，资产证券化提供了更多可供选择的新证券品种，投资者可以根据自己的资金量及风险收益偏好进行组合投资；再次，对整个金融市场来说，资产证券化为金融市场注入了新的交易手段，增加了市场活力。

在看到资产证券化有利影响的同时，也应当看到其不利的一面。资产证券化中的许多资产实际上是一些长期的贷款和应收账款的集合，它们所固有的风险也不可避免地影响到新证券本身的质量。资产的证券化涉及发起人、担保人、还本付息者、受托者及投资者等多个当事人，从而将传统贷款功能分散给数个有限责任的承担者，因此，资产证券化中的风险就表现出一定的复杂性，一旦处理不当，就会影响到整个金融体系的稳定。同时，资产证券化也使金融监管当局在信贷扩张及货币供应量的估计上面临更复杂的问题，对金融的调控监管会产生不利影响。

2．金融市场全球化

金融市场的全球化已成为当今世界的一种重要趋势。20 世纪 70 年代末期以来，西方国家兴起的金融自由化浪潮，使各国政府纷纷放宽对金融业活动的管制。随着各国对资本跨境流动管制的放松，资本在国际间的流动日渐自由。目前，国际金融市场正在成为一个密切联系的整体市场，在全球各地的任何一个主要市场上都可以进行相同品种的金融交易。

金融市场全球化意味着资金可以在国际间自由流动，金融交易的币种和范围超越国界，具体包括市场交易的国际化和市场参与者的国际化。

金融市场全球化有利的影响表现在：首先促进了国际资本的流动，有利于稀缺资源在国际范围内的合理配置，促进世界经济的共同增长；其次为投资者在国际金融市场上寻找投资机会，合理配置资产，利用套期保值技术分散风险创造了条件；再次有利于筹资者获得低成本的资金。

金融市场全球化不利的影响首先表现在国际金融风险的防范上，由于全球金融市场的联系更加紧密，一旦发生利率和汇率波动或局部的金融动荡，会马上传递到全球各大金融中心，使金融风险的控制显得更为复杂；其次加大了政府在执行货币政策与金融监管方面的难度，由于国际资本流动加快，一些政策变量的国际影响增强，政府在实施货币政策和进行宏观调控时往往更难估计其传导过程及影响。

3．金融市场自由化

金融市场自由化是指在西方国家出现的一种逐渐放松甚至取消对金融活动的管制措施的过程。在金融市场自由化进程中，产生了许多新型的信用工具以及交易手段，方便了市场参与者的投融资活动，降低了交易成本。金融市场自由化极大地促进了资本的国际间自由流动，有利于资源在国际间的合理配置，并由此促进了国际贸易的进行和世界经济的发展。

但是我们也应该看到，国际间资本的自由流动，既带来了机遇也带来了风险。金融市场管制的放松，对金融机构的稳健运营提出了更高的要求，一旦处理不好，有可能危及整个金融体系的稳定，并导致金融动荡和经济危机。另外金融市场自由化还增加了货币政策的实施及金融监管的困难。

6.2 货币市场

货币市场是金融市场的重要组成部分，由于该市场所容纳的金融工具，主要是政府、银行及工商企业发行的短期信用工具，具有期限短、流动性强和风险小的特点，在货币供应量层次划分上被置于现金货币和存款货币之后，称之为“准货币”，所以该市场称为“货币市场”。

6.2.1 货币市场的概念及特点

货币市场又称“短期金融市场”或“短期资金市场”，是指按资金借贷或票据期限长短划分，为期不超过一年的资金借贷和短期有价证券的交易市场。其参加者为财政部、各种政府机构、各种银行和非银行金融机构及公司。

货币市场具有四个基本特征：

① 交易对象主要是期限短、流动性强、风险小、与货币差别不大的信用工具，如短期政府债券、银行大额可转让存单、商业票据、银行承兑票据等；

② 交易的方式主要为同业拆借、回购协议等；

③ 在货币市场上交易的目的主要是解决短期资金的供求需要，是金融市场体系中最活跃的部分；

④ 中央银行（或货币当局）的直接参加，是中央银行同商业银行及其他金融机构的资金连接的主渠道，是国家利用货币政策工具调节全国金融活动的杠杆支点，因而有些西方经济学家把货币市场称为一国的“金融体系的核心机制”。

6.2.2 货币市场的构成

货币市场主要包括同业拆借市场、票据市场、可转让大额定期存单市场、短期政府债券市场和回购市场。

1．同业拆借市场

同业拆借市场，是指金融机构之间以货币借贷方式进行短期资金融通活动的市场。同业拆借的资金主要用于弥补银行短期资金的不足、票据清算的差额以及解决临时性资金短缺需要。同业拆借市场交易量大，能敏感地反映资金供求关系和货币政策意图，影响货币市场利率，因此，它是货币市场体系的重要组成部分。

同业拆借市场最早出现于美国。美国于 1913 年通过的《联邦储备法》规定，联邦储备银行的会员银行必须按一定的比例向联邦储备银行缴纳法定存款准备金。由于商业银行资产负债的变动必然引起其存款准备金在短期内出现不足或盈余，商业银行在客观上需要进行资金的调剂。1921 年，在美国纽约形成了以调剂联邦储备银行会员银行的准备金头寸为内容的联邦资金市场，实际上即美国的同业拆借市场。

现在，同业拆借不仅是调剂准备金头寸的一种手段，而且已经成为银行进行资产负债管理的重要工具。许多银行将同业拆借市场作为短期资金来源的重要渠道。同时，许多银行将短期闲置资金投放于同业拆借市场。此外，同业拆借市场的参加者也不仅限于会员银行，还包括非会员银行和非银行金融机构。

同业拆借市场实质上是一种资金的借贷活动，但与其他资金借贷活动相比有以下一些特点：

① 同业拆借市场的参加者为金融机构，包括各类商业银行、专业银行和非银行金融机构。对进入同业拆借市场的主体，各国都有相应的准入限制，而且在不同的时期规定往往不同。

② 同业拆借的期限比较短。拆借期通常为 1～2 天，多则 1～2 周，最长可达一年。也有些拆借事先不约定期限，借款人可随时归还，放款人也可随时催还。

③ 一般不需要担保。同业拆借中拆出资金方对拆入资金方的资信有一定的要求，但不像发放贷款那样审查，一般不需要担保，通常也不限制资金的用途。拆借双方均要讲求信用，需要有较高的信用等级，所以同业拆借对准入资格有严格的限定。

④ 同业拆借市场利率一般是按日计算。利率可以由拆借双方协议确定，也可以借助中介机构通过市场公开竞价确定。国际货币市场广泛使用的利率有三种：伦敦银行同业拆借利率（LIBOR）、新加坡银行同业拆借利率（SIBOR）和香港银行同业拆借利率（HIBOR）。

我国同业拆借市场起源于 1984 年，中国人民银行行使中央银行职能后，要求各专业银行提交法定存款准备金，为各专业银行的资金拆借创造了条件。1986 年 1 月 7 日，国务院颁布的《中华人民共和国银行管理暂行条例》规定，"银行之间的资金可以互相拆借"。之后，我国同业拆借市场迅速发展，但由于我国同业拆借市场起步较晚，运作不规范，1993 年下半年先后出台了一系列政策措施，对拆借市场进行全面整顿，规范了市场行为。1996 年 1 月 3 日，中国人民银行正式启动全国统一的同业拆借市场，该市场由中央一级网络和地方二级网络构成。中央一级网络包括全国 15 家商业银行总行、全国性的金融信托投资公司以及挂靠各地人民银行的 35 家融资中心（事业法人）。地方二级网络以 35 家融资中心为核心组成，进入该网络融资的是经商业银行总行授权的分支机构、当地的信托投资公司、城乡信用社、保险公司、金融租赁公司和财务公司。

由于 1997 年第四季度中国人民银行开始采取各种有效措施清收融资中心的逾期资金，并撤销完成清收工作的融资中心机构，1998 年停止了融资中心的自营拆借业务，要求融资中心全力清收逾期拆出资金，至此同业拆借业务主要通过拆借中心一级拆借网络办理。由于二级网络的不复存在，同业拆借市场一方面面临参与机构过少、交易不活跃的问题，另一方面部分金融机构，如商业银行的分行、信用社、财务公司、证券公司找不到合规的短期融资渠道，为此，中国人民银行制定有关政策，先后批准商业银行分行、证券公司、财务公司等金融机构进入全国银行间拆借市场。目前机构类型已扩展到包括中资商业银行及授权分行、外资商业银行、中外合资商业银行、城乡信用社、证券公司、财务公司在内的绝大多数金融机构。

经过三十多年的发展，我国已经形成了全国统一的同业拆借市场格局，生成了由市场供求决定的、统一的同业拆借利率（CHIBOR），实现了同业拆借利率的市场化。同业拆借市场作为货币市场的重要组成部分，在货币政策传导和调节金融机构流动性方面发挥着重要作用。

2．票据市场

票据市场是银行及其他金融机构对未到期的商业票据进行承兑、贴现的场所。贴现市场的参加者主要有商业票据的持有者、商业银行、中央银行以及专门从事承兑、贴现业务的专业公司。可以贴现的商业票据主要有商业本票、商业承兑汇票、银行承兑汇票等。商业票据的承兑和贴现，不仅可以满足企业对短期资金的需求，促进生产和流通的发展，而且也可以增加商业银行的收益，减少经营风险。

（1）商业票据承兑

商业票据承兑是指商业票据到期前，票据付款人或指定银行确认票据记明事项，在票面上做出承诺付款并签章的一种行为。经过承兑后，承兑者就成了票据的主要债务人，因此只有承兑后的票据才具有法律效力，才能作为市场上合格的金融工具转让流通。承兑者是以自己的信用保证负责到期付款，如果委托他人或银行办理承兑，就需支付承兑手续费。商业票据承兑通常有商业承兑和银行承兑两种。

商业承兑是由收款人签发，经付款人承兑，或由付款人签发并承兑的活动。其具体形式又分为两种：一是由收款人单位出票的商业汇票承兑；二是由付款人出票的商业汇票承兑。

银行承兑是由收款人或付款人开出，经银行审查同意承兑的活动。在商品交易中，银行承兑通常由购货企业委托其开户银行承兑。

（2）商业票据贴现

贴现是商业银行放贷的形式之一，同时也是中央银行宏观调控的重要手段之一。所谓贴现是指票据持有人将未到期的票据背书转让给银行，银行按票面金额扣除从贴现日到票据到期日之间的利息，将余款支付给持票人的行为。商业票据贴现可分为以下几种：

① 银行贴现。银行贴现是指银行对商业承兑汇票、期票、银行承兑汇票、银行票据、国库券及息票等票据进行贴现的行为。

② 中央银行再贴现。中央银行再贴现是指中央银行对金融机构已贴现的商业票据进行再次贴现。它是金融机构与中央银行间融通资金的一种形式，中央银行通过再贴现业务吞吐基础货币，进行宏观金融管理。

③ 金融机构转贴现。金融机构转贴现是指金融机构将已贴现的商业票据转让给另一金融机构的行为。

3．可转让大额定期存单市场

可转让大额定期存单（CDS）是指银行发行的不记名的、可转让的金额固定且较大的存单。20 世纪 50 年代末，美国银行利率受“Q 条例”限制，低于一般市场利率水平，大公司的财务主管为了增加临时闲置资金的利息收益，纷纷将资金投资于安全性好，又具有收益的货币市场工具，如国库券、商业票据等，以企业为主要客户的银行存款急剧下降。为了阻止存款外流，1961 年纽约花旗银行首先采取措施发行可转让大额定期存单。可转让大额定期存单发展很快，目前已成为兼容货币市场和证券市场的重要融资工具。我国从 1986 年下半年开始，发行可转让大额定期存单，最初由交通银行和中国银行发行，1989 年以后，其他银行也陆续发行。

可转让大额定期存单与普通定期存款的区别在于：

① 定期存款记名、不可流通转让；而可转让大额定期存单则是不记名的、可以流通转让的。

② 定期存款金额不固定，可大可小；而可转让大额定期存单金额较大。

③ 定期存款利率固定；可转让大额定期存单利率既有固定的，也有浮动的，且一般来说比同期限的定期存款利率高。

④ 定期存款可以提前支取，提前支取时要损失一部分利息；可转让大额定期存单不能提前支取，但可在二级市场流通转让。

可转让大额定期存单的发行通常有两种形式：一是批发式发行，即发行银行把拟发行的总额、利率、发行日期、到期日及存单面额等预先公告，供投资者选购；二是零售式发行，即发行银行根据投资者的要求，随时在柜台出售存单，利率、存单面额及期限等由双方约定。我国目前采用后一种方式发行，由发行银行在其分支机构的柜台上直接面向投资者出售。此外，在我国只有银行才可发行可转让大额定期存单，非银行金融机构不得发行。

大额存单的转让市场通常由票据经销商组成。我国和一些西方国家一样，禁止发行银行在流通市场上购回自己发行未到期的大额存单。大额存单转让主要由记名与否决定，不记名的大额存单采取交付式转让，记名大额存单采用背书式转让。大额存单的流通转让一般通过柜台交易进行。

4．短期政府债券市场

短期政府债券，是由财政部发行的以政府信用为保证支付的短期融资工具，主要是国库券。短期政府债券期限较短，风险小，既可以贴现，也可以在市场上出售，国库券的利息收益还可免交所得税。因此，国库券已成为货币市场上最重要的金融工具。政府短期债券具体有三种基本类型：一是由财政部门直接发行，一般称为政府债券或国库券；二是由地方政府发行，称为地方政府债券；三是政府所属机关发行而由政府担保的债券。

短期政府债券市场是发行和流通短期政府债券所形成的市场。

政府短期债券的发行以贴现方式进行，即发行时以低于票面金额发行，到期按面额兑付，投资者的收益是债券的购买价与债券面额之间的差额。

国库券流通市场的参加者主要是中央银行、商业银行、地方政府、企业及个人。中央银行买入或卖出国库券的目的是调节市场货币供应量，进行宏观经济管理；商业银行买进或卖出国库券，是为了调节资产的流动性，保持较高的偿付能力并尽可能盈利；其他投资者投资国库券，主要是为了更为安全而有效地使用闲置资金。

政府发行短期政府债券可以满足多方面的需要。首先，发行短期政府债券可以满足政府短期资金周转的需要；其次，可以规避利率风险，因为短期政府债券期限短，相对于长期债券，利率波动小；最后，为中央银行实施公开市场业务提供了可操作的工具，中央银行进行货币投放或回笼时所使用的重要金融工具就是政府短期债券。

同其他货币市场信用工具相比，短期政府债券具有一些明显的投资特征。

（1）违约风险小

发行短期政府债券是国家负债，因而短期政府债券被认为是没有违约风险的。相反，即使是信用等级最高的其他货币市场票据，如商业票据、可转让大额定期存单等，都存在一定的风险。短期政府债券无违约风险的特征增加了对投资者的吸引力。

（2）流动性强

短期政府债券代表了政府信用，违约风险小，同时它是一种在高组织性、高效率和竞争市场上交易的短期同质工具，因此流动性强。流动性强的特征使得短期政府债券能在交易成本较低及价格风险较低的情况下迅速变现。

（3）面额小

相对于其他货币市场票据来说，短期政府债券的面额较小。

（4）收入免税

免税主要是指免除所得税，在同等票面利率情况下，税率越高，商业票据类的税后收益就越低，短期政府债券的吸引力越大。

5．回购市场

回购市场最初起源于美国，1918 年美国联邦储备银行开始进行银行承兑汇票的回购交易。国际回购市场在近十几年内得到迅速发展，成为世界上最重要的金融市场之一。

（1）证券回购的概念

证券回购交易是指证券买卖双方在成交的同时就约定于未来某一时间以某一价格双方再进行反向交易的行为。证券回购交易的实质内容是：证券的持有方（融资者、资金需求方）以持有的证券作抵押，获得一定期限内的资金使用权，期满后则需归还借贷的资金，并按约定支付一定的利息；而资金的贷出方（融券方、资金供应方）则暂时放弃相应资金的使用权，从而获得融资方的债券抵押权，并于回购期满时归还对方抵押的证券，收回融出资金并获得一定利息。因此，证券回购交易实质上是一种以有价证券作为抵押品拆借资金的信用行为。

回购市场的交易活动由正回购与逆回购组成，正回购是指资金的借入方卖出证券，获得资金的行为；逆回购是指资金的贷出方买进证券，贷出资金的行为。

证券回购以债券回购为主，债券回购分为质押式回购和买断式回购。

债券质押式回购交易是指正回购方（资金融入方）在将债券出质给逆回购方（资金融出方）融入资金的同时，双方约定在将来某一指定日期，由正回购方按约定回购利率计算的资金额向逆回购方返回资金，逆回购方向正回购方返回原出质债券的融资行为，债券所有权并未实际交割。

债券买断式回购交易是指债券持有人（正回购方）在将一笔债券卖给债券购买方（逆回购方）的同时，交易双方约定在未来某一日期，再由卖方（正回购方）以约定价格从买方（逆回购方）购回相等数量同种债券的交易行为。

买断式回购与质押式回购业务的区别在于初始交易时债券持有人（正回购方）是将债券“卖”给债券购买方（逆回购方），而不是质押冻结，债券所有权随交易的发生而转移。该债券在协议期内可以由债券购买方（逆回购方）自由支配，即债券购买方（逆回购方）只要保证在协议期满能够有相等数量同种债券卖给债券持有人（正回购方），就可以在协议期内对该债券自由地进行再回购或买卖等操作。

（2）回购协议的收益与风险

回购协议的收益主要为买卖双方协定的利息，其计算公式如下：

$$\text{回购收益}=\text{投资金额}\times\text{利率}\times(\text{天数}/360)$$

尽管回购协议是一种高质量的抵押贷款，但仍然有一定的信用风险。也就是所抵押的证券价格下降，卖方有可能到期不购回证券；相反，当所抵押的证券价格上升，买方有可能不愿意将证券卖回给卖方。

为减少风险，一种方法是要求抵押的证券市值大于借款额。抵押证券市值与借款额之间的差额称为余额值，一般的余额值为 1%～3%。但当借款者信用较低或抵押证券流动性较差时，余额值可达到 10%或更高。

减小风险的另一种方法是当抵押证券的市值增加或减少某一百分比时，就相应地调整回购协议。例如，投资者用市值 1030 万元的证券作抵押借 1000 万元，余额值为 3%。假设当抵押证券市值降到 1010 万元时，可以采取两种方法减少风险：一是要求投资者补交 20 万元的抵押品，以保持 30 万元余额值的水平；二是重定回购协议的价格，回购协议本金由 1000 万元减至 980.58 万元（1010÷1.03=980.58 万元），投资者应退还贷款方 19.42 万元。

（3）在回购市场中，利率是变化的，影响利率的主要因素包括：

① 资金供求状况。

资金供给紧张，利率就会高一些；资金供给宽松，利率就会低一些。

② 回购期限的长短。

一般来说，期限越长，由于不确定因素越多，因而利率也应高一些。但这并不是绝对的，有时短期利率反而高于长期利率。

③ 用于回购的证券的质地。

证券的信用度越高，流动性越强，回购利率就越低，否则，利率就会相对高一些。

④ 货币市场其他子市场的利率水平。

回购协议的利率水平要视货币市场其他子市场的利率水平而定，一般是参照同业拆借市场利率而确定。由于回购交易实际上是一种用较高信用的证券特别是政府证券作抵押的贷款方式，风险相对较小，因而利率也较低。

我国国债回购交易开始于 1991 年。全国证券交易自动化报价系统（STAQ 系统）于 1991 年 7 月开始国债回购试运行，并于 9 月 14 日在两家 STAQ 系统会员公司之间完成第一笔回购交易。之后武汉证券交易中心、上海证券交易所、深圳证券交易所等地也先后开办国债回购业务。

目前我国开展证券回购业务的主要场所为沪、深证券交易所及经国务院和中国人民银行批准的全国银行间同业市场。沪、深证券交易所的证券回购券种主要是国债和企业债，全国银行间同业拆借中心的证券回购券种主要是国债、融资券和特种金融债券。

6.3 资本市场

资本市场也称中长期资金市场，其基本功能是实现并优化投资与消费的跨时期选择。

6.3.1 资本市场的概念及特点

资本市场是和货币市场相对应的一个概念，它们之间的划分标准只是时间期限的不同，资本市场是指期限在 1 年以上的中长期资金借贷市场，由于中长期的资金融通大多被企业用于扩大再生产而非短期的资金周转，因而该类金融市场就被称为资本市场。

资本市场包括股票市场、债券市场、基金市场以及融资期限在 1 年以上的银行信贷市场，其中股票市场、债券市场、基金市场总称为证券市场，规模较大，影响较深而最为投资者熟悉。

6.3.2 债券市场

1．债券的概念及特点

债券是由债务人发行的，明确债权债务关系，具有筹资和投资手段功能的，能进行流通转让的合法凭证。债券具有期限性、流动性、收益性和风险性特点。

2．债券的分类

按照不同的标准，债券可以分为不同的种类。

（1）按发行主体不同分为国债、地方政府债券、公司债券、金融债券

① 国债是由中央政府发行的，用于筹集财政资金的债券，它有极高的信誉，投资者能享受税收优惠，流动性也很强。

② 地方政府债券是由地方政府发行的债券，由政府担保，信誉仅次于国债。按偿还的资金来源又可分为普通债券和收益债券两大类，普通债券是以发行人的无限征税能力为保证来筹集资金用于提供基本的政府服务，其偿还列入地方政府的财政预算；收益债券则是为了给某一特定的营利建设项目（如公用电力事业、自来水设施、收费公路等）筹资而发行的，其偿付依靠这些项目建成后的营运收入。

③ 公司债券是由工商企业发行的，用于筹集长期资金的债券，其风险相对较大，利率也较高。

④ 金融债券是由银行和其他金融机构发行的债券，它的信誉一般高于公司债券，是较受欢迎的金融工具。

发行金融债券，表面看来同银行吸收存款一样，但由于债券有明确的期限规定，不能提前兑现，所以筹集的资金要比存款稳定得多。更重要的是，金融机构可以根据经营管理的需要，主动选择适当时机发行必要数量的债券以吸引低利率资金，故金融债券的发行通常被看作银行资产负债管理的重要手段。而且由于银行的资信度比一般公司要高，金融债券的信用风险也较公司债券低。

（2）按利息支付方式不同分为定息债券、浮动利率债券和贴现债券

① 定息债券是事先确定利率，每半年或一年付息一次，或一次还本付息的债券。

② 浮动利率债券是发行时不约定固定利率的债券，其利率根据市场利率的变化随时调整，这种债券可以避免由于市场利率波动而给双方可能造成的损失。

③ 贴现债券是指折价发行，到期按面额兑付的债券，其发行价格与面额的差就是利息。

（3）按货币种类不同分为本币债券和外币债券

① 本币债券是指用本国货币表示面额，以本国货币购买和还本付息，并在本国发行流通的债券。

② 外币债券是指以外国货币表示面额、以外国货币购买和还本付息的债券。

3．债券发行市场

债券发行市场是发行单位初次出售新债券的市场，其作用是将政府、金融机构以及公司企业等为筹集资金向社会发行的债券，分散发行到投资者手中。

（1）债券的发行方式

① 私募发行与公募发行

债券的私募发行是指发行者向少数特定的投资者发行债券的方式。私募发行一般采用直接销售方式，没有中介者参与，也不需办理申请、公告等手续。

公募发行是指公开向社会非特定的投资者发行，充分体现公开、公正、公平的原则。公募发行一般要有中介机构予以协助，为保护投资者的利益，证券主管机构也要对发行人进行严格的资格审查，发行者还必须向社会公布自己的财务状况。总之，公募发行的手续复杂，难度大，费用高。不过，公募发行的债券信誉较高，流动性强，筹措资金的力度大，所以它是债券的主要发行方式。

② 直接发行与间接发行

债券不论公募发行还是私募发行，它们都又分为直接发行和间接发行。

直接发行是指发行者自己设点组织认购，不委托中介机构为其代办。由于直接发行有范围上的局限性，所以，它只适合小数量的发行，私募债券多采用直接发行方式。

间接发行是指发行人委托中介机构代理发行债券的发行方式。按中介机构对债券发行所承担的责任大小不同，间接发行又分为代销、包销及余额包销三种具体方式。

代销也叫推销，是指承销商按发行人的要求推销债券，在规定期限内销售不出去的债券仍退还给发行人，承销商不承担推销风险，并可获得一定的发行手续费。

包销是指承销商自己出资先将债券认购下来，然后再向社会推销，承销商承担债券发行的全部风险，并赚取债券买卖差价。这种方式的好处是债券发行速度快，如果一个承销商无力包销，也可由多个承销商联合共同包销。

余额包销也叫助销，实际是代销与包销两种方式的结合。具体做法是，承销商首先进行代销，在规定期限内销售不完的部分，由承销商包销。

间接发行适用于发行量较大的场合，公募发行的债券多采用间接发行方式。

（2）债券的发行条件

为保证债券发行的顺利，在债券发行工作中要考虑多种影响因素，除发行方式外，这些因素主要还包括以下几个：

① 发行额度。发行额度要根据市场需求状况确定合适的发行数量，否则会造成发行困难。

② 期限。在确定债券偿还期时，除考虑发行者自身的需要外，还要考虑到未来市场利率的变动趋势和债券二级市场的发达程度。如果预期未来市场利率将呈下降趋势，就不宜将期限定得太长，反之就长一些。如果二级市场发育良好，期限长短对债券发行的影响就小，反之就大。

③ 利率。利率高低是债券发行成败的关键因素，除个别债券采用浮动利率外，一般债券在发行时均预先确定利率。确定债券利率时要综合多种因素：一是市场利率，债券利率应高

于同期银行储蓄存款利率。二是债券期限，债券的期限越长，风险就越大，利率也就应当越高。三是信用等级，债券的信用等级越高，说明发行人到期支付本息的能力就越强，债券的风险就越低，利率也就可以相应低一些，反之就要提高债券利率。四是付息方式，到期一次性付息的债券，其利率要比分期付息的高，因为后者可获得复利收益。

④ 发行价格。债券的发行价格与票面金额一致时，叫平价发行；发行价格高于票面金额时，叫溢价发行；发行价格低于票面金额时，叫折价发行。债券采用什么价格发行，关键要看债券利率定的如何。如果利率偏高，就采用溢价发行，偏低就折价发行，适当则采用平价发行。

4．债券流通市场

对债券投资者来说，在债券到期之前，如果他急需资金，就希望能及时地卖出债券，如不能这样，势必会大大降低投资者对投资债券的兴趣。因此，债券流通市场的形成，是债券发展的客观要求和必然结果。

（1）债券流通市场的结构

① 证券交易所交易市场。证券交易所是具有高度组织和严格规则的证券交易场所。在证券交易所挂牌交易的债券必须具有极高的信誉，所以，交易的债券一般以国债为主。只有证券交易所的会员才有资格在交易所内交易，一般投资者只能委托会员代办买卖并支付一定的手续费。

② 柜台交易市场。柜台交易也叫场外交易，是指在交易所以外的证券机构买卖债券所形成的市场。由于债券种类繁多，全部或大都在交易所上市，在技术上难以实现，同时，债券的价格波动幅度很小，投机价值不大，所以，债券的换手远不如股票那样频繁，也就没有必要一定在交易所上市交易。

（2）债券的交易方式

① 现货交易。债券的现货交易是指买卖的双方成交后在较短的时间内交割清算，有的在当时就钱货两清，有的在次日或成交后数日交割清算。从交易的目的看，现货交易属投资行为。

② 期货交易。期货交易是指买卖成交后，双方按照约定的价格和数量，在未来某一日期办理清算交割。由于办理交割清算时的市场价格与双方事先约定的价格往往不一致，所以期货交易具有很强的投机性。另外，利用现货与期货的对冲交易，可以达到债券的保值作用，避免市场价格波动可能带来的损失。

③ 回购交易。回购交易是指债券的买卖双方按预先约定的协议，卖出者在卖出一笔债券后，在一段时期再以约定的价格买回该笔债券。回购协议期限长的为一年，最短只有一天，多为数周或数月，逾期不赎回时，买方按买进办理。回购交易的实际目的是卖方将债券抵押给买方以获得部分资金的短期使用权。

5．债券的信用评级

债券的信用评级是指由专门从事信用评级的权威机构依据一定的指标体系对准备发行的债券的还本付息可靠程度作出客观公正的评定。

（1）债券评级机构

债券评级是由债券评级机构进行的，国际上著名的评级机构有美国的穆迪公司和标准普尔公司、英国国际银行业和信贷分析公司、日本公司债研究所等，我国的评级机构主要有大公国际资信评估有限公司、中诚信国际信用评级公司等。评级机构与一般咨询公司的不同之处在于它不是服务于特定的个别对象，而是面向全社会，其最大的特点是它的中立性和独立性，它尽量使自己的人员和资金不与有利害关系的各方（债券发行单位、承销商、投资者等）以及政府或金融机构发生关系。

（2）债券的信用等级

以公司债券信用评级为例，美国的穆迪公司和标准普尔公司所用的等级从 3A（最高级）到 C（最低级）共分为九个基本等级，从 2A 到 B 再分别分为三类。一般来说，3B 级以上为合格投资债券，2B 级以下为不适合投资的债券。表 6-1 为美国穆迪公司和标准普尔公司债券评级体系。

表 6-1　公司债券信用等级

说明 \ 评级机构	穆迪	标准普尔
安全性最高，基本无风险，无论情况如何变，还本付息没有问题	Aaa	AAA
安全性高，风险性较最高等级债券略高，但没有问题	Aa1 Aa2 Aa3	AA+ AA AA-
安全性良好，还本付息没有问题，但存在将来状况容易比现状恶化的因素	A1 A2 A3	A+ A A-
安全性中等，目前的安全性、收益性没有问题，但在不景气时期要加以注意	Baa1 Baa2 Baa3	BBB+ BBB BBB-
有投机因素，不能保证将来的安全性，好的时期和坏的时期有波动，不可靠	Ba1 Ba2 Ba3	BB+ BB BB-
不适合作为投资对象，在还本付息的安全性及遵守契约条件方面不可靠	B1 B2 B3	B+ B B-
安全性极低，有无法还本付息的危险性	Caa	CCC
具有极端投机性，目前正处于违约状态中或有严重缺陷	Ca	CC
最低等级债券，无未来性	C	C

（3）债券评级程序

债券在发行时需要评定等级，在债券发行之后，仍需定期或不定期地对债券的等级进行重新评估，以便及时地反映发行企业财务状况的变化，帮助投资者正确地评价债券的真实价值。债券的评级程序如图 6-1 所示。

6.3.3　股票市场

股票市场是股票发行和交易的场所，包括发行市场和流通市场两部分。

1．股票概述

（1）股票的概念

股票是股份有限公司公开发行的、证明股东在公司中投资入股并据以取得一定收入的凭证，是能够被转让、带来权利和义务的财产形式。

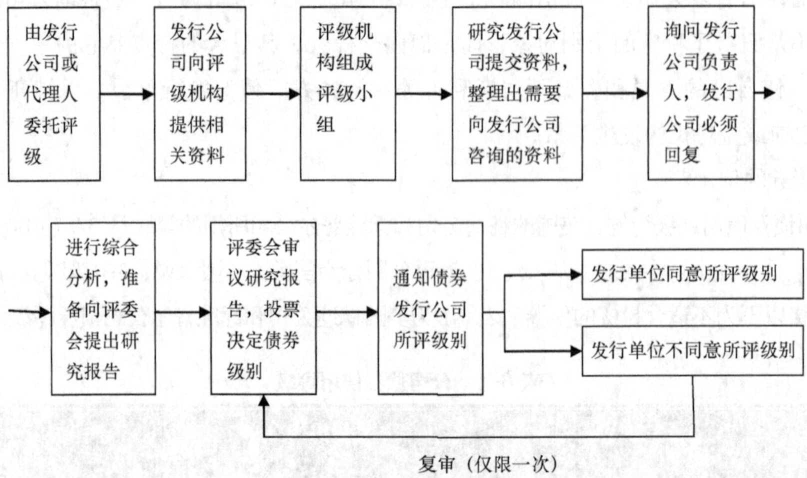

图 6-1　债券评级程序

（2）股票的特点

① 不可逆性。股票一经购买，持有者就不能要求退还股金，只能进行流通转让。

② 市场价格的波动性。股票的市场价格受多种因素的影响，处于经常的变化之中，有时还会出现暴涨或暴跌。股票市场价格的波动虽然加大了股票的风险，但也为投机者提供了活动条件，同时也是股票之所以能吸引人们购买的主要原因之一。

③ 风险性。和其他信用工具相比，股票的风险较大。首先，由于股票市场价格经常处于波动之中，持有者随时可能因此蒙受损失；其次，股票是一种权益证书，当股票发行公司破产时，股票有可能成为废纸而一文不值。

（3）股票的分类

① 按股票持有者承担的风险和享有的权益分类，可以将股票分为普通股和优先股，这是股票最基本的一种分类方法。

普通股是最常见的一种股票，其持有者享有股东的基本权利和义务，股利完全随公司盈利的高低而变化。普通股股东在公司盈利和剩余财产的分配顺序上列在债权人和优先股股东之后，所以其承担的风险相对较高。

优先股是指股东享有某些优先权利（如优先分配公司盈利和剩余财产）的股票，因不同情况可以分为累积优先股与非累积优先股、参加优先股与非参加优先股、可转换优先股与不可转换优先股、可赎回优先股与不可赎回优先股等。

普通股与优先股不同之处在于：分配公司利润时，优先股股东可先于普通股股东且以约定的比率进行分配；当股份公司因解散、破产等原因进行清算时，优先股股东可先于普通股股东分配公司的剩余财产；优先股股东一般不享有公司经营参与权，即优先股股票不包含表决权，优先股股东无权过问公司的经营管理。

② 按是否记名分类，可分为记名股票和无记名股票。

记名股票是指在股票票面和股份公司的股东名册上记载股东姓名的股票；无记名股票是

指在股票票面和股份公司的股东名册上均不记载股东姓名的股票，两者之间的差别主要在于股票记载方式上。

③ 按有无面额分类，可分为有面额股票和无面额股票。

有面额股票是指在股票票面上记载一定金额的股票，这一金额也称为票面金额或票面价值；无面额股票也称为比例股票或份额股票，是指股票票面上不记载金额的股票，只记载为几股或股本总额的若干分之几。

④ 按发行对象和上市地区分类，可分为内资股和外资股。

我国的内资股即 A 股，是指已在或获准在上海证券交易所、深圳证券交易所流通的且以人民币为计价币种的股票，过去 A 股只能由我国居民或法人购买，自 2003 年开始，国外投资者可以通过 QFII 机制投资 A 股。

外资股是指股份公司向外国和我国香港、澳门、台湾地区投资者发行的股票。外资股又分为两种：

- 境内上市外资股即人民币特种股票，也就是通常所说的 B 股。B 股以人民币标明面值，以外币认购和买卖，在境内（上海、深圳）证券交易所上市交易。
- 境外上市外资股是指在中国境内注册的股份公司在境外发行、由境外投资者以外币认购并在境外证券交易所上市的股份。境外上市外资股以人民币标明面值，以外币认购、交易和结算，主要包括在香港上市的 H 股，在纽约上市的 N 股，在新加坡上市的 S 股等。

⑤ 按收益能力、风险特征分类，可分为蓝筹股、成长型股票、周期型股票、防守型股票等。

- 蓝筹股是指资本雄厚、信誉优良、在行业内有重要支配地位、交投活跃、红利优厚的大公司发行的股票。蓝筹股的盘子一般比较大，在市场中所占的市值比例也比较高，如美国的通用电气、香港的长江实业都属于蓝筹股。但蓝筹股并非一成不变的，如果公司经营状况变差，也会失去入选蓝筹股的资格。
- 成长型股票是指正处在高速发展阶段的公司所发行的股票。购买这类股票，当前的收益并不理想，但因具有很好的成长潜力，将来会给投资者带来较高的收益。
- 周期型股票是指收益随商业周期波动的股票。钢铁、建材、房地产等行业的股票属于周期型股票。
- 防守型股票是指在任何经济波动条件下收益都比较稳定的股票。自来水、电力和交通等公用事业类的股票属于防守型股票。

（4）公司债券与股票的比较

债券与股票一样，都属于有价证券，都是虚拟资本。持有债券或股票都拥有取得发行单位一定收益的权利，并且伴有权利的发生、行使和流通转让活动，两者都是企业筹措资金的手段。但两者也存在着以下的不同：

① 性质不同。股票表示的是对公司的所有权，而债券所表示的只是一种债权；股票投资者有参与公司经营管理的权利，而债券投资者则没有参与公司经营管理的权利。

② 期限不同。股票通常是不能偿还的，没有到期日，股东把资本交给公司后，资本即归公司支配，除非关闭解散，资本是不能退还给股东的，因此股票是一种无期限的永久性投

资。而债券有到期日，期满时债务人必须按时归还本金。

③ 投资风险不同。股票的投资风险要大于债券，原因在于：首先，债券因利率、期限固定，投机性小，市场价格相对比较稳定，而股票无固定期限，收益有很大的不确定性，加之受各种宏观和微观因素的影响，市场价格波动大，投机性强；其次，从报酬支付顺序上看，债券利息是公司的固定支出，在上缴所得税之前支付，而股票的股息红利要视公司的盈亏状况而定，在税后盈利中支付，支付顺序在债券利息支付和上缴所得税之后；再次，当公司破产清算，资产有余额偿还，债券偿付在股票之前。

④ 发行目的不同。发行股票是股份公司筹集自有资本的需要；发行债券是追加资金的需要。通过发行股票所筹集的资金列入公司资本，发行债券所筹集的资金列入公司负债。

2．股票发行市场

股票发行市场也称一级市场，是指公司直接或通过中介机构将股票向投资者出售而形成的市场。

（1）股票发行市场的构成

① 发行公司是指在股票市场上公开发行股票的股份公司。为正确评价发行股票的质量，需要对发行公司进行评估，以审查发行公司是否具备资格，内容包括发行公司的效益、发行公司的经营管理水平、发行公司的经营规模、发行公司的营运能力、发行公司的资本结构等。

② 投资者可以分为私人投资者和机构投资者，机构投资者包括企业、金融机构及各种非营利性团体。

③ 中介机构。在证券发行市场上，中介机构主要包括证券承销商、律师事务所、审计机构、资产评估机构等。

- 证券承销商

证券承销商是指经营证券承销业务的中介机构，是把发行公司和投资者沟通起来的桥梁，是把证券市场各个方面联结和组织起来的纽带。证券承销商向证券发行公司提出有关发行证券的类型、发行时间、发行价格、发行方式、发行条件等方面的咨询，代办一切发行事宜，以包销、代销等方式将准备发行的证券销售出去并承担相应的风险。

- 律师事务所

股份有限公司在股票发行阶段应聘请律师事务所为公开发行股票上市的企业出具法律意见书；对招股说明书的内容进行验证，并制作验证笔录；审查、修改、制作拟上市企业的各种法律文件。

- 审计机构

审计机构主要是指对股份公司的财务报表、盈利情况等进行审计、验资、盈利预测审核的会计师事务所、审计事务所等。

- 资产评估机构

股份有限公司在股票发行阶段，必须聘请资产评估机构对拟投入股份有限公司的资产进行评估。

（2）股票的发行方法

股票的发行方法有多种，如以发行对象为标准，可分为公募、私募和内部配售；以发行中的职责划分为标准，可分为直接发行和间接发行；以股票的承销方式为标准，可分为代销与包销；另外还有股票无偿增资发行等。

① 公募、私募和内部配售。公募是指面向市场上大量的非特定的投资者公开发行股票。其优点是可以扩大股票的发行量，筹资潜力大；无需提供特殊优厚的条件，发行者具有较大的经营管理独立性；股票可在二级市场上流通，从而提高发行者的知名度和股票的流动性。其缺点则表现为工作量大，难度也大，通常需要承销者的协助；股票发行前，发行公司要向社会公众公布经过证券主管部门审核的股票发行说明书，以及经过注册会计师审计的财务资料。

私募是指只向少数特定的投资者发行股票，其对象主要有个人投资者和机构投资者两类，前者如使用发行公司产品的用户或本公司的职工，后者如大的金融机构或与发行者有密切业务往来的公司。私募具有节省发行费、手续简便、有确定的投资者从而不必担心发行失败等优点，但也有需向投资者提供高于市场平均条件的特殊优厚条件、发行者的经营管理易受干预、股票难以转让等缺点。

内部配售是指股份公司按照一定的比例向原股东配售新股票的发行方式。股东有权优先认购配售股票，以维持其对公司的控制权。当有股东放弃优先认购权时，如果股份公司与承销商签的是余额包销的协议，则由承销商认购剩余股票。

② 直接发行与间接发行。直接发行是指股份公司自己承担股票发行的一切事务和发行风险，直接向社会公众推销出售股票的方式。一般情况下，只有在确信股票能顺利发行的情况下才可以考虑采用直接发行方式。

间接发行是指由证券承销中介机构承办股票发行的一切事务（或发行风险）的发行方式，间接发行是证券发行中通常采用的方法。

③ 代销与包销。代销指承销商许诺尽可能多地销售股票，但不保证能够完成预定销售额，到了销售截止日，未售出部分可退给发行公司，承销商不承担任何发行风险。

包销分为全额包销和余额包销两种，余额包销是由承销商按照已定的发行条件，在约定期限内面向社会推销股票，到销售截止日未售出部分由承销商负责认购；全额包销是由承销商先将股票全部认购下来，并向发行公司支付全部股票款项，然后再转售给投资者，不论采用以上哪一种方式，承销商要承担全部发行风险。

④ 股票无偿增资发行。无偿增资是指公司原股东不向公司缴纳现金或实物，无代价地取得公司发行的股票的一种增资做法。这种增资方式，公司所掌握的财力并不增加，只不过是将公司的公积金或结存的盈利转作公司资本。无偿增资的目的不在于筹集资金，而是调整公司的资本结构，增大公司的社会信用和股东的信心。无偿增资有以下两种具体做法：

- 法定公积金转增股本。法定公积金是依据公司规定必须提存的公积金，目的是为了弥补意外亏损，扩大营业和生产范围，或为巩固公司的财政基础，很多国家都从法律上规定股份有限公司必须按一定比例从盈利中提取法定公积金。法定公积金转增股本必须按原股东持股比例分配。
- 股票派息，或称送红股。指公司将准备分派给股东的盈利转入资本，相应地发行新股分配给股东以代替现金派息的一种增资办法。在股市行情较好时，股票派息方式能使股东得到比现金分红更高的收益，通常会受到股东的欢迎。

（3）股票的发行价格

按发行价格与股票面额的关系，股票的发行价格可分为折价发行、溢价发行和平价发行。折价发行是指股票的发行价格低于其票面额；溢价发行是发行价格高于其票面额；平价发行是指股票按面额发行。发行公司在确定发行价格时，主要应考虑当时的市场行情，不过，折价发行的方式一般极少见到，大部分的发行采用溢价发行方式，平价发行方式也不多见。

股票的发行价格与其面额的关系，主要取决于发行公司本身的信誉和当时的市场行情。一般来讲，知名度高、效益好的企业，其股票的发行价格也高，反之就低；同种股票，如果发行时间不同，发行价格也有差别，在股市火爆时，发行价格就高，股市低迷时，发行价格就要定得低一些。所以，发行公司一般应选择股市高涨时发行股票。

（4）股票的发行程序

股票的发行包括三个阶段，即发行前期的准备阶段、申报和审核阶段及具体实施阶段。

① 发行前期的准备阶段。这一阶段包括以下几个方面：研究和分析发行市场情况；制订股票发行方案，召开股东大会就股票发行方案作出决议；聘请中介机构对资产、财务状况进行评估，准备申报材料。

② 股票发行申报和审核阶段。这一阶段包括：提出发行申请，报送有关文件；证券主管机关审核。

③ 股票发行与承销的实施阶段。这一阶段包括以下几个方面：承销前的准备工作；组织承销团、签订股票分销协议；向社会公告；发售股票；股东登记与承销报告。

3．股票流通市场

股票的流通市场也称次级市场或二级市场，是已经发行的股票按市价进行转让、买卖和流通的市场。股票的流通市场为股票提供了流通性，从而使股票这种风险很大的无期证券能够为广大投资者广泛接受。流通市场的完善与否是一个国家整个金融市场完善与否的重要标志，上市股票价格的变动还是反映社会经济状况和上市公司经营水平的晴雨表。

在股票市场上，投资者购买股票一般出于三种动机：第一种动机，买进股票是为了长期持有，取得对公司财产的所有权，得到股息收益；第二种动机，投资者完全不以取得股息为目的，而是通过不断地买进卖出赚取差价；第三种动机是上述两种心态兼有，股价较稳定时保存股票，股价波动时则谋取差价。

一般认为，第一种动机属于投资行为，第二种动机纯属投机，第三种动机也被认为是投资。股票的投资和投机多数情况下是交织在一起的。股票市场之所以对人们有如此巨大的吸引力，正是由于它有浓厚的投机色彩。如果股票也和债券那样价格起伏微小，就难以吸引人们购买，通过股票筹措巨额资金的目的就不能实现，从这个意义上讲，投机也是投资的促进剂。

（1）股票流通市场的构成

股票流通市场的交易活动分为场内交易和场外交易两种组织方式。

① 场内交易是指通过证券交易所进行股票买卖的组织方式。股票交易所是有组织、有固定场所的、集中买卖上市股票等有价证券的专门市场，目前在世界各国，大部分股票的流通转让都是在交易所内进行的。

证券交易所一般分为会员制与公司制两种组织形式。会员制证券交易所是由证券商（证券公司、信托投资公司等）组成的社团法人，只有交易所的会员才有资格进场参加交易，由于它不以盈利为目的，所以收费相对比较低廉。会员制是目前世界各国证券交易所的主要组织形式。公司制证券交易所是以盈利为目的企业法人，它本身也是股份公司，一般由商业银行、证券公司、信托投资公司等金融机构合资入股组建而成。公司制证券交易所由于以盈利为目的，收费相对较高，但组织管理也比较严密，而且要对场内交易各方违约产生的损失承担赔偿责任。

对一般投资者来讲，由于他们不能直接到交易所进场交易，所以必须委托交易所的会员证券商作为代理，一般要经过以下程序：

- 开户。投资者首先选择一家证券公司开立股票账户和资金账户，领取股票账户卡。
- 委托。账户开立完备后，即可到所开户的证券公司营业部进行交易。投资者向证券公司发出买卖指令的方式主要有三种：一是填单委托，即投资者把所买卖股票的名称、代码、数量、价格等填在委托单上，交由场内营业人员执行买卖；二是自助委托，即由投资者自己操作营业部的计算机终端，直接发出各种买卖指令；三是远程委托，主要指投资者通过互联网、固定电话、手机等发出买卖指令。
- 竞价。证券公司在接受客户委托后，迅速通过计算机联网设施将指令发往证券交易所的计算机主机，主机接到买卖申报后按"价格优先、时间优先"的原则进行成交撮合。"价格优先、时间优先"原则的含义是：对买方来讲，报价高者优先成交，对卖方来讲，报价低者优先成交；在报价相同时，先申报者优先。两个优先的原则保证了交易的充分合理性。成交后，主机便向证券公司交易席位发出成交信息，证券公司在收到信息后即可告知客户达成交易的情况。
- 清算交割。成交后，证券公司便通知其客户在规定的时间里办理清算交割手续。由于计算机的使用，清算交割是自动完成的。如果交易者需要书面交割单据，也可向证券公司的营业柜台索要。
- 过户。过户即根据成交情况变更股东名册，这个手续也是由计算机自动完成的。

② 场外交易是指在证券交易所以外进行的股票买卖。在交易所内进行交易的股票，首先必须获得上市资格，为了最大限度地保障投资者的安全，政府对申请上市的股份公司要进行严格的审查，由于上市条件非常苛刻，所以只有少数公司所发行的股票能够获得上市交易的资格，绝大部分股票不能获准上市。但是这些非上市股票在客观上同样有流通的需求，于是，场外交易就在这种背景下产生了。场外交易市场交易的主要是非上市股票，上市股票也可以通过这个市场交易。场外交易市场分为店头市场、第三市场和第四市场。

店头市场交易又称柜台交易，是场外交易的主要形式。它一般在证券商的营业点内进行，价格由买卖双方协商而定，证券商可以充当经纪人，代客户买卖以收取佣金，也可以开展自营业务，赚取买卖差价。店头交易适应性广，营业网点多，手法灵活，成交迅速，是股票交易不可替代的交易方式。

第三市场是指非交易所会员在交易所以外从事大笔的、已在交易所挂牌上市的证券交易而形成的市场。这里交易的一般是已上市的股票，参加交易的是证券商和大额投资者。由于第三市场交易可以避免支付为数可观的佣金，所以深受大额投资者的欢迎。

第四市场是近年来随着计算机互联网的形成而发展起来的，参加交易的都是较大的公司企业，它们通过加入或租用该网络，直接通过计算机进行买卖。由于这种交易不需要通过中介机构，所以交易费用很低。也可以认为是电子商务的组成部分。

（2）股票的交易方式

从目前世界各国的情况看，证券交易所内股票的交易方式大体有以下较为普遍的方式。

① 现货交易。在现货交易中，双方成交后在较短时间内进行交割，买者收取股票交付现款，卖者交出股票收取现款。

② 期货交易。期货交易是指买卖双方成交后并不马上交割，而是协议在一段时间后交割，由于股票价格不断变化，交割时的价格与协议价格往往不一致，但不管价格如何变动，买卖双方都必须承担各自的义务。

通过期货交易可以达到保值的目的。如投资者在买进一批现货的同时卖出等量的期货，或卖出一批现货时买进等量的期货，这样，无论市场价格怎样变化，投资者均不受影响。

期货交易的投机性较大，交易者只需交付一定数量的保证金后便可进行大宗买卖。如果某交易者预期股价将上升，他便可以买进期货，这种行为叫作“多头”，如果在交割时股价果真上升了，此时他就以现货交易形式将其卖出，然后获得实际卖出价与合同价的差价收入；如果交割时的价格和他的预期相反，他也要履行协议，承担损失。如果某交易者预期股价将下跌，他就卖出期货，这种行为叫作“空头”，如果交割时股价真的下跌了，他便以较低的价格买进现货，从中赚取差价；若行情与他的预期相反，他同样也必须承担损失。

③ 信用交易。信用交易也叫垫头交易或保证金信用交易。这种交易方式最突出的特点就是借钱买股票，先买后卖；或借股票卖股票，先卖后买。这种方式有一定的投机性，交易者只需缴纳一定的保证金（垫头）即可买卖大宗股票（保证金占所买卖股票总价格的比率称为保证金率或垫头率）。如果垫头率为 30%，交易者交付 3 万元保证金就可买卖价值 10 万元的股票，其中 7 万元的股票或现款由经纪人垫付，经纪人对垫付的金额收取较高的利息。

进行信用交易时，交易者如预期股价将上升，他就可先向经纪人交付保证金后买进股票，一段时间后再卖出并偿还借款；如果交易者预期股价将下跌，他缴纳保证金后可向经纪人借入股票并卖出，一段时间后再买进股票交还经纪人。

信用交易是金融机构资金流向股票市场的主要途径，其中垫头率又制约着这种流向的规模。

④ 期权交易。期权交易所买的并不是股票，而是对股票进行买卖的一种权利，这种权利包括股票的价格、数量和有效期限等，交易者为此要付出一定款项（期权费），期权购买者在协议期限内随时可以行使买卖权利，也可以最终放弃行使这种权利，其所可能受到的损失以期权费为限。所以，这种交易方式的风险比期货交易和信用交易的风险要小。

⑤ 股票指数期货交易。股票指数即股票价格指数，它是反映股市行情变动总趋势的指标，单位是“点”。股票指数期货交易就是以股票价格指数为买卖对象的期货交易。利用这种方式，交易买卖的实际并不是具体哪一种股票，而是整个股市行情的涨落。

对于绝大多数投资者来说，由于资金有限，所购买的股票只能是一种或几种，这种相对集中的投资使投资者承担的风险很大，因为，许多投资者觉得他们对总的股市行情预测有一定把握，而对某一种股票的市场行情预测就缺乏了解，而股票价格指数代表的是几百或上千种股票，这就满足了许多投资者，尤其是广大中小投资者的需要。

股票指数期货交易的最大作用就是它可以“套期保值”，同时，它也是进行投机的一种交易方式。

（3）股票价格指数

① 股票价格指数的意义。

股票价格指数是指用以表示多种股票平均价格水平及其变动并衡量股市行情的指标。

受多种因素的影响，股票价格经常处于变动之中。同时，股市上的股票种类繁多，每种股票价格变动的趋势及幅度也往往不同，在这种情况下，如何来衡量整个股市总的价格水平呢？这种尺度就是股票价格指数。为了能够及时反映股市总体行情的变化，世界各大股票市场都编制股票价格指数，将一定时点上成百上千种此起彼落的股票价格表现为一个综合指标。

② 编制股票价格指数的要求。

- 正确选择代表性股票。编制股票价格指数时，为了统计和计算便捷，一般不把所有股票全都包括在内，而只是选择部分股票作代表。因此，在选择股票时，要切实注意它们的代表性和典型性，综合考虑其行业分布、市场影响力、股票等级、适当数量等因素。
- 要采用恰当的计算方法。计算股票价格指数的方法有多种，每种方法都有优点和不足，要根据各自的实际情况进行选择。
- 采用科学的计算依据。

③ 股票价格指数的计算。

不同的股票价格指数，其采用的计算方法往往也不一样。目前，世界股票价格指数的计算方法主要有以下几种：

- 算术股价指数法。该方法是以某交易日为基期，将采样股票的倒数乘以各采样股票报告期价格与基期价格的比之和，再乘以基期的指数值，计算公式为：

$$\text{算术股价指数}=\frac{1}{\text{采样股票数}}\times\sum\frac{\text{报告期价格}}{\text{基期价格}}\times\text{基期指数值}$$

假设：某股市以 A、B、C 三种股票为样本，基期价格分别为 20 元、40 元、25 元，报告期价格分别为 32 元、54 元、20 元，基期指数值定为 100 点，则

$$\text{算术股价指数}=\frac{1}{3}\times\left(\frac{32}{20}+\frac{54}{40}+\frac{20}{25}\right)\times100=125\text{（点）}$$

- 算术平均法。采用算术平均法计算股价指数，就是求得这一股价指数中所有组成样本的算术平均值，计算公式为：

$$\mathrm{I}=\frac{\sum_{i=1}^{n}\frac{P_m}{P_0}}{n}\times \mathrm{I}_0$$

其中，I—股票价格指数

P_m—第 m 报告期股票价格

P_0—基期股票平均价格

I_0—基期股票价格指数（一般为 100 点）

n—组成股票指数的股票种类数

假设：在所计算的股价指数中包含 4 种股票，报告期价格分别为每股 10 元、15 元、20 元、25 元，基期股价平均为每股 7 元，基期指数为 100 点，计算如下

$$I=\frac{(10+15+20+25)\div 7}{4}\times 100=250\text{（点）}$$

- 加权平均法。算术平均法虽然有计算简便的优点，但没有考虑到不同股票在股市中占的比重不同。实际上，那些发行量大的股票，其对股市的影响大于发行量较小的股票，加权平均法则照顾到了这一点，其计算公式为：

$$I=\frac{\sum_{i=1}^{n}P_i\times W_i}{\sum_{i=1}^{n}P_0\times W_i}\times I_0$$

式中，I—股票价格指数

P_i—组成股价指数的各种股票报告期价格

P_0—组成股价指数的各种股票的基期价格

n—组成股价指数的股票种类数

W_i—组成股价指数的各种股票的上市总量或其市场总值，即权数

I_0—基期股价指数

这里仍以前面 4 种股票为例，假设在报告期的权数分别为 100、150、200、250，则股价指数为

$$I=\frac{10\times 100+15\times 150+20\times 200+25\times 250}{7\times(100+150+200+250)}\times 100=275\text{（点）}$$

若将上述 4 种股票的权数位置颠倒过来，分别为 250、200、150、100，其他各项不变，则计算结果如下

$$I=\frac{10\times 250+15\times 200+20\times 150+25\times 100}{7\times(250+200+150+100)}\times 100=225\text{（点）}$$

由此可见，权重不同的股票价格改变对市场股票价格指数的影响是不一样的。

④ 国际著名的股票价格指数。

国际上著名的股票价格指数主要有美国的道·琼斯股票价格指数、标准普尔股价指数、英国的伦敦金融时报股价指数、日本的日经股价指数、香港的恒生指数等。

道·琼斯股票价格指数是最具权威、最有影响的股票价格指数，迄今已有 100 多年的历史。道·琼斯股票价格指数共分为四组：第一组是工业股票价格指数，由 30 种有代表性的大型工业公司的股票组成，它大致可以反映美国整个工商业股票的价格水平。第二组是运输业股票价格指数，由 20 种有代表性的运输业大公司的股票组成，用以反映运输业股票价格水平。第三组是公用事业股票价格指数，由 15 种有代表性的公用事业大公司的股票组成。第四组是综合股票价格指数，它是上述各种股票综合得出的股票价格指数。

在以上四组道·琼斯股价指数中，以道·琼斯工业股价平均指数最为著名，被媒体广泛报道，并作为道·琼斯指数的代表加以引用。现在的道·琼斯股票价格指数是以 1928 年 10 月 1 日为基期，该日的收盘平均价为基期平均价格，并将其规定为 100 点，采用算术平均法计算。

恒生指数由香港恒生银行全资附属的恒生指数服务有限公司编制，是以香港股票市场中的 50 家上市股票为成分股样本，以其发行量为权数的加权平均股价指数，是反映香港股市价格总体水平最有影响的一种股价指数。该指数于 1969 年 11 月 24 日首次公开发布，基期为 1964 年 7 月 31 日．基期指数定为 100 点。

恒生指数的成分股具有广泛的市场代表性，其总市值占香港联合交易所市场资本额总和的 90%左右。为了进一步反映市场中各类股票的价格走势，恒生指数于 1985 年开始公布四个分类指数，把成分股分别纳入工商业、金融、地产和公共事业四个分类指数中。

⑤ 我国的股票价格指数。

我国的股票价格指数目前主要有上海证券交易所股价指数（简称为上证指数）和深圳证券交易所股价指数（简称深证指数）。

上海证券交易所编制并发布的上证指数系列是一个包括上证 180 指数、上证 50 指数、上证综合指数、A 股指数、B 股指数、分类指数、债券指数、基金指数等的指数系列，其中最早编制且影响力最大的为上证综合指数。上证综合指数是以各上市股票的发行量为权数，以 1990 年 12 月 19 日为基期（基期指数值规定为 100 点），采用加权平均法计算的。

深证指数是由深圳证券交易所编制的，主要包括：

- 综合指数：深证综合指数、深证 A 股指数、深证 B 股指数、深证行业分类指数。
- 成分股指数：深证成分指数、深证成分 A 股指数、深证成分 B 股指数。
- 行业指数。
- 深证基金指数。

其中影响力较大的是深圳成分指数，该指数是由深圳证券交易所选出 40 家有代表性的股票作为成分股，以成分股的可流通股数为权数，以 1994 年 7 月 20 日为基期（基期指数值为 1000 点），采用加权平均法计算的。

（4）股票市场价格的形成基础及影响因素

① 股票市场价格的形成基础。

人们购买股票的目的不外有两个，一是取得股息、红利收益；二是赚取买卖差价。就单个投资者来说，后者更具吸引力。但是，就整个投资者群体而言，股票最终所能真正带来的是股息和红利收益，所以，股票的市场价格主要应取决于股票所能带来的收益；另一方面，投资者也可以选择将资金存入银行，以获得利息收益。投资者选择股票还是存款，取决于二者的收益比较。股票的市场价格可用下面的公式表示：

股票市场价格=股票预期收益/市场利率

这个公式表明，假设市场利率为 8%，投资者将 100 元钱存入银行，一年可获得 100×8%=8 元的利息收入，如果某股票每年可获得的股息和红利收入为 8 元，则该股票的市场价格就是 8/8%=100 元。如果股票价格高于 100 元，投资者就会选择存款而放弃购买股票，如果股票价格低于 100 元，则购买股票就比存款更合算，人们就会购买股票而放弃存款。只有购买股票和存款的收益相同时，股票的价格才能稳定下来。

实际上，上述公式只是纯理论性的，没有实际操作价值，因为股票市场价格受多种因素的影响，这些因素错综复杂，也使得股票价格变化莫测，而绝非一个简单的公式可以概括。

② 股票价格变动的主要影响因素。

股票价格是一个十分复杂的问题，影响股票价格变动的因素多种多样，既有经济因素，也有政治因素；既有来自宏观方面的因素，也有来自微观方面的因素；既有国内方面的影响，也有国际方面的影响。长期以来人们一直在探寻其中的规律，但迄今为止只取得了部分成果。

但是，这并不说明股市是完全不可预知的，只要投资者充分掌握了影响股价变动的各种因素，也可以发现其中的蛛丝马迹，从而减少风险，提高成功率。影响股票价格变动的因素主要有以下几个：

- 宏观经济因素

宏观经济因素对股市的影响是巨大的，尤其对股市整体行情的变动起着决定性作用。在西方发达国家，股市被普遍认为是“国民经济的晴雨表”，足见宏观经济形势与股市行情的密切关系。影响股市的宏观经济因素，具体可分为以下几种：

经济周期。周期性循环是市场经济运行中的一个普遍规律。当经济从萧条开始复苏回升时，社会需求增加，企业效益提高，人们开始建立对股市的信心，而此时政府为刺激经济回升，一般也将利率维持在较低的水平，在这个阶段，股市总体上会呈现逐步攀升的趋势。当经济扩张到一定程度后，便开始转向萧条，人们预期经济不久会回落，投资风险加大，于是股市在大的趋势上呈下跌的走势。不过，尽管经济周期对股票的影响带有必然性，但也只是说明在一个较长时期的总体趋势上，并不排除短期内股市行情与经济走势的背离。所以，对于股票长期投资者来说，判断经济周期是十分必要的，而对于短线投机者来说，这种分析只能起参考作用。

利率。利率是影响股市的最大、最直接的因素。首先，提高利率直接减少了股份公司的利润，也就减少了股票的收益，降低利率则相反；其次，利息可以认为是投资股票的机会成本，提高利率会吸引大量资金从股市流向银行，从而减少对股票的需求，降低利率则减小投资股票的机会成本，使股票需求增加，价格提高；再次，利率变动通常是经济总体走势的信号，利率提高时，表明经济已经过热，政府会促使经济增长放慢，而利率降低时，则表明经济回升的开始，这对人们投资股票的信心会产生重大影响。

货币政策。当中央银行实行扩张的货币政策时，货币供应量增加，可用于购买股票的资金增加，股价会因此上涨。同时，货币供应量的增加也会使利率下降，促使存款流向股票市场，增加对股票的需求。总之，扩张的货币政策会引起股价上涨，而紧缩的货币政策则会使股价下跌。

物价因素。一般来讲，物价上涨会使股份公司的利润增加，从而使股票价格上升。同时，股票是所有权证书，它代表的是一定数量的资产，在物价上涨、货币贬值的情况下，股票能起到保值的作用，人们愿意购买股票以避免货币贬值的损失。但是，如果通货膨胀比较严重，人们也会因为经济前景的担忧而放弃购买股票，所以，物价与股价的同步涨落是有条件的。

国际收支。当国际收支出现顺差时，由于国际储备增加，本国货币的投放增加，对经济的发展有一定刺激作用。同时，国际收支的顺差会导致本国货币对外升值，外汇汇率下降，大量资金会从外汇市场流出，其中部分资金流向股票市场，总之，当国际收支出现顺差时，股市行情会上涨，反之则会下跌。

税收。税收直接影响股份公司的可分配利润，所以增加税收会使股价下跌，减轻税负能刺激股价上扬。

政治因素。能够对股市产生影响的政治因素很多，如战争、领导人更替、政府方针的改变以及国际风云的变化等，股市对政治因素的反应十分敏感，政治方面的风吹草动一般都会很快地引起股市的反应，而且这种反应的结果通常是整个股市行情的普遍上涨或下跌，而不是仅对一部分股票产生影响。

自然因素。当发生自然灾害时，股票价格会下降，下降的幅度与灾害的严重程度成正比。不过，这种下降往往是短暂的，因为自然灾害又会刺激经济的增长。

- 行业因素

就行业而言，随着社会进步，新的行业总是在不断产生，同时，一些行业也处在不断的衰退和淘汰进程中，也就是说，某些行业带有明显的寿命周期，这个周期大体可分为三个阶段，第一阶段为成长期，主要表现为高速的规模扩张，由于这一阶段的市场容量较大，产品比较畅销，企业的利润也很丰厚；第二阶段为成熟期，表现为竞争十分激烈，优秀的企业逐渐占据上风，并通过兼并、联合等方式迅速扩大规模，而较差的企业则破产倒闭，或被兼并联合，最后的结果是少数大公司垄断或基本垄断了整个行业，这一阶段整个行业的总体利润水平比较稳定，而行业内部不同企业之间的差距则逐渐拉大；第三阶段为停滞衰退期，表现为产品的市场饱和度日益提高，销售难度增加，产量呈萎缩状态，有的行业甚至被完全取代而最终走向衰亡。当然，这种周期性在有些行业中表现得十分明显，有些行业则表现并不明显，甚至有些行业基本不存在周期问题，所以不能一概而论。

一般来讲，在行业的成长期，股票的价格上涨较快，具有很高的投资价值，政府的产业政策也明显扶持这类行业，其股票自然成为市场人士追捧的对象。在行业成熟期，股票的价格趋于稳定。在行业停滞衰退时，股价则呈逐波下跌的趋势，尤其对于那些周期性特别显著的行业，其股票有可能在较短时间里大幅下挫。

- 公司自身因素

就单个股票来讲，对其价格起决定作用的还是股份公司自身的状况，这是影响股市行情的内因。公司自身因素具体包括以下几个主要方面：

公司总体状况。如公司的发展沿革、经营规模、经营性质、行业特征、公司在行业中的地位、产品竞争能力、市场发展前景、公司的社会知名度、经营管理水平等。总体状况良好的企业，其股票的价格一般较高，反之则较低。

公司的利润水平。公司利润对股价的影响一般表现为两个方面，一是利润水平较高的公司，其股票被称为“绩优股”，价格普遍较高；二是利润水平的变化对股票价格的影响很大，利润增长股价上涨，利润下降股价下跌，而那些长期无盈利甚至亏损的公司，其股票则被称为“垃圾股”而备受冷落。不过，对公司利润也要具体分析，如果利润来自非正常渠道，如税收减让、非主营业务收入等，则对股价的影响可能不大。另外，对那些高成长性的公司来讲，即便利润水平不算太高，其股价也可能会有较快提高，因为投资者看重它的未来盈利。

公司利润分配政策。一般情况下，获取股息、红利收入是投资者认购股票的目的，买卖股票的实质就是获利权的转移，因此，公司的分配政策与股价的关系是十分密切的。股份公司发布有关分红的消息会对股价产生明显的影响，分红多则股价上升，分红少则股价下跌。

另外，公司的股票送配方案、重大人事变动、兼并重组等因素，也会对股价产生较大影响。不过，这类因素的影响一般是短暂的，对股价产生重大而深远影响的还是公司的经营现状和发展前景，这也是市场经济条件下企业优胜劣汰机制的根本要求。

- 其他因素

影响股市行情的其他因素还有很多，如不正当的投机操作、证券监管部门的限制措施等。

总之，股市对投资者的吸引力在于其经常的价格起伏，这种起伏给人们提供了短期获利的可能，刺激了人们投资股票的热情，而股票价格的起伏波动又有赖于各种炒作题材，所以，从客观上讲，股市要求有频繁多样的因素对其产生影响。同时，投资者在长期的操作过程中也普遍产生了对股价波动的预期心理，这种心理使投资者在因素出现或即将出现时便采取相应的措施，从而使某些与股市实际本无关系的因素也对股市产生了影响。

6.3.4 投资基金市场

1. 投资基金的概念、特点及作用

投资基金是指通过发行基金份额或基金股份的方式，集合不特定多数并且具有共同投资目标的投资者的资金，委托专门的基金管理机构进行投资管理，并实行利益共享、风险共担的一种投资工具。根据投资领域的不同，投资基金可以分为产业投资基金和证券投资基金，目前后者的规模远大于前者，因此我们讨论的投资基金即指证券投资基金。

证券投资基金是一种利益共享、风险共担的集合证券投资方式，即通过公开发售基金份额募集基金，由基金托管人托管，由基金管理人管理和运用基金，从事股票、债券等金融工具的投资，并将投资收益按基金投资者的投资比例进行分配的一种间接投资方式。基金的概念如图 6-2 所示。

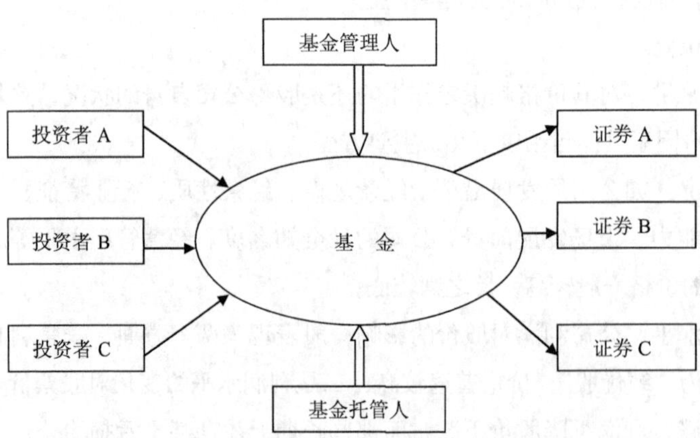

图 6-2　基金示意图

基金具有以下特点：

（1）集合投资

基金是将众多投资者手中分散的、小额的资金集合成一定规模的大额资金，资金规模越大，就越具有投资优势，如可以组合投资、节约交易费用、提高抗风险能力等。

（2）专家理财

基金的投资运作由基金管理公司负责，作为专业投资机构，能够更好地利用各种金融工具，抓住各个市场的投资机会，创造更好的收益。

（3）分散风险

投资基金可以将资金分散投到多种证券或资产上，通过有效组合最大限度地降低非系统风险。而个人投资者由于资金量较小，很难投资于足够多的不同行业及不同种类的证券上，难以真正做到分散风险。

（4）资产安全性高

在基金的当事人中，除基金投资者、基金管理人外，还有基金托管人。基金托管人负责保管基金资产，并对基金管理人进行监督，形成相互制约的关系，这一制度安排能够有效地保证基金资产的安全性。

（5）利益共享、风险共担

在基金的运作过程中，基金投资所取得的收益在扣除各种费用后，按投资比例在基金投资者之间进行分配，投资风险也按投资比例由投资者承担。

基金作为重要的机构投资者，在资本市场乃至国民经济的发展中具有重要作用。

① 为广大的中小投资者拓宽了投资渠道。中小投资者由于一方面风险承受能力较弱；另一方面缺乏投资经验和相关信息，资金量有限，难以分散风险，因此难以获得满意的投资回报。基金作为一种面向中小投资者的间接投资工具，实现了组合投资、专家理财，为中小投资者拓宽了有效参与证券市场的投资渠道。

② 优化金融结构，促进产业发展和经济增长。我国金融市场的结构性矛盾体现在企业融资过分依赖银行贷款这一方式，通过证券市场的直接融资比例不高，而基金通过把中小投资者的闲散资金集中起来投资于证券市场，扩大了直接融资的比例，为企业通过证券市场进行直接融资创造了良好的环境。

③ 有利于证券市场的稳定和健康发展。基金作为专业投资机构，投资行为比较理性，有利于证券市场的稳定，另外基金还可以充分发挥对上市公司的监督作用，推动上市公司治理结构的完善。

④ 有利于证券市场的国际化。

2．证券投资基金的分类

（1）按基金组织形式分类

按基金组织形式的不同，可以分为契约型基金和公司型基金。

① 契约型基金也称为单位信托基金，是根据信托原理，将投资者、管理人、托管人三者作为基金当事人，通过签订基金契约、发行受益凭证而设立的一种基金。我国目前的基金都是契约型基金。

② 公司型基金是按照《公司法》的规定，以公司形式组成的、具有独立法人资格，并以营利为目的、以发行股份的方式募集而设立的一种基金。投资者购买基金公司的股份以后以基金持有人的身份成为基金公司的股东，凭其持有的股份依法享有投资收益。公司型基金主要存在于美国等少数国家。

（2）按基金的赎回方式和规模分类

按基金是否自由赎回和基金规模是否固定，可以分为封闭式基金和开放式基金。

① 开放式基金指基金规模并不固定可以随时增减变动，投资者可以随时申购和赎回的证券投资基金。

② 封闭式基金是指基金规模在发行前已确定，在发行完毕后和规定的期限内，基金规模固定不变的投资基金。

封闭式基金与开放式基金相比更适合于发展水平比较低、金融制度不完善、开放程度不高且规模小的发展中国家的金融市场。开放式基金适合于开放程度较高、规模较大的发达国家的金融市场。目前的基金业发展趋势是逐步从封闭式基金过渡到开放式基金，开放式基金正在风行国际金融市场。

（3）按投资目标分类

按投资目标，可以分为成长型基金、价值型基金和平衡型基金。

① 成长型基金是把追求资本长期成长作为其投资目标而不是追求经常收入的投资基金。

② 价值型基金，也称收入型基金，指以能为投资者带来当期收入为目的的投资基金。

③ 平衡型基金是指以支付当期收入和追求资本的长期成长为目的的投资基金。

（4）按投资对象分类

按投资对象，可以分为股票基金、债券基金、货币市场基金、期货基金、期权基金、指数基金和认股权证基金。

① 股票基金是指发行基金证券所筹集的资金主要投资于上市股票的证券投资基金。

② 债券基金是指发行基金证券所募集的资金主要投资于债券的证券投资基金。

③ 货币市场基金是指发行基金证券所筹集的资金主要投资于大额可转让定期存单、银行承兑汇票、商业本票等货币市场工具的证券投资基金。

④ 期货基金是指以各类期货品种为主要投资对象的投资基金。

⑤ 期权基金是指以能分配股利的股票期权为投资对象的投资基金。

⑥ 指数基金是指以某种证券市场的价格指数为投资对象的投资基金。

⑦ 认股权证基金是指以认股权证为投资对象的投资基金。

3．基金市场的参与者

基金市场的参与者可以分为基金当事人、基金市场服务机构、基金监管与自律机构。

（1）基金当事人

基金当事人包括基金份额持有人、基金管理人和基金托管人。

基金份额持有人即基金投资者，是基金的出资人、基金资产的所有者和基金投资回报的受益人。

基金管理人是基金产品的募集者和管理者，其最主要职责就是按照基金合同的约定，负责基金资产的投资运作，在有效控制风险的基础上为基金投资者争取最大的投资收益。

基金托管人主要职责是负责基金资产保管、基金资产清算、基金会计复核及对基金投资运作的监督。

（2）基金市场服务机构

基金市场服务机构主要包括基金销售机构、注册登记机构、律师事务所、会计师事务所、基金投咨询机构、基金评级公司等。

（3）基金监管与自律机构

基金监管机构通过依法行使审批或核准权，依法办理基金备案，对基金管理人、基金托管人以及其他从事基金活动的中介机构进行监督管理，对违法违规行为进行查处。

我国的基金监管机构是中国证监会及其派出机构，经中国证监会授权，证券交易所对基金的投资交易行为承担着一线监管职责。

基金行业自律机构是由基金管理人、基金托管人、基金销售机构等服务机构组成的同业协会，其主要职责或宗旨是促进基金同业交流、提高基金从业人员素质、加强基金行业自律管理、促进基金行业健康发展等。

目前我国的基金行业自律机构是中国证券业协会基金分会。

图6-3是证券投资基金运作关系图。

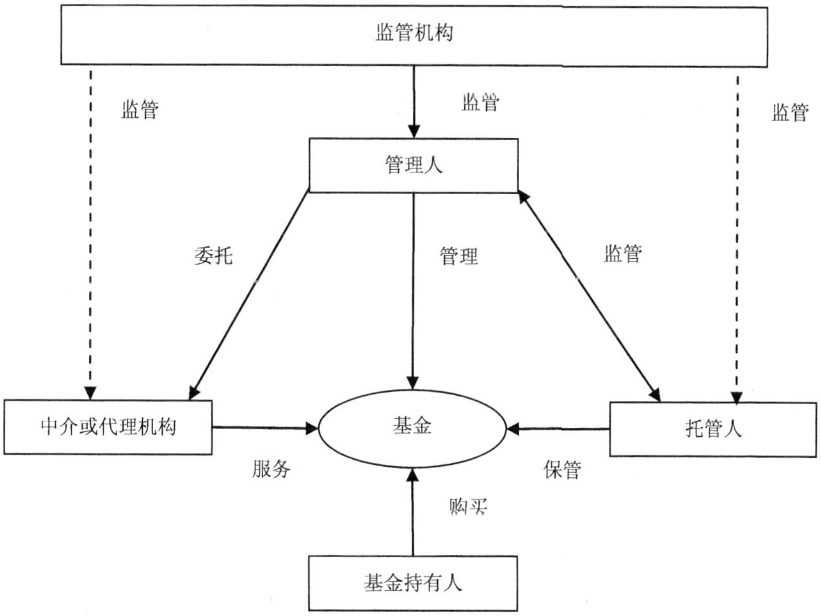

图6-3　证券投资基金运作关系图

6.4　外汇市场

外汇就是外币或以外币表示的能用于清算国际收支差额的资产，根据《中华人民共和国外汇管理条例》，外汇包括：外国货币，包括纸币、铸币等；外币支付凭证，包括票据、银行存款凭证、邮政储蓄凭证等；外币有价证券，包括政府债券、公司债券、股票等；特别提款权，欧洲货币单位；其他外汇资产。

外汇有三个特点：外币性，即外汇必须是以外币表示的国外资产；可偿性，即外汇必须是在国外能得到清偿的债权；可兑换性，即外汇必须能自由兑换成其他货币表示的支付手段。

外汇有多种分类方法：根据是否可以自由兑换，外汇可分成自由外汇和记账外汇；根据外汇的来源和用途，外汇可分为贸易外汇和非贸易外汇；根据外汇管理的对象，外汇可分为居民外汇和非居民外汇等。

外汇市场是指由各国中央银行、外汇银行、外汇经纪人和客户组成的买卖外汇的交易系统。广义的外汇市场泛指进行外汇交易的场所，甚至包括个人外汇买卖交易场所、外币期货交易所等；狭义的外汇市场指以外汇专业银行、外汇经纪商、中央银行等为交易主体，通过电话、电传、交易机等现代化通信手段实现交易的无形的交易市场。目前世界主要的外汇市场包括欧洲的伦敦、法兰克福、巴黎、苏黎世外汇市场，北美的纽约，亚洲的东京、中国香港以及新加坡外汇市场，澳洲的悉尼、惠灵顿市场，这些市场时间上相互延续，共同构成了全球不间断的外汇市场，其中以伦敦外汇市场的交易量为最大。

1．外汇市场的构成

从外汇交易的主体来看，外汇市场主要由下列参加者构成。

（1）外汇银行

外汇银行是指由各国中央银行或货币当局指定或授权经营外汇业务的银行。外汇银行通常是商业银行，可以是专门经营外汇的本国银行，也可以是兼营外汇业务的本国银行或者是在本国的外国银行分行。外汇银行是外汇市场上最重要的参加者，其外汇交易构成外汇市场活动的主要部分。

外汇银行在两个层次上从事外汇业务活动。第一个层次是零售业务，银行应客户的要求进行外汇买卖，并收兑不同国家的货币现钞。第二个层次是批发业务，这是银行为了平衡外汇头寸，防止外汇风险而在银行同业市场上进行的轧差买卖。

（2）外汇交易商

外汇交易商指买卖外汇的交易公司或个人。外汇交易商利用自己的资金买卖外汇票据，从中取得买卖价差。外汇交易商多数是信托公司、银行等兼营机构，也有专门经营这种业务的公司和个人。

（3）外汇经纪人

外汇经纪人是指促成外汇交易的中介人。它介于外汇银行之间、外汇银行和外汇市场其他参加者之间，代理外汇买卖业务。其本身并不买卖外汇，只是联接外汇买卖双方，促成交易，并从中收取佣金。外汇经纪人必须经过所在国的中央银行批准才能营业。

外汇经纪人在外汇市场上的作用主要在于提高外汇交易的效率，这主要体现在成交的速度与价格上。经纪人在接受客户的委托后，一般总能在较短的时间内替委托人找到相应的交易对象，而且能在多家交易对象的报价中找到最好的成交价格，从而提高外汇交易的效率。

（4）中央银行

中央银行也是外汇市场的主要参加者，但其参加外汇市场的主要目的是为了维持汇率稳定和合理调节国际储备量，它通过直接参与外汇市场买卖，调整外汇市场资金的供求关系，使汇率维系在一定水平上或限制在一定水平上。中央银行通常设立外汇平准基金，当市场外汇求过于供，汇率上涨时，抛售外币，收回本币；当市场上供过于求，汇率下跌，就买进外币，投放本币。因此，从某种意义上讲，中央银行不仅是外汇市场的参加者，而且是外汇市场的实际操纵者。

（5）外汇投机者

外汇投机者的外汇买卖不是出于国际收付的实际需要，而是利用各种金融工具，在汇率变动中付出一定的保证金进行预买预卖，赚取汇率差价。

（6）外汇实际供应者和实际需求者

外汇市场上外汇的实际供应者和实际需求者是那些利用外汇市场完成国际贸易或投资交易的个人或公司，包括：进口商、出口商、国际投资者、跨国公司和旅游者。

2．外汇市场的分类

（1）按外汇市场外部形态分类

按外汇市场的外部形态进行分类，外汇市场可以分为无形外汇市场和有形外汇市场。

① 无形外汇市场是指没有固定、具体场所的外汇市场。主要特点是：第一，没有确定的开盘与收盘时间；第二，外汇买卖双方凭借电传、电报和电话等通信设备进行与外汇机构的联系；第三，各主体之间有较好的信任关系，否则，这种交易难以完成。无形外汇市场已成为今日外汇市场的主导形式。

② 有形外汇市场是指有具体的固定场所的外汇市场。主要特点是：第一，固定场所一般指外汇交易所，通常位于世界各国金融中心；第二，从事外汇业务经营的双方都在每个交易日的规定时间内进行外汇交易。

（2）按外汇所受管制程度分类

按外汇所受管制程度进行分类，外汇市场可以分为自由外汇市场和官方市场。

① 自由外汇市场是指政府、机构和个人可以买卖任何币种、任何数量外汇的市场。自由外汇市场的主要特点是：第一，买卖的外汇不受管制；第二，交易过程公开。例如，美国、英国、法国、瑞士的外汇市场皆属于自由外汇市场。

② 官方市场是指按照政府的外汇管制法令来买卖外汇的市场。这种外汇市场对参与主体、汇价和交易过程都有具体的规定。在发展中国家，官方市场较为普遍。

（3）按外汇买卖的范围分类

按外汇买卖的范围进行分类，外汇市场可以分为外汇批发市场和外汇零售市场。

① 外汇批发市场是指银行同业之间的外汇买卖行为及其场所，其主要特点是交易规模大。

② 外汇零售市场是指银行与个人及公司客户之间进行的外汇买卖行为及场所。

3．外汇交易

外汇交易主要有即期交易、远期交易、掉期交易和期权交易方式。

（1）即期交易

即期交易又称现汇交易或现货交易，是指外汇买卖成交后，交易双方于当天或两个交易日内办理交割手续的一种交易行为。即期外汇交易是外汇市场上最常用的一种交易方式，占外汇交易总额的大部分，主要是因为即期外汇买卖不但可以满足买方临时性的付款需要，也可以帮助买卖双方调整外汇头寸的货币比例，以避免外汇汇率风险。

（2）远期交易

远期交易跟即期外汇交易相对应，是指市场交易主体在成交后，按照远期合同规定，在未来（一般在成交日后的 3 个营业日之后）按规定的日期交割的外汇交易。远期外汇交易是有效的外汇市场中必不可少的组成部分。20 世纪 70 年代初期，国际范围内的汇率体制从固定汇率为主导转向以浮动汇率为主，汇率波动加剧，金融市场蓬勃发展，从而推动了远期外汇市场的发展。

（3）掉期交易

掉期交易是指在买进或卖出某种货币的同时，卖出或买进交割期不同的同种货币。进行掉期交易的目的在于避免汇率变动的风险。

（4）期权交易

期权交易是指在外汇买卖中，期权卖方提供给期权买方的一种可在合约期内或者到期时，执行或不执行合同的选择权利，即在一定时间内，期权买方拥有按约定汇价买进或卖出一定数量外汇的权利，也可以放弃这种权利。但是期权买方要向卖方预先支付保险费或期权费（不论日后是否执行合同）。

6.5 金融衍生工具市场

金融衍生工具在美国财务会计准则公告第 119 号中定义为：“一项价值由名义规定的衍生于所依据的资产或指数的业务或合约。”在我国一般解释为由股票、债券、利率、汇率等基本金融工具基础上派生出来的一种新的金融合约种类。目前国际金融市场上衍生的金融工具种类很多，按其自身的交易特点大致可以分为金融远期、金融期货、金融期权和金融互换四大类。

6.5.1 金融远期市场

金融远期合约是买卖双方约定在未来某个时期按确定的交易价格交割一定数量的特定金融资产的合约。

远期合约是非标准化合约，因此不在交易所交易，而是在金融机构之间或金融机构与客户之间通过谈判后签署远期合约。在签署远期合约之前，双方可以就交割地点、交割时间、交割价格、合约规模、标的物的品质等细节进行谈判，以便尽量满足双方的需要，具有较大的灵活性，这是远期合约的主要优点。但远期合约也有明显的缺点：首先，由于远期合约没有固定的、集中的交易场所，不利于信息交流和传递，不利于形成统一的市场价格，市场效率较低；其次，由于每份远期合约千差万别，这就给远期合约的流通造成较大不便，因此远期合约的流动性较差；最后，远期合约的履约没有保证，当价格变动对一方有利时，对方有可能无力或无诚意履行合约，因此远期合约的违约风险较高。

金融远期合约分为远期利率协议和远期外汇合约两种。

（1）远期利率协议

远期利率协议（FRA）是买卖双方同意从未来某一商定的日期开始在某一特定时期内按协议利率借贷一笔数额确定、以具体货币表示的名义本金的协议。远期利率协议的买方是名义借款人，其订立远期利率协议的目的主要是为了规避利率上升的风险。远期利率协议的卖方则是名义贷款人，其订立远期利率协议的目的主要是为了规避利率下降的风险。之所以称为“名义”，是因为借贷双方不必交换本金，只是在结算日根据协议利率和参考利率之间的差额以及名义本金额，由交易一方付给另一方结算金。

远期利率协议最重要的功能在于通过固定将来实际交付的利率而避免了利率变动风险。签订 FRA 后，不管市场利率如何波动，协议双方将来收付资金的成本或收益总是固定在合同利率水平上。另外，由于远期利率协议交易的本金不用交付，利率是按差额结算的，所以资金流动量较小，这就给银行提供了一种管理利率风险而无需改变其资产负债结构的有效工具。与其他金融衍生工具相比，远期利率协议具有简便、灵活、不需支付保证金等优点。虽然由于远期利率协议是场外交易，存在信用风险和流动性风险，但这种风险是有限的，因为它最后实际支付的只是利差而非本金。

（2）远期外汇合约

远期外汇合约是指双方约定在将来某一时间按约定的远期汇率买卖一定金额的某种外汇的合约。交易双方在签订合同时，就确定好将来进行交割的远期汇率，到时不论汇价如何变化，都应按此汇率交割。在交割时，名义本金并未交割，而只交割合同中规定的远期汇率与当时的即期汇率之间的差额。按照远期的开始时期划分，远期外汇合约又分为直接远期外汇合约和远期外汇综合协议（SAFE）。前者的远期期限是直接从现在开始算的，而后者的远期期限是从未来的某个时点开始算的，因此实际上是远期的远期外汇合约。

远期外汇交易的目的主要是为了避免汇率变动的风险。

6.5.2 金融期货市场

金融期货合约是指协议双方同意在约定的将来某个日期按约定的条件（包括价格、交割地点、交割方式等）买入或卖出一定标准数量的某种金融工具的标准化协议。合约中规定的价格就是期货价格。

1．金融期货交易的特征

金融期货交易具有如下显著的特征。

① 期货合约均在交易所进行，交易双方不直接接触，而是各自跟交易所的清算部或专设的清算公司结算。清算公司充当所有期货买者的卖者和卖者的买者，因此交易双方无需担心对方违约，由于所有买者和卖者都集中在交易所交易，因此就克服了远期交易所存在的信息不对称和违约风险高的缺陷。

② 期货合约的买者或卖者可在交割日之前采取对冲交易以结束其期货头寸（即平仓），

而无需进行最后的实物交割。这相当于买者可把原来买进的期货卖掉，卖者可把原来卖出的期货买回，这就克服了远期交易流动性差的问题。由于通过平仓结束期货头寸比起实物交割既省事又灵活，因此目前大多数期货交易都是通过平仓来结清头寸的。据统计，最终进行实物交割的期货合约不到2%。

③ 期货合约的合约规模、交割日期、交割地点等都是标准化的，即在合约上有明确的规定，无需双方再商定。交易双方所要做的唯一工作是选择适合自己的期货合约，并通过交易所竞价确定成交价格。价格是期货合约的唯一变量。

④ 期货交易是每天进行结算的，而不是到期一次性进行的，买卖双方在交易之前都必须在经纪公司开立专门的保证金账户。经纪公司通常要求交易者在交易之前必须存入一定数量的保证金，这个保证金被称为初始保证金。在每天交易结束时，保证金账户都要根据期货价格的升跌而进行调整，以反映交易者的浮动盈亏，这就是逐日盯市。浮动盈亏是根据结算价格计算的，结算价格的确定由交易所规定，它有可能是当天的加权平均价，也可能是收盘价，还可能是最后几秒钟的平均价。当天结算价格高于昨天的结算价格（或当天的开仓价）时，高出部分就是多头的浮动盈利和空头的浮动亏损。这些浮动盈利和亏损就在当天晚上分别加入多头的保证金账户和从空头的保证金账户中扣除。当保证金账户的余额超过初始保证金水平时，交易者可随时提取现金或用于开新仓。而当保证金账户的余额低于交易所规定的维持保证金水平时，经纪公司就会通知交易者限期把保证金水平补足到初始保证金水平，否则就会被强制平仓。

2．金融期货市场的功能

（1）转移价格风险的功能

在日常金融活动中，市场主体常面临利率、汇率和证券价格风险（通称价格风险）。有了期货交易后，他们就可利用期货多头或空头把价格风险转移出去，从而实现避险目的。这是期货市场最主要的功能，也是期货市场产生的最根本原因。应该注意的是，对单个主体而言，利用期货交易可以达到消除价格风险的目的，但对整个社会而言，期货交易通常并不能消除价格风险，期货交易发挥的只是价格风险的再分配即价格风险的转移作用。

（2）价格发现功能

期货价格是所有参与期货交易的人，对未来某一特定时间的现货价格的期望或预期。不论期货合约的多头还是空头，都会依其个人所持立场或所掌握的市场资讯，并对过去的价格表现加以研究后，做出买卖委托。而交易所通过电脑撮合公开竞价出来的价格即为此瞬间市场对未来某一特定时间现货价格的平均看法。这就是期货市场的价格发现功能。市场参与者可以利用期货市场的价格发现功能进行相关决策，以提高自己适应市场的能力。

3．金融期货合约的种类

按标的物不同，金融期货可分为利率期货、外汇期货和股票指数期货。

利率期货是指协议双方同意在约定的将来某个日期按约定条件买卖一定数量的某种长短期信用工具的可转让的标准化协议，如长期国债期货、短期国债期货等。

2013 年 9 月 6 日，国内首批 5 年期国债期货上市合约在中国金融期货交易所正式开盘交易，如表 6-2 所示。

表 6-2　5 年期国债期货合约表

合约标的	面值为 100 万元人民币、票面利率为 3%的名义中期国债
可交割国债	合约到期月首日剩余期限为 4—5.25 年的记账式附息国债
报价方式	百元净价报价
最小变动价位	0.005 元
合约月份	最近的三个季月（3 月、6 月、9 月、12 月中的最近三个月循环）
交易时间	上午：9:15—11:30，下午：13:00—15:15
最后交易日交易时间	上午：9:15—11:30
每日价格最大波动限制	上一交易日结算价的 ± 1.2%
最低交易保证金	合约价值的 1%
最后交易日	合约到期月份的第二个星期五
最后交割日	最后交易日后的第三个交易日
交割方式	实物交割
交易代码	TF
上市交易所	中国金融期货交易所

外汇期货的标的物是外汇，如美元、欧元、英镑、日元、加元等。

股票指数期货是以股票指数为标的物的金融期货。股票指数没有具体的实物形式，股票指数期货合约的价格等于某种股票指数的点数乘以规定的每点价格，没有实物交割，采用现金交割。这是股票指数期货与其他期货品种的主要区别。例如，芝加哥商品交易所（CME）的 S&P500 指数期货的单位价格（即每份合约的价格）规定为指数点数×500 美元。

2010 年 4 月 16 日，在经过了多年的酝酿和筹备之后，国内首个股指期货即沪深 300 指数期货合约在金交所上市交易，填补了国内金融衍生品市场的空白。沪深 300 指数期货合约如表 6-3 所示。

表 6-3　沪深 300 指数期货合约表

合约标的	沪深 300 指数
合约乘数	每点 300 元
报价单位	指数点
最小变动价位	0.2 点
合约月份	当月、下月及随后两个季月
交易时间	上午：9:15—11:30，下午：13:00—15:15
最后交易日交易时间	上午：9:15—11:30，下午：13:00—15:00
每日价格最大波动限制	上一个交易日结算价的 ± 10%
最低交易保证金	合约价值的 8%
最后交易日	合约到期月份的第三个周五，遇国家法定假日顺延
交割日期	同最后交易日
交割方式	现金交割
交易代码	IF
上市交易所	中国金融期货交易所

4．金融期货市场的构成

金融期货市场主要由交易者、交易所及中介机构构成。

交易者分为套期保值者、投机者和套利者，金融期货交易所是金融期货集中交易的专门场所，中介机构主要是指期货经纪公司。

5．期货合约与远期合约的区别

期货合约和远期合约虽然都是在交易时约定在将来某一时间按约定的条件买卖一定数量的某种标的物的合约，但它们之间存在诸多区别，主要包括：

（1）交易场所不同

远期交易没有固定的场所，是一个低效率的分散的市场。期货合约则在交易所内交易，一般不允许场外交易。交易所不仅为期货交易提供了交易场所，而且制订了严格的交易规则（如保证金制度、涨跌停板制度、最小价格波动幅度、最大持仓限额等），并为期货交易提供信用担保，因此期货市场是一个有组织的、有秩序的、统一的市场。

（2）合约标准化程度不同

远期合约中的相关条件如标的物的质量、数量、交收地点和交割月份都是根据需要由双方协商确定的。由于各交易者的需要千差万别，远期合约条款的具体内容也各不相同，因此远期合约虽然较为灵活，但却难以转让和流通。期货合约则是标准化的，期货交易所为各种标的物的期货合约制订了标准化的数量、质量、交割地点、交割时间、交割方式、合约规模等条款，只有价格是在成交时根据市场行情确定。由于开展期货交易的标的物有限，相关条件固定，因此期货合约不如远期合约那样能够满足人们的各种需要，但因为是标准化合约，因而具有很强的流动性。

（3）违约风险不同

远期合约的履行仅以签约双方的信誉为担保，一旦一方无力或不愿履约时，另一方就会受到损失。即使在签约时，签约双方采取交纳定金、第三方担保等措施，仍不足以保证远期合约到期一定能得到履行，违约、毁约的现象时有发生，因而远期交易的违约风险很高。期货合约的履行则由交易所或清算公司提供担保。交易双方直接面对的都是交易所，即使一方违约，另一方也不会受到影响，因此期货交易的违约风险很小。

（4）价格确定方式不同

远期合约的交割价格是由交易双方直接谈判确定的。由于远期交易没有固定的场所，因此在确定价格时信息是不对称的，不同交易双方在同一时间所确定的类似远期合约的价格可能相差较大，因此远期交易市场定价效率很低；期货交易的价格则是在交易所中由众多买方和卖方通过场内公开竞价确定的，有关价格的信息较为充分、对称，由此产生的期货价格较为合理、统一，因此期货市场的定价效率较高。

（5）履约方式不同

由于远期合约是非标准化的，转让困难，并要征得对方同意（因为信用度不同），因此绝大多数远期合约只能通过到期实物交割来履行，而实物交割对双方来说费时、费力。期货交易有实物交割与对冲平仓两种履约方式，其中绝大多数期货合约都是通过对冲平仓的方式了结的。

（6）结算方式不同

远期合约签订后，只有到期才进行交割清算，其间均不进行结算。期货交易实行的是每日无负债结算制度，每日进行结算。当某一品种的期货市场价格发生变化时，该品种期货合约的多头和空头就会产生浮动盈利或浮动亏损，并在其保证金账户中体现出来，因此当市场价格朝自己有利的方向变动时，交易者在到期之前就可逐步实现盈利；反过来，当市场价格朝自己不利的方向变动时，交易者在到期之前就会产生亏损。

（7）合约双方关系不同

由于远期合约的违约风险主要取决于对方的信用度，因此签约前必须对对方的信誉和实力等方面作充分的了解。而期货合约的履行完全不取决于对方而只取决于交易所或清算公司，因此在交易中根本不需要知道对方是谁。

6.5.3 金融期权市场

1．金融期权的含义

金融期权合约是指赋予期权的购买者在规定日期或规定期限内按约定价格购买或出售一定数量的某种金融工具的权利的合约。

2．金融期权的种类

按期权买者的权利划分，期权可分为看涨期权和看跌期权。凡是赋予期权买者购买标的资产权利的合约，就是看涨期权；而赋予期权买者出售标的资产权利的合约就是看跌期权。按期权买者执行期权的时限划分，期权可分为欧式期权和美式期权，欧式期权的买者只能在期权到期日才能执行期权（即行使买进或卖出标的资产的权利）；而美式期权允许买者在期权到期前的任何时间执行期权。按照期权合约的标的资产划分，金融期权合约可分为利率期权、货币期权（或称外汇期权）、股价指数期权、股票期权以及金融期货期权，而金融期货期权又可分为利率期货期权、外汇期货期权和股价指数期货期权三种。

3．金融期权的交易

与期货交易不同的是，期权交易场所既有正规的交易所，也有场外交易市场。交易所交易的是标准化的期权合约，场外交易的则是非标准化的期权合约。对于场内交易的期权来说，其合约有效期一般不超过 9 个月，以 3 个月和 6 个月最为常见。跟期货交易一样，由于有效期（交割月份）不同，同一种标的资产可以有好几个期权品种。此外，同一标的资产还可以规定不同的协议价格而使期权有更多的品种，同一标的资产、相同期限、相同协议价格的期权还分为看涨期权和看跌期权两大类，因此期权品种远比期货品种为多。为了保证期权交易的高效、有序，交易所对期权合约的规模、期权价格的最小变动单位、期权价格的每日最高波动幅度、最后交易日、交割方式、标的资产的品质等做出明确规定。同时，期权清算公司也作为期权所有买者的卖者和所有卖者的买者，保证每份期权都没有违约风险。

期货和期权的区别可用表 6-4 所示。

表 6-4　期权与期货区别

		期权	期货
投资者权利义务		买方只有权利没有义务 卖方只有义务没有权利	双方都有履约的义务
保证金		期权的卖方要缴纳保证金	双方都要缴纳保证金
盈亏特点	相同点	一方盈利就是另一方的亏损	
	不同点	盈亏有不对称性，理论上，期权买方获利无限，损失有限；期权卖方获利有限，亏损可能无限	盈亏是对称的，理论上双方盈亏可以是无限的

4．期权合约的要素

期权合约的要素主要有如下几个。

（1）期权的买方

购买期权的一方称为买方，买方支付期权费从而获得权利，也称为期权的“多头”。

（2）期权的卖方

出售期权的一方称为卖方，卖方因为收取了买方支付的期权费而承担在规定的时间内履行该期权合约的义务，也称为期权的“空头”。

（3）行权价格

行权价格也称为执行价格，是指期权合约所规定的、期权买卖双方在行使权利时所实际执行的价格。这一价格一旦确定，则在期权有效期内，无论期权标的物的市场价格上升到什么程度或下降到什么程度，只要期权购买者要求执行期权，期权的卖方就必须以执行价格履行相应的义务。

（4）期权费

期权费就是购买或售出期权合约的价格。对于期权买方来说，为了换取期权赋予买方一定的权利，必须支付一笔费用给期权卖方；对于期权的卖方来说，卖出期权而承担了必须履行期权合约的义务，为此须收取一笔费用作为报酬。期权费是由买方负担的，是买方在出现最不利的变动时所需承担的最高损失金额。

（5）到期日

到期日是指期权合约必须履行的时间。

5．金融期权的盈亏分布

（1）看涨期权的盈亏分布

期权合约是零和游戏，买方的盈亏和卖方的盈亏刚好相反，看涨期权买方的亏损风险是有限的，其最大亏损限度是期权价格，而其盈利却可能是无限的。相反，看涨期权卖方的亏损可能是无限的，而盈利是有限的，其最大盈利限度是期权价格。期权买方以较小的期权价格为代价换来了较大盈利的可能性，而期权卖方则为了赚取期权费而冒着大量亏损的风险，如图 6-4 所示。

（2）看跌期权的盈亏分布

对于看跌期权的买方来说，其最大盈利限度是协议价格减去期权价格后再乘以每份期权合约所包括的标的资产的数量，最大亏损是期权费总额。看跌期权卖方的盈亏状况则与买方刚好相反，即看跌期权卖方的盈利是有限的期权费，亏损也是有限的，其最大限度为协议价格减期权价格后再乘以每份期权合约所包括的标的资产的数量，如图 6-5 所示。

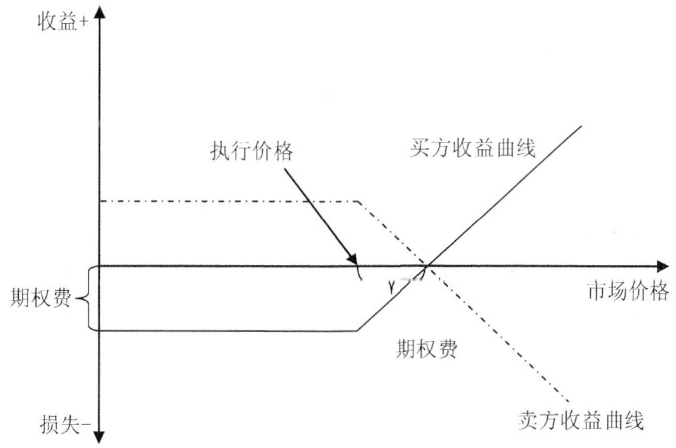

图 6-4　看涨期权买方和卖方收益图

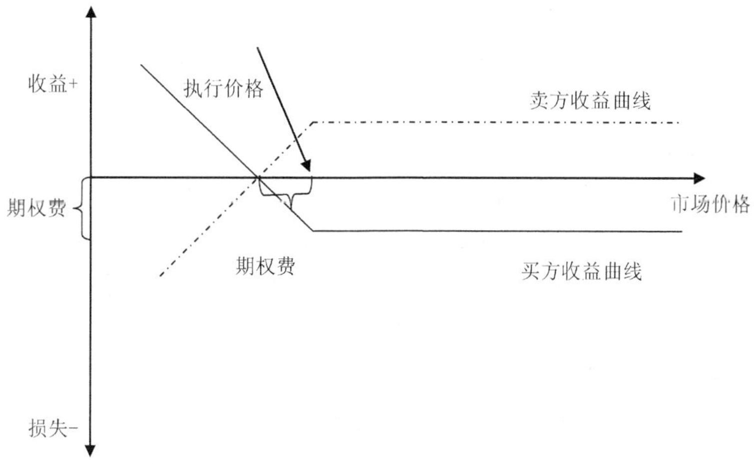

图 6-5　看跌期权买方和卖方收益图

6.5.4　金融互换市场

1．金融互换的含义

金融互换是指双方或多方根据事先达成的条件在未来交换现金流的契约或协议。互换双方一般是“正和游戏”。

2．金融互换的种类

金融互换种类繁多，主要包括两种。

（1）利率互换

利率互换是指两笔债务以利率方式互相调换，一般期初和到期日都没有实际本金的交换。在利率互换中，本金被作为计算利息的基础而真正交换的只是双方不同特征的利息。利率互换主要有三种形式：一是同种货币的固定利率与浮动利率互换；二是以某种利率为参考的浮动利率与以另一种利率为参考的浮动利率互换；三是某种货币固定利率与另一种货币浮动利率互换。

双方进行利率互换的主要原因是双方在固定利率和浮动利率市场上具有比较优势。假定A、B 公司都想借入 5 年期的 1000 万美元的借款，A 想借入与 6 个月期相关的浮动利率借款，B 想借入固定利率借款。但两家公司信用等级不同，故市场向它们提供的利率也不同，如表 6-5 所示。

表 6-5　市场提供给 A、B 两公司的借款利率

	固定利率	浮动利率
A 公司	10.00%	6 个月期 LIBOR+0.30%
B 公司	11.20%	6 个月期 LIBOR+1.00%

从表 6-5 中看出，A 的借款利率均比 B 低，即 A 在两个市场都具有绝对优势。但在固定利率市场上，A 比 B 的绝对优势为 1.2%，而在浮动利率市场上，A 比 B 的绝对优势为 0.7%。这就是说，A 在固定利率市场上有比较优势，而 B 在浮动利率市场上有比较优势。这样，双方就可利用各自的比较优势为对方借款，然后互换，从而达到共同降低筹资成本的目的。即 A 以 10%的固定利率借入 1000 万美元，而 B 以 LIBOR+1.00%的浮动利率借入 1000 万美元。由于本金相同，故双方不必交换本金，而只交换利息的现金流。即 A 向 B 支付浮动利息，B 向 A 支付固定利息。

通过发挥各自的比较优势并互换，双方总的筹资成本降低了 0.5%（11.20%+6 个月期 LIBOR+0.30%−10.00%−6 个月期 LIBOR−1.00%=0.50%），这就是互换利益。互换利益是双方合作的结果，理应由双方分享。具体分享比例由双方谈判决定。我们假定双方各分享一半，则双方都将使筹资成本降低 0.25%，即双方最终实际筹资成本分别为：A 支付 LIBOR+0.05%浮动利率，B 支付 10.95%的固定利率。

这样，双方就可根据借款成本与实际筹资成本的差异计算各自向对方支付的现金流，即 A 向 B 支付按 LIBOR 计算的利息，B 向 A 支付按 9.95%计算的利息。

（2）货币互换

货币互换是将一种货币的本金和固定利息与另一货币的等价本金和固定利息进行交换。

货币互换的主要原因是双方在各自国家中的金融市场上具有比较优势。假定英镑和美元汇率为 1 英镑=1.50 美元。A 想借入 5 年期的 1000 万英镑借款，B 想借入 5 年期的 1500 万美元借款。但由于 A 的信用等级高于 B，两国金融市场对 A、B 两公司的熟悉状况不同，因此市场向它们提供的固定利率也不同，如表 6-6 所示。

表 6-6　市场向 A、B 公司提供的借款利率

	美元	英镑
A 公司	8.00%	11.60%
B 公司	10.00%	12.00%

从表 6-6 中可以看出，A 的借款利率均比 B 低，即 A 在两个市场都具有绝对优势，但绝

对优势大小不同。A 在美元市场上的绝对优势为 2.00%，在英镑市场上只有 0.40%。这就是说，A 在美元市场上有比较优势，而 B 在英镑市场上有比较优势。这样，双方就可利用各自的比较优势借款，然后通过互换得到自己想要的资金，并通过分享互换收益（1.60%）降低筹资成本。因此，A 以 8.00%的利率借入五年期的 1500 万美元借款，B 以 12.00%利率借入五年期的 1000 万英镑借款。然后，双方先进行本金的交换，即 A 向 B 支付 1500 万美元，B 向 A 支付 1000 万英镑。

假定 A、B 公司商定双方平分互换收益，则 A、B 公司都将使筹资成本降低 0.8%，即双方最终实际筹资成本分别为：A 支付 10.80%的英镑利率，而 B 支付 9.20%的美元利率。

这样，双方就可根据借款成本与实际筹资成本的差异计算各自向对方支付的现金流，进行利息互换。即：A 向 B 支付 10.80%的英镑借款的利息计 108 万英镑，B 向 A 支付 8.00%的美元借款的利息计 120 万美元。经过互换后，A 的最终实际筹资成本降为 10.80%英镑借款利息，而 B 的最终实际筹资成本变为 8.00%美元借款利息加 1.20%英镑借款利息。若汇率水平不变的话，B 最终实际筹资成本相当于 9.20%美元借款利息。若担心未来汇率水平变动，B 可以通过购买美元远期或期货来规避汇率风险。在贷款期满后，双方要再次进行借款本金的互换，即 A 向 B 支付 1000 万英镑，B 向 A 支付 1500 万美元。

本章小结

（1）金融市场是进行货币借贷、各种票据和有价证券买卖等融资活动的场所和领域。

（2）金融市场的构成要素包括市场参与者、交易对象、市场组织方式。

（3）金融市场的功能主要有融通资金功能、配置资源功能、分散风险功能、宏观调控功能、信息提供功能等。

（4）货币市场是融资期限在 1 年以内的短期资金交易市场，主要解决短期资金周转的供求需要。根据交易对象的不同，货币市场主要包括同业拆借市场、票据市场、大额可转让存单市场、短期政府债券市场、回购市场等。

（5）资本市场是融资期限在 1 年以上的长期资金交易市场。资本市场主要包括股票市场、债券市场、基金市场及融资期限在 1 年以上的银行信贷市场。

（6）金融衍生工具是在基础金融工具基础上派生出来的新的金融合约种类，按其自身的交易特点可以分为金融期货、金融期权、金融互换、金融远期。

复习思考题

一、名词解释

1. 金融市场
2. 货币市场
3. 资本市场
4. 同业拆借市场
5. 可转让大额定期存单
6. 回购协议
7. 金融期权
8. 金融期货

9. 利率互换　　10. 货币互换

11. 远期利率协议　　12. 银行承兑

13. 私募发行　　14. 公募发行

二、填空题

1. 金融市场的功能包括__________、_________、_________、________、________。

2. 商业票据贴现可分为三种，即_____________、_____________和___________。

3. 可转让大额定期存单的发行通常有两种形式：一是______，二是_______。

4. 目前我国开展证券回购业务的主要场所为__________及经国务院和中国人民银行批准的___________。

5. 二板市场又称_________，其特点是专门为高成长性的新型中小企业，特别是高科技企业上市进行交易的场所。

6. 中央银行再贴现是指中央银行对金融机构__________进行再次贴现。

三、选择题（不定项）

1. 回购协议________。

A. 实质上是一种有抵押品的短期借贷　　B. 参与者主要是银行、企业和政府

C. 对借贷双方都有利　　D. 目的是扩大资金来源

2. 债券与股票相比其特点表现在________。

A. 它是一种债权证书　　B. 它是一种所有权证书

C. 享有经营管理权　　D. 不享有经营管理权

3. 金融市场的特征有_________。

A. 是进行资金交易的市场　　B. 是进行商品交易的市场

C. 是公开的市场　　D. 是具有抽象意义的市场

4. 货币市场包括_______。

A. 同业拆借市场　B. 票据市场　C. 贴现市场　D. 股票市场

5. 下列属于资本市场的金融工具的是_________。

A. 股票　B. 长期公债　C. 公司债券　D. 回购协议

6. 企业在金融市场主要是________。

A. 投资者　B. 筹资者　C. 中介机构　D. 管理者

E. 没关系

7. 金融期货的三种基本类型为_________。

A. 利率期货　B. 股票指数期货　C. 外汇期货　D. 债券期货

E. 黄金期货

8. 在证券交易所内进行的交易称为_________。

A. 场内交易　B. 场外交易　C. 柜台交易　D. 第三市场交易

9. 下列金融工具中无偿还期限的有________。

A. 商业票据　B. 债券　C. CDs　D. 股票

10. 下列哪些金融工具属于衍生市场________。

A. 远期合约　　B. 期货合约　　C. 期权合约　　D. 互换协议

E. 投资基金

四、问答题

1. 金融市场有哪些功能?
2. 如何防范回购交易中的风险?
3. 如何计算股票价格指数?
4. 股票的发行程序是什么?
5. 期货市场有哪些功能?
6. 试述金融期权的盈亏分布。
7. 外汇市场是如何构成的?
8. 影响股票价格的因素有哪些?

第 7 章　货币供求

学习要求

通过本章的学习，应掌握以下的知识和技能。

知识目标

了解货币需求、货币供给的含义及影响货币供求的主要因素；掌握中央银行体制下的货币供给过程以及货币乘数的含义；掌握货币供求均衡的含义，了解货币供求均衡与社会总供求的关系。

技能目标

掌握中央银行对货币供求的调节。

7.1　货币需求

7.1.1　货币需求的含义

平常所说的需求是指一种纯心理的占有欲望，它总是无限的，而经济学意义上的需求同社会学或心理学上的需求是不同的，它始终是一种能力与愿望的统一。如人们对某种商品有需求，就表示了人们既有占有这种商品的意愿，又有购买这种商品的能力。

可见，经济学意义上的需求，是一种有支付能力的需求，它包括两个必不可少的基本要素：一是人们希望得到或持有的意愿；二是人们有能力得到或持有的能力。货币需求同样如此，所谓货币需求，是指在一定时期内，社会各经济主体（个人、企业、政府）愿意以货币形式持有财产的需求，或社会各阶层对执行流通手段、支付手段和价值储藏手段的货币的需求。在理解货币需求含义时，需要把握以下几点：

① 货币需求是有条件限制的，是一种愿望与能力的统一，货币需求不是无限的，而是有一个客观的量的界限。

② 人们对货币产生需求的根本原因在于货币所具有的职能。现代市场经济社会中，人们需要以货币方式取得收入，用货币作为交换、支付和财富储藏的手段，由此产生对货币的需求问题。

③ 货币需求是一个存量概念。它主要考察在特定的时间和空间范围内（如某年、某国

等），社会各部门在其拥有的全部资产中愿意以货币形式持有的数量或份额，因而货币需求是一个存量概念，尽管存量的多少与流量的大小、速度有关。

④ 现实中的货币需求既指对现金的需求，又包括对存款货币的需求。货币需求大致可分为两个部分：一是对作为流通手段和支付手段的货币需求；二是对作为储藏手段的货币的需求。第一种货币需求是对交易媒介的需求；第二种货币需求则是对资产形式的需求。当然，在现实生活中，我们很难将货币需求进行非常明确的划分，因为这两种货币需求实际上是相辅相成、相互交融的。人们为了应付交易需求而持有的那部分货币，在用于支付之前，事实上也是被作为一种资产而持有的。因此，简单说来，货币需求就是人们把货币作为一种资产而持有的行为。

衡量各种资产优缺点的标准主要是盈利性、流动性和安全性。从盈利性看，货币是一种盈利性最低的资产，而股票、债券等有价证券是盈利性较高的资产。但从流动性和安全性来看，货币无疑是流动性最高、最安全的金融资产，而股票、债券等有价证券则是流动性较低、风险性较大的金融资产。因此，人们在选择资产持有的形式时，一般根据自己的具体情况和偏好，通过对各种资产的盈利性、流动性和安全性的全面衡量和比较，使自己的资产组合保持在最佳状态。所谓货币需求，实际上就是在这种最佳状态下人们所愿意持有的货币量。

在讨论货币需求时，从货币需求与物价关系的角度，将货币需求划分为名义货币需求和实际货币需求。

名义货币需求是指一个国家或一个经济部门在不考虑物价变动情况下的货币需求，一般用 M_d 表示；实际货币需求是指在剔除了物价变动因素之后的货币需求，也就是以某一不变价格为基础计算的商品和劳务量对货币的需求。将名义货币需求用具有代表性的物价指数（P）进行平减后，就可以得到实际货币需求，所以实际货币需求通常可以记为 $\frac{M_d}{P}$。

7.1.2 影响货币需求的主要因素

决定或影响货币需求的因素是多方面的，在这些因素中，有些只影响个人的货币需求，有些则影响整个经济的货币需求。

1. 收入状况

在影响货币需求的因素中，收入状况是其中最主要的一个因素。收入状况对货币需求的决定作用具体表现在两个方面：一是收入水平的高低；二是人们取得收入的时间间隔长短。

（1）收入水平

在其他情况一定的条件下，收入水平的高低与货币需求成同方向变动关系。也就是说，收入水平越高，货币需求越多；反之，收入水平越低，货币需求越少。货币需求与收入成正比，是由两个原因决定的：一是收入水平在一定程度上制约着人们货币需求的数量，这是因为货币是人们持有财富的一种形式，人们以货币形式持有的财富只是其总财富的一部分，而收入水平往往决定着总财富的规模及其增长的速度；二是收入的数量通常决定着支出数量，在现代货币经济中，收入的取得与支出的发生是以货币形式进行的。因此一般来说，收入越多，则支出也越多，而支出越多，则需要持有的货币也就越多。

（2）取得收入的时间间隔与货币需求

在收入水平一定的条件下，人们取得收入的时间间隔与货币需求成同方向变动关系。即人们取得收入的时间间隔越长，货币需求就越多；反之，人们取得收入的时间间隔越短，货币需求也就越少。这是因为，收入通常是定期的、一次性取得的，而支出则往往是连续发生的，在两次取得收入之间存在一定的时间间隔，人们必须持有一定数量的货币，以便随时用于支出，并且人们取得收入的时间间隔越长，则平均的货币持有额越多，反之亦然。

2．利率水平

在市场经济中，利率是调节经济活动的重要杠杆。正常情况下，市场利率与货币需求成反方向变动关系。也就是利率上升，货币需求减少；利率下降，货币需求增加。利率对货币需求的影响表现在两方面：一是市场利率决定着人们持有货币的机会成本；二是利率影响着人们对未来利率变动的预期，从而影响着人们对资产持有形式的选择。

（1）利率决定人们持有货币的机会成本

在现代市场经济中，可供人们选择的资产持有形式很多，货币只是其中的一种。与其他各种资产持有形式相比，货币虽然有高度的流动性和安全性，但人们持有货币一般没有收益或只有较少的收益。如果人们持有各种非货币的金融资产，则其收益率一般都高于货币。市场利率上升，意味着人们持有货币的机会成本增加；市场利率下降，则意味着人们持有货币的机会成本减少。因此市场利率上升，货币需求将减少；而市场利率下降，则货币需求将增加。

（2）市场利率影响人们对资产持有形式的选择

在一般情况下，市场利率与有价证券的价格成反向变动关系。因此，若市场利率上升，则有价证券的价格就下跌；市场利率下降，则有价证券的价格就上升。市场利率往往呈现出一种周期性变动的规律，长期来看，将稳定于某一合理或正常的水平。所以在利率市场化的条件下，利率上升到一定高度时将回落，而下降到一定水平时又将回升。因此，当利率上升时，特别是上升到一定高度时，人们往往预期利率将下降，从而有价证券的市场价格将上升。于是，人们将减少货币的持有量，而相应地增加有价证券的持有量，以期日后取得溢价收入。反之，当利率下降，特别是下降到一定程度时，人们又通常预期利率将回升，从而有价证券的市场价格将下跌。在这种情况下，人们为了避免损失，将减少有价证券的持有量，而相应增加货币的持有量，并准备在有价证券的价格下跌后以较低的价格再买进。

3．消费倾向

消费倾向是指消费支出在收入中所占的比重，可分为平均消费倾向和边际消费倾向。平均消费倾向是指消费总额在收入总额中的比例，而边际消费倾向是指消费增量在收入增量中的比例。与消费倾向相对应的是储蓄倾向，在收入一定时，储蓄倾向与消费倾向此消彼长，消费倾向大，则储蓄倾向小；消费倾向小，则储蓄倾向大。

在一般情况下，消费倾向与货币需求成同方向的变动关系，即消费倾向越大，则货币需求就越多；反之消费倾向越小，货币需求就越少。这是因为，在现代货币经济中，人们为实现消费，必须以货币作为购买手段。因此，一定时期内，人们计划的消费越多，则必须持有的货币就越多。

4．信用发达程度

在信用制度健全的国家，由于信用比较发达，货币需求量少，这是因为相当一部分交易可以通过债权债务的相互抵消来清算了结，于是减少了作为流通手段的货币数量，货币需求量因此减少。另外，在信用发达的经济中，金融市场相对完善，人们可将收入中暂时不用的部分先购买短期债券，当需要支付时，可将短期债券在金融市场上出售换回现金。这样既保证了正常支付的需要，又取得了收益，同时也可以减少货币需求量。但是，如果没有发达的信用制度、完善的金融市场，人们只能将收入中准备用于支付的货币较长时间地保持在手中，货币的需求量自然就大。所以在一般情况下，信用的发达程度与货币需求量成反方向变化关系。

5．货币流通速度、社会商品可供量、物价水平

这三个因素对货币需求的影响可用货币流通规律说明。若以 M 代表货币需求量，P 代表物价水平，Q 代表社会商品可供量，V 代表货币流通速度，则根据货币流通规律有如下公式：

$$M=\frac{PQ}{V}$$

可见，物价水平和社会商品可供量同货币需求成正比；货币流通速度同货币需求成反比。在现代货币经济中，自给自足的自然经济及直接物物交换的简单商品经济所占比例极小。因此，就整个经济而言，生产的产品几乎都被当作商品而进入流通领域，而且商品交换都将以货币作为媒介。所以，社会商品可供量越多，流通中所必需的货币越多；反之则相反。在社会商品可供量和货币流通速度一定时，一般物价水平就决定了流通中的货币量。一般物价水平越高，流通中所需要的货币量越多；反之则相反。

6．预期物价变动率

预期的物价变动率与货币需求呈负相关关系。当预期物价上涨时，持有货币的机会成本变大，货币需求变小；当预期物价下降时，持有货币的机会成本变小，货币需求变大。

7.1.3 货币需求理论

1．现金交易说

美国经济学家欧文·费雪在 1911 年出版的《货币的购买力》一书中，对传统货币数量论观点作了清楚的表述。费雪重视货币的交易媒介功能，认为人们需要货币并不是需要货币本身，而是因为货币可以用来交换商品和劳务，人们手中的货币最终都将用于购买。所以在一定时期内，社会的货币支出总量与商品、劳务的交易量的总值相等，即

$$MV=PT$$

式中，M 代表一定时期流通中的货币数量，V 代表货币流通速度，P 代表物价水平，T 代表商品和劳务的交易量。

费雪认为，V 是由社会支付习惯、个人习惯、技术发展状况等因素决定的，这些因素短期内是稳定的，长期变动很慢，因此 V 可视为常数；在充分就业条件下，T 变动极小，也可视为常数，P 的值主要取决于 M 数量的变化，即价格水平的变动来自于货币数量的变动。

公式两边同除以 V 可以得到

$$M=\frac{1}{V}\cdot PT$$

以上公式表明，要使价格保持给定水平，就必须使货币量与交易量保持一定的比例关系。

费雪的现金交易数量论强调货币量的变化对商品价格的决定作用，从物价的长期趋势看有一定的合理性，但该理论也存在不足之处，一是只着眼于货币充当交易媒介的职能，忽视了货币的储藏功能及作为支付手段的功能；二是在考察货币需求时，未考虑利率的因素；三是混淆了金属货币和纸币在物价决定中的不同作用。在金属货币流通条件下，由于金属货币的自发调节作用，向流通中注入货币并不会引起物价的上升，只有在纸币流通条件下，由于纸币不能退出流通，其数量的变化才会影响物价；四是 V 与 T 为常数的假定与现实不符。

2．现金余额说

现金余额说是以马歇尔和庇古为代表的英国剑桥大学经济学家创立的，他们认为，影响人们希望持有的货币额的因素主要包括：个人的财富总额、持有货币的机会成本以及货币持有者对未来收入、支出和物价等的预期，所提出的剑桥方程式为：

$$M_d=K\cdot PY$$

式中，K 为人们愿意以货币这种形式持有的财富占总财富的比例，M_d 表示名义货币需求，Y 为名义国民收入，P 为价格水平。

方程式表明，货币需求取决于 Y、P 和 K，而 K 为常数，在充分就业条件下，Y 也为常量，因此，当货币供给相对需求而增加时，唯一能使货币供求相等的途径，就是物价相应上升，反之亦然，这一点与交易方程式是一致的。

费雪的现金交易说和剑桥学派的现金余额说，从方程形式上没有很大区别，并且都得出了货币数量的增加会引起商品价格的上升，但两种货币需求理论存在明显差别。

第一，交易方程式强调货币作为商品交换媒介的作用，物价水平 P 变化是因为流通中货币量 M 的变化（M 是自变量，P 是因变量）；而剑桥方程式则强调货币的资产功能，强调人们保有货币的动机和数量。

第二，交易方程式从全社会角度，讨论满足社会商品交易的货币量状况，并分析对商品价格的影响；而剑桥方程式，从持有货币的机会成本的角度研究货币需求，把货币作为一种财富或资产的角度进行研究，具有动态研究的特性。

第三，交易方程式重视影响交易的货币流通速度的金融及经济制度等因素，从宏观角度分析货币需求状况，忽视了经济主体在金融市场中的主观意志因素；而剑桥方程式重视资产的选择，即持有货币的成本与满足程度之间的比较，强调人的意志及预期等心理因素的作用，从微观角度来分析货币需求。

3．凯恩斯货币需求理论

凯恩斯认为，货币具有完全的流动性，人们在心理上具有对流动性的偏好，即人们总是偏好将一定量的货币保持在手中，以应付日常的、临时的和投机的需求，所以货币需求就取决于人们心理上的流动性偏好。这种流动性偏好是由三个动机决定的，即交易动机、预防动机和投机动机，相应的货币需求也分为交易性需求、预防性需求和投机性需求。

（1）交易性需求

交易动机是指人们为应付日常交易支出而持有一部分货币的意愿。由于收入的取得和支出的发生之间会有一定的时间间隔，在时间间隔内，虽然可以把收入转换成货币以外的资产形式，但为了支付的方便，仍有必要持有一定量的货币，这种交易性需求主要取决于收入的大小，并与收入的大小成正比。

（2）预防性需求

预防动机是指为了应付意外、临时或紧急需要的支出而持有货币的动机。相应的货币需求被称为预防性需求，同收入成正比。

（3）投机性需求

投机动机是指人们根据对市场利率变化的预测持有货币，在有利的时机通过购买证券获利的动机。如果投机者预期利率将会下降，他就会毫无保留地把全部货币换成债券，以期在债券价格上升时同时获得利息收入和资本溢价的双重收益；相反，如果投机者预期利率将上升，他就会抛出债券而持有货币，以避免损失并在将来债券价格下降时再获得投机机会。所以，投机动机的货币需求与利率水平呈负相关关系。利率高，投机动机的货币需求少；利率低，则投机动机的货币需求多，投机性货币需求是当前利率的递减函数。

由于交易性需求和预防性需求主要取决于收入，是收入的增函数，因此以 L_1 表示这两种需求，y 表示收入，函数式为：

$$L_1 = L_1(y),\quad \frac{dL_1}{dy} > 0$$

投机性需求是利率的减函数，因此以 L_2 表示投机性需求，r 表示利率，函数式为：

$$L_2 = L_2(r),\quad \frac{dL_2}{dr} < 0$$

总的货币需求 L 为

$$L = L_1(y) + L_2(r)$$

上述关系可以用图 7-1 予以说明。在图 7-1 中，横坐标表示货币需求量 M，纵坐标表示利率 r，当收入水平一定时，L_1 为平行于纵轴的一条直线；L_2 是一条向右下方倾斜的曲线，两条曲线加在一起便构成了总的货币需求曲线。

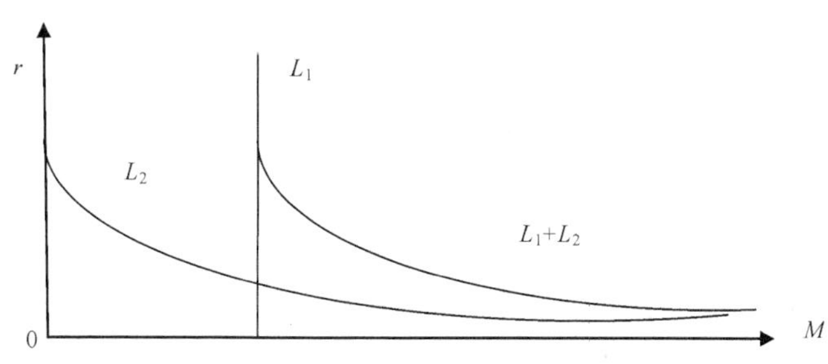

图 7-1 凯恩斯货币需求曲线

（4）凯恩斯货币需求理论的政策含义

① 凯恩斯的货币需求理论重视利率的主导作用，如果中央银行通过增加货币供应量、降

低利率，就会刺激投资，并通过投资乘数的作用，提高有效需求，增加就业和产出，因此这一理论为解决失业问题的政策措施提供了理论基础。

② 通过变动货币供应量而控制利率的做法在产业周期的特殊阶段是无效的，原因是当利率降至某种水平时，因利息收入过低，人们都宁愿持有现金，而不愿意持有债券票据，这种情形被称为“流动性陷阱”，即当利率降至某一不能再低的水平时，货币需求的利率弹性为无限大，无论货币供应量增加多少，都会被“流动性陷阱”所吸收，无法使利率下降，从而也就无法刺激投资需求。此时解决失业问题的办法是通过财政政策，即通过政府扩大财政支出，直接进行投资以增加有效需求。

凯恩斯的货币需求理论在 20 世纪 50 年代后得到了进一步的深入研究和发展，鲍莫尔、惠伦对货币的交易性需求和预防性需求与利率的关系进行了数量分析，分别提出了“平方根定律”与“立方根定律”。托宾则利用资产选择理论对投机性货币需求与利率的负相关关系进行了修正和拓展。

4．现代货币数量论

凯恩斯货币需求理论，推翻了自 18 世纪以来占支配地位的传统货币数量论，特别是在 20 世纪 30 年代经济恐慌时期和第二次世界大战后的经济恢复中，发挥了重要作用。但是，从 50 年代开始，世界经济大规模的经济萧条已不存在，出现了通货膨胀，到 70 年代，更是出现了“滞胀”，主要发达国家出现通货膨胀的同时生产停滞，失业增加，这种经济环境的变化，凯恩斯理论无法解释。美国芝加哥大学的米尔顿·弗里德曼于 1956 年发表了《货币数量论：一种新的阐释》，标志着现代货币数量论的诞生。弗里德曼将货币需求当作财富所有者的资产选择行为来加以考察，而且把资产选择的范围扩大到债券、股票以及各种实物资产等，人们对货币的需求受三类因素的影响：财富总量、各种资产的预期收益率及所有者的偏好，其货币需求函数式为：

$$\frac{M}{p}=f\left(y,w,r_m,r_b,r_e,\frac{1}{p}\bullet\frac{\mathrm{d}p}{\mathrm{d}t},u\right)$$

式中，$\frac{M}{P}$ 为实际货币需求；y 为实际恒久性收入；w 为非人力财富占个人总财富的比率或得自财产的收入在总收入中所占的比率；r_m 为货币预期收益率；r_b 为固定收益的债券利率；r_e 为非固定收益的证券利率；$\frac{1}{p}\bullet\frac{\mathrm{d}p}{\mathrm{d}t}$ 为预期物价变动率；u 为反映主观偏好、风尚及客观技术与制度等因素的综合变数。

根据弗里德曼的货币需求理论，有以下的结论：

① 由于恒久性收入的波动幅度比现期收入小得多，且货币流通速度也相对稳定，因而货币需求也是稳定的。

② 货币需求不仅是利率的函数，也是所有资产收益率的函数。

③ 物价水平及物价变动率是影响货币需求的重要因素。

④ u 包括了收入、利率以外的各种主客观因素的影响。

弗里德曼货币需求理论的政策含义是：由恒久收入决定的货币需求量是稳定的、可预测的，造成西方各国通货膨胀的主要原因是货币供应量的变动。因为货币供应量的变动是物价水平变动的最根本决定因素，当货币数量的增加明显快于产量的增加时，通货膨胀就会发生，因而引起物价全面上涨和持续性通货膨胀的根本原因只能是货币供应量的过度增长，所以应把货币政策目标放在控制货币供应量上。要治理通货膨胀并实现经济的稳定增长，唯一有效的措施是控制货币供应量的增长率，使其与经济增长相适应。

7.2 货币供给

7.2.1 货币供给的含义

货币供给是指某一国或货币区的银行系统向经济体中投入、创造、扩张（收缩）货币的过程。从动态来看，货币供给是银行系统向经济提供货币的过程；从静态来看，货币供给必然会产生一定的货币量，即货币供给量。

货币供给量（供应量）是指一个国家在一定时点上由居民个人、企事业单位及政府所持有的现金和银行存款的总和。货币供给量有狭义和广义两种不同口径，狭义的货币供给量等于流通于整个银行体系之外的为社会公众所持有的通货与商业银行的活期存款之和；广义的货币供给量等于狭义的货币供给量和相应时期的定期存款与储蓄存款的余额之和。

正确理解货币供给的含义，应把握以下几个要点。

1．货币供给的主体

不同的货币制度，货币的供给主体是不同的。在国家垄断货币发行权之前，货币供给主体是分散的，特别是在金币本位制下，几乎所有拥有货币金属的主体均可成为货币供给者。国家垄断货币发行权以后，尤其是中央银行出现后，货币发行即由中央银行统一组织。

2．货币供给的客体

即货币供给者向流通中投放什么样的货币。不同的货币制度下也存在着不同的内容。在信用货币制度下，发行者供给的货币是多层次的，既有现金，也有存款等其他形式的货币。

3．货币供给是一个存量概念

货币供给量是指一国某一时点上的货币存量，是各经济主体持有的由银行体系所供给的现金发行量和存款量。货币供给量是具体反映在银行资产负债表上的一定时点上的银行负债总额，其中现金发行量是中央银行的负债，而存款量则是商业银行的负债。

4．货币供给既是外生变量，又是内生变量

从中央银行能够运用货币政策工具扩张和收缩货币供给量看，货币供给量首先是一个外生变量；但货币供给量除受中央银行货币政策工具操作左右外，还决定于经济社会中其他经济主体的货币收付行为，因而货币供给量同时又是一个内生变量。

7.2.2 货币供给基本原理

在中央银行体制下，货币供给的全过程，就是由中央银行供给基础货币，基础货币形成商业银行的原始存款，商业银行在原始存款的基础上创造派生存款，现金漏损的部分形成流通中的现金，银行存款与流通中的现金最终构成货币供给总量的过程。

1. 中央银行与基础货币

（1）基础货币的含义

基础货币，也称货币基数、初始货币，因其具有使货币供应总量成倍放大或收缩的能力，又被称为高能货币或强力货币。基础货币包括中央银行为广义货币和信贷扩张提供支持的各种负债，主要指银行持有的货币（库存现金）和银行外的货币（流通中的现金），以及银行与非银行在货币当局的存款。基础货币通常是指流通中的现金和商业银行在中央银行的准备金存款之和，用公式表示为：

$$B=C+R$$

其中，B 代表基础货币，C 代表流通中的现金，R 代表商业银行在中央银行的准备金存款。

从基础货币的构成看，C 和 R 都是中央银行的负债，中央银行对这两部分都具有直接的控制能力。

中央银行能够直接控制的现金发行和商业银行的准备金存款，之所以被称为基础货币，是因为如果没有现金的发行和中央银行对商业银行的信贷供应，商业银行的准备金存款便难以形成，或者说，它用以创造派生存款的原始存款的来源就不存在。从这个意义上说，中央银行控制的基础货币是商业银行借以创造存款货币的源泉。

（2）影响基础货币变化的主要因素

① 中央银行对商业银行和其他金融机构的资产和负债

中央银行对金融部门的债权债务变动，是影响基础货币量变动的主要因素。中央银行采取货币政策调控，会引起商业银行等金融机构债权的变动。中央银行对金融部门的债权增加，基础货币量增加；相反，基础货币量减少。

② 中央银行对政府的资产和负债

财政收入增加时，货币由商业银行账户流入中央银行账户；财政支出增加时，货币由中央银行账户流入商业银行账户。在货币供给机制中，货币由商业银行账户流入中央银行账户，意味着货币供给的收缩；由中央银行账户流入商业银行账户，意味着货币供给的扩张。因此，财政收入增加，表明货币供给收缩；财政支出增加，表明货币供给扩张。一般来说，中央银行对财政的资产增加，而负债减少，意味着基础货币的增加；相反，中央银行对财政的资产减少，而负债增加，意味着基础货币量减少。

③ 中央银行对国外的资产和负债

国外净资产规模的大小会直接影响基础货币。国外净资产由外汇、黄金占款和中央银行在国际金融机构的净资产构成。其中外汇、黄金占款是中央银行用基础货币来收购的。一般说来，中央银行资产增加得越多，负债方的基础货币增加得就越多。换句话说，中央银行的国外净资产的增加，意味着中央银行投放的基础货币增加，从而使货币供应量增加。当中央银行对国外的资产增加时，基础货币量增加；相反，基础货币量减少。

④ 其他因素

中央银行对上述各类因素的控制能力是不同的，在中央银行对国外的资产负债方面，基础货币量是被动变化的，中央银行很难直接加以控制；中央银行对财政资产负债的变动也没有完全的支配能力。因此，对这部分基础货币量的增减变化，中央银行只能借助其他的政策措施间接控制。中央银行对商业银行的资产和负债及由此决定的基础货币具有更强、更直接的控制力。

（3）中央银行调控基础货币的主要方式

① 公开市场业务

公开市场业务是中央银行在公开市场上买卖国债或其他证券的业务，中央银行从公开市场上购入证券，基础货币会增加相同的数额，反之亦然。

② 贴现贷款

贴现贷款增加时，基础货币也同样增加；反之，中央银行若收回先前发放的贴现贷款，也会引起基础货币的减少。

2．商业银行与存款创造

现代经济生活中的货币都是由银行体系创造和提供的。因此，要理解货币供给机制，就必须了解商业银行是如何创造存款货币的。商业银行的信贷活动是货币供给机制运作的基础。存款货币的运行不同于现金运行，它有自己的运行特点：一是存款货币都在银行体系内运行；二是存款货币在运行过程中能够自行扩张，引起存款总量的增加。

（1）原始存款和派生存款

为了理解存款货币的创造，首先来了解原始存款和派生存款的概念。原始存款是指商业银行吸收的现金存款或中央银行对商业银行贷款所形成的存款；派生存款是相对于原始存款而言的，是指由商业银行以原始存款为基础发放贷款而创造出来超过最初部分存款的存款。之所以称之为派生存款，就是因为它是在原始存款基础上派生出来的存款。

（2）存款货币创造得以实现的两个基本条件

① 部分准备金制度

部分准备金制度是相对于全额准备金制度而言的。在全额准备金制度下，银行必须为增加的存款保持 100%的现金准备，每增加一元存款就相应增加一元现金准备。例如，某人存入 1000 元，银行存款负债增加 1000 元，同时其资产方的现金准备必须等量增加，银行不能把这笔资金贷放出去，也就没有多倍的存款创造。但在部分准备金制度下，银行吸收到的存款，并不需要为此保留等额的现金，而只是按存款的一定比例保留准备金，包括库存现金和在中央银行的存款，其余部分可以发放贷款或投资，并由此形成多倍的存款创造。

② 非现金结算制度

在这种结算制度下，银行普遍采用转账结算方式，客户取得银行贷款后，通常不（或不全部）支取现金，而是转入其银行存款账户，客户就可以签发转账支票完成支付行为。或者说，银行接受了原始存款后，以转账方式向客户放款，而不是以现金方式放款，这样商业银行就会以原始存款为基础，创造出派生存款。如果没有转账结算制度，仅靠现金结算，那么银行接受了现金存款后，就要用现金贷款。假如全部贷出去，贷款和存款一致，就不会出现派生存款。

③ 存款货币的创造

在部分准备金和非现金结算的条件下，商业银行只要能够保持法定的存款准备金数量，就可以利用所吸收的存款发出新的贷款。在这一过程中，商业银行通过贷款，增加存款，再发放贷款，再增加新的存款，直到商业银行不能再发放新的贷款为止，整个银行体系的存款发生了多倍的扩张。

为了说明商业银行创造存款货币的过程，作如下假设：银行只保留法定准备金，其余资金全部贷放出去；客户的资金全部通过银行转账，没有提现的行为；设法定准备金率为20%。

假设 A 银行收到甲客户交来一张 10000 元的支票，A 银行通过代收这张支票使自己在中央银行的准备存款增加 10000 元，同时在客户甲的存款账户上增记 10000 元。这时 A 银行的资产负债状况如表 7-1 所示。

表 7-1　A 银行的资产负债状况

资产	负债
在中央银行的准备金存款 10000 元	存款 10000 元

按照法定存款准备金率 20%的要求，A 银行只需持有 2000 元的存款准备，其余的 8000 元用于贷款。如果 A 银行贷出 8000 元给乙客户，并使 A 银行在中央银行的准备存款等额减少 8000。这时 A 银行的资产负债状况如表 7-2 所示。

表 7-2　A 银行的资产负债状况

资产	负债
在中央银行的准备金存款 2000 元 贷款 8000 元	存款 10000 元

若乙客户用以支付丙客户的购货款，丙客户在 B 银行开户，B 银行代收支票使自己在中央银行的准备存款增加 8000 元；同时增记客户丙存款 8000 元。这时 B 银行的资产负债状况如表 7-3 所示。

表 7-3　B 银行的资产负债状况

资产	负债
在中央银行的准备金存款 8000 元	存款 8000 元

同样的道理，B 银行贷款金额不得超过 6400 元。如果 B 银行贷出了这样的金额，并使其在中央银行的准备存款等额减少，则 B 银行的资产负债状况如表 7-4 所示。

表 7-4　B 银行的资产负债状况

资产	负债
在中央银行的准备金存款 1600 元 贷款 6400 元	存款 8000 元

如此类推，银行将会依此吸收存款并相应增加在中央银行的准备金，从而也就有可能按照准备率 20%的约束条件扩大贷款并相应创造出新的存款货币。这一过程一直继续下去，直到最初存入 A 银行的 10000 元原始存款全部转化为法定存款准备金为止，即银行体系的法定

存款准备金总额等于原始存款（从增量的角度来说），这时整个银行体系没有了超额准备金，银行体系也就没有了存款货币创造能力。

整个银行体系的存款扩张如表 7-5 所示。

表 7-5 整个银行体系存款扩张　　单位：元

银行	存款增加额	法定准备金	贷款增加额
A	10000	2000	8000
B	8000	1600	6400
C	6400	1280	5120
D	5120	1024	4096
E	4096	819.2	3276.8
…	…	…	…
合计	50000	10000	40000

根据上述过程，可以清楚地区别原始存款和派生存款这对概念。在例子中，银行 A 吸收的最初的 10000 元存款是原始存款；在原始存款基础上通过发放贷款扩大出来的 40000 元存款是派生存款。

银行存款货币创造机制所决定的存款总额，其最大扩张倍数被称为派生倍数或存款乘数。一般说来，它是法定准备金率的倒数。存款扩张的这一原理，也称为存款乘数原理。若以 K 表示存款创造乘数，以 r 表示法定存款准备金率，R 表示原始存款，D 表示活期存款总额，则

$$D = R\cdot[1+(1-r)+(1-r)^2+(1-r)^3+\cdots+(1-r)^n] \quad (n\to\infty)$$
$$= R/r$$

$$K=\frac{D}{R}=\frac{1}{r}$$

例子中存款的扩张倍数是 5 倍（1/20%）。若 r 降为 10%，则存款可扩至 10 倍；若 r 升至 25%，则存款只可扩张 4 倍。说明法定准备率越高，存款扩张倍数越小；法定准备率越低，存款扩张倍数越大。

④ 存款货币的收缩

与存款扩张过程相反，如果客户从银行提取 10000 元现金，引起原始存款减少，在银行无超额准备金的前提下，将会引发存款货币成倍缩减的过程。

假设 A 银行的存款为 100000 元，存款准备金为 20000 元，由于客户从 A 银行提取 10000 元，使 A 银行的存款和存款准备金同时减少 10000 元，存款准备金率只有 10000÷90000=11.1%，低于 20%的法定准备金率，所以 A 银行必须收缩放款，向客户收回 8000 元，以达到法定存款准备金率的要求即 18000÷90000=20%。如果 A 银行收回的 8000 元贷款是客户从 B 银行提取存款偿还的，则 B 银行同样要收缩放款以达到法定存款准备金率的要求。依次类推，最初减少的 10000 元存款将使整个银行体系存款收缩 50000 元。

⑤ 影响存款扩张能力的因素

扩张能力的大小是由存款乘数决定的，而存款创造乘数是由以下因素决定：

- 法定准备金率。

法定准备金率的计算公式为：$K=\frac{1}{r}$

- 超额准备金率。

超额准备金是商业银行存款准备金中超过法定存款准备金的部分，超额准备金与存款总额之比即为超额准备金率。超额准备金的存在削弱了银行创造派生存款的能力，因此超额准备金率与货币乘数之间呈反方向变动关系。如果用 e 表示超额准备金率，则存款创造乘数公式变为

$$K=\frac{1}{r+e}$$

- 现金漏损率。

如果在存款派生过程中有客户提取现金，则现金就会流出银行体系，出现现金漏损，现金漏损使银行创造派生存款的能力下降。现金漏损与活期存款的比率即现金漏损率，用 c 来表示，则存款创造乘数公式变为

$$K=\frac{1}{r+e+c}$$

- 活期存款转为定期存款。

现实中人们不会把收入全部以活期存款的形式存入银行，有时会将一部分活期存款转为定期存款。各国中央银行对不同种类的存款规定了不同的法定准备金率，一般来说定期存款的法定准备金率要比活期存款的低，定期存款与活期存款间的比率改变会引起实际的平均法定存款准备金率改变，并进而影响货币乘数的大小。如果以 r_t 表示定期存款的准备金率，t 为定期存款与活期存款的比率，则 $t \cdot r_t$ 为活期存款转为定期存款的准备金占活期存款的比率，则存款创造乘数公式最终变为

$$K=\frac{1}{r+e+c+t \cdot r_t}$$

7.2.3 货币供给的理论模型

1．货币供给的一般模型

从商业银行的多倍存款创造过程可得出货币供给的一般模型

$$M_s=m \times B$$

式中，M_s 为货币供给量，m 为货币乘数，B 为基础货币。

2．基础货币

基础货币又称高能货币或强力货币，是指流通中的现金和商业银行存款准备金的总和。

$$B=R+C$$

式中，B 为基础货币，R 为商业银行存款准备金的总和，包括法定存款准备金、超额存款准备金和定期存款准备金三部分，C 为银行体系之外流通的现金。

基础货币的增减变化通常取决于国外净资产、央行对政府债权净额、央行对商业银行的债权及其他项目净值四个因素。

基础货币作为整个银行体系内存款扩张、货币创造的基础，其数额大小对货币供给量具有决定性的影响。

中央银行投放基础货币的渠道主要包括：一是为收购黄金、外汇等储备资产投放的货币；二是对政府部门的贷款；三是对商业银行等金融机构的再贷款。

3．货币乘数

货币乘数也称货币扩张系数，是货币供给量与基础货币的比率。

$$m = M_s / B$$

式中，m 为货币乘数，M_s 为货币供给量，B 为基础货币。

利用基础货币公式可以推导出货币供给 M_1 的货币乘数 m_1 和货币供给 M_2 的货币乘数 m_2，即

$$m_1 = \frac{1+c}{r+t \cdot r_t + e + c}$$

$$m_2 = \frac{1+c+t}{r+t \cdot r_t + e + c}$$

式中，r 为活期存款法定准备金率，r_t 为定期存款法定准备金率，t 为定期存款与活期存款的比率，e 为超额准备金率，c 为流通中现金与活期存款比率。

中央银行主要通过控制基础货币和调整存款准备金率来影响货币供给。当中央银行提高法定准备金率，商业银行增加超额准备金时，货币乘数变小，货币供给倍数收缩；反之，当中央银行降低法定存款准备金率，商业银行减少超额准备金时，货币乘数变大，货币供给倍数扩张，因此，中央银行可以通过调控法定准备金率来影响货币乘数，从而进一步影响货币供给量。

7.3 货币均衡

7.3.1 货币均衡的含义

所谓货币均衡，是指货币供给与货币需求基本相适应的货币流通状态。货币均衡是一个动态的概念，是一个由均衡到失衡，再由失衡回复到均衡的不断运动的过程。货币均衡包括以下几层含义。

1．货币均衡是指货币供给量与货币需求量的大体相等

货币供给量是一个确定的值，我们依据一定的模型测算出的货币需求量也是一个确定的值。但是，实际经济生活表明，在货币需求量的某个确定数值上下一定幅度内供应货币，并不会引起市场和物价的波动。这说明，货币需求量不是一个确定值，而是一个弹性区间，在此区间内供给货币都是符合客观经济需要的。理论界把货币需求量所具有的一定幅度的伸缩特征称为货币容纳量弹性。因此，我们不能将货币均衡理解为货币供求的绝对相等，而只能理解为大体相等。

2．货币均衡是指货币供给与货币需求的动态适应

社会再生产是一个不断扩大的过程，货币供给量与货币需求量自然也是不断增长的，但二者不可能时刻同步变化。因此，尽管货币供给量与货币需求量都是存量概念，但货币均衡

只能是二者“均衡—不均衡—均衡”的螺旋上升过程，是二者不断扩张的动态均衡。

货币均衡的两个判断标志，是商品市场上的物价稳定和金融市场上的利率稳定。

如果物价水平提高，则名义收入增加，名义货币需求增加；如果物价水平下降，则名义收入减少，名义货币需求减少。如果名义货币供给不能随之调整，必然带来货币供求的非均衡。尽管物价水平变化带来的名义货币需求的变化并不会引起实际货币需求的变化，但是如果名义货币供给不变，则物价水平的变化会引起实际货币供给的变化，会造成货币供求的非均衡。

当货币供给大于货币需求时，货币购买力下降，物价水平提高，名义货币需求增加，货币供求实现均衡。货币供给小于货币需求时，货币购买力提高，物价水平下降，名义货币需求减少，货币供求实现均衡。因此，货币的非均衡表现为物价的变化，物价变化又会使货币供求在新的水平上达到均衡。

在市场经济条件下，利率与社会公众的货币需求呈负相关关系。而对于货币供给来说，利率越高，商业银行超额储备的机会成本越高，超额储备越少，货币乘数越大，货币供给越多，即利率与货币供给呈现正相关关系。

7.3.2 货币供求与社会总供求

从形式上看，货币均衡是货币领域内货币供给和货币需求相等的一种货币流通状态，但从实质上看，货币均衡是社会总供求均衡的一种反映，货币供求和社会总供求之间存在紧密的联系。社会总供给指全社会在一定时期内生产出来的商品总量，社会总需求是全社会在一定时期内的货币购买力总额。社会总供给决定了货币需求，而货币需求影响货币供给，货币供给表现为商品购买力，又成为社会总需求的载体，社会总需求引导社会总供给，货币供求与社会总供求之间环环相扣。

如果以 M_s、M_d、AS、AD 分别代表货币供给、货币需求、社会总供给和社会总需求，货币供求与社会总供求的关系如图 7-2 所示。

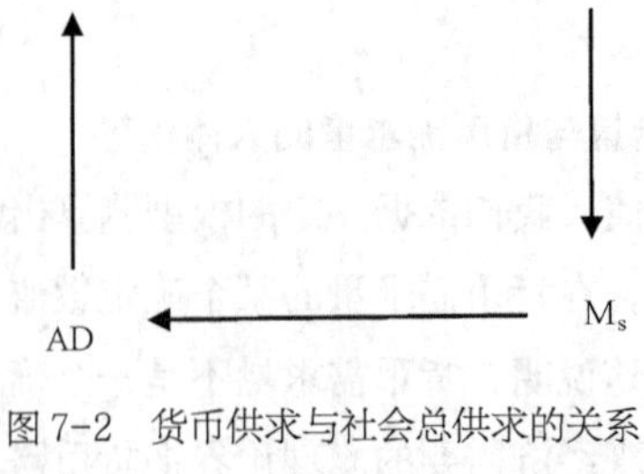

图 7-2　货币供求与社会总供求的关系

具体含义如下：

① 总供给决定了一定时期的货币需求。在商品经济条件下，任何商品和劳务都需要货币来表现或衡量其价值量的大小，并通过与货币的交换实现其价值。因此有多少商品和劳务的供给，就需要相应货币量与之对应。

② 货币的需求决定了货币的供给。货币的供给必须以货币的需求为基础，中央银行控制

货币供给量的目的，就是要使货币供给与货币需求相适应，以维持货币的均衡。

③ 货币的供给形成总需求。任何需求都是有货币支付能力的需求，只有通过货币的支付，需求才得以实现，因此在货币周转速度不变的情况下，一定时期的货币供给水平，实际上就决定了当期的社会总需求水平。

④ 总需求必须与总供给保持平衡。

7.3.3 中央银行对货币供求的调节

1．货币供求均衡

货币供求均衡，社会总供求也处于均衡状态。此时，物价水平稳定，生产发展，资源得到充分的利用，在这种情况下，中央银行应采取一种中立的货币政策。

2．货币供给不足

货币供给不足，客观的货币需求得不到满足，整个经济必然会处于萎缩或萧条状态，资源大量闲置，企业开工不足，社会经济的发展因需求不足而受阻。这种情况下，中央银行应采取一种扩张性的货币政策，增加货币供给，降低市场利率，刺激社会总需求的增加，从而促进生产的恢复和发展，促使货币的供求保持均衡。

3．货币供给过多

货币供给量超过货币需求量，整个经济必然会处于过度膨胀的状态，生产发展很快，各种投资急剧增加，市场商品物资供给不足，太多的货币追逐太少的商品，物价上涨。这时中央银行就应采取一种紧缩的政策，缩减货币供给量，提高市场利率，抑制社会总需求的增加，从而使物价趋于稳定，社会的货币供给与货币需求趋于平衡。

4．货币供需结构性失衡

货币供需结构性失衡是指货币供给与货币需求构成不相适应，一些经济部门由于需求不足，商品积压，一些商品不能顺利实现其价值和使用价值，生产停滞。而另一些经济部门则需求过度，商品供不应求，价格上涨，生产发展速度慢。这表明整个经济结构失调，发展畸形。这时，中央银行的货币政策应松紧搭配，通过调整货币供给的构成和流向，改变这种供求结构不相适应的状况，促使供求结构趋于协调，以促进整个经济的协调发展。

本章小结

（1）货币需求是指在一定时期内，社会各部门（个人、企业、政府）以货币形式持有财产的需要，或社会各阶层对执行流通手段、支付手段和价值储藏手段的货币的需求。

（2）影响货币需求的主要因素包括：收入水平、物价水平、市场利率、货币流通速度、信用发达程度等；货币需求理论包括费雪的现金交易说、马歇尔与庇古的现金余额说、凯恩斯的货币需求理论、现代货币数量论。

（3）货币供给量是指一国经济主体持有的、由银行系统供应的货币总量。

（4）货币供给量等于基础货币与货币乘数的乘积，基础货币和货币乘数共同决定货币供给。

（5）货币均衡是指一个国家在一定时期内货币供给量与货币需求量大致相当的状态。货币均衡是国民经济总供求均衡的必要条件，社会总供求均衡则是货币供求均衡在经济运行中的具体体现。

复习思考题

一、名词解释

1. 货币需求
2. 货币供给
3. 原始存款
4. 派生存款
5. 货币均衡

二、填空题

1. 所谓“货币需求”，必须同时包括两个基本要素：一是__________________，二是__________。

2. 凯恩斯将人们持有货币的动机分为三种，即______、______、______。

3. 根据凯恩斯货币需求理论，当收入水平上升时，_______动机和_________动机的货币需求会增加。

4. _________与________的倍数，就是通常所谓的存款乘数。

三、选择题

1. 在决定货币需求的各个因素中，收入水平的高低和收入获取时间长短对货币需求的影响分别是________。

A. 正相关，正相关　　B. 负相关，负相关
C. 正相关，负相关　　D. 负相关，正相关

2. 在正常情况下，市场利率与货币需求成________。

A. 正相关　　B. 负相关
C. 正负相关都可能　　D. 不相关

3. 根据凯恩斯流动性偏好理论，当预期利率上升时，人们就会______。

A. 抛售债券而持有货币　　B. 抛出货币而持有债券
C. 只持有货币　　D. 只持有债券

4. 凯恩斯把用于储存财富的资产划分为________。

A. 货币与债券　　B. 股票与债券
C. 现金与存款　　D. 储蓄与投资

四、简答题

1. 影响货币需求的因素有哪些？
2. 银行体系如何创造存款货币？
3. 货币均衡会对社会总供求均衡产生什么影响？

第 8 章　通货膨胀与通货紧缩

学习要求

通过本章的学习，应掌握以下的知识和技能。

知识目标

掌握通货膨胀、通货紧缩的概念、社会经济影响、产生原因及相关治理措施。

技能目标

能够解读居民消费价格指数的变化，能够运用通货膨胀和通货紧缩理论分析我国通货膨胀和通货紧缩的成因。

在一国的宏观经济运行过程中，理想的货币供求均衡状态常常难以实现，货币供求失衡却经常出现。当货币供给大于货币需求时将导致一般物价水平持续上升，出现通货膨胀；当货币供给小于需求时将导致一般物价水平下降，出现通货紧缩。

8.1　通货膨胀概述

8.1.1　通货膨胀的定义

通货膨胀是商品和劳务的货币价格总水平持续明显上涨的过程。它包含以下几点含义：

① 通货膨胀不是指一次性或短期的价格总水平的上升，而是一个持续的过程。季节性的、偶然的或暂时的物价上涨均不能称为通货膨胀，只有当价格持续地上涨作为趋势不可逆转时，才可称为通货膨胀。

② 通货膨胀不是指个别商品价格和劳务价格的上涨，而是指价格总水平（即所有商品和劳务价格的加权平均）的上涨。

③ 通货膨胀是价格总水平的明显上升。轻微的价格水平上升，例如，2%，就很难说是通货膨胀，不过，能够冠以“通货膨胀”的价格总水平增长率的标准到底是多少，取决于人们对通货膨胀的敏感程度，是一个主观性的概念。

④ 通货膨胀是用货币数量标出的“货币价格”的上涨，而不是商品、劳务与商品、劳务之间的对比关系的变化。

8.1.2 通货膨胀的度量

通货膨胀的必然结果是物价总水平上涨，因此通过计量物价水平的变动幅度，就可以大致测定通货膨胀的程度，通常都用物价指数来反映通货膨胀率，一般用的物价指数主要是居民消费物价指数、批发物价指数和国民生产总值平减指数。

1．居民消费物价指数

居民消费物价指数（CPI）是用来测量各个时期内城乡居民所购买的生活消费品价格和服务项目价格平均变化程度的指标。这种指数是由各国政府根据各国若干种主要食品、衣服和其他日用消费品的零售价格，以及水、电、住房、交通、医疗、娱乐等服务费用而编制计算出来的。有些国家进一步根据不同收入阶层的消费支出结构的不同，编制不同的消费价格指数。

居民消费物价指数的优点是能及时反映消费品供给与需求的对比关系，资料容易搜集，公布次数较为频密（通常每月一次），能够迅速直接地反映影响居民生活的价格趋势。缺点是范围较窄，只包括社会最终产品中的居民消费品这一部分，不包括公共部门的消费、生产资料和资本产品以及进出口商品，从而不足以说明全面的情况。一部分消费品价格的提高，可能是由于品质的改善，消费物价指数不能准确地表明这一点，因而有夸大物价上涨幅度的可能。

我国 CPI 的编制步骤如下：

首先，国家统计局和地方统计部门分级确定用于计算 CPI 的商品和服务项目以及调查网点。国家统计局根据全国城乡居民家庭消费支出的抽样调查资料统一确定商品和服务项目的类别，设置食品、烟酒及用品、衣着、家庭设备用品及服务、医疗保健及个人用品、交通和通信、娱乐教育文化用品及服务、居住八大类 262 个基本分类，基本涵盖了城乡居民的全部消费内容。全国抽选约 500 个市县，确定采集价格的调查网点，包括食杂点、百货店、超市、便利店、专业市场、专卖店、购物中心、农贸市场、服务消费单位等共 6.3 万个。

其次，按照"定人、定点、定时"的方式，统计部门派调查员到调查网点现场采集价格。目前，分布在全国 31 个省（区、市）500 个调查市县的价格调查员共 4000 人左右。价格采集频率因商品而异，对于 CPI 中的粮食、猪牛羊肉、蔬菜等与居民生活密切相关、价格变动相对比较频繁的食品，每 5 天调查一次价格；对于服装鞋帽、耐用消费品、交通通信工具等大部分工业产品，每月调查 2～3 次价格；对水、电等政府定价项目，每月调查核实 1 次价格。

最后，根据审核后的原始价格资料，计算单个商品或服务项目以及 262 个基本分类的价格指数。然后根据各类别相应的权数，再计算类别价格指数以及 CPI。我国 CPI 中的权数，主要是根据全国城乡居民家庭各类商品和服务的消费支出详细比重确定的。

2．批发物价指数

批发物价指数（WPI）是根据大宗物资批发价格的加权平均价格编制而成的物价指数，包括原料、中间产品、最终产品与进出口商品，但不包括各类劳务。这一指数的优点是对商业周期反应敏感，缺点是不包括劳务产品在内，同时它只计算了商品在生产环节和批发环节上的价格变动，没有包括商品最终销售时的价格变动，其波动幅度常常小于零售商品的价格波动幅度。批发物价指数是讨论通货膨胀时最常提及的物价指数之一，可作为通货膨胀的征兆。

3．国民生产总值平减指数

它是按当年价格计算的国民生产总值（GNP）与按不变价格计算的国民生产总值的比率。国民生产总值（GNP）平减指数的计算方法为

国民生产总值（GNP）平减指数=（名义GNP／实际GNP）×100

其中，名义 GNP 是指用当期价格所计算出的当期商品和服务的总值；实际 GNP 是指用不变的基期价格所计算出的当期商品和服务的总值。

如某国 1990 年的 GNP 按当年价格计算为 65000 亿元，按 1980 年的价格计算为 44800 亿元，1980 年基期指数取为 100，则 1990 年的平减指数为 65000/44800×100=145，表示和 1980 年相比 1990 年物价上涨了 45%。如果 1989 年的平减指数为 138（也是以 1980 年为基期），则 1990 年与 1989 年相比，物价上涨了（149/138-1=8%）。

由于 GNP 是在某一既定时期一个国家内生产的所有最终商品和服务的市场价值的总和，所以 GNP 平减指数的优点在于：

① 覆盖范围全面，能度量各种商品和服务的价格变动对价格总水平的影响，反映综合物价水平的变动情况。

② 由于 GNP 平减指数包含了国内生产的所有的最终商品和服务，每种商品与服务的权数就是它们的产量。因此，用来计算 GNP 平减指数的商品与服务的组合及权数会自动地随着时间变动而变动，避免了物价指数存在的商品篮子和权数相对固定的弊端。

③ 各国物价指数的计算方法和统计口径不尽相同，其结果缺乏可比性，而 GNP 平减指数具有统一的计算方法和统计口径，其结果具有可比性。在世界银行的年度发展报告中就用这一指数来反映各国的通货膨胀率。

GNP 平减指数的不足之处在于资料不易收集，通常是一年公布一次，因而难以迅速反映通货膨胀的程度和动向。同时，由于该指数的覆盖面非常广泛，除了消费品外还包括大量的生产资料。另外，它只反映国内的情况，消费者所购买的进口商品和服务并不纳入其计算范畴。这些都会使得 GNP 平减指数所反映的价格变动状况与公众日常消费支出的实际变动不相符合，从而使指数所反映的通货膨胀程度与公众主观感受到的通货膨胀程度出现较大偏差。

8.1.3　通货膨胀的类型

根据不同的标准，可将通货膨胀进行不同的分类。常见的通货膨胀分类方法主要有以下几种。

1．根据通货膨胀在不同经济体制下的不同表现形式分类

根据通货膨胀在不同经济体制下的不同表现形式，可将其划分为市场经济体制下的公开型通货膨胀和集中计划经济体制下的隐蔽型通货膨胀两大类。

公开型通货膨胀是指完全通过物价总水平的明显、持续上涨所体现出来的通货膨胀。在市场经济体制下，市场机制充分运行，政府对物价的变动较少干预和控制，通货膨胀一般都以物价持续上涨的形式表现出来。所以，市场经济体制下（战时等非常时期除外）的通货膨胀一般都为公开型通货膨胀。

隐蔽型通货膨胀通常产生于集中计划经济体制之下。当经济体系中已积累了难以消除的

过度需求压力，同时又存在着严格的计划价格管制时，就可能产生隐蔽型通货膨胀。隐蔽型通货膨胀的基本特征是：

① 由于政府采取严厉的物价管制措施，物价总水平没有明显提高。

② 企业和居民常常因为不能及时购买或购买不到合适的商品而推迟或取消购买，或者实行强制替代，或者形成强制储蓄，各种票证盛行，排队现象产生。

③ 商品供给者千方百计拒绝低价条件的约束，因此出现黑市交易或价外收费的现象。

④ 一些产品在价格不变的情况下质量下降。

2．根据通货膨胀的程度分类

根据通货膨胀的程度可将其划分为爬行通货膨胀、温和通货膨胀、恶性通货膨胀。

爬行通货膨胀是一种极端温和的通货膨胀，完全在社会的忍受范围之内。恶性通货膨胀则是另一极端，它代表极其剧烈的、对经济发展有严重不良影响的通货膨胀。两者之间的情况则属于温和通货膨胀。也有学者将温和通货膨胀进一步加以细分，依次划分为步行通货膨胀、温和通货膨胀、小跑通货膨胀、奔腾通货膨胀等。这种划分方法的关键在于如何确定每类通货膨胀的具体数量界限。在 20 世纪 60 年代，西方发达国家的公众大都认为年物价上涨率在 6%以上的通货膨胀就难以忍受了，达到了两位数以上即为恶性通货膨胀；70 年代，由于石油输出国组织垄断提价等因素造成世界范围的通货膨胀，使人们对恶性通货膨胀度量的标准有了改变；80 年代，以色列、巴西等国均出现了 3 位数以上的通货膨胀，但这些国家在一段时期内社会经济还实现了迅速增长。之后，由于前苏联、东欧的激进式改革、亚洲金融危机等原因，有更多的国家出现了 3 位数以上的通货膨胀。这些现象都在事实上对传统的通货膨胀程度划分理论提出了挑战。面对这种状况，有些经济学家又提出了种种新的通货膨胀程度划分标准。但这些标准都是对发达的工业国家而言的，并且也未达成广泛的共识。至于发展中国家的通货膨胀应如何划分程度，则更是一个尚未解决的问题。

3．根据通货膨胀的原因分类

根据通货膨胀的原因可将其划分为需求拉上型通货膨胀、成本推动型通货膨胀、混合型通货膨胀、部门结构型通货膨胀以及国际传导型通货膨胀。

8.2 通货膨胀的成因

通货膨胀的成因较为复杂，国内外学者从不同的角度分析了通货膨胀的成因。

1．需求拉上型通货膨胀

需求拉上型通货膨胀的基本论点包括如下两方面。

（1）供求决定价格

这种理论的出发点是供求决定价格，这也是市场经济运行的基本机制之一。根据这个原则，社会总需求大于总供给，必然导致物价总水平的上升。

（2）总需求和总供给

在总需求和总供给的这对矛盾中，总供给是既定的，短期内不会有大的变化；而总需求则可能出现剧烈的变动，这是因为构成总需求的基础——货币量的多少是可以人为控制的。人们可以通过多种渠道增加货币供应量，扩大总需求。所以，总需求大于总供给，根本原因在于总需求增长过快，使社会购买力大于商品和劳务的供应能力，从而引起物价上涨。

造成总需求增长过快的具体原因主要包括以下几个方面：

① 投资尤其是基本建设投资规模过大。致使对生产材料的需求量大于供应能力，主要表现为建设材料、重要原材料和能源等的严重短缺，价格上涨。

② 财政赤字。如果向中央银行透支解决，则会直接导致货币发行过多；如果通过发行公债方式解决，又会使企业生产经营所需的资金更多地依赖银行贷款，迫使信贷规模扩大，货币发行过量。

③ 消费基金增长过快。造成消费资料供应不足，价格上涨。

④ 信用膨胀。金融机构降低贷款利率，扩大信贷规模，这些贷款又立即成为现实购买力，形成需求。所以，过大的信贷规模也必然导致物价上涨。

⑤ 国际收支顺差过大。形成大量的外汇储备，而购买这些外汇又需支付很多的本国货币，也会使货币发行过多。

2．成本推进型通货膨胀

（1）产生背景

成本推进通货膨胀理论是从供给一方对通货膨胀的形成原因进行考察的。该理论产生的背景，是经济出现了通货膨胀和经济停滞并存的所谓“滞涨”现象，需求拉上通货膨胀理论无法解释这一现象，在这种情况下，产生了成本推进通货膨胀理论。

（2）基本论点

成本推进通货膨胀理论认为，通货膨胀不仅源于需求过度，还源于成本的上升。由于成本不断提高，生产经营者为维持一定的利润，必然导致相应提高销售价格。

造成成本上升的具体原因有以下几个方面：

① 工资增长过快。工资增长的速度快于劳动生产率提高的速度，致使单位产品的工资成本上升，价格上涨。

根据传统的市场经济理论，作为劳动力价格的工资，应该取决于劳动力的供求状况。但是，市场机制的这种作用在当今社会经济中已表现得很不明显，由于工会的存在，职工可以通过有组织的活动迫使企业不断增加工资，形成工资易升而难降的“工资刚性”。同时，工资提高引起的物价上涨，又会使职工进一步要求增加工资，从而加剧物价上涨，如此循环往复，就形成了工资—物价“螺旋上升”的势头。另外，工资增长还有“示范效应”，低工资总是向高工资看齐，这样，一些劳动生产率提高很少或没有提高的部门，工资水平也会提高，从而造成成本上升。

② 原材料的价格上升。经济的发展和人口的增加，使物质消耗越来越大，许多不可再生的原材料和能源等自然资源供应日渐减少，价格上升。另外，对某些能源和初级产品的垄断也会导致这些原材料价格的提高。

③ 利润推进。在垄断因素起主导作用的市场中，市场供求力量在决定价格方面只起很小的作用，大部分商品和劳务的价格是由大的垄断公司根据“成本加成”定价方法协商确定

的。垄断者为追求高额的垄断利润往往凭借其垄断地位把产品价格提高到足以抵消任何成本的增长额以上。

3．混合型通货膨胀

大多数经济学家认为，通货膨胀一般是需求拉动和成本推进两种因素共同作用的结果，而并非是其中某一因素单独所致，即所谓“拉中有推，推中有拉”。

（1）需求拉动引起成本上升

通货膨胀可能首先是需求过度引起的，但是，物价的上涨，必然会促使工人要求增加工资以抵消实际工资的降低。这种并非建立在劳动生产率提高基础上的工资增长，只能导致成本的上升和社会总需求的进一步膨胀，引起物价的又一轮上涨，只要不紧缩货币以控制总需求，这个过程便会循环下去。

（2）成本推进以需求拉动为前提

通货膨胀也可能首先由成本上升引起，如工资增长过快或部分初级产品涨价等。但是，如果总需求不增加，这种通货膨胀也不会持续很久，因为在总需求不变时，物价上涨意味着总供给增加和需求的相对不足，这必然会出现商品滞销，库存增加，生产下降和失业扩大，在这种情况下，工人的工资增长不得不下降，商品价格也会下跌，通货膨胀最终会减弱甚至消失。

（3）两种因素不可分割

总之，需求拉动和成本推进这两种因素是交织在一起的，需求过旺会引起成本的上升，成本上升则不仅要以需求增长为条件，而且还会促使需求的进一步增长。

4．部门结构型通货膨胀

一些经济学家从经济部门的结构方面来分析通货膨胀的成因，认为即使整个经济中总供给和总需求处于均衡状态时，由于经济部门结构方面的变动因素，也会发生一般物价水平的上涨，即所谓“结构型通货膨胀”。其基本观点是，由于不同国家的经济部门结构的某些特点，当一些产业和部门在需求方面和成本方面发生变动时，往往会通过部门之间的相互看齐的过程而影响到其他部门，从而导致一般物价水平的上升。

结构型通货膨胀可分为三种情况。

（1）需求转移型通货膨胀

社会对产品和服务的需求不是一成不变的，在总需求不变的情况下，一部分需求转移到其他部门，而劳动力和生产要素却不能及时转移。因此，原先处于均衡状态的经济结构可能因为需求的移动而出现新的失衡。那些需求增加的行业，价格和工资将上升；而另一些需求减少的行业，由于价格和工资刚性的存在，不一定发生价格和工资的下降。

（2）部门差异型通货膨胀

部门差异型通货膨胀是指经济部门之间由于劳动生产率、价格弹性、收入弹性等方面存在差异，但工资增长率却趋于一致，加上价格和工资的刚性，从而引起的总体物价上涨。另外在一些国家，由于缺乏有效的资源配置机制，资源在各部门之间的配置失衡，有些行业生产能力过剩，而有些行业发展却严重滞后，形成经济发展的瓶颈。当瓶颈部门产品价格因供不应求而上涨时，便会引起其他部门包括生产过剩部门的价格上涨。

（3）外部输入型通货膨胀

小国经济部门可分为两类：一是开放部门，即产品与世界市场有直接联系的部门；二是非开放部门，即产品与世界市场没有直接联系的部门。小国在世界市场上是价格的接受者，当世界市场上的价格上涨时，开放经济部门的产品价格也随之上涨，紧接着开放经济部门的工资相应上涨，一旦开放经济部门的工资上涨，非开放经济部门也必然向开放部门看齐而提高工资，结果非开放经济部门的生产成本上升，其产品价格也随之提高，最终导致小国的通货膨胀。

5．国际传导型通货膨胀

一个国家的物价上涨在一定程度上会受到国际上一些因素的影响，通货膨胀的国际传导主要途径如下：

（1）价格途径

由于不同国家和地区价格存在差异，价格较低的国家尽量出口商品，向价格较高的国家出售。价格较低的国家因出口量增长，导致国内市场供应减少，价格上升；而价格较高的国家因进口商品增多，又导致国内该种产品价格下降。

（2）需求途径

出口商品的国家由于出口增加，需求增加，刺激国内生产，当生产量不能再增加时，同样会出现总需求大于总供给的情况，物价上涨。

（3）国际收支途径

当一个国家国际收支出现顺差时，外汇增多，为了收兑外汇，向市场投放大量本国货币，造成国内货币供应量增加，物价上涨。

8.3 通货膨胀的经济效应

1．产出效应

产出效应反映的是通货膨胀与经济增长之间的关系。关于通货膨胀的产出效应主要有三种观点：促进论、促退论和中性论。

（1）通货膨胀促进论

促进论认为温和的通货膨胀具有正的产出效应，可以促进经济的增长。

① 若国家向中央银行借款作为财政的融资来源，会增加流通中的货币供给。只要政府将这种借款用于增加实际投资，同时采取一定措施保证私人部门的投资不因政府投资增加而相应减少，那么，这种膨胀性的财政政策和货币政策就会由于增加了实际投资而促进经济增长。

② 在一般情况下，通货膨胀是一种有利于富裕阶层的收入再分配，高收入富裕阶层的边际储蓄倾向比低收入阶层高，因此在通货膨胀时期，社会总的储蓄额增加，这部分储蓄转化为投资，可以促进经济的增长。

③ 由于人们普遍存在货币幻觉，对通货膨胀的预期调整比较缓慢，在这个过程中，工资

上涨率会低于物价上涨率，企业利润相应提高，这会刺激私人投资的积极性，从而促进经济增长。

（2）通货膨胀促退论

促退论认为，通货膨胀不仅不能促进经济增长，反而会阻碍经济增长。

① 通货膨胀降低储蓄。通货膨胀意味着货币购买力下降，减少了人们的实际可支配收入，从而削弱了人们的储蓄能力，造成本币贬值和储蓄的实际收益下降，使人们对储蓄和未来收益产生悲观预期，为避免将来物价上涨所造成的经济损失，人们的储蓄意愿降低，即期消费增加，致使人们的储蓄率下降，投资率和经济增长率降低。

② 通货膨胀降低投资。首先，在通货膨胀的环境下，从事生产和投资的风险较大，而相比之下，进行投机却有利可图；其次，投资者是根据投资收益预期而从事投资的，在通货膨胀环境中，由于市场价格机制失去了调节功能，投资者无法作出投资决策，不利于产业结构的优化和资源的合理配置，使经济效率大大下降；最后，在通货膨胀时期，企业成本中的很大一部分转变成了利润，这种虚假利润也被政府征税，因此企业未来发展的资金将会下降。

③ 通货膨胀造成外贸逆差。本国通货膨胀率长期高于他国，一是使本国产品相对于外国产品的价格上升，从而不利于本国的出口，并刺激了进口的增加；二是使国内储蓄转移到国外，导致外汇外流，本国国际收支出现逆差，给本国经济增长带来压力。

④ 恶性通货膨胀会危及社会经济制度的稳定。当发生恶性通货膨胀时，价格飞涨，已经不能再反映商品供给和需求的均衡，信用关系也会产生危机。这样就会危及社会经济制度的稳定，甚至令其崩溃。

（3）通货膨胀中性论

中性论者则认为，公众通过预期，在一段时间内会对物价上涨做出合理的行为调整，因此通货膨胀对经济成长的各种效用的作用会相互抵消。

2．收入分配效应

通货膨胀是一种隐蔽的收入再分配的方式。在通货膨胀时期，人们的名义货币收入与实际货币收入之间会产生差距，大部分人的名义收入水平可能都会有所上涨，但扣除通货膨胀影响之后的实际收入水平则不一定。由于社会各阶层收入来源不尽相同，有些人的实际收入水平会因通货膨胀而上升，另一些人的实际收入水平则会下降。这种由物价上涨造成的收入再分配，就是通货膨胀的收入分配效应。

（1）对固定收入者不利，对浮动收入者有利

对固定收入阶层来说，在通货膨胀时期，如果名义工资水平不变或名义工资的增长率低于通货膨胀率，都会使工资收入者遭受损失。而在现实中，工资水平的调整普遍滞后于物价的上升。因此，依靠工资生活的阶层通常会在通货膨胀中遭受损失，且工资调整滞后的时间越长，损失越大。对浮动收入者来说，收入上涨如果在企业价格水平和生活费用上涨之前，则会从通货膨胀中得到好处。如果产品价格上升得比工资和原料价格上升快，企业主就能从通货膨胀中获得好处，增加利润。

（2）对债务人有利，对债权人不利

债务人获得货币进行即期使用，提高购买力；待其偿还时，由于通货膨胀，同量货币的

实际购买力已经下降。通货膨胀靠牺牲债权人的利益而使债务人获利。如果通货膨胀被预期到，在借贷合同中附加通货膨胀条款，则这种再分配效应就不存在了。

（3）对实际财富持有者有利，对货币持有者不利

实际财富包括不动产、贵金属、珠宝、古董、艺术品等，股票代表实际财富的所有权，有时和实际财富一样，在通货膨胀时期价格上涨；而货币财富包括现金、银行存款、固定利率债券，其实际价值因物价上涨而下降。因此，通货膨胀会降低储蓄倾向。

（4）对国家政府有利，对社会公众不利

在通货膨胀中，政府往往是最大的受益者。这是因为，政府可以通过“通货膨胀税”的方式来获得大量的资源。所谓“通货膨胀税”，是指政府通过创造货币而增加的收入，这被视为一种隐性的税收。当政府通过增发货币来对赤字融资时，实际上就是凭空发行钞票来支付政府所购买的商品和服务。这将增加流通中的货币量，并使公众原有的货币贬值，公众因此而损失的购买力即为政府的通货膨胀税收入。另外，由于累进税制，名义收入的增长使纳税人所适用的边际税率提高，应纳税额的增长高于名义收入的增长。

8.4 通货膨胀的治理

在现代社会，抑制通货膨胀已经成为各国政府制定宏观经济政策的主要目标之一，由于各国的经济制度不同，经济实力存在差异，不同时期的经济环境及诱发通货膨胀的原因不尽相同，要有效治理通货膨胀，必须因时因地采取不同的对策和措施。

1．需求政策

如果通货膨胀主要是由于总需求过度膨胀引起的，那么采取紧缩需求就能取得明显的效果。减少总需求的途径主要有紧缩财政和紧缩货币两种措施。

紧缩的财政政策和货币政策统称为宏观紧缩政策，是传统的治理通货膨胀的手段。其政策的基本思路是：通过采取紧缩的财政政策和货币政策，抑制总需求，从而降低物价。

（1）财政方面的紧缩措施

① 削减政府支出，包括减少军费开支和政府在市场上的采购。

② 限制公共事业投资和公共福利支出。

③ 增加赋税，以抑制私人企业投资和个人消费支出。

紧缩财政支出和提高赋税，一方面压缩政府支出形成的需求；另一方面抑制私人部门的需求。但是，财政支出有很大的刚性，教育、国防、社会福利的削减都是阻力重重，有时并非能由政府完全控制。增加税收更会遭到公众的强烈反对，政府轻易不敢尝试。

（2）紧缩的货币政策具体实施手段

① 提高商业银行的法定存款准备金率，缩小货币乘数，降低商业银行创造货币的能力以减少货币量。

② 提高贴现利率，影响商业银行的借款成本，并进而引起整个市场利率水平的提高，抑制货币供给。在利率受到直接管制的国家，也可通过直接提高利率来达到目的。

③ 中央银行通过公开市场操作出售政府债券，减少基础货币投放，通过货币乘数的作用，多倍紧缩货币供给量。

2．收入政策

收入政策又称为工资物价管制政策，是指政府制定一套关于物价和工资的行为准则，由价格决定者（劳资双方）共同遵守。目的在于限制物价和工资的上涨率，以降低通货膨胀率，同时又不造成大规模的失业。收入政策主要针对成本推进型的通货膨胀。该政策的具体措施主要包括：

（1）工资、价格管制

政府可以采用行政或法律手段直接控制工资与价格。例如，强行将职工工资总额或增长率固定在一定水平上，对多增加工资的企业按工资超额增长比率征收特别税，利用《反托拉斯法》限制垄断高价，直接限定各类商品的最高价格等。另外，也可以采用道义劝说的方法非正式地控制工资和物价。例如，政府编制工资指导线，即根据估计的平均生产率的增长所确定的在一定年份内允许总货币收入增加的一个目标数值线，每个部门的工资增长率根据此目标数值线相应制定；或物价指导线，即各类商品和服务的指导价格目录，希望工会和企业遵守。

（2）利润管制

通过对企业利润进行管制可以限制大企业或垄断性企业任意提高产品价格，从而抑制通货膨胀。利润管制的方法包括：

① 管制利润率。即政府对以成本加成方法定价的产品规定一个适当的利润率，或对商业企业规定其经营商品的进销差价。采取这种措施应注意使利润率反映出不同产业的风险差异，并应使其建立在企业的合理成本基础上。

② 对超额利润征收较高的所得税。这种措施可将企业不合理的利润纳入国库，对企业追求超额利润起到限制作用。但如果企业超额利润的获得是通过提高效率或降低成本实现的，则可能会打击企业的积极性。

3．指数化政策

指数化政策主要包括收入指数化与税收指数化。收入指数化是指利用物价指数对包括工资、利息收入在内的所有货币性收入进行调整的方法。收入指数化的提倡者认为，采用该项措施主要有两大功效：一是能借此剥夺政府从通货膨胀中可能获得的利益，杜绝了政府制造通货膨胀的动机；二是克服由通货膨胀造成的分配不公，还可避免出现抢购商品、储物保值等加剧通货膨胀的行为。税收指数化是指利用物价指数对税基进行调整，以确保对实际收入征税而不是对名义收入征税。

4．供给政策

供给政策同宏观紧缩的政策一样，都是立足于消除总需求与总供给缺口的政策。不同的是，宏观紧缩政策试图通过减少总需求来消除缺口，而供给政策则试图通过增加供给来达到目的。美国供应学派提出的反通货膨胀政策就属于这一类，他们主张大幅度降低税率，以刺激储蓄和投资，从而增加商品和服务的供给。从长远看，当生产得到极大发展时，政府的税收不仅不会减少，反而会增加。同时配合其他政策措施：一是削减政府开支增长幅度，争取平衡预算，消灭财政赤字，并缓解对私人部门的挤出效应；二是限制货币增长率，排除非市场机制的干扰，保证人们储蓄与投资的实际效益，增强其信心与预期的乐观性。政府除为增加供给创造良好的环境和提供必要的条件外，不应对经济多加干预，而是由市场机制对经济进行自动调节。只有这样，才能充分发挥减税刺激供给的作用。另外，还要实施改善劳动力市场结构的人力资本政策，包括：对劳动者进行再就业的训练；提供有关劳动市场的信息，减少对就业和转业的限制，指导和协助失业人员寻找工作；优先发展劳动密集型和技术熟练要求程度较低的部门以扩大就业，由政府直接雇用私人企业不愿雇用的非熟练工人。

5．结构调整政策

针对结构性通货膨胀，一些经济学家提出了通过结构调整来抑制通货膨胀的政策措施，即使各产业部门间保持一定的比例，从而避免某些产品供求因结构性失调而推动物价上涨。具体措施包括税收结构政策、公共支出结构政策、利率结构政策及信贷结构政策。

税收结构政策是指在税收总量不变的情况下，调节各种税率和施行范围，对某些关键性行业，如食品、原材料等行业实行较低的税率，以促进其发展，保持物价总体水平的稳定。公共支出结构政策是指在一定的财政支出总量前提下，调节政府支出的项目和各种项目的数额，如降低财政支出中转移支付的比重，增加公共工程等投资性支出，可以扩大就业、降低通货膨胀率。利率结构政策和信贷结构政策是在宏观货币政策一定的情况下，旨在通过各种利率差额的调整，以及通过各种信贷数额和条件的变动来影响存款和贷款的结构和总额，提高资金使用效率，鼓励资金流向生产性部门，遏制消费基金的扩张。

6．币制改革

如果通货膨胀严重恶化，整个社会的货币制度已接近崩溃的边缘，各种常规措施难以奏效时，只能采用币制改革。一般做法是废除旧币，发行新币，并对新的货币制定一些保证币值稳定的措施，同时辅之以其他措施，如维持社会安定、恢复和增加生产等。

8.5 通货紧缩

8.5.1 通货紧缩的定义

经济学家对于什么是通货紧缩有不同的观点，可以分为单要素论、双要素论和三要素论。

① 单要素论，即认为通货紧缩就是价格水平普遍的、持续的下降。

② 双要素论，即认为通货紧缩包括价格水平的持续下降和货币供应量的持续下降。

③ 三要素论，即认为通货紧缩应包括价格水平的持续下降、货币供应量的持续下降和经济增长率的持续下降，也就是通货紧缩应具备“两个特征，一个伴随”，即物价水平的持续下降和货币供应量的持续下降并伴随着经济衰退。

总的来说，国内和西方经济学界的主流观点都主张以价格总水平的持续下降作为通货紧缩的定义。从造成物价下跌的因素看，通货紧缩可分为狭义的通货紧缩和广义的通货紧缩。狭义的通货紧缩是指由于货币供应量的减少或货币供应量的增幅滞后于生产增长的幅度，以至于引起对商品和劳务的总需求小于总供给，从而导致物价总水平下降的现象；广义的通货紧缩是指随着市场经济秩序的建立和市场开放程度的提高，生产力的发展带来商品和劳务的丰富、新技术普及和运用的加快，因而使商品和劳务价格下降的压力不断增大，形成物价普遍下降的现象。

8.5.2 通货紧缩的类型

1．根据通货紧缩的程度不同

根据通货紧缩的程度不同，可分为轻度通货紧缩、中度通货紧缩和严重通货紧缩三类。通货膨胀率持续下降，并由正值变为负值，此种情况可称为轻度通货紧缩；通货膨胀率负增长一年且未出现转机，此种情况可被视作中度通货紧缩；中度通货紧缩继续发展，持续时间达到两年以上，或物价降幅达到两位数，此时就是严重通货紧缩。

2．根据通货紧缩产生的机理不同

根据通货紧缩产生的机理不同，可将其分为需求不足型通货紧缩和供给过剩型通货紧缩两大类。由于总需求不足，使正常的供给显得过剩，由此而引发的通货紧缩称为需求不足型通货紧缩。由于技术创新和生产效率的提高所造成的产品绝对数量的过剩而引发的通货紧缩称为供给过剩型通货紧缩。

8.5.3 通货紧缩的经济效应

技术进步、设备更新使劳动生产率提高，造成商品价格的持续下降，由此而产生的温和的通货紧缩是有利于经济增长的，因为此时的价格下降使设备更新和技术进步的成本降低。同时，通货紧缩、经济景气持续低迷迫使生产者降低价格以消除生产能力过剩，导致企业重组和创新，促进了新兴产业的发展。但是快速、持续、形成预期的通货紧缩会给经济带来消极影响。

（1）通货紧缩会抑制经济增长，甚至使经济发生衰退

① 物价的持续下降使生产者的利润减少甚至出现亏损，这将使生产者减少生产或停产，进而使经济增长速度受到抑制。

② 物价持续下降使实际利率提高，这将使债务人受损，而债务人大多是生产者和投资者。因此，通货紧缩会影响生产和投资，从而对经济增长带来负面影响。

③ 物价持续下降使生产和投资减少，这将导致失业增加和居民收入减少。而居民收入水平降低会相应减少消费需求，加剧总需求的不足，进一步加重通货紧缩，使经济远离充分就业状态，社会总产出进一步降低。

（2）通货紧缩会打击生产者的积极性

物价普遍、长期的低迷，会给生产者带来以下不利影响：

① 产品销售价格下降、利润率下降。

② 产品销售困难、影响企业资金周转。

③ 资金供应紧张、筹集投资资金困难。

④ 贷款实际利率上升，投资成本上升。

⑤ 市场前景预期悲观，投资意愿下降。因此，通货紧缩会导致生产发展缓慢甚至停滞。

（3）通货紧缩会使社会消费总量趋于下降

物价下跌对消费需求有两种作用方向相反的效应，一是价格效应，二是收入效应。初看起来，价格的下降对消费者是一件好事，因为消费者只需支付较低的价格便可获得同样的商品，这是通货紧缩对消费者产生的价格效应。但另一方面，通货紧缩还会对消费者产生收入效应。在通货紧缩情况下，就业预期、价格和工资收入、家庭资产趋于下降，消费者会因此而缩减支出，增加储蓄，推迟消费。综合而言，两者相抵，通货紧缩对消费意愿的影响是消极的，即通货紧缩使社会消费总量趋于下降。

（4）通货紧缩会使金融业风险增加

通货紧缩会使金融业风险增加，不利于金融业的稳定发展。

① 对银行负债的影响。通货紧缩的情况下，名义利率不变，实际利率上升，银行的利息负担因此而加重，因此会增加银行的实际债务负担。

② 对银行资产的影响。通货紧缩的情况下，名义利率不变，实际利率会上升，这是有利于银行的。但问题在于，由于银行的主要资产是贷款，通货紧缩对银行资产的安全性会造成很大的影响。因为通货紧缩会增加违约风险，导致银行资产质量下降，资产的风险性增加，从而会降低银行资产的流动性。

（5）通货紧缩抑制投资

通货紧缩对投资的影响主要通过影响投资成本和投资收益发生作用，并且通过资产价格变化对投资产生间接影响。

一方面，通货紧缩使得实际利率有所提高，社会投资的实际成本随之增加，这种实际成本的增加，还使投资项目处于劣势，因为，相关投资项目的未来重置成本趋于下降，这就使当期投资决策不合算。这一点对许多新开工项目所产生的制约较大；另一方面，通货紧缩使投资的预期收益下降，投资的预期收益主要由商品的未来市场价格趋势所决定，而通货紧缩使远期市场价格趋于下降，这就迫使投资倾向下降。

由于通货紧缩往往伴随着证券市场的萎缩，金融资产价格的持续下降会产生负面的财富效应，降低资产的抵押或担保价值，银行被迫要求客户尽快偿还贷款，最终导致资产价格进一步下跌，贷款者的净资产进一步减少，企业融资面临更大困难，不仅抑制了扩大再生产，还加速了破产进程。

8.5.4 通货紧缩的原因

形成通货紧缩的原因主要包括如下几方面。

1．投资和消费的有效需求不足

投资需求不足多是由信贷紧缩和货币供给相对于货币需求减少造成的；消费需求不足多是由金融或房地产泡沫引起的，泡沫破灭使居民财富缩水，财富效应引起消费需求萎缩。

2．紧缩性的货币政策与财政政策

一国采取紧缩性的货币政策或财政政策，大量减少货币发行或削减政府开支以减少赤字，会直接导致货币供应不足，或加剧商品和劳务市场的供求失衡，从而引起物价下跌，出现政策紧缩型通货紧缩。

3．经济周期

当经济周期达到繁荣的高峰阶段，生产能力大量过剩，供过于求，可引起物价下跌，出现经济周期型通货紧缩。

4．供给能力相对过剩

技术进步、新材料的使用或采用新的组织管理方式都会引起生产成本下降，因而导致产品价格下降，出现成本压低型通货紧缩。

5．体制转轨

在体制转轨过程中，个人和家庭的收支和消费行为会发生改变，从而引起有效需求不足，导致物价下跌，形成体制转轨型通货紧缩。

6．本币高估

本币高估，会减少出口，扩大进口，加剧国内企业经营困难，促使消费需求减少，导致物价持续下跌，出现外部冲击型的通货紧缩。

8.5.5 通货紧缩的治理

治理通货紧缩的政策是综合性的，可归结为几个方面。

1．实行宽松的货币政策

通货紧缩的成因之一是流通中的货币不足。采用宽松的货币政策，可以增加流通中的货币量，刺激总需求。传统的货币政策工具包括法定准备金率、贴现率和公开市场业务。宽松的货币政策可以选择降低法定准备金率和贴现利率，以及中央银行在公开市场上购入政府债券等。利率或信贷规模受控制的国家，可以通过直接降低利率或扩大信贷规模的方式来进行调节。实行宽松的货币政策的目的在于增加货币流通量。

2．实行积极的财政政策

积极的财政政策主要包括减税和增加财政支出两种方法，而且还要优化财政支出的结构，以增大财政支出的“乘数效应”。扩大财政支出，可以发挥财政支出在社会总支出中的作用，弥补个人消费需求不足造成的需求减缓，起到“稳定器”的作用。优化财政支出的结构，使财政支出能最大限度地带动企业和私人部门的投资，以增加社会总需求。

3．结构性调整

对于由于某些行业的产品或某个层次的商品生产绝对过剩所引发的通货紧缩，一般采用结构性调整的手段来治理。对于生产过剩的部门或行业要控制其生产，减少产量。同时，对其他新兴行业或有发展前途的行业应采取措施鼓励其发展，以增加就业机会，提高收入，增强购买力。

4．改变预期

与通货膨胀一样，公众对通货紧缩发展前景的预期在很大程度上影响着政府各项反通货紧缩政策的效果。因此，政府有必要通过各种宣传手段，说服公众相信政府各项反通货紧缩政策的正确性和有效性，鼓励公众对未来经济发展趋势的信心。

5．鼓励消费

治理通货紧缩必须提高消费需求，其中个人收入和消费支出的稳定上升是防止物价持续下跌的重要条件，一是要取消各种不利于增加消费的政策措施和制度约束；二是要在经济力量允许的情况下，使居民收入能够稳定增加，增强居民对未来收入的预期和信心，以增加居民的消费需求。

6．改革汇率制度

对汇率制度进行改革，采取灵活的汇率制度，使汇率自由浮动或扩大其浮动范围，减轻外部冲击造成的通货紧缩的压力。

本章小结

（1）通货膨胀是指在一定时间内一般物价水平的持续上涨现象，根据不同的标准可分为多种类型。通货膨胀产生的原因主要有需求拉上、成本推进、结构失衡等。

（2）治理通货膨胀的措施主要有紧缩的财政政策和货币政策、收入指数化政策等。

（3）通货紧缩是指由于货币供应量相对于经济增长和劳动生产率增长减少而引起有效需求严重不足，一般物价水平持续下跌和经济衰退的现象。治理通货紧缩的措施主要有：扩张性的财政政策与货币政策、结构性调整、引导预期行为等。

复习思考题

一、名词解释

1. 居民消费物价指数　　2. 需求拉上型通货膨胀

3. 国民生产总值平减指数　　4. 通货紧缩

二、填空题

1. ____________是测度通货膨胀和通货紧缩的主要标志。

2. 按形成的原因不同，我国学者将通货膨胀分为__________、__________、____________________和__________。

3. 双要素通货紧缩定义包括__________和__________。

4. 三要素通货紧缩定义认为通货紧缩是_________、_________和________三者同时持续下降。

三、选择题

1. 认为通货膨胀的原因在于经济发展过程中社会总需求大于总供给，从而引起一般物价水平持续上涨，是_______。

A. 需求拉上型　　B. 成本推进型

C. 开放型通货膨胀　　D. 隐蔽型通货膨胀

2. 通货膨胀对策中，通过公开市场业务出售政府债券属于________。

A. 控制需求　　B. 改善供给

C. 收入指数化政策　　D. 紧缩性财政政策

3. 通货膨胀对策中，压缩财政支出属于________。

A. 改善供给　　B. 紧缩性收入政策

C. 收入指数化政策　　D. 紧缩性财政政策

4. 我国目前主要是以______反映通货膨胀的程度。

A. 居民消费物价指数　　B. GDP 平减指数

C. 批发物价指数　　D. GNP 平减指数

5. 在完全竞争市场上，不可能产生的通货膨胀类型是________。

A. 需求拉上的通货膨胀　　B. 结构性通货膨胀

C. 成本推进的通货膨胀　　D. 国际传导型通货膨胀

6. 下列各项政策中，______可以解决通货膨胀中收入分配不公的问题。

A. 限价政策　　B. 指数化政策

C. 减税政策　　D. 增加供给的政策

7. 下列 _______不是通货膨胀的成因。

A. 银行信用膨胀　　B. 财政赤字

C. 经常项目顺差　　D. 资本项目逆差

四、简答题

1. 什么是需求拉上型通货膨胀？它是怎样产生的？
2. 通货膨胀对分配会产生什么样的影响？
3. 在通货膨胀的治理中，指数化政策起什么作用？
4. 通货膨胀的危害有哪些？
5. 如何治理通货紧缩？

五、论述题

1. 论述通货紧缩的危害。
2. 论述治理通货膨胀的措施。

六、案例分析

1997—2002 年的通货紧缩及对策

1997 年下半年特别是 1997 年 7 月东南亚金融危机爆发以后，我国国民经济开始感到需求不足的压力，其明显特征是：经济增长速度放缓，物价水平（消费价格指数）在低位运行，就业压力日渐增大，出口下降。1997 年年末，由于国内一些因素的变化，再加上东南亚金融危机的催化，中国出现了市场疲软，经济活动放慢的病象。从 1998 年年初开始更进入了通货紧缩，即物价总水平持续下降的状态。需求不足、产品滞销与企业利润减少和紧缩开支之间互相影响，形成了恶性循环。从 1998 年起政府采取了一系列反衰退的经济措施。到 2000 年年初，我国经济增长速度下滑的趋势得到遏制，经济生活中出现了积极的变化，2000 年实现了 8%的 GDP 增长。

出现需求不足的原因是：

① 1993 年治理通货膨胀措施的惯性因素。改革开放以来，中国经济大体按照“增长—膨

胀—治理—紧缩—停滞—放松—扩张”的轨迹发展。1992 年中国出现了新一轮的通货膨胀，1993 年夏季开始实施以抑制通货膨胀为主要内容的紧缩政策，1996 年年底成功实现了“软着陆”。这些紧缩政策在 1997 年、1998 年继续出现滞后效应。

② 一系列改革政策特别是住房制度改革和社会保障制度改革的出台，改变了人们对未来的预期，人们的储蓄倾向增加，即期消费减少，导致消费需求不足，同时银行存款在利率不断下调的同时保持快速增长。

③ 国有企业改革的推进导致部分行业、部分企业下岗工人增加，同时乡镇企业在变革中竞争力减弱，吸纳就业的能力下降，农村转移富余劳动力数量增加等，这些因素增加了全社会的就业压力。

④ 亚洲金融危机造成周边国家购买力降低，造成中国产品出口下降；同时这些国家和地区对中国的境外直接投资也大量减少。

中国政府针对这种情况，1998 年提出了扩大内需、拉动经济增长的方针。其主要政策包括：

① 增加国债发行，实施积极的财政政策。仅 1998—2001 年就发行长期建设国债 5100 亿元，用于高速公路、交通、水利和发电等工程的建设，刹住了投资下滑的势头。

② 实施稳健的货币政策，在实际操作中适度扩张。中央银行 7 次降低存贷款利率，增加了货币供应。

③ 四大国有商业银行对国债投资项目的配套资金与财政拨款总额大致相等。

经过中国政府的努力，2000 年年初，经济增长速度下滑的势头得到遏制，2000 年、2001 年、2002 和 2003 年 GDP 分别增长 8%、7.5%、8.3%和 9.3%。（数据来源：《中国统计年鉴》2004 年版）

［思考］

（1）什么是通货紧缩？其主要特征是什么？

（2）出现通货紧缩时，财政政策和货币政策应该如何操作？

第9章 金融监管

学习要求

通过本章的学习，应掌握以下知识和技能。

知识目标

了解金融监管的目标、原则、工具、内容、方法、体制，掌握银行业、证券业、保险业监管的内容和方法。

技能目标

能够解读金融监管相关政策法规，理解金融监管实务。

金融监管是国家法律授权的部门为维护金融机构的安全和信誉，保护金融体系安全稳健运行，维护公平竞争的市场环境，依法对金融市场和金融机构行使监督和管理权限的行政行为。为了防范和化解金融风险，保证金融业稳健运行和实现货币政策目标，需要建立一个独立高效的金融监管体系和一套完整健全的金融监管制度。

9.1 金融监管概述

9.1.1 金融监管的目标

不同时期、不同国家的金融监管目标有差异，但概括起来主要有以下四个目标。

（1）维护金融体系的安全稳定

这是金融监管的首要目标。金融机构是经营货币信用的特殊企业，任何一家金融机构倒闭或经营出现严重问题都会引起连锁反应，引发经济、金融秩序混乱，严重时会造成经济和金融危机。因此，金融监管必须确保国家金融体系正常运行和安全稳定，为经济稳健发展创造良好的金融环境。

（2）保护全体存款人的合法利益

金融机构的存款来自机构和个人，银行等作为信用中介虽然是独立的法人机构，但都经过国家金融管理部门的审批。存款人作为资金的输出方，是金融市场参与主体之一，也是金融交易中的信息弱势群体，需要金融监管机构给予保护。保护存款人的利益实质上是维护国家信用制度，同时也是保护金融机构的长期利益。

（3）实现金融机构的有序竞争和提高效率

金融机构在发展中相互竞争不可避免，为了争夺市场和客户，有时会出现恶性竞争，严重时会造成机构倒闭，影响金融市场的有效运转。因此，金融监管的目标之一就是在法律法规的框架内实现金融机构的公平有序竞争，防止出现因为过度竞争而导致金融混乱的现象。同时，对金融创新和金融违规进行及时的鉴别判断，肯定金融创新和约束金融违规，提高金融服务效率。

（4）目标一致

确保金融机构的经营活动与中央银行的货币政策目标保持一致。

9.1.2 金融监管的原则

金融监管原则是监管当局进行监管的行为准则。这些原则渗透和贯穿在监督管理体系的各个环节和监管过程的始终。

1．依法监管原则

依法监管与严格执法是各国金融监管当局共同遵守的一项原则。金融监管必须依据现行的金融法规，保持监管的严肃性、权威性、强制性和一贯性。坚持这一原则要做到：一是金融监管当局及其工作人员执行监管公务时，也就是在办理金融机构的市场准入、性质确定、业务范围核准、经营项目界定、金融新产品审批以及例行检查、违规处理等过程中，应坚持依法办事、严肃执法；二是金融监管工作者自身应遵守各种法规，学法、知法、依法，坚持执法的连续性、一贯性和不可例外性。

2．综合性与系统性监管原则

这一原则包括：各种金融监管手段，即经济手段、行政手段、法律手段等要综合运用，以实现有效监管；金融监管的方式、方法或工具要综合运用，即监督工具要现代化、系统化，日常监管与重点监管、事前督导与事后监察要同时运用；金融监管机制和方案要科学化、系统化、最优化，确保金融监管优质、高效。

3．公开、公平、公正原则

监管对象，不论其性质、规模、背景如何，金融监管当局要按照公开、公正、公平的监管标准和监管方式对它们实施监管，这样才能从根本上规范金融机构的市场行为，保证金融市场良好有序地运行。

4．有机统一原则

金融监管的有机统一原则要求实现金融监管工作的几个统一：一是各级金融监管机构要统一监管标准和口径，不能各自为政、自行其是、重复监管、自相矛盾或留下缺口；二是宏观金融监管与微观金融监管要统一，微观金融政策、措施、监督方法等不能同宏观金融政策制度相矛盾；三是国内金融监管与国际金融监管要统一，尤其是在各国国内经济与世界经济逐步接轨的情况下，国内金融监管政策、法规、措施也要与国际接轨。

5．“内控”与“外控”相结合的原则

“内控”是指金融机构的自律监督机制，“外控”是指外部对金融机构进行风险控制和监管的法律监督机制，包括金融管理当局的监管和社会监督两个方面。世界各国传统不同，金融监管分别采用了自律模式、法制化模式和政策干预模式。但是，要保证监管及时和有效，客观上需要“内控”与“外控”有机配合。因为，外部强制管理不论多缜密严格，也只能是相对的，假如监管对象不配合、不协作，而是设法逃避应付，则外部监管难以收到预期的效果；反之，如果将全部希望放在金融机构“内控”上，则可能导致一些金融机构开展违规经营行为，产生金融风险。

6．监管适度与合理竞争原则

监管的根本宗旨就是通过适度的金融监管，实现适度的金融竞争，形成和保持金融业适度竞争的环境和格局。而检验监管效果的根本标准是：能否促进金融业和社会经济健康发展。如果监管过严或过度，不允许竞争和创新，必然限制金融业的健康发展，削弱金融业的市场竞争力。反之，如果金融监督不到位，金融市场将出现恶性竞争，引起金融经济秩序混乱，加剧金融风险。近年来，各国金融监管当局普遍依据监管适度和适度竞争原则，允许金融业进行有利于金融业发展的公平、适度竞争；允许有利于经济发展的扩大金融消费的金融业务创新，以便扩大金融市场和创造客户需求。

7．稳健运行与风险预防原则

金融监管的目的之一是确保金融机构安全稳健地经营业务。安全稳健与风险预防及风险管理是密切相连的，必须进行风险监测和管理。因此，所有监管技术手段、指标体系都是着眼于金融业安全稳健及风险性预防管理。安全稳健并不是金融业存在发展的最终目的，它的最终目的是满足社会经济的需要，促进社会经济稳健协调地发展。

8．监管成本与效率原则

以最低的监管成本获得最佳监管效果是金融监管当局的重要原则之一。在很多国家，金融监管的费用都是由被监管者承担，这迫使监管者尽可能节约一切监管资源，减少监管成本，提高监管效率，否则将受到被监管者的质疑和投诉。

9．各国共同监管原则

伴随世界经济一体化和金融国际化的发展，一国单凭自身的金融监管难以实现监管目标。为了维护国际金融业的平稳运营与公平竞争，保护国际投资者的利益，各国开始联手进行金融监管，共同监管跨国金融机构和金融业务，逐步实现金融监管国际化。

9.1.3 金融监管的工具

金融监管工具可概括分为三类：法律工具、经济工具和行政工具。

1．法律工具

金融监管的法律工具主要是指通过制定金融法规，在共同准则的前提下体现公平竞争。金融监管法律工具的约束力体现在两个方面：对金融监管部门本身具有约束力；对各金融机构具有约束力。

金融法律是使金融机构经营行为一致的规范，为平等竞争提供了良好的环境，减少了垄断、欺诈等非公平手段，减少了金融机构倒闭对金融体系的冲击，减少了经营中的短期行为和投机心理。金融监管依据金融法律条款，使监督人员能够把握监管的范围。法律制度越健全，条款越细致，越有利于金融监管工作的进行，减少监督工作的疏漏。金融法律的基本特征是通用性，对任何金融机构均不例外。金融机构在遵守法律制度的同时，也依照法律考察监管机构的监管是否有越权行为，并有权据理力争，对严重越权或有意制造障碍的行为，可以提起诉讼，以保护自己的利益。

2．经济工具

金融监管的经济工具是指通过经济利益影响金融机构的经营行为。通常当某种经营活动对经营有利、能够获得较高的利润时，经营者的积极性被调动，经营者会投入较多的人力、物力和财力。金融机构开展金融业务活动时，也表现出同样的规律。经济工具在监管部门的管理中发挥着重要作用，也是监管当局经常使用的方法。金融机构作为信用中介机构，一个环节的中断就会造成一系列信用关系的中断，对商品交易和经济发展产生很大的消极影响。因此，信用关系的调整一般不宜使用强制性手段，需要有较为缓和的手段给予影响，使其逐步调整和纠偏。当金融监管部门采用经济工具加强监管时，对金融机构是平等的。是否能够及时在变化的金融环境中站稳脚跟并获得利润，要看金融机构的经营是否有效率。经济工具在金融宏观管理中发挥着积极作用，但经济工具也有不足之处，表现为对经济和金融领域的突发性事件不能及时处理，当出现较大的经济金融波动时作用缓慢。

3．行政工具

金融监管的行政工具是由金融监管部门通过发布文件、临时通知等命令形式，要求所有金融机构必须在文件有效期内无条件执行的管理方式。行政工具具有强制性特征，一旦发布，被监管对象必须遵照执行。行政命令适用的情况包括：目前法律条文中没有明确规定的新现象；短期内出现的法律工具和经济工具难以控制的金融波动；金融监管部门在某一领域内的特殊治理；新的金融业务等出现后，尚未形成明确的法律条文。当金融体系中出现异常情况，经济工具显得乏力、法律工具又缺乏针对性时，采用必要的行政工具可以起到在短期内稳定金融体系的效果。此外，当经济工具不足以约束金融活动时，辅之以必要的行政工具可以强化金融监管。行政工具在金融监管中的作用不能忽视，但它也有很大的局限性，行政工具监管局部性情况较多，过多采用行政工具可能会削弱甚至扭曲市场经济运行的规律。

在金融监管工具中，法律工具是金融活动规范化和有序化的基础，能够在制度上保证金融体系的稳定；经济工具是金融监管的重心，是金融活动有序化和协调化的主要工具，能够保证各种金融实体在不受强制管制的环境中公平竞争；行政工具是金融监管的必要补充，是减少较大金融波动的辅助工具，有助于治理金融市场的特殊问题，使金融监管工作更加完善。在金融监管中，单一的工具难以达到理想的效果，需要多种工具并用，在不同的时期针对具体情况有所侧重，才能取得比较理想的监管效果。

9.1.4 金融监管的内容

1．市场准入监管

各国对金融机构的监管都是从市场准入开始的。市场准入是指政府行政管理部门按照市场运行规则设立或准许某一行业及其所属机构进入市场的一种管制行为。市场准入是金融机构获得许可证的过程，实行市场准入管制是为了防止不合格的金融机构进入金融市场，保持金融市场主体的合规性。市场准入监管的直接表现是对金融机构开业登记、审批的管制。

各国金融监管当局一般都参与金融机构的审批过程。金融机构的设立申请主要包括三个方面：一是要有注册资本（营运资本），金融监管当局主要监督资本充足率指标；二是要有素质较高的管理人员；三是要有最低限度的认缴资本额。

我国法律明确规定，设立金融机构及分支机构，经营金融业务，必须经监管当局审查批准，同时还要具备以下条件：一是有符合《中华人民共和国公司法》和相关法规规定的章程；二是具有最低限额的注册资本金或营运资金，如我国现行法规规定，全国性商业银行为 10 亿元人民币，城市商业银行为 1 亿元人民币，保险公司为 2 亿元人民币，财务公司为 1 亿元人民币；三是有具备任职专业知识和业务工作经验的董事、高级管理人员；四是有健全的组织机构和管理制度；五是有符合要求的营业场所、安全防范措施以及与业务有关的其他设施；六是监管当局规定的其他审慎性条件。

2．业务运营监管

业务运营监管实质上是对市场运作过程的监管。

金融机构业务运营活动面临着各种各样的风险，这些风险贯穿于金融机构日常业务运营过程的各个环节，因此，金融机构经批准开业后，还要对其业务运营过程进行有效监管。业务运营监管是对金融机构各项经营行为的监管，对金融机构业务运营监管的具体内容是根据其业务经营情况的特点有针对性地实施的。虽然各国金融监管部门并不完全相同，但在监管内容上都体现了保证金融机构经营安全性、流动性、盈利性三个方面。近年来，随着各种金融创新的发展，金融监管的要求越来越高，内容越来越复杂，其方式也在不断完善。

目前，我国对金融机构业务运营监管的内容主要包括：业务经营的合法合规性，资本充足性，资产质量的稳妥可靠性、流动性及盈利性，内部管理水平和内控制度的健全性。如对银行机构的监管一般包括资本充足率监管、流动性监管、业务范围监管、贷款风险控制、外汇风险管理、准备金管理和存款保险管理。

3．市场退出监管

市场退出监管是指监管当局对金融机构退出金融业、破产倒闭或合（兼）并、变更等的管理。金融机构退出市场，表明该金融机构已经停止经营金融业务，应依法处理其债权债务，分配剩余财产，注销工商登记，其最终结果是取消该金融机构的法人资格。

金融机构市场退出一般是金融机构由于不能偿还到期债务，或者发生了法律法规和公司章程规定的必须退出事由，从而不能继续经营，必须进行拯救或破产清算的过程。

金融机构市场退出按原因和方式不同可以分为两类：主动退出与被动退出。主动退出是指金融机构因分立、合并或者出现公司章程规定的事由需要解散而退出市场；被动退出则是指金融机构由于法定的理由，如由法院宣布破产或因严重违规、资不抵债等原因，监管当局将金融机构依法关闭，取消其经营金融业务的资格，金融机构因此退出市场。各国对金融机构市场退出监管一般通过法律予以明确，并且有相应的技术性规定。

9.1.5 金融监管的方法

金融监管的方法是指监管的具体步骤和技术等，主要包括以下几种。

1．事先检查筛选法

事先检查筛选法主要是指金融机构建立之前的严格审查和注册登记，包括拟建机构的地址、规模、股东人数、资本金、经营管理水平、竞争力和未来收益。

2．定期报告和信息披露制度法

监管当局针对定期报告和有关信息，通过采用趋势分析和比较分析两种方法，查找出银行经营管理工作中存在的问题。

3．现场检查法

现场检查法是指派出检查小组，到监管对象经营场所进行实地检查，主要检查资本充足状况、资产质量、内部管理、收入和盈利状况、清偿能力等，以此做出全面评价。在检查过程中，检查小组要检查经营活动是否安全、合法；检查经营活动的决策、做法和程序；检查内部管理情况；评价贷款、投资以及其他资产的质量；检查存款与其他负债的构成；判断银行资本是否充足；评估管理人员的能力和胜任程度等。

4．自我监督管理法

自我监督管理法是指金融机构根据法律自我约束、自我管理，在自觉的基础上实现自我监管。

5．内、外部稽核结合法

稽核是指对经营活动开展审计与核对，是一种监督检查的系统方法。目前，采取外部稽核和内部稽核相结合、监管当局强制性稽核和社会非强制性稽核相结合的方法来进行金融监管。

6．发现问题及时处理法

当银行或其他金融机构的业务经营活动违反金融法规时，监管当局通过采取相应的措施，督促金融机构纠正偏差。

我国主要的金融监管方法包括以下四种：一是市场准入；二是稽核检查，分为非现场监管和现场监管两种；三是综合监管，充分发挥监管部门、金融机构自律性管理以及审计部门、企业、工商、税务、会计师事务所、公众等社会监督的力量，实行全方位的立体化监管；四是市场退出监管。

9.1.6 金融监管体制

金融监管体制是金融监管体系和基本制度的总称，根据分类标准的不同，金融监管体制的模式也各不相同。

1．根据金融监管权力的分配结构和层次分类

根据金融监管权力的分配结构和层次分类，可以分为双线多头、单线多头以及集中单一的金融监管体制。

（1）双线多头的金融监管体制

双线是指中央和地方两级都对金融机构有监管权，多头是指每一级又有若干机构共同行使监管职能。

双线多头的金融监管模式适用于地域辽阔、金融机构多而且情况差别大，或者政治经济结构比较分散的国家，如美国和加拿大等。这种监管模式的优点是：能较好地提高金融监管的效率，防止监管权力过分集中；能因地制宜地选择监管部门，有利于金融监管专业化，提高对金融业服务的能力。这种监管模式的缺点在于：管理机构交叉重叠容易造成重复检查和监管真空，影响金融机构业务活动的开展；金融法规不统一，容易使不法金融机构钻监管的空子，降低货币政策与金融监管的效率。

（2）单线多头的金融监管体制

单线是指全国的金融监管权力集中在中央，地方没有独立的权力，多头是指在中央一级由两家或两家以上机构共同负责监管。德国、法国均属这种模式，这种模式反映了这些国家权力集中的特性和权力制衡的需要。

单线多头金融监管模式的优点是：有利于金融体系的集中统一和监管效率的提高，但需要各金融管理部门之间相互协作和配合。在一个不善于合作、法制不健全的国家里，这种体制难以有效运行，且存在如机构重叠、重复监管等问题。

（3）集中单一的金融监管体制

集中单一的金融监管体制是由一家金融监管机构集中进行监管的体制。在历史上，这种监管模式较为普遍，其监管机构通常是各国的中央银行。发达市场经济国家实行这种模式是与其完善的市场体系、发达的经济和中央银行或监管当局拥有较大独立性相适应的，发展中国家采用这种模式是由于国内市场体系不完备、金融制度结构比较简单，客观上需要政府通过中央银行统一干预。这种监管模式的优点是：金融管理集中，金融法规统一，金融机构不容易钻监管的空子，能为金融机构提供良好的社会服务。

2．根据监管主体数量分类

根据监管主体数量分类，可以分为单一全能型和多头分业型。

（1）单一全能型

单一全能型是指由一家监管机构对所有金融机构的全部金融业务进行监管。这种模式的优势主要是在监管机构负责的各个不同的监管领域可获得经济规模和增效作用，可在一定程度上减少监管成本。单一的综合的监管机构可以更加有效地监督这些机构的所有经营，而且可以更好地察觉不同业务部门潜在的支付危机。同时，可以避免重复机构体制容易引发的不公平竞争性、政策的不一致性、监管的重复交叉与遗漏。在此模式下，由于监管者的职责固定、明确，能防止不同机构之间互相推卸责任。此外，在处置金融风险的过程中，单一全能监管机构更具有政策的一致性、协调的权威性、反应的及时性，能更加有效地利用监管资源。但是单一全能机构很难有明确、集中的目标和合理的监管，也很难对不同类型的机构和业务区别对待，同时还存在权力过大、过于集中的缺点。

（2）多头分业型

多头分业型是指由两个或两个以上的管理机构分别对金融机构按业务类型进行监管。由于银行业、证券业和保险业三者风险性质不同，对其监管就需要不同的方法。

3．按功能和机构分类

按功能和机构分类，可以分为统一监管型、多头监管型、牵头监管型、双峰监管型以及伞式监管+功能监管型。

（1）统一监管型

统一监管型是指对于不同的金融机构和金融业务，无论审慎监管还是业务监管，都由一个机构负责监管。

（2）多头监管型

多头监管型是指将金融机构和金融市场按照银行、证券、保险划分为三个领域，分别设置专业的监管机构负责包括审慎监管和业务监管在内的全面监督。

（3）牵头监管型

牵头监管型是多头监管型的改进。在实行分业监管的同时，随着金融业综合经营的发展，可能存在监管的真空或业务交叉，几个主要监管机构为建立及时磋商协调机制、相互交换信息，以防止监管机构之间相互推诿，特指定一个监管机构为牵头监管机构，负责不同监管主体之间的协调工作。

（4）双峰监管型

这种模式是设置两类监管机构，一类负责对所有金融机构进行审慎监管，控制金融体系的系统性金融风险；另一类负责对不同金融业务监管。澳大利亚和奥地利是采用这种模式的代表。

（5）伞式监管+功能监管型

美国自 1999 年颁布《金融服务现代化法案》后，在改进原有分业监管体制的基础上形成了这种监管模式，即从整体上指定美联储为金融持股公司监管人，负责综合监管；同时，金融持股公司又按其所经营业务的种类接受不同行业主要功能监管人的监督。伞式监管人与功能监管人相互协调，共同配合。

我国现行金融监管体制是分业监管，是由中国银行业监督管理委员会（简称银监会）、中国证券监督管理委员会（简称证监会）、中国保险监督管理委员会（简称保监会）分别对银行业和信托业、证券业、保险业实行监管。中国人民银行作为中央银行，在宏观调控体系中的作用更加突出。

改革开放以来，我国的金融法律制度取得了长足发展，特别是 1995 年以来，《中华人民共和国中国人民银行法》《中华人民共和国商业银行法》《中华人民共和国票据法》《中华人民共和国保险法》《中华人民共和国证券法》《关于惩治骗购外汇、逃汇和非法买卖外汇犯罪的决定》和新修订的、用专章规定了破坏金融秩序罪的《中华人民共和国刑法》等核心法律相继出台，标志着我国金融法律制度框架基本确定。

我国各金融监管机构的职能如下：

（1）中国人民银行的监管职能

中国人民银行是我国的中央银行，其主要职能是制定和执行货币政策，并由此促进整个国民经济的发展，此外还有以下监管职能。

① 监督管理银行间同业拆借市场、银行间债券市场、银行间票据市场、银行间外汇市场和黄金市场及上述市场的有关衍生产品交易。

② 负责会同金融监管部门制定金融控股公司的监管规则和交叉性金融业务的标准、规范，负责金融控股公司和交叉性金融工具的监测。

③ 承担最后贷款人的责任，负责对因化解金融风险而使用中央银行资金机构的行为进行检查监督。

④ 承担全国反洗钱工作的组织协调和监督管理的责任，负责涉嫌洗钱及恐怖活动的资金监测。

（2）中国银监会的监管职责

① 依照法律、行政法规制定并发布对银行业金融机构及其业务活动监督管理的规章、规则。

② 依照法律、行政法规规定的条件和程序，审查批准银行业金融机构的设立、变更、终止及业务范围。

③ 对银行业金融机构的董事和高级管理人员实行任职资格管理。

④ 依照法律、行政法规制定银行业金融机构的审慎经营规则。

⑤ 对银行业金融机构的业务活动及其风险状况进行非现场监管，建立银行业金融机构监督管理信息系统，分析、评价银行业金融机构的风险状况。

⑥ 对银行业金融机构的业务活动及其风险状况进行现场检查，制定现场检查程序，规范现场检查行为。

⑦ 对银行业金融机构实行并表监督管理。

⑧ 会同有关部门建立银行业突发事件处置制度，制定银行业突发事件处置预案，明确处置机构和人员及其职责、处置措施和处置程序，及时、有效地处置银行业突发事件。

⑨ 负责统一编制全国银行业金融机构的统计数据、报表，并按照国家有关规定予以公布，对银行业自律组织的活动进行指导和监督。

⑩ 对已经或者可能发生信用危机，严重影响存款人和其他客户合法权益的银行业金融机构实行接管或促成机构重组。

⑪ 对有违法经营、经营管理不善等情形的银行业金融机构予以撤销。

⑫ 对涉嫌金融违法的银行业金融机构及其工作人员及关联行为人的账户予以查询，对涉嫌转移或者隐匿违法资金的，申请司法机关予以冻结。

⑬ 对擅自设立银行业金融机构或非法从事银行业金融机构业务活动的，予以取缔。

（3）中国证监会的监管职责

① 研究和拟定证券期货市场的方针政策、发展规划；起草证券期货市场的有关法律、法规，提出制定和修改的建议；制定有关证券期货市场监管的规章、规则和办法。

② 垂直领导全国证券期货监管机构，对证券期货市场实行集中统一监管，管理有关证券公司的领导班子和领导成员。

③ 监管股票、可转换债券、证券公司债券和国务院规定由证监会负责的债券及其他证券的发行、上市、交易、托管和结算；监管证券投资基金活动；批准企业债券的上市；监管上市国债和企业债券的交易活动。

④ 监管上市公司及其按法律法规必须履行有关义务的股东的证券市场行为。

⑤ 监管境内期货合约的上市、交易和结算，按规定监管境内机构从事境外期货业务。

⑥ 管理证券期货交易所，按规定管理证券期货交易所的高级管理人员，归口管理证券

业、期货业协会。

⑦ 监管证券期货经营机构、证券投资基金管理公司、证券登记结算公司、期货结算机构、证券期货投资咨询机构、证券资信评级机构；审批基金托管机构的资格并监管其基金托管业务；制定有关机构高级管理人员任职资格的管理办法并组织实施；指导中国证券业、期货业协会开展证券期货从业人员资格管理工作。

⑧ 监管境内企业直接或间接到境外发行股票、上市以及在境外上市公司到境外发行可转换债券；监管境内证券、期货经营机构到境外设立证券、期货机构；监管境外机构到境内设立证券、期货机构，从事证券、期货业务。

⑨ 监管证券期货信息传播活动，负责证券期货市场的统计与信息资源管理。

⑩ 会同有关部门审批会计师事务所、资产评估机构及其成员从事证券期货中介业务的资格，并监管律师事务所、律师及有资格的会计师事务所、资产评估机构及其成员从事证券期货相关业务的活动。

⑪ 依法对证券期货违法违规行为进行调查、处罚。

（4）中国保监会的监管职责

① 拟定保险业发展方针政策，制定行业发展战略和规划；起草保险业监管法律、法规；制定业内规章。

② 审批保险公司及其分支机构、保险集团公司、保险控股公司的设立；会同有关部门审批保险资产管理公司的设立；审批境外保险机构代表处的设立；审批保险代理公司、保险经纪公司、保险公估公司等保险中介机构及其分支机构的设立；审批境内保险机构和非保险机构在境外设立保险机构；审批保险机构的合并、分立、变更、解散，决定接管和指定接受；参与、组织保险公司的破产、清算。

③ 审查、认定各类保险机构高级管理人员的任职资格，制定保险从业人员基本资格标准。

④ 审批关系社会公众利益的保险险种、依法实行强制保险的险种和新开发人寿保险险种等的保险条款和保险费率，对其他保险险种的保险条款和保险费率实施备案管理。

⑤ 依法监管保险公司的偿付能力和市场行为；负责保险保障基金的管理，监管保险保证金；根据法律和国家对保险资金的运用政策制定有关规章制度，依法对保险公司的资金运用进行监管。

⑥ 对政策性保险和强制保险进行业务监管；对专属自保、相互保险等组织形式和业务活动进行监管；归口管理保险行业协会、保险学会等行业社团组织。

⑦ 依法对保险机构和保险从业人员的不正当竞争等违法、违规行为以及对非保险机构经营或变相经营保险业务进行调查、处罚。

⑧ 依法对境内保险及非保险机构在境外设立的保险机构进行监管。

⑨ 制定保险行业信息化标准；建立保险风险评价、预警和监控体系，跟踪分析、监测、预测保险市场运行状况，负责统一编制全国保险业的数据、报表，并按照国家有关规定予以发布。

9.2 银行业监管

9.2.1 商业银行监管

一般国家对商业银行的监管较为严格，目的主要是使商业银行能够按照法规进行业务操作，稳健经营，减少风险，保障存款人的合法权益，确保整个银行业及金融制度的稳定。

商业银行监管主要体现在以下几个方面。

1．登记管制

市场登记作为对银行预防性管理的第一步，是根据本国银行管理的标准对新设立的银行在资本金、业务范围、市场竞争等方面提出具有约束性、规范的管理要求。在银行被批准开业之前，主要需要满足两个条件：一是具有较高素质的管理人员；二是具有最低限度的认缴资本额。我国规定，设立商业银行的注册资本最低限额为 10 亿元人民币，城市合作银行的注册资本最低限额为 1 亿元人民币，农村合作银行最低限额为 5000 万元人民币。

2．业务活动监管

（1）对存款经营的监管

对存款经营的监管包括对存款利率监管、实施存款保险制度、对吸收存款的方式进行某些限制。

对存款利率的监管包括三种类型：一是由中央银行或其他监管部门制定制度，商业银行依照执行，主要防止提高或变相提高存款利率进行不正当的竞争；二是实行浮动利率管理，并规定最高限；三是实行利率自由化政策。

同时，实施存款保险制度，许多国家规定商业银行必须参加存款保险，以保护存款人的利益，维持金融体系的稳定。另外，对吸收存款的方式进行某些限制。

（2）对贷款的监管

① 对贷款风险的监管。许多国家金融监管当局都力图限制贷款过分集中于某一客户，以便有效地分散贷款风险，采取的措施主要是限制对每一户借款者的贷款额度。我国规定，商业银行对同一借款户的贷款余额不得超过银行资本金的 10%，对最大十家客户的贷款余额不得超过银行资本金的 50%。

② 对贷款期限结构的监管。许多国家都规定银行中长期贷款不得超过一定比例。我国规定一年期以上的中长期贷款与一年期以上的各项存款之比不得超过 120%。

③ 重视信用贷款占银行全部贷款的比例，鼓励银行进行抵押贷款业务。

④ 限制内部人员和关系户贷款，防止徇私舞弊的发生。我国规定向股东提供贷款余额不得超过该股东已缴纳股金的 100%，贷款条件不得优于对其他客户的同类贷款。

（3）对商业银行财务和人事的监管

① 对固定资产购置的监管。将固定资产限制在银行自有资本数额以内。

② 对利润分配的管理。许多国家的银行法规定银行在向股东分配红利之前，应先提取公积金，有的国家还规定若一家商业银行无适度的自有资本，不能进行盈余分配。

③ 对资产流动性的监管。资产负债比例管理被广泛采用，各国对金融资产流动性的要求也越来越高，对流动性的监测和控制成为金融监管的重要内容。我国规定流动性资产与各项流动性负债之比不得低于 25%。

④ 对银行股份的监管。许多国家限制工商企业持有银行的股票，目的是防止其他非金融企业或个人通过参股、控股控制银行。

⑤ 对资本充足率的监管。资本充足率是指一家银行的资本对其风险资产的比例。各国金融监管部门十分重视对资本充足率的监管，普遍按照“巴塞尔协议”的要求进行监管，即商业银行的资本充足率不应低于 8%，其中，核心资本充足率至少为 4%。监管的目的在于通过适度的资本充足率，以资本规模来制约银行的风险资产规模。这不仅迫使各家银行保持较高的流动资产比率，减少风险贷款，提高信贷资产质量，而且还可以从总量上约束各商业银行派生存款的能力，防止盲目的信贷扩张，以有利于币值的稳定和经营风险的降低。

⑥ 对商业银行的人事管理。对商业银行的人事管理包括：禁止银行人员同时在另一家公司任职、兼营银行以外的其他业务，从而利用银行为个人或公司谋利；禁止银行之间建立连锁董事会或类似的关系；赋予金融管理、监督部门任免商业银行主要领导人员的权力。

9.2.2 专业银行监管

1．储蓄银行监管

储蓄银行是指通过吸收储蓄存款获取资金从事金融业务的银行。其组织形式有的是互助性的，有的是股份制的。它的特殊作用在于把分散的、小额的货币收入累积汇集起来，转化为资本。其资金主要运用在三个方面：一是用于长期贷款，其中房地产抵押贷款占支配性地位；二是投资于政府公债、企业股票和公司债券；三是转存商业银行。

储蓄银行在申请开业、经营范围、任职资格等方面和商业银行一样，要受到中央银行等监管当局的控制和管理，其中尤其注重的是其安全性，这是由储蓄银行的资金来源决定的。因为储蓄银行的资金 80%～90%来自居民储蓄存款，如何有效地运用资金，使之提供的贷款能安全返还，对储蓄银行来说至关重要，许多国家都制定了有关的法律严格限制其资金的运用。

2．投资银行监管

投资银行是专门办理对工商业的投资和长期贷款业务的专业银行。主要的资金来源是发行股票和债券。有些国家，投资银行还可以在一定范围内接受某些种类的存款作为资金来源的一部分。其资产业务主要有：对工商企业发放中长期贷款；购买企业的股票和债券，赚取利息和股息收入；证券经纪。

由于投资银行主要是提供长期贷款的，因此对其监管的重点也侧重于资产的安全性，各国在有关的银行法中对贷款的担保或抵押品均有规定，并要求对每一债务人贷款金额不能超过自有资本的一定比例。20 世纪 80 年代以来，由于金融创新的兴起和金融管制的放松，许多国家的投资银行开始办理国内国际汇兑、外贸融资、国际证券等业务。现代的投资银行在大多数国家已变成证券发行者和证券投资者的中介机构，一方面通过代理发行和承购证券业务，帮助公司、企业筹集长期资金；另一方面将承购的证券转售给企业或个人投资者，并代理投资者的证券买卖，而且投资银行大多是证券交易所的会员，要接受证券交易所和证券交易委员会（或其他监管机构）的双重监管。

3．其他专业银行监管

外汇银行是专门经办外汇和国际结算业务的专业银行。它受本国政府和中央银行委托，按照国家政策经办国外款项的收付与结算，经营外汇买卖，提供外汇信贷，办理出入国境的外币兑换。每个国家还有许多指定外汇银行，可以兼营外汇业务。在外汇管制宽松或取消外汇管制的国家，对经营外汇业务几乎没有限制，在这种情况下，金融监管当局的监管主要是对其业务风险进行监测，建立完备的预警系统，同时完善存款保险机制，不允许其经营活动损害国家或公共利益。经营外汇业务不但要面临汇率、利率等市场风险，而且还面临信用风险、国家风险等。不仅外汇银行自身要认真防范风险，如制定外汇交易的限额、规定止损点、确定交易对手的授信额度等，而且中央银行也有责任采取预防措施以减轻风险带来的不良影响。在外汇管制较严的国家，一切外汇交易均需指定的外汇银行来经营，不论是居民还是非居民，不论是经常项目还是资本项目的外汇收支都受到严格管制，严防套汇或资本外逃。

9.3 证券业监管

证券业监管是指证券管理机关运用法律、经济及必要的行政手段，对证券的募集、发行、交易等行为以及证券投资中介机构的行为进行监督与管理。

1．证券业监管的方式和手段

各国证券监管机构普遍采用官方监管、自律和公众监管相结合的形式，运用经济手段、法律手段，辅之以行政手段对证券业进行监管。

（1）证券业监管方式

① 政府监管。为加强对证券市场的监管，各国都设立了监管机构或部门代表国家来履行监管证券业的职责，且具有法律所具有的权威性，拥有所必需的权力，从而可以顺利地执行其监管职责。政府监管的特点是：

- 强制性。政府监管是依法监管，具有法律依据和保障，监管机构也是法律的具体执行者，因此具有明显的强制性。任何与证券活动有关的机构、个人及事项都必须无条件地接受监管。如果有违法行为，监管机构有权依法处罚或提出法律诉讼，交由法律部门制裁，如果监管机构执法不当，被监管者可以提起诉讼。
- 全面性。政府监管是对证券业全方位的监管，既监管证券发行，也监管证券交易；既监管公开发行，也监管内部发行；不仅监管交易所的交易，也监管证券的柜台交易；不仅监管上市公司，也监管证券经营机构、投资者；监管的范围不仅限于境内，也涉及境外。

② 自律。政府监管尽管全面，但不可能非常细致、具体，涉及日常性的监管，还需要交易所、证券经营机构及行业协会等建立自律制度。尤其是证券交易所，不仅是证券交易的经营与服务机构，也是监督管理机构。因为其直接处于日常证券交易活动中，直接负责审核各种证券的上市申请，直接协调、指导会员证券商的交易，因此交易所的自律制度更直接有

效，并使证券市场的活动及交易行为更为规范。这种自律不仅是交易所等的自愿行为，也是官方监管机构对其进行监管的内容之一。证券交易所、协会、证券经营机构必须根据有关法规和政策，根据证券主管机构的要求，制定相应的经营与运作规则。

③ 社会公众监督。公众是投资的主体，为了减少投资的风险，必然对证券机构和证券活动进行监督，由此构成公众对证券业的监督。由于受到公开程度、信息准确程度、投资知识和经验等方面的限制，公众监督具有一定的局限性。

以上三种监管方式都有其独特性和局限性，只有将它们结合起来，相互补充，才能实现监管的目标，才能保证证券业的健康运行和发展，才能使投资者的合法权益得到最大限度的保护。

（2）证券市场监管手段

① 证券业监管的经济手段。经济手段包括利率政策、公开市场业务和调整保证金比例及税收政策等。

利率政策是指中央银行通过改变再贷款、再贴现的利率来影响商业银行的融资成本，进而影响企业的资金需求，使之最终调节证券市场资金规模的一种手段。

公开市场业务是指中央银行在金融市场上买卖政府债券，特别是短期国库券，影响基础货币数量，从而影响货币供给量的一种货币政策。这种政策的实施会使证券的价格发生变化，即证券的供求关系发生改变。而且，中央银行买卖证券大部分都与商业银行有关，中央银行买进证券时，会扩大商业银行的投资和贷款，使证券价格上升，这意味着贷款利率降低，从而刺激投资。

调整保证金比率是指监管部门为了控制对有价证券的放款，加强对有价证券信用交易的管理，规定证券公司在对客户借款时，借款人要缴纳保证金。缴纳的保证金与购买有价证券金额的百分比即为保证金比率。当提高保证金比率时，借款人的筹资成本就会提高，起到抑制投资需求的作用；当降低保证金比率时，投资需求就会增加。监管部门可通过提高和降低保证金的比率来调控证券投资规模。

税收政策是指政府通过提高或降低税率、制定税种等来调节证券市场的供求。

② 证券业监管的法律手段。法律手段是指政府及授权机构通过有关法令和规章制度对证券买卖及相关组织、行为进行调节。由于在证券投资活动中当事人之间的债权债务关系比较复杂，各方的权利、义务和风险只有通过法律确认才能使之规范化和具有强制力，所以法律手段已成为监管证券投资的主要手段。

③ 证券业监管的行政手段。行政手段是指通过计划、政策、制度等来调节证券市场的供求，以维持市场的正常运行。如暂停或取消发行资格或证券商资格，暂停交易，限制价格的升降，以及对一些违法违规行为进行严厉处罚等。发达国家的证券市场较为完善，已实现了法制化管理，其行政手段主要局限于制定有关法律条文的实施细则、临时性的行政规章制度并监督其实施，正常情况下很少采用行政手段。发展中国家证券市场属于初创阶段，行政手段往往成为干预证券市场的有力工具。

2．证券业监管的主要内容

（1）证券发行监管

证券发行监管是指监管机构对新上市证券的审查、控制和监督行为。为使证券发行既有利于经济的发展，又能保障投资者和发行人的利益，一般国家对证券发行都采取审核制度。审核制度分为两种：一种是注册制，即所谓的公开原则；另一种是核准制，即所谓的实质管理原则。注册制是指发行人在发行证券之前，首先向主管机构申请注册，注册申请书要附带公开说明书、公司章程、各项财务报表等，只要提供的资料及信息真实、全面，经主管机构审查后，这种证券就可公开发行，若发现有严重失实、遗漏、虚报，则采用行政手段，发出“停止命令”，终止其注册生效。核准制是规定证券发行若干具体条件，经主管机构对发行者按核准条件审查许可后，才允许其发行。

（2）证券流通监管

证券流通一部分是在交易所内进行，一部分是场外进行，即柜台市场。证券流通监管包括对证券上市的监管、对证券交易所的监管、对柜台市场的监管及对证券商的监管等方面。

① 对证券上市的监管。首先是确定证券上市的标准与条件，如公司的资本实力与经营状况、企业的信誉及影响、在同行业中的竞争能力与地位、股份的数额与构成、近期的盈利水平等。

② 对证券交易所的监管。

政府对证券交易所的监管首先体现在证券交易所设立的严格审批。各国立法均规定，成立证券交易所必须经主管机关批准，否则视为违法行为。对证券交易所的管理大体可分为特许制、承认制及登记注册制，不论哪种类型，实质上都是对设立证券交易所的限制，包括规模、设施、人员、组织形式及规章制度等方面。其次还表现在对证券交易所的业务经营进行检查监督，包括向证券交易所派驻人员，对交易所进行常规和非常规检查，检查的内容涉及交易记录、账簿表册、财务报告等，根据检查结果，做出不同的处理。另外，审批证券交易所的管理规定和制度也是对其监管的一种表现，当交易所的管理规定不符合证券法时，监管机关有权废止，有权命令证券交易所修改其管理章程。

③ 对柜台市场的监管。柜台交易在交易规则、交易方式等方面均不同于交易所交易，其流动性和稳定性较差，因此各国政府对柜台市场也建立了相应的监管制度。

④ 对证券商的监管。证券商是指经营证券买卖业务、代客买卖以及代理公司发行和销售证券的机构或个人，它们是发行者和投资者之间的桥梁。由于证券商在证券市场上起着重要的作用，各国都通过有关立法和规章对证券商的经营进行严格的监管。首先，对证券商的资格进行审定和限制，不论是从事证券承销、代理买卖还是自营买卖，都必须先取得相关资格；其次，规定证券商的营业范围；最后，规定证券主管部门可以要求证券商提供与其经营有关的任何报告或文件资料，并进行检查，一旦发现有违反法规的事件，有权视情节轻重对其采取相应的惩戒措施。

9.4 保险业监管

1. 保险业监管的目标

保险业监管的目标主要有四个。

（1）保证保险人的偿付能力

保证保险人具有足够的偿付能力是保险业监督管理的最重要内容。《中华人民共和国保险法》（以下简称《保险法》）制定了对保险公司进行监督管理的章节和内容。如对企业资本、保证金、责任准备金、最低偿付能力、自留额等的具体规定，都是对保险公司偿付能力进行监督管理的重要内容。它不仅对保险公司的自身发展有直接影响，而且与社会广大投保户的利益紧密相关。

（2）防止保险人之间恶性竞争

保险公司开展业务应当遵循公平竞争的原则，不得从事不正当竞争。防止市场上保险人之间的恶性竞争，使保险市场维持合理的价格和公平的保险条件，以确保被保险人的利益。

（3）防止保险人利用保险进行欺诈

（4）防止欺诈

对保险中间人进行管理，以确保其经营保险业务的资格和能力。

保险代理人和保险经纪人主要是凭其专业知识和技术为保险人和投保人提供中介服务，因此对其资格和能力进行监督是政府对保险业管理的目标之一。

2．保险业监管的方式

各国对保险业监管方式主要有公告管理、规范管理和实体管理。

（1）公告管理

公告管理的做法是，政府对保险业经营不做直接监督，仅规定保险业必须按照政府规定的格式和内容，定期将营业结果呈报主管机关并给予公告。对保险业的组织、保险合同的规范、保险资金的运用均由保险企业自我管理。这种方式显然不适应现代保险业监管的要求，已被放弃。

（2）规范管理

这种管理方式注重保险经营形式上的合法。对于形式上不合法者，有关机关给予处罚，只要形式上合法，主管机关便不加干预。具体做法是：由政府制定一系列有关保险的法律、法规，要求保险业共同遵循，如最低资本金的要求、资产负债表审核、资本金运用、违反法律的处罚等，均做出明确规定。由于保险技术性较强，涉及事项较复杂，有关法律、法规难以面面俱到，往往会出现形式上不合法的行为，不能很好地实现政府对保险业的监督管理，因此这种管理方式也渐渐被淘汰。

（3）实体管理

实体管理是指国家制定完善的保险监管规则，政府保险监管机关根据法律法规赋予的权力，对保险市场，尤其是对保险企业进行全面、有效的监督和管理。

3．保险业监管的内容

由于保险经营技术的特殊性，为了使保险业能健康发展，使保险发挥社会稳定器的作用，保险业的监管重点在于对保险人的监管。

（1）对保险人资格的监管

保险人资格的取得在组织形式上必须符合法律规定，并具备法律和法规规定的条件。

① 保险人的组织形式。保险人的组织形式一般有国有保险公司、股份有限公司和相互保险组织。我国《保险法》中规定了两种形式：股份有限公司和国有独资公司。《保险法》规定

的保险公司以外的其他性质的保险组织，由法律、行政法规另行规定。

② 保险人须具备的条件和保险公司的设立。保险人除在组织形式上合法外，还必须具备一定的资本条件和良好的财务状况。保险企业不同于其他行业经济组织，它是利用投保人所缴保费进行损失分摊工作，所以保险企业开业时不仅要有一般企业拥有的供经营用的资产，而且还必须拥有开业以后前期的应付巨灾或巨额风险的准备金，否则不能履行其合同义务。因此，没有一定的资本和准备金不能经营保险业。

对资本或准备金的要求，不同国家有所差别。我国《保险法》规定，设立保险公司，其注册资本的最低限额为人民币 2 亿元，保险公司注册时，必须实缴 2 亿元，保险公司可根据经营规模和业务范围调整其注册资本最低限额，但不得低于人民币 2 亿元。保险公司成立后应当按照其注册资本总额的 20%提存保证金，存入监督管理部门指定的银行，除保险公司清算时用于清偿债务外，不得动用。除资本条件外，申请人还必须向金融监督管理部门提交正式申请表和有关文件、资料。

③ 从业人员的资格。保险经营专业性、技术性极强，其重要人员是否称职，对保险经营健全与否、财务状况好坏有重大影响。因此，从业人员的学识经验、资格条件成为保险监督管理的重要内容。

保险从业人员一方面指保险企业的高层管理人员，另一方面指保险企业的经营人员。各国保险法都严格规定：保险企业具有经营决策权的领导人员必须具备一定条件，不符合国家规定条件者，不能担当保险企业领导职务，没有达到法定数量的合格领导人数不允许开业。保险企业领导人的条件包括文化程度、保险实践经验和道德素质等。我国《保险法》及保险监管部门颁布的相关行政规章中也有这方面的要求。对于保险专业人员的培训、教育和资格考核制度也是各国政府对保险人进行监督管理的重要手段。

（2）对保险人经营的监管

① 保险人经营范围。经营范围监管是指政府通过法律或行政命令，规定保险企业所能经营的业务种类和范围，一般表现在两个方面：一是保险人可否兼营保险以外的其他业务，非保险人可否兼营保险或类似保险的业务，即兼业问题；二是同一保险企业内部，是否可以同时经营性质不同的保险业务，即兼营问题。

我国《保险法》明确规定：经营商业保险业务必须是依法设立的保险公司，其他单位和个人不得经营商业保险业务。同一保险人不得同时兼营财产保险业务和人身保险业务。保险公司的业务范围由金融监督管理部门核定，保险公司只能在被核定的业务范围内从事保险经营活动。违反保险法规定、擅自设立保险公司或者非法从事商业保险业务活动的，依法追究刑事责任，并由金融监督管理部门予以取缔。情节轻微，不构成犯罪的，予以行政处罚。保险人超出核定的业务范围从事保险业务的，由金融监督管理部门责令改正，退还收取的保险费，没收违法所得，并处以一定数量的罚款，逾期不改正或者造成严重后果的，责令停业整顿或者吊销经营保险业务许可证。

② 保险人偿付能力。偿付能力监督管理是国家对保险市场监督管理的首要目标，也是其监督管理的核心内容。一家保险公司偿付能力的强弱，归根到底取决于它的资产负债状况，也就是说，取决于保险公司的自有资产和保险准备金的提留能否满足其承担的责任。各国保

险法对保险公司偿付能力标准的要求各有其特点。

我国目前偿付能力监管主要借鉴以英国为代表的欧盟的偿付能力额度监管方式，通过制定保险公司偿付能力的法定最低标准，对保险公司实行监管。

我国《保险法》明确规定：保险公司应当具有与其业务规模相适应的最低偿付能力。保险公司的实际资产减去实际负债的差额不得低于金融监督管理部门规定的数额；低于规定数额的，应当增加资本金，补足差额。

《保险公司偿付能力额度及监管指标管理规定》是实施保险公司偿付能力监管的具体依据，其中规定了详细的硬性指标：对于财险公司，偿付能力指标有保费增长率、毛保费规模率、实际偿付能力额度变化率、两年综合成本率、资金运用收益率、速动比率等 11 个指标；对于寿险公司，有长期险保费收入增长率、短期险自留保费增长率、实际偿付能力额度变化率、险种组合变化率、认可资产负债率、退保率等 12 个指标。对偿付能力充足率低于 100%的公司，保监会采取责令增资、责令办理分保、限制增设分支机构等措施，使偿付能力不达标的公司限期达标，并将监管措施向公司董事会和主要股东通报。对于管理不善、恶性竞争导致偿付能力无法改善的公司，将采取更为严厉的监管措施。

有关规定还明确了保险公司董事会和管理层对公司偿付能力管理的有效性负责，要求公司建立与其业务性质、业务规模和风险状况相适应的内部偿付能力管理组织体系等。

③ 保险条款和费率。对保险条款、费率实行较严格的监管，其目的是防止保险公司之间在价格上进行恶性竞争，因此各国政府对保险费率的厘定和保险条款的拟定进行不同程度的监督管理。在有些发达国家，保险监管机关把保险监管的重点放在偿付能力上，主要监督保险公司的偿付能力是否充足，并不把保险条款、费率作为监管内容，因为保险公司所采用的条款、费率如果不适当，最终会表现为偿付能力不足。在这种体制下，对同一险种，各保险公司可采用不同的条款和费率，各保险公司之间存在产品和价格的竞争。通过竞争和市场规律的作用，价格会稳定在一个相对合理的水平。在另外一些国家，包括一些发达国家和发展中国家，保险监管机关既对条款、费率进行监管，也对保险公司的偿付能力进行监管。我国即属这种体制。在这种体制下，同一险种，各保险公司使用的条款、费率完全相同或基本相同，产品和价格竞争空间十分有限。就我国目前的情况看，保险公司自我约束能力较差，如果保险监管机关不对条款、费率实行监管，极有可能会出现费率上的恶性竞争。待市场发育比较成熟，保险公司的自我约束能力和保险行业自律机制提高之后，可以逐步放松对保险条款、费率的监管，而将保险监管的重点放到偿付能力上。

现阶段我国保险监管机关对条款、费率的监管方式包括以下两项：

- 审批制。关系社会公众利益的保险险种、依法实行强制保险的险种和新开发的人寿保险险种等的保险条款和保险费率，应当报保险监督管理机构审批。保险监督管理机构审批时，遵循保护社会公众利益和防止不正当竞争的原则。审批的范围和具体办法由保险监督管理机构制定。
- 备案制。除需经审批的险种的保险条款和保险费率，应当报保险监督管理机构备案。

④ 再保险。对再保险业务进行监督管理，有利于保险公司及时分散风险、保持经营稳定、限制保险费外流、保护民族保险业发展。一般在发达国家，由于其保险公司经营实力雄

厚，管理技术先进，保险市场自由化、商业化特点显著，对再保险很少直接进行行政干预，也无具体的法定分保内容。但在发展中国家和地区，一般都由政府出资成立了官方专业再保险公司或开展半官方的政策性再保险业务。如我国《保险法》规定，保险公司对每一风险单位所承担的责任超过资本金加公积金总和的 10%的部分应当办理再保险；除人寿保险业务外的每笔保险业务的 20%应当按照规定办理再保险。保险公司需要办理再保险分出业务的，应当优先向中国境内保险公司办理。金融监管部门有权限制或禁止保险公司向中国境外保险公司办理再保险分出业务或者接受中国境外再保险分入业务。

⑤ 财务。

• 规定最低资本金。出于保护被保险人利益的考虑，大部分国家在保险企业开办之时都规定了最低资本金。如果是相互保险组织，因无资本金的规定，则必须有一定金额的基金。保险企业刚开办时，一方面由于开始办理保险业务时就可能发生赔款，因而必须承担支付赔款的义务，这样就应当有一定的资金作为后盾；另一方面，开业初期承保范围不广，分保网络尚未健全，而且社会公众对公司情况不够了解，业务很难在短期内广泛展开，使自身承保的风险不能在地区之间、公司之间、国际间以及在各险种之间进行分散。风险过度集中，使出险概率增大，为了应付这种可能出现的巨额损失索赔，保险企业也应有一定的资本金。各国对资本金的规定虽各有不同，但对资本金的要求基本上是一致的。

• 缴存保证金。各国保险法多规定保险企业在初办时应按资本或基金额的一定百分比缴存保证金，以确保偿付能力，保护被保险人的利益。我国《保险法》规定：保险公司成立后应当按照其注册资本总额的 20%提取保证金，存入保险监督管理机构指定的银行，除保险公司清算时用来清偿债务外，不得动用。

• 提存各种准备金。经营保险业务的企业具有特殊的性质，它收取保费在前，支付赔款或给付保险金在后，为了确保将来履行保险责任范围内的赔偿与给付，必须提存适当的准备金。根据我国保险法的有关规定，保险公司应当根据保障被保险人利益、保证偿付能力的原则，提取各项责任准备金。保险公司提取和结转责任准备金的具体办法由保险监督管理机构制定。保险公司应当按照已经提出的保险赔偿或者给付金额，以及已经发生保险事故但尚未提出的保险赔款或者给付金额，提取未决赔款准备金。保险公司不按照保险法及保险监督管理机构制定的办法提取和结转各项责任准备金及未决赔款准备金，即构成违法。

• 规定资金运用范围。保险企业经营的是风险，而风险带有客观性、普遍性，而且保险资金本身是保险人的负债而非盈利，是要归还的，这就需要保证资金运用的安全。各国保险法对保险资金运用范围都加以规定。我国《保险法》规定：保险公司的资金运用必须稳健，遵循安全性原则，并保证资产的保值增值。保险公司的资金运用，限于银行存款、买卖政府债券、金融债券和国务院规定的其他资金运用形式。

⑥ 其他监管。

• 检查业务状况。各国保险管理机关均有检查保险企业业务状况的权力，管理机关可随时或定期派人实地检查各保险企业的业务经营及财务状况，并予以指导或纠正。

• 人事管理。保险业经营的成败在于重要职员是否称职，其中对核保人员、理赔人员和精算人员的要求更为严格。各国保险管理机关对这些重要业务人员的资格有严格规定，以使其能胜任其职。对保险代理人、经纪人或公证人的任职资格的认定，各国保险管理机关也有一定的规定。保险企业的法人代表、总经理作为保险企业的决策者核心和主要执行者，各国政府对他们的任职资格有更严格的规定。

本章小结

（1）金融监管是监管当局对各类银行和其他金融机构的监督检查和管制，以保证金融体系的安全、稳定，确保存款人的利益。我国实行分业监督，由中国银监会、中国证监会、中国保监会分别对银行业、证券业、保险业实行监督。

（2）对银行业实行现场和非现场监管，对其业务经营范围、业务活动、资本充足率等进行监管，使其能够按照规定进行业务操作，减少风险，稳健经营。

（3）对证券业监管采用官方监管、自律和公众监督相结合的形式，运用经济手段、法律手段和行政手段对证券业进行监督。证券业监管的主要内容有：对证券发行的监管、对证券流通的监管、对证券商的监管。

（4）对保险业监管的目标是：保证保险人的偿付能力；防止保险市场上保险人之间的恶性竞争；防止保险人利用保险进行欺诈；对保险中间人进行管理，以确保其经营保险业务的资格和能力。保险业监督的内容有：对保险人资格的监督；对保险经营的监管；对保险人财务的监督；业务管理。

复习思考题

一、名词解释

1. 金融监管　　2. 资本充足率

3. 保证金比率　　4. 实体管理

5. 现场监管　　6. 公告管理

二、选择题

1. 在金融监管机制中，我国银行业的监管主体是 ______。

A. 证监会　B. 银监会　C. 保监会　D. 财政部

2. 下列哪一项指标越高，则流动性越差______。

A. 资产流动性比例　B. 备付金比例

C. 国债占总资产比例　D. 中长期贷款比例

3. 由中央银行执行监管职责的是______。

A. 英国的英格兰银行　B. 日本的日本银行

C. 美国的联邦银行　D. 德国的德国联邦银行

4. 金融监管的目标是______。

A. 物价稳定　B. 充分就业

C. 促进经济持续快速健康发展　D. 维护金融业的合法、稳健运行

5. 我国的金融监管体制属于______。

A. 统一监管体制　　B. 集中监管体制

C. 分业监管体制　　D. 单头监管体制

6. 证券发行的注册制度是指向有关机关申请______的一种制度。

A. 备案登记　　B. 立案登记　　C. 查案登记　　D. 审案登记

7. 一般申请设立金融机构的资本是指______。

A. 注册资本　　B. 实收实物资本　　C. 外汇资本　　D. 实收货币资本

8. 在分业监管体制下，商业银行______。

A. 可以从事投资银行业务　　B. 禁止从事投资银行业务

C. 禁止吸收存款　　D. 可以从事股票经纪业务

三、简答题

1. 简述中国人民银行的监管职能。
2. 商业银行监管的内容包括哪些方面?
3. 简述中国保监会的监管职能。
4. 试述银监会成立的意义。

第10章 国际金融

学习要求

通过本章的学习，应掌握以下的知识和技能。

知识目标

掌握外汇、汇率的基本概念，掌握汇率确定的基础与影响汇率变动的因素，掌握固定汇率制度和浮动汇率制度的概念、作用，掌握汇率决定理论以及汇率变动对经济的影响等，了解国际收支的基本内容、国际货币体系的概念及演变、国际金融机构的组成、国际储备的内容、国际储备管理。

技能目标

能够解读国际收支平衡表，初步掌握外币兑换及外汇买卖实务。

10.1 外汇与汇率

外汇与汇率紧密相关。汇率的升降，不仅影响每笔进口和出口交易的盈利与亏损，而且还影响出口商品的竞争能力与销售市场。

10.1.1 外汇概述

1. 外汇的概念

外汇是国际汇兑的简称。外汇的概念有动态和静态之分。动态的外汇，是指把一国货币兑换为另一国货币以清偿国际间债务的金融活动，从这个意义上说，外汇等同于国际结算。静态的外汇是一种以外币表示的用于国际结算的支付手段，包括各种外币支付凭证，如银行存款凭证、汇票、支票、本票等。随着国际交往扩大和信用工具发展，外汇的内涵日益丰富，广义的静态外汇将以外币标示的有价证券也包含在外汇的范畴之内，各国外汇管理法令所称的外汇就是广义的外汇。例如，我国于2008年8月1日修订的《中华人民共和国外汇管理条例》规定，外汇是指以外币表示的可用作国际清偿的支付手段和资产，包括：

- 外国货币，包括纸币、铸币。
- 外币支付凭证或者支付工具，包括票据、银行存款凭证、银行卡等。

- 外币有价证券，包括债券、股票等。
- 特别提款权。
- 其他外汇资产。

狭义的外汇，即我们通常所说的外汇，是指以外币表示的用于国际结算的支付手段。只有为各国普遍接受的支付手段，才能用于国际结算。因此，外汇必须具备三个特点：

- 必须是可以自由兑换成其他支付手段的外币资产。
- 必须是在国外能得到偿付的货币债权。
- 必须是以外国货币表示的国际上能普遍接受和使用的资产。

2．外汇的种类

（1）根据外汇的来源和用途不同，可分为贸易外汇和非贸易外汇

贸易外汇是指一国通过进出口贸易所收付的外汇，包括进出口货物及相关从属费用（如运费、保险费、管理费、宣传费等）和服务，贸易外汇是一国外汇的主要来源和用途。非贸易外汇是指贸易外汇以外的一切外汇，即一切非来源于或用于进出口贸易的外汇。

（2）根据外汇可兑换性的强弱，可分为自由外汇和记账外汇

自由外汇是指不需要货币发行当局批准，可以自由兑换成其他货币的外汇，自由外汇在国际结算中被广泛使用。记账外汇是指根据双方协定进行国际结算时使用的计价单位的货币，不经货币发行国批准，不准自由兑换成他国货币，记账外汇是双边的，即只能是发生资金往来的两国使用，其他第三国不能同时使用。

（3）根据外汇买卖交割期限的不同，可分为即期外汇和远期外汇

即期外汇又称现汇，是指在成交后两个营业日内进行交割的外汇；远期外汇又称期汇，是指按照合同约定的日期在未来办理交割的外汇，交割的期限一般在一年以内，多数为1～6个月。

10.1.2 汇率概述

1．汇率的概念

汇率也称汇价，是两种不同货币之间的比价，也就是以一种货币表示的另一种货币的价格。常用货币名称、符号及代码表示，如表10-1所示。

表10-1 常用货币名称、符号及代码

国家或地区	货币名称	中文	货币符号	习惯写法
中国	Chinese Yuan	人民币	CNY	¥
中国香港	Hongkong Dollar	港元	HKD	HK $
美国	US Dollar	美元	USD	$/US $
欧盟	EURO	欧元	EUR	€
日本	YEN	日元	JPY	JP ¥
英国	Pound Sterling	英镑	GBP	£

一个国家国际收支中债权债务的清偿，都要发生本国货币与外国货币的折算问题。出口商需要将出口所得的外汇兑换成本国货币，以便核算成本和重置存货，进口商需要用本国货

币兑换成外汇以偿付货款，因此，国际间结算不能离开本币与外币的折算，于是也就产生了汇率问题。

由于两种不同的货币可以互相标价，因此也就产生了两种基本的汇率标价方法：一种是直接标价法，另一种是间接标价法。

（1）直接标价法

用一定单位（1 个单位或 100 个单位）的外国货币作为标准，折算为一定数额的本国货币来表示其汇率，即为直接标价法。例如，我国公布的外汇牌价中，100 美元=685.93 元人民币，这一标价方法就是直接标价法。绝大多数国家都采用直接标价法。

（2）间接标价法

用一定单位（1 个单位或 100 个单位）的本国货币作为标准，折算为一定数量的外国货币来表示其汇率，即为间接标价法。例如，纽约外汇市场 1 美元=109.45 日元，这一标价方法就是间接标价法。采用间接标价法的国家主要是美国和英国。

一定单位的本国货币折算的外国货币增多，说明外汇汇率下降，本币汇率上升。如果外币数额减少，则说明外币币值上升，本国货币币值下降，本币汇率下跌，外汇汇率上升。在同一组货币之间，用直接标价法与间接标价法表示的汇率互为倒数。

2．汇率的种类

（1）根据汇率制定方法不同，分为基本汇率和套算汇率

基本汇率是指本国货币与关键货币之间的兑换比例，其中的关键货币是指在国际间广泛使用并可以完全自由兑换的货币。通常大多数国家把美元作为关键货币来制定基本汇率。例如，香港把美元作为关键货币计算出基本汇率为 1 美元=7.86 港币。

套算汇率也称为交叉汇率，是指两种货币通过基本汇率换算出来的汇率。例如，纽约外汇市场 1 欧元=1.4721 美元，则港币对欧元的汇率可以套算得出：1 欧元=7.86×1.4721=11.5707 港元。

（2）根据银行买卖外汇角度不同，分为买入汇率、卖出汇率、中间汇率和现钞价

买入汇率是指银行买入外汇时使用的汇率；卖出汇率是指银行卖出外汇时使用的汇率；中间汇率是指买入汇率和卖出汇率的算术平均数，并不用作实际的交易，只是作为外汇行情的显示。在直接标价法下，一般买入汇率在前，卖出汇率在后，如人民币外汇牌价 100 美元=685.93 元/688.87 元，则银行从客户买入 100 美元付出 685.93 元人民币，卖给客户 100 美元则收入 688.87 元人民币；在间接标价法下，一般卖出汇率在前，买入汇率在后。买入汇率和卖出汇率之间的差是银行买卖外汇的正常收益。

现钞价是银行直接向客户买卖外币现钞时所使用的价格，这主要是针对一些对外汇实行管制的国家。外币现钞不能在本国流通，银行买入外币现钞后需要积累到一定数额，将其运送到发行国并存入银行才能充当流通或支付手段，在此之前，银行要承受一定的利息损失，而运送现钞要花费一定的运费、保险费等，还要承担一定的风险，所以银行收兑外币现钞时的汇率要低于现汇买入价。

（3）根据汇率制度不同，可分为固定汇率和浮动汇率

固定汇率是指一国货币同另一国货币的汇率保持基本固定，汇率的波动幅度限制在一个

特定的范围之内；浮动汇率是指一个国家不规定本国货币的固定比价，也没有任何汇率波动幅度的限制，听任汇率随外汇市场的供求关系自由波动。各国实行的浮动汇率又有所区别，按一国政府是否对外汇市场进行干预，浮动汇率可分为管理浮动和自由浮动；按一国货币价值是否与其他国家保持某种特殊联系，浮动汇率可分为单独浮动、联合浮动和盯住浮动三种。

（4）根据外汇买卖交割期限不同，分为即期汇率和远期汇率

即期汇率是指外汇买卖双方成交后，于当日或两个营业日之内进行交割时所采用的汇率；远期汇率是指外汇买卖双方成交后，在约定的日期进行交割时所采用的汇率。

（5）根据汇率的适用范围不同，分为单一汇率和复汇率

单一汇率是指一国货币对某外国货币仅有一种汇率，各种收付都按这种汇率结算；复汇率是指一国对外公布两种或两种以上本国货币与外国货币的汇率水平，不同来源和用途的收付使用不同的汇率。一国实行多种汇率的目的是为了某些特殊的经济利益，如一国规定贸易汇率时通常本币币值较低，可以促进出口，抑制进口。

（6）从衡量货币价值的角度划类，分为名义汇率、真实汇率和有效汇率

名义汇率是指未经调整的汇率。

真实汇率，又称实际汇率。它是一种对价格进行调整的名义汇率。具体地说，真实汇率是把名义汇率中的物价因素扣除后得出的。

有效汇率是各种双边汇率的加权平均。衡量一种货币的价值仅靠双边汇率是不够的。在外汇市场上，常可以看到一种货币对某种外币的价值在上升，但对另一种外币的价值却在下降。在这种情况下，双边汇率无法说明这种货币在世界范围内的变动情况，因此要用有效汇率来综合衡量一种货币的变化情况。

汇率是两种不同货币之间的折算比例，作为一种交换比率，它反映了不同国家货币之间的价值对比关系。当相交换的两种货币中有一种货币所代表的价值量发生了变化，两种兑换货币的兑换比率就会发生变动。货币所代表的价值量变化有两个方面，即升值或贬值。一国货币升值（或本币汇率上浮）意味着外国货币贬值（或外汇汇率下跌），一定量的该国货币能兑换到更多的外国货币，也就是说，一定量的外汇只能兑换到更少的该国货币。反之亦然。

10.1.3 汇率的决定和影响因素

1．汇率的决定

（1）金本位制度下汇率决定的基础

不同货币制度下汇率的决定基础是不一样的。在金币本位制度下，各国都规定金铸币的法定含金量。两种不同货币之间的比价，是由它们各自的含金量的对比来决定的。

例如，在 1925—1931 年，1 英镑的含纯金量为 113.0016 格令，1 美元所含纯金量为 23.22 格令，£1=113.0016÷23.22= $ 4.8665，即 1 英镑等于 4.8665 美元。

在典型的金本位下，金币本身在市面上流通，铸造的金币与可兑现的银行券以 1∶1 的严格比例保持互换，这时，两种货币含金量之比被称作铸币平价。在金本位制度下，汇率决定的基础是铸币平价，实际汇率则因供求关系围绕铸币平价上下波动，但其波动的幅度受制于黄金输送点。在金币本位制度下，黄金可以自由输出入。如果外汇汇率涨得太高，人们就都

不愿购买外汇，而要运送黄金进行结算。

但运送黄金需要种种费用，如包装费、运费、保险费和运送期间的利息等。假定在英国和美国之间运送一英镑黄金的费用为 0.02 美元，那么，铸币平价 4.8665 美元加上运送费 0.02 美元就等于 4.8865 美元。这是美国对英国的黄金输出点。如果 1 英镑的汇价高于 4.8865 美元，则美国在债务清偿中购买外汇不合算，不如直接向英国运送黄金有利，那么美国的黄金就要向英国输出；铸币平价 4.8665 美元减去运送费 0.02 美元等于 4.8465 美元，就是美国对英国的黄金输入点。如果 1 英镑的汇价低于 4.8465 美元，美国的债权人就不要外汇，而宁肯自己从英国输入黄金。黄金输入的界限，叫作黄金输入点；黄金输出的界限，叫作黄金输出点。

汇价的波动是以黄金输出点作为上限，以黄金输入点为下限，它总是以铸币平价为中心，在这个上限和下限的幅度内摇摆。黄金输出点和输入点统称为黄金输送点。

综上所述，铸币平价加上黄金运送费，是汇价上涨的最高点；铸币平价减去黄金运送费，是汇价下跌的最低点。这是汇率变动的界限。由于黄金输送点限制了汇价的变动，所以汇率波动的幅度比较小，基本上是稳定的。

（2）纸币制度下汇率决定的基础

金本位制度崩溃后，各国普遍实行了纸币流通制度。在实行纸币制度时，各国政府都参照过去流通的金属货币的含金量，用法令规定纸币的黄金平价，即纸币所代表的含金量，所以在纸币流通制度下，若纸币真正能代表所规定的黄金平价或含金量时，两种货币的黄金平价之比是汇率决定的基础。

在布雷顿森林体系崩溃后的浮动汇率制度下，由于黄金的非货币化，各国货币间的汇率绝大多数由外汇供求关系决定，自由浮动，不再以其含金量来确定，各国的货币发行也大多不再规定其含金量。在这种情况下，货币的价值应成为确定汇率的基础，而货币价值的大小，一般体现在该种货币的购买力上。纸币所代表的价值量之比，或两种货币购买力之比叫作购买力平价，购买力平价是汇率的决定基础。

2．汇率的影响因素

汇率受很多因素影响，既包括国内因素，又包括国际因素。因此，汇率的变动难以准确把握。除经济因素外，货币作为国家主权的一种象征，也常常受到政治和社会因素的影响。

（1）国际收支差额

国际收支差额既受汇率变化的影响，又会影响到外汇供求关系和汇率变化，其中，贸易收支差额是影响汇率变化最重要的因素。当一国有较大的国际收支逆差或贸易逆差时，说明本国外汇收入比外汇支出少，对外汇的需求大于外汇的供给，外汇汇率上涨，本币对外贬值；反之，当一国处于国际收支顺差或贸易顺差时，国际储备增加，外汇的供给大于需求，会引起外汇汇率下降，本币对外升值。例如，第二次世界大战结束后的一段时期，美国巨额的贸易顺差促使美元供不应求，出现“美元荒”，为美元成为中心的货币体系奠定了基础；而 20 世纪 60 年代以后美国巨大的国际收支逆差，又迫使美元在 1971 年和 1973 年两次大幅度贬值；20 世纪 80 年代中期以后美国对日本持续大量的贸易逆差也是导致美元对日元不断贬值，日元对美元汇率步步攀升的主要原因。

（2）利率水平

利率也是货币资本的一种“特殊价格”，它是借贷资本的成本和利润。在开放经济和市场经济条件下，利率水平变化与汇率变化息息相关，主要表现在当一国提高利率水平或本国利率高于外国利率时，会引起资本流入该国，由此对本国货币需求增加，使本币升值，外汇贬值；反之，当一国降低利率水平或本国利率低于外国利率时，会引起资本从本国流出，由此对外币需求增大，使外汇升值，本币贬值。

（3）通货膨胀因素

纸币制度的特点决定了货币的实际价值是不稳定的，通货膨胀以及由此造成的纸币实际价值与其名义价值的时时偏离，几乎在任何国家都是不可避免的，这就必然引起汇率水平的变化。具体地说，一国通货膨胀率提高，货币购买力下降，本币汇率下跌，外汇汇率上升；另外，由于通货膨胀使国内物价上涨、出口商品成本增加，对出口不利，但会刺激进口，使得贸易收支恶化、外汇需求增加，同样导致本币汇率下跌，外汇汇率上升。进一步，汇率是两种货币之比价，其变化受制于两国通货膨胀程度之比较。如果两国都发生通货膨胀，则高通货膨胀国家的货币会对低通货膨胀国家的货币贬值，而后者则对前者相对升值。

（4）市场预期

市场预期是影响国际间资本流动的另一个重要因素。在国际金融市场上，短期性资金（所谓游资）达到十分庞大的数字。这些巨额资金对世界各国的政治、经济、军事等因素都具有高度的敏感性，并受到预期因素的支配。一旦出现风吹草动，这些游资就到处流窜，或为保值，或为攫取高额投机利润。这就常常给外汇市场带来巨大的冲击，成为各国货币汇率频繁起伏的重要根源。可以说，预期因素是短期内影响汇率变动的最主要因素。只要市场上预期某国货币不久会下跌，那么市场上立即就可能出现抛售该国货币的活动，造成该国货币的市场价格立即下降，甚至有时据以形成市场预期的，并不需要是真实的政治、经济形势和政策变动。

（5）货币当局干预

各国货币当局为了维持汇率稳定或者为了达到某种政策目的，通常会对外汇市场进行不同程度的干预，一般是通过在外汇市场上买卖外汇来影响外汇的供求状况，从而保持本币币值稳定或实现本币升值或贬值，此举不会从根本上改变汇率的长期走势，但对汇率的短期走向会产生一定的影响。

（6）经济增长率差异

长期来看，一国经济增长率高，本国产品竞争力强，有利于出口增长，也更容易吸引外国资本流入，因此会改善国际收支，使该国币值稳定。

（7）其他因素

在现代外汇市场上汇率变化常常是敏感的。一些非经济因素、非市场因素的变化也会波及外汇市场。例如，国家政局稳定与否、战争爆发等，都会导致汇率暂时性或长期的变动。其原因在于：无论是政治因素、战争因素或其他因素，一旦发生变化，都会不同程度地影响有关国家的经济政策、经济秩序、经济前景，人们或者寻求资金安全、保值，或者乘机进行投机、获利，都会进行迅速的买卖交易，引起市场行情的波动。

另外，如黄金市场、股票市场、石油市场等其他投资品市场价格发生变化也会导致外汇市场汇率波动，因为国际金融市场一体化，资金在国际间的自由流动使得各个市场间的联系更为紧密，价格的相互传递成为可能和必然。

10.1.4 汇率变动对经济的影响

汇率变动对经济生活有着深刻的影响，尤其对经济开放程度较高、外汇管制放松的国家更是如此，而对开放程度较低、外汇管制较严的国家来说，这种影响往往不太明显。汇率对经济活动的影响主要表现在以下几个方面。

1. 对国际贸易的影响

汇率的变动会引起商品进出口成本的变化，从而对商品进出口产生影响。当一国货币对外贬值时，对该国的商品出口来讲，就意味着在出口同样一件商品、换取同等数量的外汇时，出口商所能得到的本国货币增多，出口商便因此可以降低出口商品在国际市场上的售价，从而增强本国商品的国际竞争力，促进商品出口增加，而对该国的商品进口来讲，外汇价格的上涨，会使进口商在进口同样一件商品、购买同样一笔外汇时所需支付的本国货币增加，进口商品在国内市场的售价也不得不提高，从而削弱了进口商品在国内市场上的竞争力，抑制了商品进口。当某国货币对外升值时，情况与上面所述相反。

总之，当某国货币对外贬值，（即该国外汇价格上涨）时，能起到扩大出口、限制进口的作用；而当某国货币对外升值（即该国外汇价格下降）时，会引起出口减少和进口增加。

2. 对国际资本流动的影响

当某国货币对外贬值时，本国货币为防止货币贬值的损失就会流向国外，而存在本国银行的非居民存款或其他短期投资也会流往他国，导致资本流出。若某国货币对外升值，则会吸引资本流入。

3. 对国内物价水平的影响

当某国货币对外贬值时，会刺激商品出口增加和进口减少，从而引起国内商品供应减少，商品价格上涨；而当某国货币对外升值时，会刺激国内商品进口增加和出口减少，从而导致国内物价下跌。

4. 对外汇储备的影响

每个国家都需要有一定数量的外汇储备。当一个国家所储备的货币对其他货币贬值时，该国外汇储备的实际价值便会减少，如 20 世纪 70 年代初美元的两次贬值曾使很多以储备美元为主的国家蒙受了巨大损失。而当一个国家所储备的货币对其他货币升值时，该国外汇储备的实际价值便会增加。

10.1.5 汇率制度

汇率制度又称为汇率安排，是指一国货币当局对本国汇率变动的基本方式所做的一系列安排或规定。传统上，按照汇率变动的幅度，汇率制度分为两大类型：固定汇率制度和浮动汇率制度。

1. 固定汇率制度

固定汇率制度是指现实汇率受平价的制约，只能围绕平价在很小的范围内上下波动的汇率制度。历史上，自 19 世纪中末期金本位制在西方主要各国确定以来，一直到 1973 年，世界各国的汇率制度基本上属于固定汇率制。固定汇率制度经历了两个阶段：一是从 1816 年到第二次世界大战前的国际金本位制度下的固定汇率制；二是第二次世界大战后（1945—1973 年）的布雷顿森林体系的固定汇率制。

（1）金本位制下的固定汇率制

金本位制是以一定量的黄金为本位货币的货币制度。在金本位制度下，决定汇率的基础是铸币平价。各国货币间的汇率以铸币平价为基础，在黄金输送点范围内波动。因此，金本位制度下的汇率相对稳定。

（2）布雷顿森林体系下的固定汇率制

布雷顿森林体系下的固定汇率制是纸币本位下以美元为中心，以黄金为基础的固定汇率制。该固定汇率制有以下五个特点，即“一固定”“双挂钩”“上下限”“政府干预”“允许调整”。

①“一固定”是指固定货币平价。

②“双挂钩”是指美元与黄金挂钩，其他国家货币与美元挂钩，即其他国家货币通过与美元的直接挂钩达到与黄金的间接挂钩。

③“上下限”是指货币比价确定之后，汇率波动只能在 ± 1%的幅度内进行（1971 年 12 月以后变为 ± 2.25%）。

④“政府干预”是指汇率波动超过规定的上下限幅度后，有关国家政府有义务在外汇市场上进行干预，以维持汇率的稳定。

⑤“允许调整”是指当一国经济状况发生了根本的变化，各国政府已无法通过外汇市场的干预来维持固定平价时，在获得基金组织同意的情况下，一国可以使其货币法定升、贬值，即调整其货币法定平价。

由于上述特点，布雷顿森林体系下的固定汇率制相对稳定。

两种固定汇率制度既有共同点，也有不同点。

第一，共同点：两种固定汇率制都是以各国货币的含金量作为汇率的决定基础。在金本位制下，黄金通过自由的输出入执行着世界货币的职能，而且各国纸币的发行量都受黄金准备量的限制。通过金币的自由铸造与自由销毁，黄金与纸币形成了严格的比例关系。在布雷顿森林体系下，虽然没有金币的流通，黄金也不能自由输出入，但协议规定美元与黄金挂钩，各国官方可以按 1 盎司 35 美元的价格将自己手中的美元向美国政府兑换黄金，黄金仍然处于世界货币的地位，而且与纸币仍然有一个严格的比例关系。在两种固定汇率制度下，汇率的波动都是在以货币含金量为基础的平价上下波动。

第二，不同点：首先，金本位制下的固定汇率是自发形成的。两国货币之间的中心汇率是按铸币平价决定的，黄金的自由输出入能自动保证现实汇率的波动不超过黄金输送点范围。而在纸币流通条件下，固定汇率制只是通过国际协议（布雷顿森林协定）人为地建立起来，各国货币当局通过规定虚设的金平价来制定中心汇率，并且现实汇率也是通过外汇干预、外汇管制或国内经济政策等措施被维持在人为规定的狭小范围内波动。其次，在金本位制度下，各国货币的金平价是不会变动的，因此各国之间的汇率能够保持真正的稳定。而在纸币流通条件下，各国货币的金平价则是可以调整的，当一国国际收支出现根本性失衡时，金平价可以经由国际货币基金组织的核准而予以变更。因此金本位制度下的固定汇率制是典型的固定汇率制，而纸币流通条件下的固定汇率制，严格来说只能称为可调整的盯住汇率制。

2．浮动汇率制度

浮动汇率制是指现实汇率不受平价限制，而随外汇市场供求状况的变动而波动的汇率制度。按照浮动的形式，浮动汇率制可以分为单独浮动和联合浮动。单独浮动是指本国货币不与外国任何货币发生固定联系，其汇率根据外汇市场的供求状况单独浮动。联合浮动指欧洲货币体系各成员国货币之间保持固定汇率，而对非成员国货币则采取共同浮动的做法。

3．固定汇率制与浮动汇率制的利弊

（1）固定汇率制利弊

在固定汇率制度下，汇率具有相对的稳定性，汇率的波动范围或自发地维持，或人为地维持，使国际商品价格的决定、国际贸易成本的计算、国际债权债务的清偿都能稳定地进行，减少了汇率波动风险，也抑制了外汇投机活动。因此，固定汇率制对世界经济的发展起到了一定的促进作用。然而，由于固定汇率制下，上下限及法定平价都是人为规定的，汇率不能正确反映两国货币实际购买力，固定汇率制的维持必然使货币的对内价值和对外价值脱节，影响到一国的对内对外的同时均衡，若一国出现国际收支逆差，则引起黄金或外汇的大量流失。在固定汇率制度下，国外发生通货膨胀，很容易传播到国内，其传导渠道有两个：一是国外通货膨胀通过一价定律造成本国商品和劳务价格的直接上升；二是国外通货膨胀通过外汇储备的变化造成本国货币供给的增加，从而间接引起本国物价上涨。因此，固定汇率具有传播通货膨胀的弊端。

（2）浮动汇率制利弊

在浮动汇率制下，汇率频繁而剧烈地波动，给国际贸易和投资带来很大的不确定性，对国内资源的配置形成不利影响。当汇率大幅度下跌时，该国资源就会流入对外竞争能力因而提高的出口品和进口替代品部门。然而，一旦汇率回升时，这些资源在贸易品部门就会因过剩而重新流出。浮动汇率制还会助长金融市场投机活动的盛行，不利于整个金融体系的健康发展。但在浮动汇率制下，汇率是由市场供需变化决定的，因此能反映两国间货币购买力的对比。浮动汇率制增加了本国货币政策的自主性，国际收支的均衡也无须以牺牲国内经济为代价。浮动汇率制对世界性通货膨胀具有一定的绝缘作用。由于浮动汇率制下，一国并无维持汇率稳定的义务，因此不需要像在固定汇率制下有那么多的外汇储备。浮动汇率制能使国际收支自动达到均衡，一国可以避免在固定汇率制下那些为维持国际收支而采取的贸易管制措施，从而避免了本国资源配置的扭曲，提高经济效益。

10.2 国际收支

在开放经济中，各国的商品市场通过国际贸易相互联系，金融市场通过国际资本流动成为一体，生产要素市场也因生产要素在国际间的流动而相互联系。在这样的开放条件下，为了更好地控制宏观经济活动，首先需要了解和掌握国家的国际经济交易。国际收支为分析和理解一国与世界其他地区的各项经济交易提供了有力的统计工具。它不仅体现了一国的对外经济、金融关系，而且反映了该国在国际经济中的地位和实力变化的情况。可以说，国际收支是国际金融活动的起点和归宿。

10.2.1 国际收支的概念

国际收支是指一个国家在一定时间内，对其他国家和地区由于贸易、非贸易及资本往来而引起的国际间资金收支，包括货币收支及以货币表示的资财转移。

国际收支的概念经历了一个漫长的演变过程。早在 17 世纪初，国际收支的概念就已经出现了，不过，由于当时国际经济往来一般仅限于商品进出口贸易，所以当时的国际收支仅指有形的贸易收支。随着国际经济关系的发展，国与国的经济往来不再局限于贸易往来，国际收支的概念也就从原来的贸易收支扩展到了外汇收支概念，凡发生外汇收支的国际经济交往，均属国际收支的范畴，这也就是狭义的国际收支概念。第二次世界大战以后，世界各国经济迅猛发展，经济的国际化以及各国之间的纵向与横向联系日益加深，经济交易的内容也越来越丰富，不仅包括外汇收支的各类经济活动，也包括不涉及外汇收支的易货贸易、补偿贸易以及无外汇偿付行为的各种资金的单方面转移，如捐赠、援助等。于是，国际收支的概念在范围上又有了扩展，形成了现在的国际收支概念。

10.2.2 国际收支平衡表

1．国际收支平衡表的概念

国际收支平衡表是按照复式簿记原理，运用货币计量单位，以简明的表格形式系统地记录一个国家在一定时期内（通常为一年）所发生的全部国际经济交易的报告文件或统计表。它集中反映该国国际收支的具体内容和总貌，表明该国在这一时期内外汇收入的来源和外汇支出的用途，是研究该国经济实力的主要依据。

2．国际收支平衡表的内容

国际收支平衡表所包含的内容十分繁杂，各国基本按照国际货币基金组织的有关规则而编制，但由于各国的具体情况又有差别，所以各国编制的国际收支平衡表也有差异。国际收支平衡表的主要项目包括：经常项目、资本项目、平衡项目。

（1）经常项目

经常项目包括商品和劳务的一切交易，它是国际收支平衡表中最重要的项目，由贸易收支、劳务收支、转移收支三部分组成。

贸易收支是经常项目的核心。它包括居民向非居民出口或从非居民那里进口的大多数可移动货物、用于加工的货物、货物的修缮、各种工具——飞机、船舶等在港口采购的货物和非货币黄金。

劳务收支也称无形贸易收支。它包括居民与非居民之间的运输、国际旅游、通信服务、建筑服务、保险服务、计算机信息服务、专有权利使用费和特许费、投资收益、其他商业服务、个人、文化和娱乐服务及其他未提及的政府服务。

转移收支又称单方面转移，指单方面、无对等的交易，即资金在国家间移动后并不产生归还或偿付的问题。转移收支根据单方面转移的主体和对象不同，又分为政府转移和私人转移两大类。政府转移收支主要包括政府间经济、军事援助，战争赔款，政府赠与等。私人转移主要包括海外汇款、年金、私人赠与等。

（2）资本项目

资本项目主要指资本的输出和输入，一般分为长期和短期资本两大类。长期资本包括一年以上的贷款与投资，短期资本指一年或一年以内的国际资本流动。

（3）平衡项目

平衡项目又称储备结算项目，是指以官方储备的变动来调节经常项目与资本项目的“缺口”。该项目包括错误与遗漏、分配的特别提款权和官方储备。

① 错误与遗漏。编制国际收支平衡表运用的是复式记账法，所以借贷双方必须求得平衡，然而由于资料不够完整且来源各不相同，特别是短期资本在国家间的流动频繁、形式隐蔽，错误与遗漏在所难免。为补救起见，不得不设“错误与遗漏”项目来校正，以使国际收支平衡表的借方与贷方余额达到平衡。

在国际收支平衡表中，标准的做法是将错误与遗漏用一个单独的项目表示出来。如果组成部分的贷方出现余额，那么就在借方注上一笔数目相等的错误与遗漏，反之亦然。错误与遗漏项目数值的大小不应视为代表了整个统计报表的准确性，但是，净的错误与遗漏数目较大，则会影响统计表的分析。

② 分配的特别提款权。特别提款权是国际货币基金组织按照会员国缴纳的份额分配给会员国的一种记账单位，可以同黄金、美元一起作为持有国的国际储备。各国分到的特别提款权是国际收支的一项收入，用于弥补国际收支逆差，也可用于偿还国际货币基金组织的贷款。

③ 官方储备。官方储备是指一个国家金融当局（中央银行和其他官方机构）持有的储备资产及其对外债权，包括货币性黄金、外汇、分配的特别提款权和在国际货币基金组织的储备头寸（普通提款权）。一个国家在一定时期内的国际收支不可能完全平衡，当国际收支出现顺差或逆差时，最后必须通过增减其官方储备或增减其对外债权和债务获得平衡。

10.2.3 国际收支的分析

1．国际收支平衡与失衡的概念

根据交易的动机或交易的内容，传统上我们可以将国际收支平衡表中的所有交易分为自主性交易和补偿性交易（或称调节性交易）两大类。自主性交易是指企业或个人出于自身的利润动机或其他目的而从事的交易，如为追求利润而进行的商品和劳务的输入、输出、海外直接投资等，经常账户的各项交易、不包含储备资产的资本和金融账户中的一些交易都属于自主性交易。补偿性交易是指为弥补国际收支不平衡而发生的交易，如为弥补国际收支逆差而向外国政府或国际金融机构借款、动用官方储备等。

由上述两个概念，我们可以判断一个国家的国际收支是否平衡。国际收支平衡是指自主性交易借贷方的差额基本持平，无需依靠补偿性交易来弥补；国际收支失衡是指自主性交易借贷方的差额不相等，需要通过补偿性交易来弥补而形成一种形式上的平衡。另外，当这一差额为正时，就称之为“国际收支顺差”；当这一差额为负时，就称之为“国际收支逆差”。

2．国际收支的差额分析

按照人们的传统习惯和国际货币基金组织的做法，在国际收支分析中具有重要意义的差额主要有以下四种。

（1）贸易收支差额

贸易收支差额是指包括货物和服务在内的进出口之间的差额，该差额为正时该国存在贸易顺差，该差额为负时该国存在贸易逆差，该差额为零时该国贸易收支平衡。贸易收支在国际收支中有它的特殊重要性，商品的进出口情况综合反映了一国的产业结构、产品质量和劳动生产率状况，反映了该国产业在国际上的竞争能力。因此，对贸易收支差额进行分析十分重要。通过分析，可以看出一国商品进出口的结构和地区分布是否合理，进而了解该国产业结构、生产技术水平是否与世界经济发展水平相适应等。

（2）经常项目收支差额

经常账户包括贸易收支、服务、收入和经常转移收支。经常账户差额是各国国际收支管理中极为关注的一个指标，它综合反映了一个国家的产品进出口状况、无形贸易收支情况以及投资收益状况。所以，它不仅反映一国产品在国际市场的竞争力，也反映一国服务业（如金融、保险、运输等）的竞争力，以及国际间的债权债务状况。经常项目收支差额与一国的充分就业和国内产出紧密相关，国际经济组织经常采用这一指标对成员国经济进行衡量。

（3）资本与金融账户差额

资本与金融账户差额是指国际收支账户中资本账户与直接投资、证券投资、其他投资项目及储备资产借贷双方的净差额。

首先，从一般意义上讲，与经常账户盈余反映一国较强的经济实力不同，资本与金融账户的赤字通常能反映一国较强的经济实力。根据复式记账原则，在国际收支中一笔贸易流量通常对应一笔金融流量，因此经常账户中实际资源的流动与资本和金融账户中资产所有权的流动是同一问题的两个方面。在不考虑错误与遗漏因素时，经常账户中的余额必然对应着资本和金融账户在相反方向上的数量相等的余额，也就是说，经常账户余额与资本和金融账户余额之和等于零。因而当资本和金融账户出现赤字时，必然对应着经常账户出现盈余，反映的是该国较强的经济实力。

其次，当期的资本和金融账户对未来的经常账户状况会产生非常重要的影响。这是因为，收入账户是经常账户的一个重要组成部分，若当期一国在资本和金融账户有较大的顺差，必然意味着下一时期的对外利息支出和利润汇出增加，即收入账户下的对外支出增加，经常账户的逆差压力增加，尤其当一国经常账户赤字数额长期居高不下时，由此导致的债务积累会使利息支出越来越大，这又加剧了经常账户状况的恶化，从而形成恶性循环的局面。

再次，资本和金融账户为经常账户提供融资受到诸多因素的制约。一国可以通过储备和资本引进两种方式为经常账户融资，就第一种情况而言，在一国难以吸引国外资本流入时，则势必主要通过本国政府持有的金融资产（即资本与金融账户中的官方储备）进行融资。由于一国的储备数量是有限的，所以这一融资也是有限的。而就第二种方式看，以引进国外资本为本国经常账户融资，可使一国突破其经济发展初期存在的资金和外汇缺口，这种融资方式不受一国储备有限性的直接制约。

最后，外资的引进存在风险。第一，若一国流入的资本中有相当部分是短期投机资本，则极易出现这样一种现象：在该国出现国际收支逆差时，由于资本的大量流入，使其货币在外汇市场上不仅不贬值，反而可能出现升值，从而使其经常账户进一步恶化。而流入的短期资本是很不稳定的，若其经常账户在短期内进一步恶化，或一国经济环境出现某些不利的变化，乃至于突发事件等因素都有可能引起资本突然的大规模撤出，引发货币危机，如 1997 年的东南亚金融危机。第二，即使以引进外国中长期资本为主，这种融资也必然面临偿还问题。如果因各种因素对借入资金使用不当，在引进资本到期须还本付息时，经常账户的逆差无法扭转，就会发生偿还困难，极易引发债务危机。20 世纪 80 年代初期拉美国家出现的债务危机说明了这一点。所以，从规避金融风险、维持经济稳定的角度出发，政府会限制资本和金融账户对经常账户的融资作用。

（4）综合账户差额

综合账户差额也称为总差额，是指经常账户与资本和金融账户中的资本账户、直接投资、证券投资、其他投资账户所构成的余额，也就是将国际收支账户中的官方储备账户剔除后的余额。由于综合差额必然导致官方储备的反方向变动，所以可以用它来衡量国际收支对一国储备造成的压力。通常人们讲的国际收支盈余或赤字就是指综合收支差额盈余或赤字。

综合上述，国际收支不同的差额反映不同的经济内涵，通过对不同差额的综合分析，可以更为明确地反映一国当前在国际交往中的地位和状况，并采取相应的对策。例如，某个国家的经常账户连年发生巨额赤字，而资本和金融账户则连年盈余。这样的国家虽然综合账户处于平衡，但从长期看，国际收支状况不容乐观。因为长年的经常账户赤字反映了该国产业国际竞争力低下，国际收支的长久平衡没有坚实的基础，眼前的平衡是依靠利用外资来维持的，所以它极可能存在严重的外汇短缺和结构性国际收支不平衡。

10.2.4 国际收支的调节

1．国际收支失衡的类型

国际收支失衡的类型主要包括临时性失衡、周期性失衡、结构性失衡、货币性失衡和收入性失衡。

（1）临时性失衡

临时性失衡是指由短期的、非确定的或偶然的因素引起的国际收支失衡，其特征表现为：程度较轻、持续时间不长、具有可逆性。在浮动汇率制度下，这种失衡有时仅靠市场汇率的波动就能将其纠正；在固定汇率制度下，只需动用官方储备就能加以克服。

（2）周期性失衡

周期性失衡是指由一国内部经济发生周期性波动引起的国际收支的失衡。市场经济国家由于受经济周期的影响，通常会周而复始地经历繁荣、衰退、萧条、复苏四个阶段，不同的阶段会对国际收支产生不同的影响，在繁荣时期容易出现国际收支逆差，在衰退期容易出现国际收支顺差，其产生机理如图 10-1 所示。

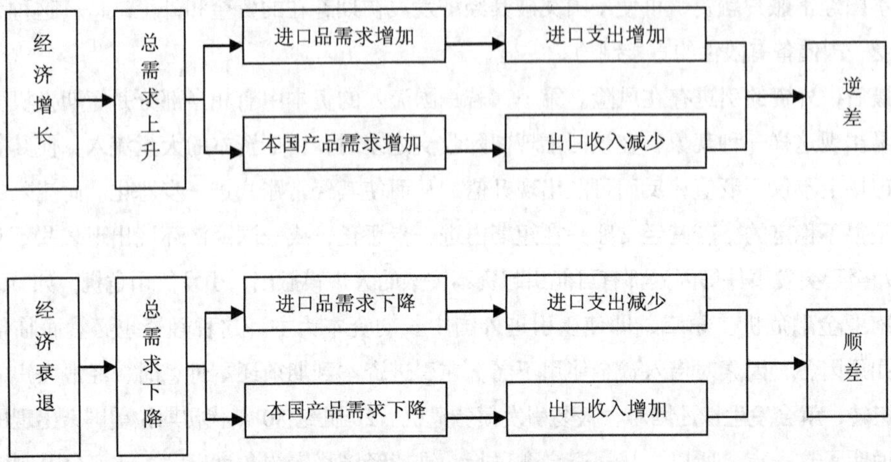

图 10-1　周期性失衡产生机理

（3）结构性失衡

结构性失衡是指由于一国国内经济、产业结构不能适应世界市场的变化而引起的国际收支失衡。结构性失衡有两种类型：一种为产品供求结构失衡，即本国产品的供求结构无法跟上国际市场上产品供求结构的变化而造成的国际收支失衡；另一种为要素结构失衡，即本国的生产要素价格无法正确反映该国资源的供需状况而导致最终产品价格扭曲，进而影响出口需求，影响国际收支平衡。

（4）货币性失衡

货币性失衡是指由于货币领域的相关因素（如货币供应量、利率等）变动所造成的国际收支失衡，其作用机理如下图 10-2 所示。

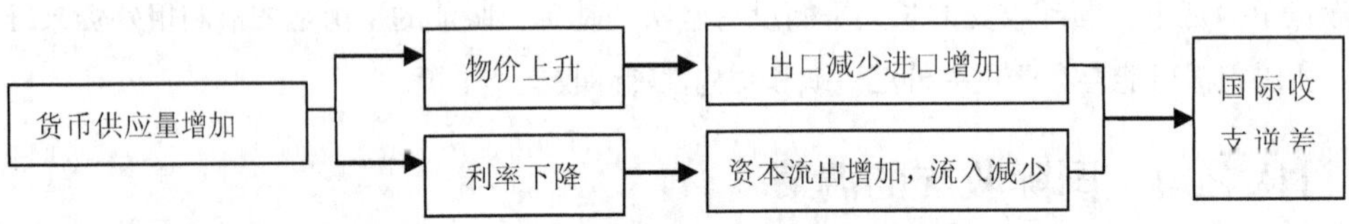

图 10-2　货币性失衡产生机理

（5）收入性失衡

收入性失衡是指由于一国国民收入水平的变化引起的国际收支失衡。当国民收入快速增长，导致进口需求的增长超过出口增长或者其他方面的国际支付增加时，国际收支容易发生逆差；当国民收入减少，居民消费和投资的需求都会下降，进口也会减少，国际收支容易发生顺差。

2．自动调节机制

（1）国际金本位制下的自动调整机制

大卫·休谟的价格铸币流动机制为：

国际收支逆差→黄金输出→国内黄金量下降→货币供给减少→物价下降→进口减少、出口增加→国际收支改善

（2）纸币本位的固定汇率制度下的国际收支自动调整机制

固定汇率制度下的国际收支自动调节机制如图 10-3 所示。

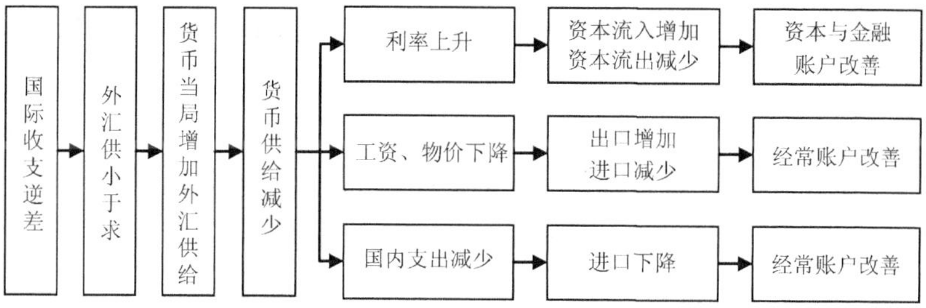

图 10-3　固定汇率制度下的国际收支自动调节机制

（3）浮动汇率制度下的国际收支自动调节机制

国际收支逆差→外汇供不应求→外汇汇率上升→进口减少，出口增加→国际收支改善

3．国际收支调节政策

（1）融资政策

融资政策是指一国货币当局通过对外借款或运用外汇储备弥补国际收支差额。该政策具有简便易行的特点，主要适用于解决偶发性的国际收支失衡，而对于长期性的失衡，融资政策可为调整政策提供更大的缓冲时间。但由于一国官方储备有限，融资政策不可长期使用。

（2）支出变更政策（包括财政政策、货币政策）

支出变更政策是指通过改变社会总需求或国民经济中支出总水平，改变对外国商品、劳务和金融资产的需求，以达到调节国际收支目的的政策。

财政政策手段包括税收政策、政府开支政策和公债政策等。以逆差为例，其调节机制为：

财政政策紧缩→国内总需求下降→国际收支改善→对外国商品、劳务和金融资产需求下降

货币政策手段包括公开市场业务、法定准备金和再贴现。以逆差为例，其调节机制为：

紧缩货币政策→货币供应减少→ { 社会总需求减少→进口减少→经常账户改善；利率上升→资本流入增加，流出减少→资本账户改善 }

执行支出变更政策对于扭转国际收支失衡较为有效，但往往同国内经济目标发生冲突。例如，为了消除国际收支逆差而采取的紧缩性财政政策和货币政策，会导致经济增长速度下降甚至负增长，以及失业增加。由此可见，为实现国际收支的平衡而采取的财政政策和货币政策往往以牺牲国内经济为代价，所以必须将财政政策和货币政策配合运用，才能实现内外同时均衡。例如，根据蒙代尔的“政策分配原则”：在固定汇率制下，只有把内部均衡目标分派给财政政策，外部均衡目标分派给货币政策，才能达到经济的全面均衡，其最佳政策配合如表 10-2 所示。

表 10-2　不同失衡状态下的最佳政策配合

经济失衡状态	通货膨胀 国际收支盈余	失业 国际收支盈余	通货膨胀 国际收支赤字	失业 国际收支赤字
最佳政策配合	紧缩性财政政策 扩张性货币政策	扩张性财政政策 扩张性货币政策	紧缩性财政政策 紧缩性货币政策	扩张性财政政策 紧缩性货币政策

（3）支出转换政策（包括汇率政策、直接管制政策）

支出转换政策是指在不改变社会总需求和总支出的情况下，通过改变需求或支出的方向，即将一国居民原来对于外国劳务和商品的需求转移到对本国商品和劳务的需求上，进而取得国际收支改善效应。

汇率政策是指运用汇率的变动来纠正国际收支失衡，可以选择汇率制度的变更、外汇市场干预或官方汇率贬值等方式。以国际收支出现逆差为例，其调节机制为：

本币对外贬值→出口增加，进口减少→贸易收支改善

直接管制政策是政府通过发布行政命令，对国际经济交易进行行政干预，以求国际收支平衡。直接管制政策多用于国际收支逆差的调节，主要包括外汇管制和贸易管制两个方面。外汇管制方面主要是通过对外汇的买卖直接进行管制，以控制外汇市场的供求，维持本国货币对外汇率的稳定。如对外汇实行统购统销，保证外汇统一使用和管理，从而影响本国商品及劳务的进出口和资本流动，调节国际收支不平衡。贸易管制方面的主要内容是奖出限入。在奖出方面常见的措施有出口信贷、出口信贷国家担保制、出口补贴、出口退税等；而在限入方面，主要是实行提高关税、进口配额制和进口许可证制等，还有一些非关税壁垒的限制措施。运用直接管制的方法调节国际收支失衡，效果较为明显和迅速，而且有针对性。但直接管制也存在弊端，通常会带来贸易伙伴国利益受损，以致招来对方的报复，从而加剧贸易纠纷。

10.3 国际货币体系

10.3.1 国际货币体系概述

国际货币体系是指国际货币制度、国际货币金融机构及由习惯和历史演变形成的约定俗成的国际货币秩序的总和。国际货币体系既包括有法律约束力的有关国际货币关系的规章和制度，也包括具有传统约束力的各国已经在实践中共同遵守的某些规则和做法，还包括在国际货币关系中起协调、监督作用的国际金融机构——国际货币基金组织和其他一些全球性或地区性的多边官方金融机构。

国际货币体系是历史的产物。它与以货币为媒介的国际经贸往来同时产生，只不过在早期，货币体系不是主要依靠法律的强制力，而主要是依靠约定俗成的做法形成的。以后，随着国际经贸往来不断增长，货币的国际流通越来越频繁，参与的国家及货币种类也越来越多，国际货币体系的法律和行政色彩也相应增加、内容覆盖面也日益拓宽。战后的国际货币体系是习惯与法律的联合产物。货币主权是国家主权的一个重要组成部分。具有法律约束力的国际货币制度往往同各国的货币主权有这样或那样的矛盾和冲突，因此，具有法律约束力的国际货币制度只能是在讨价还价的基础上，依据各国在国际经济中的相对实力而建成。它不可避免地具有一种“被动性”，即对事实和已有做法的承认。

一方面，国际货币制度的权威性不断受到各国相对实力变化的挑战；另一方面，国际货币制度一经建立，又能在一定程度上影响国际货币关系的进程和有关做法，从而影响国际货币制度本身的未来发展。传统的约定俗成的国际货币惯例与做法是基础，具有法律约束力的国际货币制度是传统做法与惯例的法律反映，而国际货币机构则是一种协调与监督。如此三位一体的国际货币体系，对世界经济的发展和各国的国际货币行为规范起着重要的影响和制约。

1．国际货币体系的作用

自世界经贸往来以货币为媒介开始，世界经济的发展与稳定就与货币问题紧紧地联系在一起。国际货币体系的主要任务就在于促进世界经济的发展和稳定，促进各国经济的平衡发展。具体来讲，国际货币体系有三大任务。

① 确定国际清算和支付手段来源、形式和数量，为世界经济的发展提供必需的、充分的国际货币，并规定国际货币及其同各国货币相互关系的准则。例如，当确定黄金或特别提款权为世界清算和支付手段的来源时，国际货币体系还需就黄金或特别提款权与其他国际货币和各国货币的比价关系和兑换方式做出规定。此外，黄金或特别提款权本身的定价方式、运动范围和方式等也要做出具体的规定。

② 确定国际收支调节机制，以确保世界经济稳定和各国经济平衡发展。调节机制涉及三个方面的内容：一是汇率机制；二是对逆差国的资金融通机制；三是对国际货币（储备货币）发行国的国际收支纪律约束机制。

在浮动汇率下，汇率波动本身具有调节国际收支的功能。汇率的波动既反映了国际收支的状况，又能调节国际收支。国际货币体系的任务之一便是根据世界经济形势和各国经济的状况，确定世界范围的汇率制度。

确定资金融通机制，是指确定当某国发生国际收支逆差时，能在什么样的条件下从何处获得资金及资金的数量和币种，以弥补其国际收支逆差，避免采取不必要的调节措施或有损别国的政策。资金融通可在一定程度上替代国际收支调节或缓和调节的程度。资金融通的数量大、条件松，则国际收支政策调节的必要性就下降；反之，可供融通的资金数量小、条件严，则国际收支政策调节的必要性就增加。

③ 确立有关国际货币金融事务的协商机制或建立有关的协调和监督机构。早期，有关国际货币金融的事务多半通过双边协商。随着战后各国间经济联系的加强，参与国际货币金融业务的国家日益增多，形式日益复杂，程度日益加深，范围日益扩大，双边磋商已不能解决所有的问题，有必要建立多边的带有一定权威性的国际货币金融机构，以监督各国的行为，提供磋商的场所，制定各国必须共同遵守的基本行为准则，并在必要时提供资金帮助。

2．国际货币体系的类型

按国际货币体系的历史演进过程以及国际上的习惯，国际货币体系可分为金本位制、金汇兑本位制、布雷顿森林体系（美元本位制）以及当前的管理浮动汇率体系。

10.3.2　国际金本位制

历史上第一个国际货币体系是国际金本位。国际金本位是在英国、拉丁货币联盟（含法国、比利时、意大利、瑞士）、荷兰、若干北欧国家及德国和美国实行国内金本位的基础上于 19 世纪 80 年代形成的，其盛行约 30 年后，于第一次世界大战爆发时崩溃。国际金本位的特点是：黄金不但是国际货币体系的基础，而且可以自由流通，两国之间的金铸币或代表金币流通的其他金属（如银）铸币或银行券可以自由兑换，在金币流通的国家内，金币还可自由铸造。

金币的自由流通保证了各国货币之间的比价相对稳定；金币的自由兑换又保证了黄金与其他代表黄金流通的金属铸币和银行券之间的比价相对稳定；金币的自由铸造或熔化具有调节市面上货币流通量的作用，因而保证了各国物价水平相对稳定。因此，国际金本位制是一种比较稳定的货币制度。在当时条件下，它对汇率的稳定、国际贸易和资本流动的发展及各国经济的发展起了积极的作用。

但是，国际金本位制也有它的缺点，主要表现在：一是国际间的清算和支付完全依赖于黄金的流通；二是货币数量的增长主要依赖黄金产量的增长。

由于各资本主义国家发展不平衡和经济实力悬殊差异，较发达的国家通过贸易顺差的持续积累和其他特权不断积累黄金，到 1913 年，英国、美国、法国、德国、俄国五个国家的黄金存量达到了世界黄金存量的 2/3，这就使其他国家国内金本位制难以继续维持；另一方面，世界经济的发展要求世界货币数量要相应地增长，由于世界黄金产量跟不上世界经济的增长，这就使金本位制的物质基础不断削弱。

在第一次世界大战爆发前的几年里，国际金本位制便出现了崩溃的苗头。银行券发行日益增多，黄金兑换趋于困难，黄金流通也受到越来越多的限制。在第一次世界大战爆发前夕，各国为筹集战争资源又增加了银行券的发行。战争爆发时，各国便中止银行券与黄金的兑换，禁止黄金的出口，国际金本位遂宣告瓦解。

第一次世界大战结束后，世界货币体系重建问题受到各国的重视。1922 年，在意大利热那亚召开了世界货币金融会议，讨论重建国际货币体系问题。热那亚会议吸取了战前国际金本位的教训，确定了一种节约黄金的国际货币制度——国际金汇兑本位制。国际金汇兑本位制的特点是：

① 黄金依然是国际货币制度的基础，各国纸币仍规定有含金量，代替黄金执行流通清算和支付手段的职能。

② 本国货币与黄金挂钩或通过另一种同黄金挂钩的货币与黄金间接挂钩，即与黄金保持直接或间接的固定比价。

③ 在间接挂钩的情况下，本国货币只能通过购买挂钩货币（即外汇）来获取黄金，并须在直接挂钩的国家存入一定数量的外汇和黄金作为维持汇率的平准基金。

④ 黄金只有在最后关头才充当支付手段，以维持汇率的稳定。

自热那亚会议后，除英国、法国、美国等国实行与黄金直接挂钩的货币制度外，其他欧洲国家的货币均通过间接挂钩的形式实行了金汇兑本位，国际金汇兑本位遂于 1925 年建立起来。

国际金汇兑本位是一种既以黄金为基础，又节约黄金的货币制度。纸币代替黄金流通，充当国际间的清算和支付手段，当国际收支发生逆差时，一般先动用外汇储备。如果仍然不能平衡，就要使用黄金作为国际清算的最后手段。从节约黄金的角度讲，这个货币制度在一段时期内是成功的。但从根本上讲，国际金汇兑本位制下，黄金数量依然满足不了世界经济的增长和维持稳定汇率的需要。世界经济增长使黄金显得相对不足，运用黄金来干预外汇市场以保持固定汇率，又使黄金显得相对不足，尤其是当汇率发生频繁波动时更是如此。黄金的不足发展到一定程度时，国际金汇兑本位制就会变得十分虚弱，经不起任何冲击。于是，当 1929—1933 年资本主义经济危机到来时，国际金汇兑本位制便瓦解了。

国际金汇兑本位制崩溃后，资本主义世界的货币金融便一直处于混乱状态。各国纷纷加强外汇管制，实行竞争性贬值和外汇倾销。危机过去以后，英、美、法三国为了恢复国际货币秩序，于 1936 年 9 月达成了一项“三国货币协议”，力图减少汇率波动，维持货币关系的稳定。这个协议后因第二次世界大战的爆发很快便瓦解了。因此，自 1929—1939 年大战爆发时的这 10 年，国际货币金融领域的基本特征是无政府、无秩序状态。当时的混乱及其对世界经济的冲击，为以后建立布雷顿森林体系提供了经验和教训。

10.3.3 布雷顿森林体系

布雷顿森林体系是在特定的历史条件下通过人为努力而确立的一种货币制度，是世界政治经济力量不平衡的结果。

第二次世界大战使国家之间的力量对比发生重大变化，美国的政治、经济地位进一步提高。1944 年 7 月 1 日，在美国新罕布什尔州的布雷顿森林举行有 44 国代表参加的联合国货币金融会议，会议签订了《国际货币基金协定》和《国际复兴开发银行协定》，总称布雷顿森林协定，确立了以美元为中心的国际货币体系，即布雷顿森林体系。

1．布雷顿森林体系的主要内容和作用

布雷顿森林体系的主要内容可概括为以下两个方面：

第一，有关国际货币制度的，涉及国际货币制度的基础、储备货币的来源及各国货币相互之间的汇率制度。

第二，有关国际金融机构的，涉及国际金融机构的性质、宗旨以及在国际收支调节、资金融通和汇率监督等国际货币金融事务中的作用。

布雷顿森林体系下的国际货币制度是以“黄金—美元”为基础的，实行“黄金—美元”本位制。在这个制度下，规定美元按 35 美元等于一盎司黄金与黄金保持固定比价，各国政府可随时用美元向美国政府按这一比价兑换黄金。各国货币则与美元保持可调整的固定比价，称为可调整的盯住汇率。各国货币对美元的波动幅度为法定汇率 ± 1%，若超过这一幅度，各国当局有义务在外汇市场上进行干预以保持汇率的稳定。

布雷顿森林体系的上述内容又被称为“双挂钩”，即美元与黄金挂钩，各国货币与美元挂钩。

布雷顿森林体系的建立是符合当时世界经济形势的。第二次世界大战结束后，各国急需建立和恢复一个多边支付体系和多边贸易体系，以促进贸易发展和各国经济恢复及发展。当时，只有美元才有能力在全球范围向这样一种多边体系提供所需要的多边支付手段和清算手段。因此，布雷顿森林体系促进了战后经济的恢复和发展，促进了国际贸易的发展和多边支付体系、多边贸易体系的建立和发展。美元等同黄金，作为黄金的补充，源源不断地流向世界，一定程度上弥补了当时普遍存在的清偿能力和支付手段的不足，因而也有利于外汇管制的放松和贸易的自由化，并对国际资本流动和20世纪60年代的国际金融一体化起到了积极的推动作用。

2．布雷顿森林体系的根本缺陷及崩溃

尽管布雷顿森林体系曾对当时世界经济的发展起到了积极作用，但这个体系存在着一些根本的缺陷，在世界经济发生变化的过程中，体系的根本缺陷最终导致了其本身的崩溃。

布雷顿森林体系是建立在"黄金—美元"基础之上的，美元既是美国的货币，又是世界的货币。作为美国的货币，美元的发行必须受制于美国的货币政策和黄金储备；作为世界的货币，美元的供应又必须适应世界经济和国际贸易增长的需要。由于规定了双挂钩制度，并且黄金产量和美国黄金储备的增长跟不上世界经济和国际贸易的发展，于是，美元便出现了一种进退两难的状况：为满足世界经济增长和国际贸易的发展，美元的供应必须不断地增长；美元供应的不断增长，使美元同黄金的兑换性日益难以维持。

随着流出美国的美元日益增加，美元同黄金的可兑换性（按固定价格）必将日益受到人们的怀疑，美元的可兑换性信誉必将受到日益严重的削弱。换言之，布雷顿森林体系的根本缺陷是美元的双重身份和双挂钩制度，由此导致的体系危机是美元的可兑换性危机或人们对美元可兑换的信心危机，并最终导致了该体系的崩溃。

10.3.4 牙买加体系

为了继续维持国际货币金融稳定的任务，国际货币基金组织于1974年9月成立了一个专门研究和实施国际货币改革的临时委员会，经过一年半时间的讨论和讨价还价，于1976年1月在牙买加首都金斯顿达成了一个协议，称为"牙买加协议"。在"牙买加协议"达成后，国际货币基金组织即着手进行第二次国际货币基金协议的修正活动，并于1976年4月经理事会表决通过，从1978年4月1日起生效，从此，国际货币体系进入了一个新的阶段——牙买加体系，货币改革遂告一段落。

1．牙买加货币体系的主要内容

牙买加体系不是完全摒弃了布雷顿森林体系，它放弃的是布雷顿森林体系下的国际货币制度，即双挂钩制度，但继承了布雷顿森林体系下的国际货币基金组织，并且其作用还得到进一步的加强。"牙买加协议"的主要内容有：

（1）汇率安排多样化

成员国可根据自己的情况选择汇率制度，但必须事先取得基金组织的同意。基金组织有权对成员国的汇率进行监督，以确保有秩序的汇率安排和避免操纵汇率来谋取不公平的竞争利益。

（2）黄金非货币化

黄金与货币彻底脱钩，它不再作为各国货币定值标准，也不被用来履行对国际货币基金组织的义务，成员国货币不能与黄金挂钩。基金组织将其持有的黄金总额的1/6（约2500万盎司）按市场价格出售，其超过官价的部分成立信托基金，用于对发展中国家的援助，另外1/6则按官价归还各成员国。

（3）扩大特别提款权的作用

未来的国际货币体系应以特别提款权为主要储备资产，成员国可用特别提款权来履行对基金组织的义务和接受基金组织的贷款，各成员国相互之间也可用特别提款权来进行借贷。

（4）扩大基金组织的份额

份额由原有的 290 多亿特别提款权扩大到 390 亿特别提款权，增加 34.48%。另外，在增加总份额的同时，各成员国的份额比例也有所调整，联邦德国、日本及某些发展中国家的份额比例有所扩大，美国的份额比例略有减少。

（5）增加资金融通数量和限额

增加对发展中国家的资金融通数量和限额，除用出售黄金所得收益建立信托基金外，还扩大了信用贷款的限额。

2. 牙买加体系的特点

（1）黄金非货币化

黄金既不再是各国货币的平价基础，也不能用于官方之间的国际清算。

（2）储备货币多样化

虽然“牙买加协议”规定了未来的国际货币体系要走向特别提款权本位，但事实上，特别提款权在世界各国国际储备中的比重不但没有增加，反而有下降的趋势。以前美元一枝独秀的局面被以美元为首的多种储备货币本位所取代。

（3）汇率制度多样化

汇率制度具有多种方式。

10.3.5 区域性货币体系

区域性货币体系是指一定地区内的有关国家和地区在货币金融领域实行协调与合作，形成一个统一的货币联合体系。它的主要特征是：在货币联合体内实行统一汇率、统一货币、统一金融管理机构与统一货币政策。目前，世界范围内已有许多货币联合体，以欧洲货币体系最为成功。1978 年 12 月 5 日，欧共体首脑在布鲁塞尔会议上达成协议，决定于 1979 年 1 月 1 日建立欧洲货币体系（EMS），并于 1979 年 3 月正式生效。

欧洲货币体系的主要内容包括：

（1）建立欧洲货币单位

欧洲货币单位是一种复合货币，按“一揽子”原则由欧共体各国货币混合构成，其价值是欧共体成员国货币的加权平均值，每种货币的权数根据该国在欧共体内部贸易中所占的比重和该国国民生产总值规模进行确定。欧洲货币单位具有计价单位、清算手段、干预手段等职能，主要被用作确定成员国货币汇率的依据，各成员国货币与欧洲货币单位保持固定比价，然后再由此套算出同其他成员国货币的比价。同时，它也作为成员国货币当局的储备资产，作为成员国官方干预外汇市场的手段。

（2）实行稳定汇率机制

欧共体主要通过汇率干预体系来实现汇率稳定机制：一是规定各成员国货币以其与欧洲货币单位的中心汇率为基础彼此确定相互间货币的中心汇率，并且要求各成员国相互之间的汇率只能在中心汇率上下浮动，其波幅为 ± 2.25%；二是规定成员国货币对欧洲货币单位的中心汇率和差异界限，差异界限即每种货币对与欧洲货币单位的中心汇率所允许的最大偏离幅度，当一国货币对欧洲货币单位比价超过其差异界限时，该国货币当局应采取措施进行干预，使其货币与欧洲货币单位的比价控制在差异界限之内，从而保证成员国货币间汇率的稳定。

（3）设立欧洲货币基金

为了保证欧洲货币体系的正常运转，1979 年 4 月由各成员国提取本国黄金外汇储备的 20%设立了欧洲货币基金，主要用于向成员国提供贷款，帮助成员国调节国际收支和干预外汇市场，保证欧洲汇率机制的稳定。

欧洲货币体系的建立和发展对稳定欧共体国家之间的货币汇率做出了很大的贡献，也促进了欧洲经济一体化的发展，加入的国家也越来越多。1991 年 12 月，为尽快实现欧洲经济和货币联盟，推进欧洲的统一，欧共体成员国的首脑们又在荷兰的马斯特里赫特城召开会议，正式修订作为欧洲经济共同体成立基础的《罗马条约》，签署了《欧洲联盟条约》，又称《马斯特里赫特条约》（简称《马约》）。《马约》规定，在欧洲联盟内建立一个负责制定和执行共同货币政策的欧洲中央银行并发行统一的欧洲货币。《马约》还规定了分三阶段实施经济与货币联盟的计划：第一阶段，1990 年 7 月 1 日—1993 年年底，协调各成员国的经济政策，取消外汇管制，实现资本的自由流动，使所有成员国都加入欧洲货币体系的汇率机制；第二阶段，1994 年 1 月 1 日—1997 年，进一步实现各国宏观经济政策的协调，加强成员国之间的经济趋同，建立独立的不受政治干预的欧洲货币管理体系——欧洲货币局，作为欧洲中央银行的前身；第三阶段，1997 年—1999 年 1 月 1 日，最终发行统一的欧洲货币和建立独立的欧洲中央银行。1998 年 3 月，欧洲委员会推荐已符合条件的 11 个国家在 1999 年经济货币联盟第三阶段率先采用欧元。这 11 个国家是法国、德国、意大利、西班牙、比利时、荷兰、卢森堡、葡萄牙、奥地利、芬兰和爱尔兰。

1999 年 1 月 1 日欧元如期启动，作为记账单位参与经济活动。2000 年 6 月，希腊成为第 12 个欧元区国家。2002 年 1 月 1 日，欧元纸币和硬币正式进入欧元区 12 国流通市场。其后，斯洛文尼亚、塞浦路斯、马耳他、斯洛伐克、爱沙尼亚先后加入欧元区，至 2013 年欧元区共有 17 个成员国。

欧元的诞生是当代国际货币体系的重大变革，欧元的运行，促进了欧元区和欧盟经济的增长，改变了国际货币格局，对区域货币合作具有示范性作用。

10.4 国际金融机构

10.4.1 全球性国际金融机构

在第二次世界大战尚未结束时，美国决心凭借自己在战争中膨胀起来的实力，在第二次世界大战后建立一个以美国为主导的稳定的多边的国际贸易和金融秩序。战后国际经济领域的三大全球性机构——国际货币基金组织（IMF）、世界银行集团包括国际复兴开发银行（IBRD）、国际开发协会（IDA）、国际金融公司（IFC），以及关税和贸易总协定（GATT），就是美国贯彻实施其意图的产物。

1．国际货币基金组织

国际货币基金组织是根据 1944 年 7 月 44 个国家在美国新罕布什尔州布雷顿森林镇达成的《国际货币基金协定》而于 1946 年 3 月正式成立的。它与世界银行集团和关税与贸易总协定共同构成战后国际经济秩序的三大支柱。

（1）国际货币基金组织的宗旨

① 促进成员国在国际货币问题上的磋商与协作。

② 促进汇率的稳定和有秩序的汇率安排，藉此避免竞争性的汇率贬值。

③ 为经常项目收支建立一个多边支付和汇兑制度，努力消除不利世界贸易发展的外汇管制。

④ 在临时性的基础上和有保障的条件下，向成员国提供资金融通，使它们在无需采取有损于本国和国际经济繁荣的措施的情况下，纠正国际收支的不平衡。

⑤ 争取缩短国际收支不平衡的持续时间和程度，促进国际贸易的均衡发展，实现就业和实际收入水平的提高及生产能力的扩大。

（2）国际货币基金组织的职能

① 就国际货币基金组织的成员国的汇率政策、与经常项目有关的支付以及货币的兑换性问题确立一项行为准则，并实施监督。

② 向国际收支发生困难的成员国提供必要的资金融通，以使它们遵守有关行为准则。

③ 向成员国提供国际货币合作与协商的场所。

（3）国际货币基金组织的组织机构

国际货币基金组织的最高决策机构是理事会，其成员由各国中央银行行长或财政部长组成，每年秋季举行定期会议，决定基金组织和国际货币体系的重大问题，如接纳新成员、修改基金协议、调整基金的份额等。

中国是国际货币基金组织创始国之一。1980 年 4 月 18 日，国际货币基金组织正式恢复我国的合法席位。目前，我国在国际货币基金组织内有四个席位：一个创始成员国席位和三个地区成员席位（我国台湾、香港及澳门地区）。

2．世界银行集团

世界银行集团是国际复兴开发银行（简称世界银行）、国际开发协会和国际金融公司的总称。国际开发协会和世界银行从法律和财务上是分开的，国际金融公司有自己的业务和法律工作人员，但其行政管理及其他服务工作由世界银行承担，这三个机构均设在华盛顿。中国是世界银行创始会员国之一，1980 年 5 月 15 日，世界银行集团执行董事会通过决议，恢复我国在这三个国际金融组织的合法席位。

（1）世界银行

世界银行是根据布雷顿森林会议上通过的《国际复兴开发银行协定》于 1945 年成立的，1946 年 6 月开始营业，1947 年 11 月成为联合国下属的一个专门机构。

凡参加布雷顿森林会议并于 1945 年 12 月 31 日前在《国际复兴开发银行协定》上签字的国家为世界银行的创始成员国。此后，任何国家都可以按规定程序提出申请，由理事会审查批准可加入世界银行。但按银行协定规定，凡参加世界银行的国家必须是 IMF 的成员国，而 IMF 的成员国不一定都要加入世界银行。

世界银行的宗旨主要是：

① 对用于生产目的的投资提供贷款或贷款担保，以协助成员国的复兴开发，鼓励较不发达国家的生产和资源开发。

② 通过担保或参加私人贷款及其他私人投资的方式，促进私人对外投资。

③ 鼓励国际投资，促进成员国国际贸易平衡发展、国际收支平衡、生产能力提高和劳务条件改善。

④ 对有用而急需的项目优先提供贷款和担保。

⑤ 注意国际投资对成员国商业情况的影响。

从世界银行的宗旨看，它与 IMF 旨在帮助会员国克服国际收支的暂时不平衡不同，世界银行的主要任务是向会员国提供长期资金，促进会员国的经济复兴和资源开发。

（2）国际开发协会

国际开发协会成立于 1960 年 9 月，同年 11 月开始营业，是世界银行的一个附属机构，也称第二世界银行。它是专门为发展中国家提供赠款和长期贷款的国际金融机构。

虽然世界银行在 20 世纪 40 年代后期将贷款投资方向转到发展中国家，但许多欠发达国家由于不能满足世界银行的借款要求，因而无法获得他们急需的大量外来资金来摆脱贫困和发展经济，并且到 20 世纪 50 年代表现得越来越明显。这些国家需要更宽松的贷款条件和更优惠的贷款。在美国的提议下，世界银行成员国决定建立向贫困国家提供特别贷款的机构，即国际开发协会。该协会于 1960 年正式成立，会址设在华盛顿，协会于 1961 年批准了第一批贷款给印度、苏丹及智利等国家。

国际开发协会是世界银行的附属机构，它与世界银行拥有一套组织机构。它的正副理事、正副执行董事就是世界银行的正副理事和正副执行董事，正副经理由世界银行的正副行长兼任，办事机构的各部门负责人也都由世界银行相应部门的负责人兼任。协会的成员国必须是世界银行的成员，但世界银行的成员国不一定参加协会。

国际开发协会的宗旨是向不发达国家提供条件宽松、期限较长、负担较轻，可用当地货币部分偿还的贷款，以促进其经济发展，提高生产力和国民的生活水平。

（3）国际金融公司

国际金融公司也是世界银行的附属机构，成立于 1956 年 7 月，是为私人企业提供贷款的资金和技术援助机构。

根据协定，世界银行只能向成员国政府提供贷款，如果向企业等机构提供贷款须由政府担保，这在一定程度上限制了世界银行业务的发展。为了促进对成员国私人企业的国际贷款，在美国国际开发咨询局的提议下，经世界银行成员国协商，于 1956 年 7 月正式成立了国际金融公司。

国际金融公司的宗旨是对发展中国家私人企业的新建和扩建项目提供贷款资金和技术援助，促进发展中国家私营企业的增长和国内资本市场的发展。

10.4.2 区域性国际金融机构

区域性国际金融机构是为了本地区的经济发展和吸引国际投资以及技术援助的需要而建

立的。这里主要介绍亚洲开发银行和非洲开发银行。

1．亚洲开发银行

亚洲开发银行成立于 1966 年，是对亚洲和太平洋地区各国的经济开发项目提供长期资金的区域性国际金融机构，总部设在菲律宾首都马尼拉。

亚洲开发银行规定，凡是属于“联合国亚洲及太平洋地区经济社会委员会”成员国和准成员国，以及参加联合国或联合国专门机构的非亚太地区的经济发达国家均可加入该行。因此亚洲开发银行的成员国除亚洲和太平洋地区的国家外，还有地区外的一些国家，如英国、德国、意大利、荷兰等国家。

（1）亚洲开发银行的宗旨

亚洲开发银行的宗旨是向成员国发放贷款，为成员国拟定的发展项目和规划提供技术援助，帮助本地区各成员国协调经济、贸易和发展事务方面的政策，促进对外贸易的发展，和联合国有关机构进行合作，促进亚太地区的经济发展。

（2）亚洲开发银行的资金来源

亚洲开发银行的资金分为普通资金和特别资金两大部分。普通资金是亚洲开发银行贷款业务活动的最主要的资金来源，这部分资金主要用于硬贷款，由会员国认缴的股金、国际金融市场筹集的资金、借款和银行净收益组成。

特别资金是亚洲开发银行从事软贷款业务的资金，主要由亚洲开发基金和技术援助特别基金组成。

2．非洲开发银行

非洲开发银行是在联合国非洲经济委员会帮助下，在 1964 年 11 月成立的面向非洲的政府间的国际金融机构，于 1966 年 7 月正式开业，地址设在科特迪瓦最大的都市阿比让。非洲开发银行成立初期规定，只有非洲国家才能认缴股本，后在 1980 年通过欢迎非洲以外国家入股的决议。

非洲开发银行的宗旨是向会员国提供贷款、投资及技术援助。充分利用非洲大陆人力和自然资源，促进各国经济协调发展和社会进步，尽快改进贫穷落后的面貌，其贷款主要用于农业、交通运输、公用事业、工业和金融部门。

10.5 国际储备

10.5.1 国际储备概述

国际储备是指一国货币当局所持有的，能随时用于弥补国际收支逆差、维持本币汇率稳定以及用于应付紧急支付、作为对外偿债的信用保证，并为世界各国所普遍接受的各种形式的资产。

国际储备的特征包括：

1．官方持有性

作为国际储备资产，必须为一国货币当局所持有，而不是其他机构或经济实体所持有。

2．充分流动性

作为国际储备资产必须是随时能够动用的资产，或者是流动性强、随时可以变现的可兑换货币、有价证券等。

3．普遍接受性

国际储备资产必须是在外汇市场上或在政府间清算国际收支差额时被世界各国普遍接受的。

10.5.2 国际储备的结构及演变

1．自有储备

自有储备即国际储备，主要包括一国的货币用黄金储备、外汇储备、在国际货币基金组织的储备头寸以及在国际货币基金组织的特别提款权。

（1）黄金储备

自 1976 年起，根据国际货币基金组织的“牙买加协议”，黄金不准成为货币制度的基础，也不准用于政府间的国际收支差额清算。但是，基金组织在统计和公布各成员国的国际储备时，依然把黄金储备列入其中。其原因是黄金长期以来一直被人们认为是一种最后的支付手段，它的贵金属特性使它易于被人们所接受，加之有发达的黄金市场，各国货币当局可以较方便地通过向市场出售黄金来获得所需的外汇，平衡国际收支的差额。

（2）外汇储备

外汇储备是当今国际储备中的主体。外汇储备在实际中使用的频率最高，规模最大，目前的外汇储备格局呈多元化特征，但美元仍为最主要的储备货币。

（3）在国际货币基金组织的储备头寸

IMF 犹如一个股份制性质的储备互助会。当一个国家加入基金组织时，须按一定的份额向该组织缴纳一笔钱作为入股基金，我们称之为份额。按该组织现在的规定，认缴份额的25%须以可兑换货币缴纳，其余 75%用本国货币缴纳。当成员国发生国际收支困难时，有权以本国货币抵押的形式向该组织申请提用可兑换货币。提用的数额分五档，每档占其认缴份额的 25%，条件逐档严格。由于第一档提款额就等于该成员国认缴的可兑换货币额，因此，条件最宽松。在实践中，只要提出申请，便可提用这一档。我们称这一档提款权为储备部分提款权，其余四档为信用提款权。所谓储备头寸，是指一成员国在基金组织的储备部分提款权余额，再加上向基金组织提供的可兑换货币贷款余额。

（4）特别提款权（SDR）

一国国际储备中的特别提款权部分，是指该国在基金组织特别提款权账户上的贷方余额。特别提款权是一种依靠国际纪律而创造出来的储备资产。它的分配是无偿的，它具有价值尺度、支付手段、储藏手段的职能，但没有流通手段的职能，因此，它不是一种完全的世界货币。

IMF 设有特别提款权部，参与的成员国均设有一个特别提款权账户。当 IMF 向成员国分配特别提款权时，将一成员国分到的数额记录在该国特别提款权账户的贷方。当该成员国发生国际收支困难而需动用特别提款权时，IMF 按照有关章程通过协商指定一国（通常是国际收支处于强势的国家）接受特别提款权。

由此可见，特别提款权是 IMF 创设的一种账面资产。IMF 的每一个成员国均有权获得特别提款权。这种账面资产能够用于政府之间的结算，可以与黄金、外汇一起作为一国的国际储备，也可用于向其他会员国换取可自由兑换的外汇，但不能用于对贸易或劳务方面的支付，更不能用于私人之间的结算。

2．借入储备

随着各国经济相互依存性的提高和金融往来日益密切，IMF 现在已把具有国际储备资产三大特性的借入储备统计在国际清偿力范畴之内。一般情况下，国际储备主要指自有储备。借入储备资产主要包括如下内容。

（1）备用信贷

备用信贷是一成员国在国际收支发生困难或者预计要发生困难时，同 IMF 签订的一种备用借款协议。这种协议通常包括可借用款项的额度、使用期限、利率、分阶段使用的规定、币种等。

（2）互惠信贷和支付协议

互惠信贷和支付协议是指两个国家签订的使用对方货币的协议。在这种协议下，当其中一国发生国际收支困难时，便可按协议规定的条件（通常包括最高限额和最长使用期限）自动地使用对方的货币，然后在规定的期限内偿还。

（3）本国商业银行的对外短期可兑换货币资产

国际储备的作用包括清算国际收支差额、干预外汇市场、维持本国汇率稳定、充当信用保证。

10.5.3 国际储备管理

1．国际储备管理的原则

国际储备管理的原则主要有管理的流动性、安全性和盈利性等。

（1）流动性原则

国际储备作为一种保障性资产，它首先必须保证能供国家货币当局随时使用，同时还具有调节国际收支、干预外汇市场等作用，因此流动性是国际储备的第一特性。国际储备管理必须要先保证储备资产的流动性。

（2）安全性原则

国际储备既是一种资产，更是一种储备，因此其安全性也非常重要。如果因为通货膨胀与汇率变动而使储备资产贬值，或是其他原因使储备资产损失，结果将不只是国家财富的直接损失，而且使国际储备的作用难以充分发挥。所以，国际储备管理必须保障储备资产的内在价值具有相当的稳定性。

（3）盈利性原则

国际储备作为一种资产，也应具有资产的一般性质，即能不断增值。而且盈利性也是安全性的保证，防止贬值风险的一个途径就是利用资产获利。因此，国际储备管理也必须同时考虑使这部分资产不断增值。

上述三个原则在一致性的基础上又是相互对立的。例如，一般来说，流动性与盈利性成反向关系，流动性高的资产，往往盈利性比较低。因此在实际管理中要从对立中寻求统一，但在这三个原则运用中的优先次序应该是流动性、安全性、盈利性。

2．国际储备的需求管理

需求管理的核心问题是研究储备的适度规模。适度储备规模的确定取决于持有储备的成本与收益间的比较，其中，储备的收益是指一国出现国际收支逆差时，充足的储备可以避免一国被迫进行不合意的或过快的经济调整，尤其是避免紧缩政策带来的经济衰退；储备的成本是指持有储备意味着一国在现有的外汇资源中可用于进口的外汇数量减少，尤其在一国的进口品以资本品为主时，进口的减少会影响本国的经济发展。

在研究储备的适度规模时，应关注国际储备与进口额的关系、外汇储备与外债的关系。

（1）国际储备与进口额的关系

美国耶鲁大学教授罗伯特·特里芬提出的“特里芬法则”被世界上许多国家用来测算其国际储备的适度性，简单易行。

特里芬认为，国际储备 R 与进口额 M 的比例，反映了国际储备与外贸规模的关系，并可在国际间对持有储备的适度性进行比较。特里芬通过对多个国家的国际储备与进口比率的实证检验得出结论：R/M=40%为适度，R/M<30%则应采取调整措施；R/M=20%为最低限。一般按全年储备对进口额的比例计算，约为 25%左右，即满足 3 个月的进口需求为宜。

（2）外汇储备与外债的关系

① 外汇储备与外债余额比率。该指标反映一国在偿还外债的其他支付手段不足时，可动用外汇储备资产清偿外债的能力。根据国际经验，外汇储备与外债余额比率的警戒线为 30%，一般以 30%～50%为宜。

② 外汇储备与短期外债比率。该指标是反映一国快速偿债能力的重要指标。根据国际经验，外汇储备与短期外债比率的警戒线为 100%。

影响国际储备需求的因素主要包括：

- 进口规模。根据特里芬法则，进口规模越大，国际储备需求就越多。
- 汇率制度。固定汇率制对外汇储备的需求大于浮动汇率制。
- 外汇政策。一国的货币要具有一定的地位并实行稳定汇率的外汇政策，就必须保持足够的储备，以适应干预外汇市场和稳定汇率的需要。
- 对外贸易状况。外贸依存度越大，对外开放程度越高，国际经济活动规模越大，对国际储备的需求就越多；出口商品的竞争能力越强，占有国际市场的份额越大，出口的国家和地区越多，贸易收入就越多、越稳定，所需的国际储备就越少。
- 外债规模。一国对外支付的需要不仅源自于其对外的贸易支付需要，也源自其对外的金融支付，即外债的还本付息，因此一国的外债状况也是影响其储备需求的重要因素，两者呈正相关关系。
- 金融市场的发育程度。发达的金融市场能够提供较多的诱导性储备，这些储备对利率和汇率等调节政策的反应比较灵敏，因此，金融市场越发达，政府需要保有的储备就越少。
- 持有储备的机会成本。国际储备大多以国债或国外的存款形式存在，如果动用储备进行其他方式的投资所带来的本国经济的增长和投资收益高于存款利率和国债收益率，其差额就构成了持有储备的机会成本，机会成本越高，保有的国际储备就应越低。

- 国际融资能力。如果一国政府或货币当局与外国政府、中央银行及国际金融机构具有较密切的货币合作关系，能确保该国随时筹集到应急资金或得到国际间的政策支持，尤其是当该国政府或私人能迅速、方便地进入国际金融市场，以较优惠的条件获得信贷时，该国就无需持有较多的国际储备资产。
- 一国货币在国际货币体系中的地位和作用。如果一国的货币是国际货币，该国就可以用本币来直接进行部分国际支付或通过增加本币对外负债的形式来弥补其国际收支逆差，该国货币也能通过随时兑换其他可自由兑换的货币而转化为本国的外汇储备，因此，该国就不必持有过多的外汇储备。
- 国际收支失衡的调节效率。国际储备需求与国际收支调节效率呈负相关关系。

3．国际储备的结构管理

国际储备的结构管理主要包括国际储备资产结构管理、外汇储备币种结构管理和储备资产的投资组合。

（1）国际储备资产结构管理

国际储备资产主要由黄金储备、外汇储备、在国际货币基金组织的储备头寸和特别提款权四个部分构成，国际储备的结构安排通常以外汇储备为主，以黄金储备、在国际货币基金组织的储备头寸和特别提款权为辅。

（2）外汇储备币种结构管理

20 世纪 70 年代初期以前，世界外汇储备基本上都是美元储备，各国货币同美元保持固定的比价，当时的储备资产币种管理主要是处理美元储备与黄金储备的关系上。

20 世纪 70 年代初期以后，国际货币制度发生了重大变化，储备货币从单一的美元转变为多种储备货币同时并存的局面。币种管理的任务就是要在研究不同国家汇率、利率、通货膨胀率的基础上，恰当调度和搭配储备资产的币种构成，以减少损失，增加收益。

币种管理应遵循的主要原则是：

① 币值的稳定性。以何种储备货币来保有储备资产，首先要考虑币值的稳定性或称保值性。管理的任务就是要根据汇率和通货膨胀率的实际走势和预期走势，经常地转换货币，搭配币种，以达到收益最大或损失最小。

② 盈利性。币种管理的任务不仅仅是要研究过去，更重要的是要预测未来，预测利率、通货膨胀率、汇率的变化趋势，以决定自己的币种选择。另外，同一币种的不同投资方式也会导致不同的收益率。盈利性要求适当地搭配币种和投资方式，以求获得较高的收益率或较低的风险。

③ 国际经贸往来的方便性。

方便性管理是指在储备货币币种的搭配上，要考虑对外经贸往来的地区结构和经常使用的清算货币币种。如果一国在对外经贸往来中大量使用美元作为支付手段和清算手段，则该国需经常性地保持适当数量的美元储备；如果该国在其对外交往中大量使用日元，则它必须经常性地保持一定数量的日元储备。在当今世界上，由于外汇市场发达和货币兑换方便性大大提高，方便性在决定币种选择中的重要性已大为降低。但一国对外贸易的地区结构及其所使用的支付和清算手段依然是币种搭配和币种选择中要考虑的因素。

外汇储备币种结构优化应考虑以下因素：对外贸易结构，对外投资和外债还本付息，干预外汇市场和执行汇率政策的需要，汇率与利率走势，储备货币发行国的经济、金融状况，国际金融市场的发展状况。

（3）储备资产的投资组合

外汇用作储备资产时有多种形式，通常包括活期存款、短期国库券、商业票据、各种定期存单、政府中长期债券等。

各种储备资产形式的风险程度和收益率存在差异，一般根据不同的变现能力实行分级管理。

本章小结

（1）外汇是以外币表示的用于国际结算的金融资产，主要包括外币存款、外币支付凭证、外币现钞与其他外币资金。

（2）汇率是不同国家货币之间折算的比率，其两种基本标价方法为直接标价法和间接标价法，根据不同的标准可以分为不同的种类。

（3）在现行信用货币制度下汇率的决定基础是购买力平价，影响汇率变动的主要因素有：国际收支、通货膨胀、利率水平、汇率政策等。

（4）国际收支是指一个国家或地区所有国际经济活动的收入和支出，国际收支平衡表主要包括经常项目、资本项目、平衡项目。

（5）国际储备是指一国货币当局所持有的、能随时用于弥补国际收支逆差、维持本币汇率稳定以及用于应付紧急支付、作为对外偿债的信用保证并为世界各国所普遍接受的各种形式的资产。国际储备由黄金、外汇、在国际货币基金组织中的头寸和特别提款权四部分构成。国际储备资产的管理要遵循安全性、盈利性、流动性原则。

复习思考题

一、名词解释

1. 外汇
2. 汇率
3. 直接标价法
4. 间接标价法
5. 国际收支
6. 国际收支失衡
7. 国际清偿力
8. 国际货币体系
9. 国际储备
10. 外汇储备
11. 特别提款权

二、选择题

（一）单项选择

1. 某个国家货币与另一个国家货币的折算比率是______。

A. 外汇汇率　　B. 外汇买卖　　C. 国际收支　　D. 国际结算

2. 如果本币对外币升值，汇率上升，则进口商品增加，进口成本降低，进而推动国内的______。

A. 物价水平下降　B. 物价水平上升　C. 货币制度改革　D. 法定平价调整

3. 在一定条件下，某国货币对外贬值会刺激______，改善贸易收支状况。

A. 进口　B. 出口　C. 生产　D. 消费

4. 汇率波动受黄金输送费用的限制，各国国际收支能够自动调节，这种货币制度是______。

A. 浮动汇率制　B. 国际金本位制

C. 布雷顿森林体系　D. 混合本位制

5. 第二次世界大战前为了恢复国际货币秩序达成的______，对战后国际货币体系的建立有启示作用。

A. 自由贸易协定　B. 三国货币协定

C. 布雷顿森林协定　D. 君子协定

6. 在一国的国际收支平衡表中，最基本、最重要的项目是______。

A. 经常账户　B. 资本和金融账户

C. 错误和遗漏账户　D. 官方储备

7. 某国货币升值对其进出口收支产生何种影响______。

A. 出口增加，进口减少　B. 出口减少，进口增加

C. 出口增加，进口增加　D. 出口减少，进口减少

8. 在分析官方储备项目时，主要分析______。

A. 外汇储备　B. 黄金储备

C. 在基金组织的储备头寸　D. 特别提款权

9. 美元与黄金挂钩，其他国家货币与美元挂钩是______的特点。

A. 国际金本位制　B. 牙买加体系

C. 布雷顿森林体系　D. 国际金块本位制

10. 我国外汇标价方法采用的是______。

A. 直接标价法　B. 间接标价法　C. 美元标价法　D. 货币标价法

11. 目前各国的国际储备构成中主体是______。

A. 黄金储备　B. 外汇储备　C. 特别提款权　D. 普通提款权

（二）多项选择

1. 根据我国的有关规定，外国货币包括外国的______。

A. 票据　B. 债券　C. 纸币　D. 铸币

E. 股票

2. 外汇包括______。

A. 本币　B. 信用卡　C. 外币　D. 外币支付凭证

E. 外币有价证券

3. 若其他条件不变，某国货币贬值的影响是______。

A. 有利于增加进口　　B. 有利于增加出口

C. 有利于抑制进口　　D. 有利于抑制出口

E. 有利于降低国内物价水平

4. 本币贬值对一国资本流动的影响是______。

A. 若市场预期贬值幅度不够，则引起资本流出

B. 若市场预期贬值幅度不够，则引起资本流入

C. 若市场预期贬值幅度合理，则引起资本流入

D. 若市场预期贬值幅度过大，则引起资本流出

E. 若市场预期贬值幅度过大，则引起资本流入

5. 国际收支出现顺差时应采取的调节政策有______。

A. 扩张性的货币政策　　B. 紧缩性的货币政策

C. 鼓励出口的信用政策　　D. 降低关税

E. 增加非关税壁垒

6. 可以作为一国官方储备的资产有______。

A. 本国货币　　B. 外国货币　　C. 黄金　　D. 特别提款权

E. 固定资产

三、填空题

1. 在金本位制下的汇率波动总是以____________为中心，以____________为下限，以____________为上限波动的。

2. 在直接标价法下，汇率越高，单位外币所能兑换的本国货币越多，表示外币________而本币________。

3. 汇率又称________，是以一种货币表示的________；我国的汇率采用________标价法。

4. 国际收支平衡表就是国际收支按________分类和________原则表示出来的会计报表，国际收支平衡表又称为国际收支账户。

5. 在国际收支的理论研究中，按交易发生的动机不同，国际收支平衡表中所记录的交易分为________和________。

6. 国际储备的结构管理，必须遵循______、______和______原则。

四、简答题

1. 影响汇率波动的因素有哪些？

2. 汇率变动对经济有哪些影响？

3. 什么是国际收支？如何理解国际收支的基本概念？

4. 国际收支平衡表的主要内容是什么？

5. 如何判别某国国际收支是否平衡？

6. 如何调节国际收支不平衡？

7. 简述某国国际收支顺差对该国的主要影响。

8. 国际货币体系的发展经历了哪几个主要阶段？

9. 现代国际货币体系的特点和存在的问题是什么？

10. 国际储备的构成与来源如何？

五、论述题

1. 论述某国汇率变动对该国国内经济的影响。

2. 论述布雷顿森林体系的特点、内容和崩溃的原因。

第 11 章　金融发展与金融创新

学习要求

通过本章的学习，应掌握以下的知识和技能

知识目标

掌握金融发展、金融抑制、金融深化、金融创新的内涵，理解衡量金融发展、金融深化的指标，掌握金融创新的内容和影响，了解金融深化的政策主张。

技能目标

能够运用金融发展与金融创新的理论解释经济金融现象。

11.1　金融发展

金融在经济增长过程中起着重要的作用。任何一个国家的经济发展都离不开金融的大力支持，其相关理论被称为金融发展理论。

11.1.1　金融发展对经济增长的作用

金融发展包括金融中介的发展和金融市场的发展，表现为金融规模总量的增长和金融结构的改善与优化。金融结构包括各种金融工具、金融市场和金融机构的形式、内容、相对规模和比例。

经济增长是指一国或地区经济在一定时期内实际产出量（包括生产的产品和服务）的增加和实际生产能力的增加，即用货币形式表示的国内生产总值或国民收入的增加。经济增长是资源、劳动、资本、技术、知识、资源配置、制度创新等多种因素共同推动的结果。其中，资本是经济增长的重要推动因素之一，资本存量的多少和资本形成的快慢，是促进和限制经济增长的基本要素。对经济增长率进行分解可以发现，储蓄率、储蓄向投资转化的比率以及资本的边际生产率构成了经济增长的决定因素，而这三个变量都受金融发展水平的影响。在现实经济中，经济增长的速度取决于有多少资金投入到经济运行中，即取决于实际有效投资。各国主要依靠两种方式将储蓄转化为现实经济中的投资，即直接融资和间接融资。这两种融资方式的效率直接决定了储蓄向投资的转化效率，金融发展正是通过这两种渠道影响资本形成的质量，进而影响经济增长。

11.1.2 金融发展衡量指标

金融发展是指金融结构的变化。金融结构包括金融工具的结构和金融机构的结构两个方面。金融体系是由众多的金融工具、金融机构组成的。不同类型的金融工具与金融机构相组合，构成不同特征的金融结构。一般来说，金融工具的数量、种类、先进程度以及金融机构的数量、种类、效率等的综合，形成不同发展程度的金融结构。因此，金融发展程度越高，金融工具和金融机构的数量、种类就越多，金融的效率就越高。

衡量金融发展程度，实际上是衡量金融结构的状态。另外，由于金融发展与经济增长存在正向关系，所以衡量金融发展的指标可以分为两类：一类是金融内部结构指标；另一类是金融发展状态与经济增长的相互关系指标。

金融内部结构指标主要包括：主要金融资产如债券、股票等占全部金融资产的比重；金融机构发行的金融工具与非金融机构发行的金融工具的比率；在非金融机构发行的主要金融工具中，由金融机构持有的份额；主要金融机构如中央银行、商业银行等的相对规模；同类金融机构资产之和与全部金融机构总资产的比率；主要非金融部门的内源融资和外部融资的相对规模；不同金融工具在已发行各类债券和股票中所占比重。

金融发展状态与经济增长的相互关系指标主要有金融相关率和货币比率。

金融相关率是指某一日期一国全部金融资产价值与该国经济活动总量的比值。金融资产包括：非金融部门发行的金融工具（即股票、债券及各种信贷凭证）；金融部门，即中央银行、存款银行、清算机构、保险组织、二级金融交易中介发行的金融工具（如活期存款、居民储蓄、保险单等）和国外部门的金融工具等。在实际统计时，常常用国民生产总值或国内生产总值来表示经济活动总量。

货币化率是指一国通过货币进行商品与服务交换的价值占国民生产总值的比重，用来衡量一国的货币化程度。随着商品经济的发展，使用货币作为商品与服务交换媒介的范围越来越广，这种现象意味着社会的货币化程度不断提高。

根据金融相关率及其他指标，国外学者将金融结构划分为三种类型：

① 金融相关率低，约为 1/5～1/2，债权凭证远远超过股权凭证，居于主导地位，在全部金融资产余额中金融机构所占比例较低，商业银行在金融机构中占据突出地位。

② 金融相关率较低，债权凭证仍然远远超过股权凭证，银行在金融机构中仍占支配地位，政府和政府金融机构发挥更大作用，国内储蓄率和资本形成率较低，金融中介率（在金融市场的资金融通过程中，有金融中介参与资金供求者之间交易的数量占总交易数量的比重）较高。

③ 金融相关率较高，在 1 左右，股票比例有所上升，金融机构在全部资产中的份额有较大提高，金融机构日趋多样化，银行业地位下降，非银行金融机构地位上升。

11.1.2 金融发展与经济发展的相互作用

金融发展与经济发展之间存在着非常密切的关系，经济发展是金融发展的前提和基础，金融发展是推动经济发展的动力和手段。

1．金融发展对经济发展的作用

（1）金融发展对经济发展起积极作用

其主要体现在：通过金融的基本功能促进储蓄并将其顺利转化为投资，为经济发展提供资金支持；通过金融机构的经营运作节约交易成本，促进资金融通，便利经济活动，合理配置资源，提高经济发展的效率；金融通过自身的运作特点为现代经济发展服务，如提供货币促进商品生产和流通，提供信用促进资金融通，利用、提供各种金融服务便利经济运作，为现代经济发展提供必要的条件；通过金融业自身的产值增长直接为经济发展做贡献。

（2）金融发展对经济发展起消极作用

其主要体现在：因金融总量失控引发通货膨胀、信用危机和金融危机，对生产、流通、分配和消费带来诸多不利影响；金融业作为一种公共性行业，涉及面广，在国民经济中具有特殊的重要性，一旦经营不善使金融风险失控，必然破坏整体经济运作和社会经济秩序，甚至引发经济危机；因信用过度膨胀产生金融泡沫，剥离了金融与实体经济的内在联系。

2．经济发展对金融发展的作用

经济发展对金融发展的作用主要体现在：经济发展使居民收入水平不断提高，因而提高了人们对金融投资和理财的需求，这种需求是金融业发展的原动力；经济发展使大量企业需要金融机构提供多样化、高效的金融服务，促进了金融业的发展。

11.2 金融抑制与金融深化

11.2.1 金融抑制

金融抑制是指一国的金融体系不健全，金融市场机制未充分发挥作用，经济生活中存在过多的金融管制措施，而受到压制的金融反过来又阻碍着经济的成长和发展。

1．金融抑制的原因

（1）发展中国家经济分割性

发展中国家的货币化程度低，存在着现代化金融机构与落后的传统金融机构并存的二元金融结构，金融市场不完全统一，政府对金融的严格管制，使发展中国家的经济具有严重的“分割性”，资金、技术、土地、劳动力等生产要素分散于零散的经济单位之中，国内市场也处在割裂状态，无法发挥其合理配置要素的功能，市场价格千差万别，生产效率和投资收益率也因时因地而异，这种“分割经济”也决定了金融体制的割裂与脆弱。由于市场机制的不健全，资金很难通过统一的金融市场来流通，有限的金融机构不能充分发挥“导管”作用，因而投资多局限于本行业之中，用于投资的资本也只能依靠企业内部的积累，这种“内源融资”的盛行减少了企业和个人的储蓄倾向，导致发展中国家储蓄不足，进而影响到社会的再投资能力，造成全社会范围内效益的损失，延缓了经济发展。发展中国家政府普遍认为，保持较低的名义利率可以促进投资活动，从而促进经济增长，因此会对各类贷款规定较低的利率上限。这样，利率被人为压低，或由于通货膨胀率较高，甚或两者兼而有之，导致实际利率太低甚至为负，造成储蓄不足，从而导致投资不足，抑制了经济的发展。

（2）发展中国家采取金融抑制政策

发展中国家经济发展水平低，财力薄弱，外汇资金短缺，为获得资金，政府实施压抑性的金融政策，包括利率管制、信贷配给、差别利率、高准备金率、外汇管制等，这些政策导致了如金融资源供需出现缺口、资金配置低效益、通货膨胀加剧等消极影响。

（3）严格控制金融机构

对金融机构的控制包括对金融机构要求很高的法定准备金率和流动性，严格限制金融机构的资金流向，严格限制某类金融机构的发展，实施金融机构的国有化等。过高水平的准备金率使得大量的资金离开商业信贷活动，以便政府集中调配这些资金。政府倾向于鼓励那些能够从中获取巨大铸币收益的金融机构和金融工具的发展，抑制其他金融机构和金融工具的发展。银行系统往往受到偏爱和保护，因为通过储备要求及强制性地持有政府债券，政府可以无息或低息为公共部门融资。这些控制造成的直接后果是金融机构成本高昂，效率低下，种类单一，专业化程度低。

（4）对高利贷和通货膨胀的恐惧

对发展中国家来说，高利贷就意味着剥削，意味着社会财富的分配不公，而且支付了高额利息的生产商又会通过成本递进效应，将这笔费用计入最终产品的价格中，从而导致通货膨胀率的上升。因此在政府看来，高利率的借贷活动必须禁止并代之以政府的财政计划和信贷配给。这种做法的结果是硬性规定了银行存贷款的利率上限，实际利率同名义利率相差甚远，甚至为负数，金融体系对储蓄的吸引力日渐削弱。

2．金融抑制的影响

（1）负投资效应

一些发展中国家为了实现工业化，往往对一些产业部门或某些地区给予更多的金融支持政策，但由于技术条件或其他因素，会出现产能过剩、投资效率低下的问题，造成资金浪费。

（2）负就业效应

金融抑制造成对传统部门的抑制，使劳动力向城市迁移，而在城市，资本密集型产业成为产业主体，在增长过程中，只能把部分劳动力吸纳到工资水平相对较高的行业中去，未被吸纳的劳动力，处于低收入甚至失业状态，而停留在农村的劳动力，收入不能增加，甚至出现减少的情况。

（3）负储蓄和收入效应

许多发展中国家普遍存在货币化程度不高、收入水平较低、金融工具单一、投资渠道单一、通货膨胀相对较高现象，这导致资金大量从国内向国外转移，居民通过增加对实物商品的消费，参与回报率较高的民间融资等方式获得较高回报和规避风险，造成储蓄下降，投向实体经济的资金减少，使经济停滞不前，居民收入下降。

（4）负创新效应

由于利率管制，贷款利率一般总是低于投资的边际收益率，因此对信贷资金的需求始终旺盛，同时由于存款利率也受到限制，信贷资金的供给必然萎缩，金融市场上出现资金供不应求的局面。在这种情况下会实行信贷配给，而信贷配给阻碍了创新，因为那些新创办的、采用新技术的、没有担保的、风险高的中小型企业往往得不到银行低息贷款，不利于技术进步和生产率的提高。同时信贷配给还抑制了经济的灵活性。

（5）金融无序效应

金融抑制会导致在信贷需求大于供给的地方，无组织的金融部门繁荣起来，这些非法的金融机构一般索取极高的贷款利率，结果以降低信贷成本为目的的利率限制导致了一般信贷成本的提高，造成了投机风盛行，阻碍了生产性投资。

11.2.2 金融深化

金融深化是指政府放弃对金融体系的过分干预，并有效地控制通货膨胀之后，使利率和汇率能充分反映资金和外汇供求状况，金融体系一方面能以适当的利率吸收大量闲置资金，另一方面也能以适当的放款利率满足各经济部门的资金需求，从而推动经济的增长和金融体系的发展。

1．度量金融深化的指标

（1）金融存量

在一个金融深化的经济中，由于消除了金融资产价格方面的扭曲，人们愿意持有各种流动性金融资产。因此，金融资产存量与国民收入的比率较高，金融资产占有形财富存量的比重也较高。

（2）金融资产流量

金融深化会使私人储蓄增加，各种形式的资本外逃减少，从而缓解财政的压力和对国外储蓄的需求。

（3）金融体系的规模和结构

金融深化必然扩大金融体系的实际规模，同时也为银行之外的其他金融机构，如证券交易商和保险公司等带来获利机会。因此，金融深化意味着金融职能和金融机构的专业化，同时相对于外汇市场和场外非法市场而言，有组织的国内金融机构和金融市场有较大发展。

（4）金融资产价格

金融资产价格是金融深化与否的最重要的表征。在金融抑制的经济中，金融资产的需求被低利率所抑制，初级证券的供给则为信贷配给所限制，甚至场外非法市场也被高利贷和政府管制所制约。随着金融深化的展开，利率逐渐能准确地反映客观存在的、替代现实消费的投资机会和消费者对推迟消费的愿意程度，实际利率将逐步提高，各种利率之间的差别将逐步缩小。另外，汇率的扭曲也能得以纠正。

2．金融深化的政策主张

（1）取消不合理的利率限制，控制名义货币增长率

考虑到发展中国家存在较为严重的通货膨胀，必须取消不恰当的利率上限，保证货币资产的实际收益为正，以此来吸收储蓄，优化投资结构。较高的利率会促使资金流向高效益企业，这就在全社会范围内实现了资本的优化配置。此外，较高的利率会促进借款企业努力改进技术，提高资本使用效率。放松利率管制并不意味着政府对宏观金融调控的放松，相反，

政府应对名义货币量进行有效调节，因为名义货币量及其增长率对稳定市场价格有十分重要的作用。这两种政策搭配既保证了市场价格的稳定，又不会阻碍经济增长。

（2）放松外汇管制

高估本币汇率只会使进口许可证和外汇配额持有者获得垄断利益并滋生寻租行为，而出口行业受到歧视，并导致国际收支逆差。将高估的本币贬值，可有效减少对外汇的过度需求，并刺激出口，改善国际收支状况。汇率制度可以采取弹性汇率制，因为外国投资者希望保持投资收益的稳定性和资本的流动性，当一国国内通货膨胀上升，而固定汇率又不能做出相应的调整时，国外投资者的收益率就会受到影响。而只有采用弹性汇率，国外投资者的收益才会随该国通货膨胀率的变动而同向变动。另外，金融深化包括本币的自由兑换，允许国外投资者将其所赚利润换成外汇汇往国外，对于缺乏资金的发展中国家来说，可以吸引大量外资。

（3）财政改革

财政改革包括：第一，合理地规划财政税收，采取一系列税收减让政策，特别是降低存款利息税，让储蓄者的利益得到切实保障；第二，减少不必要的财政补贴和信贷配给，代之以按市场利率发放的贷款；第三，进行税制改革，减少财政赤字，缓和和消除通货膨胀。通过这些改革深化金融体系的资金集散功能，而金融的深化又将导致收入和财富的增加，财政税收基础也因此扩大。

（4）其他

包括放松对金融业过多的限制，鼓励银行之间的竞争；增加期限长、利率高、数量大的贷款，促进技术进步；适当扩大有组织的金融机构对城乡小规模经济单位的信贷；大力发展各类金融市场、增加金融工具；改善对外贸易和吸收外资的环境等。

3．金融深化的效应

金融深化的正效应包括如下几种。

（1）收入效应

收入效应是指金融深化带来实际货币余额的增长，引起社会货币化程度的提高，从而促进经济发展以及实际国民收入增长。

（2）储蓄效应

金融深化的储蓄效应表现在两个方面：一是收入效应引起的，即金融深化带来的实际国民收入的增加，在储蓄倾向一定的条件下，社会储蓄总额也按一定比例增加，二是金融深化提高了货币的实际收益率，从而鼓励人们储蓄，带动整个经济储蓄倾向的提高。

（3）投资效应

金融深化统一了资本市场，减少了地区间和行业间投资收益率的差异，提高了平均收益率；金融深化的相关政策减少了实物资产和金融资产未来收益的不确定性，有利于投资者在投资时做出较为理性的选择；资本市场的统一为劳动力市场、土地市场等的统一奠定了基础，促进了资源的合理配置和有效利用，提升规模经济，从而提高投资的平均收益率。

（4）就业效应

货币实际收益率的上升提高了投资者的资金成本，投资者倾向于以劳动密集型生产代替资本密集型生产，以降低生产成本，从而促进社会就业水平的提高。

金融深化的负效应包括如下几种。

（1）增加了银行体系的不稳定性

金融深化为企业开辟了更多的直接融资渠道，银行间的金融业务竞争加剧，从而使利润下降，降低了银行的抗风险能力；在金融深化的情况下，银行要面对多样化的市场风险，加大了金融业务预期收益的不确定性，同时金融深化促使银行从事高风险的融资项目，容易引发银行亏损，从而增加了金融业的不稳定性。

（2）引起债务危机

政府为避免赤字货币化所必然导致的通货膨胀，往往以高于市场利率的利率在国内大量举债，增加了政府负担的融资成本；同时为了推动经济增长，政府大量从国外融资，但因为微观经济活力不足，投资收益率低，难以征收足够的税收弥补政府赤字、偿还债务。上述两种情况的累积效应会使债务与 GDP 的比例持续上升，严重时会爆发债务危机。

（3）经济出现滞涨

发展中国家的实践表明，金融深化有可能导致经济出现滞胀。

（4）引起资本的不规则流动

发展中国家在实行金融深化时，为大量吸引外资，过早放松或取消资本流动的限制，导致大量的短期资本流入，破坏了中央银行控制货币流通基数的能力，引起严重的通货膨胀，一旦对经济过热进行调控，又会引起资本大量流出，造成经济迅速衰退。

11.3 金融创新

面对世界经济一体化、金融风险加剧、金融管制环境变化的现实，自 20 世纪 60 年代以来，西方发达国家的金融业出现了金融创新的浪潮，即有别于以往的新业务、新技术、新工具、新机构、新市场与新制度安排的总称。从经济意义上说，金融创新是指通过引进新的金融要素或者将已有的金融要素重新组合，在最大化原则基础上构造新的金融生产函数。金融创新是金融深化的必然趋势，也是经济发展到一定程度的必然要求。

金融创新具有历史阶段性，在不同的历史时期创新特点、品种、成因均有所不同，如表 11-1 所示。

表 11-1　金融创新的历史时期及特点

历史时期	历史背景	创新特点	创新品种
20 世纪 60 年代	布雷顿森林体系普遍实行固定汇率制，会员国均需承担干预外汇市场的义务；实行比较严格的金融管制，特别是对资本项目。	逃避管制	欧洲货币和平行贷款
20 世纪 70 年代	1973 年布雷顿森林体系解体，西方主要国家实行浮动汇率制。	转嫁风险	浮动利率票据、货币远期交易和金融期货
20 世纪 80 年代	金融创新进程加快，80 年代中期达到高潮。	融资方式	票据发行便利、互换交易、期权交易和远期利率协议

续表

历史时期	历史背景	创新特点	创新品种
20 世纪 90 年代至今	国际金融市场的全球一体化、证券化；发达国家放松金融管制，发展中国家加快了金融改革进程；新技术支持金融创新。	金融的综合化	竞争国际化、混业全能化、行业标准化和网络金融的迅速发展

11.3.1 金融创新的动因

有关金融创新的理论较多，主要有如下几方面。

1．规避风险理论

20 世纪 60 年代，西方发达国家的通货膨胀不断加剧、利率不断上升，布雷顿森林体系崩溃后，汇率波动频繁且幅度较大，为了避免通货膨胀、利率和汇率风险及国际资本流动与国家风险，引发了大量的金融业务与金融工具的创新。例如，为了防范通货膨胀风险，产生了浮动利率存单和浮动利率贷款；为了防范利率和汇率风险，推出了利率（外汇）期货、期权、利率（货币）互换、利率上限、利率下限等工具；为了防范资本市场风险，出现了对冲基金、指数化基金及指数联结产品。

2．规避管制理论

该理论认为，金融创新主要是由于金融机构为了获取利润而回避政府的管制所引起的。当外在市场力量与市场机制和机构内在要求结合起来，共同回避各种金融控制和规章制度时，就产生金融创新行为。当金融创新危及金融稳定，货币政策不能按预定目标实施时，政府和金融当局又会加强管制。这样，创新引起管制，而管制又引起新一轮的创新，管制与规避管制所引起的创新总是不断地交替进行。例如，美国历史上关于利率上限的 Q 条例导致银行 NOW、ATS 等账户的开设。

3．技术进步理论

该理论认为，新技术革命的出现，特别是计算机、通信技术的发展及其在金融业的广泛应用，为金融创新提供了物质上和技术上的保证，是促成金融创新的主要原因。如信息处理和通信技术的新成果应用于金融业后，使全球金融市场一体化，24 小时全球性金融交易成为现实。

4．竞争加剧理论

20 世纪 70 年代以来，西方国家出现的金融管制放松和金融自由化趋势使金融业的竞争加剧。具体表现在：第一，银行间的竞争加剧，由于生产资本的不断集中促使银行资本的集中和垄断，为了应对激烈的市场竞争，各银行都加紧进行金融手段和金融技术的创新；第二，银行与非银行金融机构的竞争加剧，随着金融管制的放松和金融自由化，金融市场除了原有的银行金融机构外，各种非银行金融机构大量涌现，它们为了自身的生存和发展展开了激烈竞争，一方面在传统的业务领域对传统业务进行重新组合，以此获取传统业务市场上更多的市场份额，另一方面在传统业务领域之外积极开拓新的业务领域；第三，与国外金融机构的竞争加剧，随着生产资本的国际化，跨国公司的全球扩张，客观上要求金融业实现经营和服务的国际化和全球化，在金融机构国际化、全球化的过程中，金融服务和金融市场的深度和广度得以拓展，一些新型的金融机构得以建立。

5．交易成本理论

交易成本理论认为交易成本的变化（主要是交易成本的降低）是金融创新的主要动因，原因在于交易成本的高低决定了金融业务和金融工具的创新是否具有实际价值，金融创新实质上是对科技进步导致交易成本降低的反应。

交易成本理论把金融创新的动因归结为交易成本的降低，并侧重从微观经济结构的变化来研究金融创新，说明了金融创新的根本原因在于微观金融机构的逐利动机（降低成本的最终目的是为了增加收益），有一定的合理性。但该理论把金融创新完全归因于金融微观经济结构变化引起的交易成本下降，又有一定的局限性，因为科技进步并非是交易成本下降的唯一决定因素，竞争也会使得交易成本下降。

11.3.2　金融创新的内容

1．金融制度创新

金融制度包括国内金融制度和国际金融制度。其中国内金融制度主要包括金融组织制度和金融监管制度；国际金融制度主要包括国际货币制度和国际金融监管制度。国内金融制度创新主要有金融机构创新、金融组织结构创新和金融监管制度创新；国际金融制度创新则主要有国际货币制度创新和国际金融监管制度创新。

（1）金融机构创新

由于各国金融制度不尽相同，因而金融机构的分工设置、金融机构创新的形式也不一致。但总体来说，金融机构创新主要是非银行金融机构、跨国银行及全能银行的发展。

（2）金融组织结构创新

金融组织结构是金融体系中一个很重要的元素，其合理与否直接影响到金融体系的效率。金融组织结构创新就是围绕着金融组织方式包括其结构优化目的而进行的一种创新。具体而言，金融组织结构创新是指金融机构内部或外部的组织联系上的创新，实际上是金融机构配置的合理化及如何提高金融体系运作效率的问题。世界各国的金融组织体系是在不同经济环境和历史条件下，以不同方式发展起来的，因此各国金融组织体系具有各自的特点，包括金融机构种类与划分、所有权形式、业务分工等方面都有差异。

（3）金融监管制度创新

金融监管制度创新始于 20 世纪 70 年代末、80 年代初，这种宏观层次上的金融创新很大程度上应归因于 70 年代微观层次的金融业务创新和金融工具创新，同时金融监管制度创新反过来又进一步促进了金融业务和金融工具的创新。另外，各国金融管理部门及立法机关废除或减弱对金融机构及金融业务的限制，放松金融管制：一是利率自由化，即取消对利率的直接管制，使金融市场的利率主要由市场供求决定；二是证券市场自由化，西方发达国家先后放松了对外国资本进入国内资本市场的限制，取消外汇管制，允许外国居民购买本国债券和本国居民购买外国债券，大大促进了证券市场的自由化、国际化；三是金融业务自由化，为打破金融业务的垄断和不平等竞争，金融监管部门陆续放松和取消了对金融机构业务范围和经营领域的限制。在金融管制普遍放松的同时，自 20 世纪 80 年代起，国际银行业以控制风险为主要内容的金融监管不断加强，监管模式在 90 年代也进行了创新。

2．金融市场创新

金融市场是指金融工具交易的市场，它是各种金融商品进行交易的场所，其基本功能是在资金的需求者和供给者之间充当交易中介。金融市场创新主要指金融机构根据一定时期的经营环境所形成的机会发掘出新的市场。20 世纪 60 年代以来，国际金融市场出现了重大的创新，如离岸金融市场的建立。

3．金融工具创新

自 1960 年美国花旗银行推出第一张大额可转让存单揭开了当代金融工具创新的序幕以来，国际金融市场出现了许多具有不同功能的金融创新工具，成为金融创新中最具活力的部分。金融工具创新包括基础金融工具创新和衍生金融工具创新。基础金融工具创新包括欧洲货币市场的存款创新工具、资金借贷创新工具、国际债券创新工具、欧洲票据创新工具等；衍生金融工具创新主要包括远期利率协议、金融期货、期权与互换等。

4．金融战略创新

金融战略创新包括：一是在管理战略上，从以往被动地接受存款、安排贷款转向主动根据贷款需要去争取存款，变资产管理为负债管理、联合管理，例如，商业银行在资产业务方面大力推行消费贷款、住房按揭贷款、银团贷款、收益分享贷款、平行贷款和组合性融资等新的贷款方式，并将一部分资产业务表外化，形成为数众多的表外业务，如票据发行便利、信贷限额、备用信用证等，在负债业务方面推出了大额定期存单、可转让支付命令等新产品，增强商业银行与非银行金融机构的竞争力；二是根据自身的实际情况，制定不同的经营战略。

11.3.3　金融创新的影响

金融创新对社会经济运行产生多方面的影响。

1．金融创新对货币供求的影响

金融创新对货币供求的影响包括对货币供给的影响和对货币需求的影响。

（1）金融创新对货币供给的影响

① 金融创新使基础货币的可控程度降低。在基础货币的供给中，中央银行能够主动控制的只有中央银行向存款机构（商业银行）的贷款和公开市场上买卖证券，而中央银行向存款机构的贷款受到存款机构向中央银行借款意愿的影响。金融创新使存款机构的筹资渠道大大拓宽，技术进步提高了存款机构临时调拨资金的能力，各种创新金融工具也在整体上提高了存款机构的资产流动性。因此，存款机构通常不愿向中央银行借款，中央银行调节基础货币的渠道减少了，控制基础货币只能以公开市场上证券买卖为主。

② 金融创新使货币乘数加大。在货币乘数计算公式的各项参数中，活期存款的法定准备金率、定期存款的法定准备金率、通货比率及超额准备金率都会受到金融创新的影响。

法定存款准备金率由中央银行决定，由于各国中央银行通常根据存款的流动性不同采用差别准备金率，活期存款的准备金率高于定期存款的准备金率，于是商业银行为降低上缴的法定存款准备金而创造出不少介于活期存款与定期存款之间的新型负债类账户，如超级 NOW

账户、ATS 等，这些账户都具有活期账户开支票的功能，即客户活期存款账户可以只象征性保留 1 美元，而大量资金主要存放在储蓄账户上，当客户需要开支票进行支付时，资金可以自动由储蓄账户转移到活期账户，从而既满足了客户灵活支付的需要，又使得客户可以获得高于活期利息的收益。显然，这种金融创新使得实际上交的法定准备金减少了，相当于法定准备金率下降，使货币乘数加大。

通货比率指公众持有的通货与活期存款之间的比率，与货币乘数呈反比关系，各种金融创新工具的大量涌现提高了金融资产的整体报酬率，尤其是一些创新业务使活期存款账户可以产生一定的收益，如 NOW、ATS 等，这样公众持有通货的机会成本加大，从而减少了通货持有量；另一方面，金融交易、支付及清算技术的创新降低了转账清算支付的成本，并且快捷方便，也使公众持有的通货比例下降。

超额准备金是银行持有的全部准备金扣除法定准备金后的余额，它与货币乘数呈反比关系，金融创新使商业银行在需要时可以很方便地从货币市场上及时补充相应的准备金，从而使得商业银行没有必要维持较多的超额准备金，因此超额准备金率下降。

（2）金融创新对货币需求的影响

① 金融创新改变了货币需求动机的构成。根据凯恩斯的“流动性偏好理论”，货币需求主要有三种动机：交易动机、预防动机和投机动机。其中交易动机和预防动机的强度，既取决于需要现款时，临时借款的可靠性与代价，也取决于持有现金的相对成本。随着金融创新，货币需求的这三种动机也在发生着改变。随着金融创新工具的大量涌现，出现了许多货币性极强的新型信用工具和存款账户，可以在很大程度上满足人们的流动性需要。另外，金融创新带来的金融电子化和支付结算系统的改变，缩小了狭义货币特别是现金的使用范围，转账结算成为现代经济生活中普遍使用的支付方式，从而减弱了人们对货币的流动性偏好，导致交易性货币需求与预防性货币需求的下降。金融创新工具使许多交易账户具备了投资账户的功能，持有现金的机会成本增加。金融创新引起的证券化趋势也使得投资性金融资产在社会总财富中的比重增加，人们的投资性货币需求上升。

② 金融创新降低了货币需求的稳定性。

金融创新不仅导致交易性货币需求下降和投机性货币需求上升，而且也会对货币需求的稳定性带来冲击。从货币需求的角度看，交易性货币需求受国民收入的影响较大，由于国民收入在短期内相对稳定，因此交易性货币需求具有可以预测和相对稳定的特点。而投机性货币需求主要取决于机会成本和个人预期等因素，由于金融创新导致全球性金融管制放松，利率、汇率、股价经常变动，人们进行投机性交易及进行投资组合调整的频率与次数增加，这些都使得投机性货币需求具有不稳定性。因此，整体而言，交易性货币需求的下降和投机性货币需求的上升使得货币需求的稳定性下降。

③ 金融创新使货币需求的利率弹性下降。

利率是影响与决定货币需求的重要变量，货币需求对利率变化的敏感程度，可以用货币需求的利率弹性来描述。但金融创新的出现使货币需求的利率弹性下降：一是金融创新弱化了传统的货币政策中介目标与最终目标之间的相关性，导致物价水平与通货膨胀率等经济变量对利率变化的敏感性下降，中央银行的利率变动只能引起宏观经济变量的小幅度调整，利率效应递减，利率杠杆失效的现象时常发生；二是金融业务创新使得商业银行传统的存贷款业务所占比重下降，而新型的表外业务快速发展，改变了银行利润的构成，即传统的利差收入在银行总利润中的比重下降，而中间收入、衍生交易收入等比重上升，从而使银行对利率变动的敏感性减弱；三是金融创新导致金融同质化，商业银行业务日趋多元化和综合化，商业银行对利率的重视程度下降。

综上所述，金融创新不仅会影响货币供给，同时也会影响货币需求。总体上看，金融创新对货币供求起着一定的弱化作用，其中对货币需求的弱化作用更为明显。

2．金融创新对货币政策的影响

金融创新对货币政策的影响主要体现在政策工具、中介目标及传导过程三个方面。

（1）金融创新对货币政策工具的影响

① 金融创新弱化了存款准备金制度的调控作用。存款准备金制度是中央银行通过调高或调低法定存款准备金率，使商业银行用于发放贷款的资金量缩小或增大，从而起到调节整个社会货币供应量的目的。然而，商业银行通过金融创新推出如回购协议、货币市场互助基金等不受存款准备金制约的非存款工具，既能确保其应有的负债规模，又能规避存款准备金制度的约束，从而使存款准备金制度的调控作用受到削弱。

② 金融创新弱化了再贴现政策的作用。再贴现政策发挥作用的程度取决于商业银行为维持流动性而对中央银行再贴现窗口依赖性的大小，如果商业银行对中央银行再贴现窗口的依赖性大，则再贴现率的调整对商业银行的影响力度就大；反之，再贴现率调整的影响力度就小。金融创新使商业银行的融资渠道多元化，融资方式也更为灵活，且成本下降。商业银行可以通过出售证券、贷款证券化、同业拆借、发行短期存单等渠道满足自己的流动性需要，对中央银行再贴现窗口的依赖性下降，从而使得中央银行再贴现政策的作用力度减弱。

③ 金融创新使公开市场业务的作用得到强化。金融创新强化了公开市场业务作用的广度和深度。伴随着金融创新过程中的融资证券化趋势，金融机构资产中有价证券所占比重明显增加，特别是政府债券成为金融机构重要的二级准备，金融机构对公开市场的依赖性增强。在这种情况下，中央银行的公开市场业务对金融机构的影响力明显增强。另外，随着金融市场和金融工具的创新，有价证券已经成为社会公众持有的重要资产形式，因此中央银行通过公开市场进行的操作不仅直接影响金融机构的资金运用，也间接影响社会公众的行为，从而在更深层次上影响社会公众的信用总量。

另外，金融工具创新为中央银行公开市场操作提供了大量可供买卖的工具，使中央银行公开市场操作的手段更为丰富，灵活性更强。

（2）金融创新对货币政策中介目标的影响

① 金融创新降低了中介目标金融变量的可测性。金融创新使新的金融工具不断涌现，金融资产之间的替代性空前加强，狭义货币与广义货币之间、交易账户与投资账户之间的界限逐渐模糊，货币的定义与计量日益复杂，从而导致作为货币政策中介目标的金融变量的可测性降低。

② 金融创新降低了货币政策中介目标的可控性。金融创新使充当货币政策中介目标的金融变量与政策工具之间的关系变得日益复杂，且不确定性增强，从而使中央银行支配和控制

货币政策中介目标的难度加大。

一是中央银行运用货币政策工具所能影响的主要是短期利率和名义利率，而金融创新使它们的重要性下降，从而使中央银行影响市场利率的能力减弱。

二是金融创新使中央银行对货币供应量的可控性减弱。一方面，金融创新使货币供应量的构成变得模糊，货币乘数的不确定性增加，中央银行难以准确地控制货币供应量；另一方面，金融创新使存款准备金率和再贴现率的作用范围缩小、力度减弱，中央银行通过货币政策工具控制货币供应量的能力减弱。

③ 金融创新削弱了货币政策中介目标的相关性。金融创新使各金融变量之间的关系变得日益复杂，相关性减弱。

（3）金融创新对货币政策传导过程的影响

① 金融市场创新增大了货币政策执行的难度。货币政策的首要目标是维护物价稳定，为此需要控制货币供给量，而金融市场创新使得中央银行对货币供给量的控制能力下降，导致货币政策执行的难度加大。

② 金融机构创新削弱了中央银行货币政策控制的基础。金融机构创新使非银行金融机构大量出现，它们作为商业银行强有力的竞争对手，分流了商业银行的存款，使货币政策传导的主要载体商业银行的作用减弱，并且中央银行存款准备金机制的作用范围缩小，导致中央银行对货币控制的基础削弱。

③ 金融业务创新削弱了中央银行的货币控制能力。金融业务的创新导致金融机构业务的多元化及金融机构本身的同质化，货币创造的主体不再限于中央银行和商业银行而趋于多元化，传统的以控制商业银行派生乘数为中心而设计的控制方法难以奏效。此外，随着金融机构同质化的发展，属于货币政策控制范围以外的业务和机构增加，传统的货币政策传导过程出现了真空，降低了中央银行控制货币的能力。

3．金融创新对经济运行的影响

（1）金融创新促进了金融机构运作效率的提高

金融机构的运作效率通过金融机构的活动能力及活动效用表现出来。从金融机构的活动能力来讲，一方面，金融创新使金融机构的业务多元化和金融机构日趋同质化，传统的业务分工格局与机构分工界限被打破，金融机构的活动范围得到了拓宽；另一方面，金融工具及金融交易方式的创新使得金融机构的服务渗透力增强。从金融服务满足消费者需求的程度来讲，金融工具创新使消费者拥有了更多的投资与保值工具，金融交易方式的创新使消费者可以享受到更为快捷方便的服务，金融机构业务的多元化，可以满足不同类型、不同层次的需求。

（2）金融创新丰富了金融市场的交易品种，促进了金融市场一体化

首先，金融创新使金融市场的交易品种增加，投资者的选择余地增大；其次，大量新型金融工具、融资方式及交易技术的出现，增加了投资者防范风险的能力；再次，现代计算机技术及通信技术在金融市场的运用，使金融市场的参与者增多，交易量迅速加大，降低了金融交易的平均成本；另一方面，由于金融创新，各种金融工具之间的替代性增强，转换率上升，机会成本也下降；最后，金融创新促进了金融市场的一体化，提高了各国金融市场间信

息传递和价格反应的能力，同时也使各国金融运行的关联度增加。

（3）金融创新促进了金融改革，推动了经济发展

一方面，金融创新是金融改革的结果，正是由于金融改革使金融体系发生了深刻变化，才出现金融机构多元化、金融机构业务的全能化及金融工具的多样化等方面的金融创新；另一方面，金融创新又促进了金融改革，从而促进经济发展。

（4）金融创新降低了金融体系的稳定性

金融创新与金融管制的放松是相伴随的，随着金融管制的放松和金融自由化

浪潮的出现，不仅金融机构的业务出现了交叉，而且业务范围也得到了极大的拓宽，使得金融体系的稳定性和安全性受到冲击。

（5）金融创新使金融体系面临的风险加大

在金融创新过程中，随着金融自由化、融资证券化及金融一体化的发展，外汇市场的汇率、货币市场的利率以及资本市场的价格等均表现出高度的易变性，金融业面临的风险增加。

（6）金融创新使金融监管的有效性被削弱

金融创新模糊了金融机构间原有的业务界限，金融机构同质化加剧竞争，金融机构为了逃避管制、增强竞争力，大量增加资产负债表以外的业务，使金融监管出现“真空”地带。相对于金融机构的业务和工具创新，金融监管的理念与措施的创新相对滞后，金融监管措施的有效性被削弱。

本章小结

（1）金融发展是指金融结构的变化，其中金融结构包括金融工具的结构和金融机构的结构两个方面。

（2）金融发展与经济发展之间存在着非常密切的关系，经济发展是金融发展的前提和基础，金融发展是推动经济发展的动力和手段。

（3）金融抑制是指一国的金融体系不健全，金融市场机制未充分发挥作用，经济生活中存在过多的金融管制措施，而受到压制的金融反过来又阻碍着经济的成长和发展。

（4）金融深化是指政府放弃对金融体系的过分干预，并有效地控制通货膨胀之后，使利率和汇率能充分反映资金和外汇供求状况，金融体系一方面能以适当的利率吸收大量闲置资金，另一方面也能以适当的放款利率满足各经济部门的资金需求，从而推动经济的增长和金融体系的扩展。

（5）金融创新是指通过引进新的金融要素或者将已有的金融要素重新组合，在最大化原则基础上构造新的金融生产函数。金融创新是金融深化的必然趋势，也是经济发展到一定程度的必然要求。

（6）金融创新的具体表现形式有金融制度创新、金融工具创新、金融战略创新、金融市场创新等。

（7）金融创新对社会经济运行产生多方面的影响，包括对货币供求的影响，对货币政策的影响以及对经济运行的影响。

复习思考题

一、名词解释

1. 金融深化　　2. 金融抑制

3. 金融发展　　4. 金融创新

5. 金融相关率

二、选择题

1. 经济发展对金融起________作用

A. 一定的　B. 决定性　C. 不确定　D. 推动

2. 当代金融创新的成因有__________。

A. 经济思潮的变迁　B. 需求刺激　C. 供给推动　D. 对金融管制的规避

E. 新技术革命的推动

3. 金融创新对金融发展和经济发展的作用是___________。

A. 利小于弊　B. 利弊各半　C. 有利无弊　D. 利大于弊

4. 金融创新对金融和经济发展的推动，是通过以下________途径来实现的。

A. 提高金融机构的运作效率　B. 绕过法律

C. 提高金融市场的运作效率　D. 增强金融产业的发展能力

E. 增强金融作用力

三、简答题

1. 什么是金融创新，其动因是什么？包括哪些主要内容？
2. 度量金融深化的指标有哪些？
3. 金融深化有哪些政策主张？
4. 金融创新如何影响货币政策？
5. 金融创新对经济运行有哪些影响？

参考文献

[1] 马雪峰. 货币银行学. 北京：科学出版社，2014.
[2] 张华. 货币银行学. 北京：清华大学出版社，2015.
[3] 贺瑛. 金融概论. 北京：高等教育出版社，2014.
[4] 张强，乔海曙. 金融学. 北京：高等教育出版社，2007.
[5] 李依凭. 金融学概论. 北京：清华大学出版社，2010.
[6] 翟建华，李军燕. 金融学概论. 大连：东北财经大学出版社，2008.
[7] 刘大赵. 证券投资基金. 大连：东北财经大学出版社，2009.
[8] 邢天才，王玉霞. 证券投资学. 大连：东北财经大学出版社，2007.
[9] 中国证券业协会. 证券投资基金. 北京：中国财政经济出版社，2008.
[10] 宋国良. 投资银行概论. 北京：对外经济贸易大学出版社，2007.
[11] 晏艳阳. 金融市场学. 北京：高等教育出版社，2008.
[12] [美国]米什金. 货币金融学. 北京：中国人民大学出版社，2005.